舒大刚学术论集之四

巴蜀全书论衡

岷峨洙泗 文献旧邦

舒大刚 著

刘慧敏 编

BASHU QUANSHU
LUNHENG

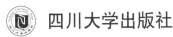

四川大学出版社

责任编辑:舒　星
责任校对:高庆梅
封面设计:墨创文化
责任印制:王　炜

图书在版编目(CIP)数据

巴蜀全书论衡 / 舒大刚著. —成都:四川大学出
版社,2018.5
　　ISBN 978-7-5690-1876-9

　Ⅰ.①巴…　Ⅱ.①舒…　Ⅲ.①巴蜀文化－文集
Ⅳ.①K871.34-53

中国版本图书馆 CIP 数据核字（2018）第 111982 号

书　名	巴蜀全书论衡	
著　者	舒大刚	
编　者	刘慧敏	
出　版	四川大学出版社	
地　址	成都市一环路南一段 24 号 (610065)	
发　行	四川大学出版社	
书　号	ISBN 978-7-5690-1876-9	
印　刷	郫县犀浦印刷厂	
成品尺寸	170 mm×240 mm	
插　页	2	
印　张	19.25	
字　数	364 千字	
版　次	2018 年 7 月第 1 版	
印　次	2018 年 7 月第 1 次印刷	
定　价	76.00 元	

◆读者邮购本书,请与本社发行科联系。
电话:(028)85408408/(028)85401670/
(028)85408023　邮政编码:610065

◆本社图书如有印装质量问题,请
寄回出版社调换。

◆网址:http://www.scupress.net

版权所有◆侵权必究

自 序

2010 年 1 月，中共四川省委常委会议决定"将四川大学申报的《巴蜀全书》纳入全省古籍文献整理规划项目"；同年 4 月，该项目又被全国哲学社会科学规划办公室列为"国家社科基金重大委托项目"（后称国家社科基金重大项目），从此开启了"四川建省以来最大规模的古籍文献整理工程"。承蒙领导和同志们的信任，委本人以首席专家兼总编纂。重任之下，繁难重重，方知才疏学浅，绠短汲深。省上为确保工程顺利进行，特成立了全省《巴蜀全书》编纂领导小组，由省委常委、宣传部部长担任组长，省各厅局及高校负责人为成员；此外还设立了专家组（遍及海内外一百余人）、评审组（项楚先生任组长，谭继和先生、胡昭曦先生、罗仲平先生为副组长，赵振铎先生、林向先生、龙显昭先生、李远国先生及本人为成员）、编纂组（川大及省内相关职能部门组成）和出版发行组（省出版系统组成）；省财政还专门给予经费支持，出版部门也主动予以合作。因此，这项大家热心而又陌生的地域文献整理和研究工作便紧锣密鼓地开展起来了。好在前此两年，我们承担了由章玉钧、谭继和、万本根等先生主持的《巴蜀文化通史》之"文献要览卷"的撰稿，对巴蜀文献进行过初步调查，并对其重要文献进行过评析与提要撰写；同时，在长期学术史和文献学研究和教学过程中，特别是在《儒藏》的编纂过程中，我们对巴蜀学术和巴蜀人物进行过一些个案研究，也积累了部分成果。在四川大学古籍整理研究所同仁齐心协力、共同努力下，《巴蜀全书》工程进展较为顺利，目前已完成校点工作 1.5 亿字左右，出版阶段性成果二百二十余种，获得各种奖励或资助 16 项，距离计划整理 500 种的目标虽然还有距离，然亦不远矣！

本集收录了本人有关《巴蜀全书》与巴蜀文献的相关论文，共三个类别：第一组是撰写《巴蜀文献要览》和编纂《巴蜀全书》的序引或前言，从中可见巴蜀文献的概貌和《巴蜀全书》的状况。第二组"巴蜀学术丛考"，涉及蜀学的源流、特征、内涵、制度、学校、石经等问题。第三组"巴蜀人物丛考"，涉及扬雄的思想、李白之生卒、三苏父子祖孙之哲学及文章、来之德之易学、廖平之学术等问题。末编还有三个附录：一是舒星所写《巴蜀全书》第一次领导小组会议纪实，可较全面地展示工程启动之初的规划和气象；另两则是本人的学术自述和论著目录，算是对迄今为止个人从事学术研究的一个小小总结。其间精粗深浅，是非对错，作者不敢自是，唯望学人批评指正！

本集的编订工作由刘慧敏一力完成，马明宗、张迎朝等同学则提供了校文帮助。四川大学出版社的新老领导，如熊瑜先生、王军先生、邱小平女士等，不以长期合作为烦，慨然将拙集作为本版书出版；庄剑先生、何静女士、舒星责编，认真负责而又快捷迅速地予以编校出版，都让我莫名感动，在此谨致以衷心感谢！

舒大刚

2018 年 7 月 10 日

目　录

巴蜀全书论衡

巴蜀学术丛考

巴蜀人物丛考

巴蜀全书论衡

整理巴蜀文献　传承优秀文化

——《巴蜀全书》前言*

中华民族，多元一体；中国文化，群星璀璨。在祖国大西南，自古就传承着一脉具有深厚历史底蕴和鲜明个性的文化，即巴蜀文化。巴蜀地区山川秀丽，物产丰富，自古号称"陆海""天府"；巴蜀文化源远流长，内涵丰富，是古代长江文明的源头之一，与"齐鲁文化""荆楚文化""吴越文化"等同为中华文化之瑰宝。整理和研究巴蜀文化的载体——巴蜀文献，因而成为研究中国历史和中华文化不可或缺的内容。

一、综览巴蜀文化　提高文化自觉

巴蜀地区气候宜人，资源丰富，是人类早期的发祥地之一。据考古发现，这里有距今二百零四万年的"巫山人"，有距今三万五千年的"资阳人"。这里不仅有大禹治水、巴族廪君、蜀国五主（蚕丛、柏灌、鱼凫、杜宇、开明五个王朝）等优美动人的历史传说，也有宝墩文化诸古城遗址、三峡考古遗址、三星堆遗址、金沙遗址、小田溪遗址、李家坝遗址等重大考古发现。商末周初，庸、蜀、羌、髳、微、卢、彭、濮，以及勇锐的巴师，曾参与武王伐纣。春秋战国，巴濮楚邓、秦蜀苴羌，虽互有战伐，亦相互交流。秦汉以降，巴蜀的地利和物产，更是抵御强侮、周济天下、维护祖国统一、实现持久繁荣的战略屏障和天然府库。

在祖国"多元一统"的文化格局中，巴蜀以其丰富的自然和人文资源，哺

---

* 本文作者为第一作者，与万本根先生合撰。

　　育出一批又一批杰出人物和文化精英，既有司马相如、王褒、严遵、扬雄、陈寿、常璩、陈子昂、赵蕤、李白、苏轼、张栻、李心传、魏了翁、虞集、杨慎、唐甄、李调元、杨锐、刘光第、廖平、宋育仁、谢无量、郭沫若、巴金等文化巨擘，也有朱之洪、张澜、谢持、张培爵、吴玉章、杨庶堪、黄复生、尹昌衡、邹容、熊克武、朱德、刘伯承、聂荣臻、陈毅、赵世炎、邓小平等革命英杰，他们超拔伦辈，卓然振起，敢为天下先，乐为苍生谋，创造了辉煌灿烂的思想文化，也推动了中国社会的历史巨变，演绎了一幕幕惊心动魄的历史大剧。

　　历代巴蜀学人在祖国文化的缔造中，成就良多，表现突出，许多文化人物和文明成果往往具有先导价值。巴蜀儿女锐意进取的创新精神，使这种创造发明常常居于全国领先地位，成为祖国文化宝库中耀眼的明珠。

　　在传统思想、文化和宗教领域，中国素号"三教互补"，"儒""释""道"交互构成中华思想文化的主要内容，而儒学是其主干。从汉代开始，巴蜀地区的儒学就十分发达，西汉蜀守文翁在成都创建当时全国首个郡国学校——石室学宫，推行"七经"教育，实行儒家教化，遂使蜀地民风丕变，并化及巴、汉，促成中国儒学重要流派——"蜀学"的形成，史有"蜀学比于齐鲁"之称。巴蜀地区是"仙道"派发源地，东汉张陵"入蜀学道"，并创立"天师道"，中国道教正式诞生。东汉佛教传入中国后，四川也是其重要传播区域，史有"言禅者不可不知蜀"之说。

　　巴蜀"易学"源远流长，大师辈出。自汉胡安（居邛崃白鹤山，以《易》传司马相如）、赵宾（治《易》持论巧慧，以授孟喜）、严遵（隐居成都，治《易》《老》）、扬雄（著《太玄》）而下，巴蜀治《易》之家辈出。晋有范长生（著《周易蜀才注》），唐有李鼎祚（著《周易集解》），宋有苏轼（著《东坡易传》）、房审权（撰《周易义海》）、张栻（著《南轩易说》）、魏了翁（撰《周易集义》《周易要义》）、李石（著《方舟易说》）、李心传（著《丙子学易编》），元有赵采（著《周易程朱传义折衷》）、黄泽（著《易学滥觞》）、王申子（著《周易辑说》），明有来知德（撰《周易集注》）、熊过（著《周易象旨决录》），清有李调元（著《易古文》）、刘沅（撰《周易恒解》），皆各撰易著，发明"四圣"（伏羲、文王、周公、孔子）之心。巴蜀易学，普及面广，自文人雅士、方术道流，以至引车卖浆之徒、箍桶织履之辈，皆有精于易理、善于测算者。理学大师程颐两度入蜀，得遇奇人，遂有感悟，因生"易学在蜀"之叹。

　　巴蜀"史学"名著迭出，斐然成章。陈寿《三国志》雅洁典要，名列"前四史"；常璩《华阳国志》体大思精，肇开方志体；谯周《古史考》，开古史考证之先声；苏辙《古史》，成旧史重修之名著。至于范祖禹（撰《唐鉴》，助司马光修《通鉴》）、李焘（撰《续资治通鉴长编》）、王偁（撰《东都事略》）、李心传（撰《建炎以来系年要录》及《建炎以来朝野杂记》《总类国朝会要》），更是宋代史学之巨擘，故刘咸炘有"唐后史学莫隆于蜀"之说。

　　蜀人"好文"，巴蜀自古就是歌赋诗词的沃壤。禹娶涂山（今重庆南岸真武山，常璩《华阳国志·巴志》、郦道元《水经注·江水一》）氏，而有"候人兮猗"的"南音"，周公、召公取之"以为《周南》《召南》"（《吕氏春秋·音初》）。西周江阳（今泸州）人尹吉甫亦善作诗，《诗经》传其四篇（曹学佺《蜀中广记》卷九一）。"文宗自古出巴蜀"，"汉赋四家"，司马相如、扬雄、王褒居其三。陈子昂、李太白首开大唐雄健浪漫诗风，五代后蜀《花间集》与北宋东坡词，开创宋词婉约、豪放二派。"三苏"（苏洵、苏轼、苏辙）父子，同时辉耀于"唐宋八大家"之林；杨慎著作之富，位列明代儒林之首。"自古诗人例到蜀"，汉晋唐宋以及明清，历代之迁客骚人，多以巴蜀为理想的避难乐土，而巴蜀的山水风物又丰富其艺情藻思，促成创作高峰的到来。杜甫、陆游均以巴蜀为第二故乡，范成大、王士禛亦写下千古流芳的《吴船录》和《驿程记》。洎乎近世，郭沫若、巴金，蔚为文坛宗匠；蜀讴川剧，技压梨园群芳。

　　"三苏"父子既是文学大家，也是"蜀学"领袖；绵竹张栻，不仅传衍南宋"蜀学"之道脉，而且创立"湖湘学派"之新范。明末唐甄撰《潜书》，斥责专制君主，提倡民本思想，被章太炎誉为"上继孟、荀、阳明，下启戴震"的一代名著。晚清廖平撰书数百种，区分今学古学，倡言托古改制，钱基博、范文澜俱誉其为近代思想解放之先驱。新都吴虞，批判传统道德，笔锋犀利，被胡适誉为"思想界的清道夫"。

　　在科技领域，秦蜀守李冰开建的都江堰，是至今还在使用的人类最古老的水利工程；汉代临邛人民，开创了人类历史上最早使用天然气煮盐的记录。汉武帝征阆中落下闳修《太初历》，精确计算回归年与朔望月，是世界上首部"阴阳合历"的范本。杨子建《十产论》异胎转位术领先欧洲五百年。北宋唐慎微《证类本草》，将本草学与方剂学相结合，是世界上第一部大型药典和植物志。王灼《糖霜谱》详录蔗糖制作工艺，是世界上有关制糖技术的首部专书。南宋秦九韶《数书九章》，将中国数学推向古代科学顶峰，其"大衍求一术""正负开方法"

俱领先西方世界同类算法五百年。

至于巴蜀地区的乡村建设和家族文化，也是硕果累累，佳话多多。他们或夫妇齐名、比翼双飞（司马相如与卓文君，杨慎与黄娥）；或兄弟联袂，花萼齐芳（苏轼、苏辙，苏舜钦、苏舜元，李心传、李道传、李性传等）。更有父子祖孙，世代书香，奕世载美，五世其昌：阆中陈省华及其子陈尧佐、陈尧叟、陈尧咨等，"一门二相，四世六公，昆季双魁多士，仲伯继率百僚"（霍松林语）；眉山苏洵、苏轼、苏辙及子孙辈苏过、苏籀，并善撰文，号称"五苏"；梓州苏易简及其孙苏舜钦、苏舜元，俱善诗文，号称"铜山三苏"；井研李舜臣及其子李心传、李道传、李性传，俱善史法、道学，号称"四李"；丹棱李焘与其子李壁、李𡊑，俱善史学、文学，时人赞"前有三苏，后有三李"。降及近世，双流刘沅及其孙刘咸荣、刘咸炘、刘咸焌，长于经学、道学与史学，号称"槐轩学派"。如此等等，不一而足。

综观巴蜀学术文化，真可谓易玄释老，无奇不有！诗词歌赋，无所不精！其先于天下而创者，则有导夫先路之功；其后于天下而作者，则有超迈古今之效！先天后天，不失其序；或创或继，各得其宜。

二、整理巴蜀文献　增强文化自信

历史上的四川，既是文化大省，也是文献富省。巴蜀上古历史文化，在甲骨文、金文和《尚书》《春秋》等华夏文献中都有记录，同时巴蜀大地还孕育形成了别具特色的"巴蜀文字"。秦汉统一后，历代巴蜀学人又为我们留下了汗牛充栋、丰富多彩的古典文献。唐代中后期（约八世纪初），成都诞生了"西川印子"，北宋初期（十世纪后期）又出现了"交子双色印刷术"，标志着雕版印刷的产生、成熟和创新，大大推动了包括巴蜀文献在内的古典文献的保存与传播。据不完全统计，历史上产生的巴蜀古文献不下万种，现在依然存世的也在五千种以上。

巴蜀文献悠久绵长，影响深远，上自先秦的陶字、金文，下迄汉晋的竹简、石刻，以及唐刻、宋椠、明刊、清校，经史子集，三教九流，历历相续不绝，熠熠彪炳史册。巴蜀文献体裁多样，内容丰富，举凡政治之兴替、经济之发展、文化之繁荣、兵谋之奇正、社会之变革，以及思想学术之精微、高人韵士之风雅、地理民族之风貌、风俗习惯之奇特，都应有尽有，多彩多姿。它们是巴蜀文化的载体，也是中华文明的重要表征。

对巴蜀文献进行调查整理研究，一直是历代巴蜀学人的梦想。在历史上，许多学人曾对巴蜀文献的整理和刊印付出过热情和心血，编纂有各类巴蜀总集、全集和丛书。《汉书·艺文志》载"《扬雄所序》三十八篇：《太玄》十九、《法言》十三、《乐》四、《箴》二"，或许是巴蜀学人著述的首次汇集。五代的《花间集》和《蜀国文英》，无疑是辑录成都乃至巴蜀作品的最早总集。宋代逐渐形成了"东坡七集"（苏轼）、"栾城四集"（苏辙）、"鹤山大全集"（魏了翁）等个人全集，以及《三苏文粹》《成都文类》等文章总集。明代出现杨慎的个人全集——《升庵全集》和四川文章总集——《全蜀艺文志》。入蜀为官的曹学佺还纂有类集巴蜀历史文化掌故而成的资料大全——《蜀中广记》。清代，李调元辑刻以珍稀文献和巴蜀文献为主的《函海》，可视为第一部具体而微的"巴蜀文献丛书"。近代编有各类"蜀诗""蜀词""蜀文"和"川戏"等选集。这些都为巴蜀文献的系统编纂、出版做出了有益尝试。

20 世纪初，谢无量曾提出编纂《蜀藏》的设想，因社会动荡而未果。胡淦亦拟编《四川丛书》，然仅草成"拟收书目"一卷。1983 年中共中央《关于整理我国古籍的指示》下达，国家成立"全国古籍整理出版规划领导小组"和"全国高等院校古籍整理工作委员会"，四川也成立了"四川省古籍整理出版规划小组"，制定出《四川省古籍整理出版规划（1984—1990）》。可惜这个规划并未得到完全实施，巴蜀文献仍然处于分散收藏甚至流失毁损的状态。

2007 年初，国务院下发《关于进一步加强古籍保护工作的意见》，全国各省纷纷编纂地方文献丛书。四川大学和四川省社科院的学人再度激起整理乡邦文献的热情，向四川省委、省政府提交"编纂《巴蜀全书》，振兴巴蜀文化"的建议，四川省委、省政府再度将整理巴蜀文献提到议事日程。经过多方论证研究，2010 年 1 月中共四川省委常委会议批准"将四川大学申请的《巴蜀全书》纳入全省古籍文献整理规划项目"；4 月又获得全国哲学社会科学规划办公室批准，将《巴蜀全书》列为"国家社科基金重大委托项目"。千百年来巴蜀学人希望全面整理乡邦文献的梦想终于付诸实施。

三、编纂《巴蜀全书》　推动文化自强

《巴蜀全书》作为四川建省以来最大的文献整理工程，将对自先秦至民国初年历代巴蜀学人的著作或内容为巴蜀文化的文献进行全面的调查收集和整理研究，并予以出版。本工程将采取以下三种方式进行：

一是编制《巴蜀文献联合目录》。古今巴蜀学人曾经撰有大量著作，这些文献在历经了历史的风风雨雨后，生灭聚散，或存或亡，若隐若现，已经面目不清了。该计划根据"辨章学术，考镜源流"的旨趣，拟对巴蜀文献的历史和现状进行全面普查和系统考证，探明巴蜀文献的总量、存佚、传承和收藏情况，以目录的方式揭示巴蜀文献的历史和现状。

二是编纂《巴蜀文献精品集萃》。巴蜀文献，汗牛充栋，它们是研究和考述巴蜀历史文化的重要资料。对这些文献，我们将采取三种方式处理：首先，建立"巴蜀全书网"，利用计算机和网络技术对现存巴蜀文献进行扫描和初步加工，建立"巴蜀文献全文资料库"，向读者和研究者提供尽可能集中的巴蜀文化资料。其次，本着"去粗取精，古为今用"的宗旨，按照历史价值、学术价值、文化价值"三结合"的原则，遵循时间性、代表性、地域性、独特性"四统一"的标准，从浩繁的巴蜀古籍文献中认真遴选五百余种精品文献，特别是要将那些在中华传统文化体系中具有首创性和独特性的巴蜀古籍文献汇集起来，进行校勘、标点或注释、疏证，挖掘其中的思想内涵和治蜀经验，为当代社会、经济、政治、文化建设服务。第三，根据巴蜀文化的历史实际，收集各类著述和散见文献，逐渐编成儒学、佛学、道教、民族、地理等专集。

三是重版《巴蜀文献珍本善本》。成都是雕版印刷术发祥地之一，巴蜀地区自古以来的刻书、藏书事业都很发达，曾产生和收藏过数量众多的珍本、善本，"蜀版"书历来是文献家收藏的珍品。这些文献既是见证古代出版业、图书馆业发展的实物，也是进行文献校雠的珍贵版本，亟待开发，也需要保护。本计划将结合传统修复技艺和现代印刷技术，对百余种巴蜀文献珍稀版本进行修复、考证和整理，以古色古香的方式予以重印。

通过以上三个系列的研究，庶几使巴蜀文献的历史得到彰显，内涵得到探

究，精华得到凸显，善本得到流通，从多个角度实现对巴蜀文献的当代整理与再版。

　　盛世修书，传承文明；蜀学复兴，文献先行。"《巴蜀全书》作为川版的'四库全书'，蕴含着历代巴蜀先民共同的情感体验和智慧结晶，昭示着今天四川各族人民共有的文化源流和精神家园。"（《巴蜀全书》编纂领导小组会议文件。下同）《巴蜀全书》领导小组要求，"我们一定要从建设中华民族共有精神家园、打牢四川人民团结奋斗共同思想基础的高度，来深刻认识《巴蜀全书》编纂出版工作的重大意义。特别要看到，这不是一件简单的古籍整理出版工作，而是一件几百年来巴蜀学人一直想做而没有条件做成的文化盛事，是四川文化传承史上的重要里程碑"。无论是中国古代的文化发展，还是世界近世的文明演进，都一再证明：任何一次大的文化复兴活动，都是以历史文献的系统收集整理为基础和先导的。我们希望通过对巴蜀文献的整理出版，给巴蜀文化的全面研究和当代蜀学复兴带来契机，为"发掘和保护我国丰厚的历史文化遗产，提升我国文化软实力，推动中华优秀传统文化走向世界"做一些基础性工作。

　　有鉴于此，《巴蜀全书》领导小组明确要求，要广泛邀请省内外专家学者参与编纂，共襄盛举。这一决策，实乃提高《巴蜀全书》学术水准和编纂质量的根本保障。领导小组还希望从事此项工作的学人，立足编纂，志在创新，从文献整理拾级而上，自编纂而研究，自研究而弘扬，自弘扬而创新，"利用编纂出版《巴蜀全书》这个载体，进一步健全研究巴蜀传统文化的学术体系，以编促学，以纂代训，大力培养一批精通蜀学的科研带头人和学术新人"。可谓期望殷切，任务艰巨，躬逢其盛，能不振起？非曰能之，唯愿学焉。

　　希望《巴蜀全书》的编纂能为巴蜀文化建设和"蜀学"的现代复苏拥彗前趋，扫除蓁芜；至于创新发展，开辟新境，上继前贤，下启来学，固非区区之所能。谨在此树其高标，以俟高明云尔！

2014 年 5 月

2017 年 12 月修订

编纂《巴蜀全书》 弘扬"蜀学"精神

巴蜀自古就是人类发祥地之一，这里有距今 204 万年的"巫山猿人"、旧石器晚期的"资阳人"，有大禹治水及蜀王蚕丛、柏灌、鱼凫、杜宇、开明和巴王廪君等神秘传说，还有长江三峡古文化遗址群和成都平原古文化遗址群，等等。三星堆出土的青铜、玉器，金沙出土的金器，秦汉成都的漆器，都是独步当时的艺术瑰宝。诞生于公元前 3 世纪的都江堰，是世界上至今仍在使用的年代最古老的水利工程。

在祖国多元一体文化格局中，巴蜀哺育出一大批杰出人物和"蜀学"精英，有司马相如、扬雄、常璩、陈寿、陈子昂、李白、苏轼、张栻、魏了翁、李心传、虞集、杨慎、唐甄、李调元、杨锐、刘光第、廖平、宋育仁、谢无量、刘咸炘、郭沫若、王光祈、巴金、唐君毅、贺麟等文化巨擘，也有张澜、吴玉章、邹容、张培爵、朱之洪、杨沧伯、熊克武、黄复生、朱德、刘伯承、邓小平、陈毅、聂荣臻、罗瑞卿等革命人物，济济昌昌，前赴后继，创造了辉煌灿烂的思想文化，也推动了中国历史的巨大变革。巴蜀文化不仅是四川和重庆的，也是全国和世界的。

对巴蜀文献进行整理研究，一直是历代巴蜀学人的梦想，《巴蜀全书》编纂无异于四川学人的圆梦工程。1983 年中共中央下发《关于整理我国古籍的指示》，四川成立了"古籍整理出版规划小组"，制定出《古籍整理出版规划》。由于种种原因，这个规划并未得以完全执行。胡锦涛总书记在党的十七大报告中再次提出"做好文化典籍整理工作"，国务院办公厅下发了《关于进一步加强古籍保护工作的意见》，四川学人再度燃起整理乡邦文献的热情，向省委、省政府建议"编纂《巴蜀全书》，振兴巴蜀文化"。经多方论证，2010 年年初中共四川省委常委对建议予以批准，"将《巴蜀全书》纳入全省古籍文献整理规划项目"。随后《巴蜀全书》又被列为"国家社科基金重大委托项目"，从全省重点项目跻身全国重大课题之林，获得"以国家项目名义组织全国相关领域专家学者进行集体攻关","推出代表国家水准的标志性重大研究成果"的机会，真是每变越上，善莫大焉！

《巴蜀全书》计划10年完成，将对巴蜀文献进行全面调查收集和系统整理，准备采取三种方式进行：一是编制《巴蜀文献联合目录》。历史上巴蜀学人撰著了大量文献，但一直数量不清、存佚不明，我们将对其历史和现状进行全面普查，探明其总量、存佚、传承和收藏状况，编制《联合目录》，以便利用。

二是编纂《巴蜀文献精品集萃》。首先运用电脑和网络技术，对全部现存巴蜀文献进行扫描加工，建立具有检索功能的"巴蜀文献数据库"。其次，精选较有社会影响和学术价值的典籍600种，精心校勘、标点、注释和疏证。其三，根据"蜀学"发展脉络和现代学术需求，将散见文献汇编成儒学、佛学、道教、民族、地理、文学、艺术、科技等专集。

三是再造《巴蜀文献珍本善本》。成都是印刷术发祥地之一，曾产生过数量众多的珍本善本（"蜀版"）。目前巴蜀仍拥有大量珍稀善本，非常宝贵，亟待开发和保护。本计划将结合传统工艺和现代技术，对巴蜀地区现存的百余种优秀善本古籍，予以影印和再造。

盛世修书，传承文明；学术复兴，文献先行。加强巴蜀文献收集整理，无疑将给巴蜀文化研究和复兴带来契机，也将对"发掘和保护我国丰厚的历史文化遗产，提升我国文化软实力，推动中华优秀传统文化走向世界"不无裨益。博雅君子，幸有教焉。

（原载《光明日报》2010年7月7日）

巴蜀文献：中华文明的重要记录

历史文化记忆是由实物、遗迹、图书和口碑等方式实现的。

对实物、遗迹的考察和研究催生了考古学；对图书和口碑的整理与研究则是文献学的任务。由于信息承载的完整性、全面性和持久性，文献学成为历史研究中最古老、也最系统的学科之一。研究历史文化，在很长时间内、很大程度上，成了对历史文献或文化典籍的研究和整理，而文献典籍的多寡、质量也成了历史文化繁荣与否的集中反映和突出标志。

历史经验证明，一个文化发达的民族，其文献典籍必然丰富多彩而且数量庞大。换言之，一种文化是否发达，是否持久传承和永世隆昌，文献是否丰富也就成了重要的标志。历史悠久的中华先民，不仅用自己勤劳的双手创造了丰富的物质文化，也用自己的智慧创造了璀璨的精神文明。这些精神文明成果（也包括部分物质文明成就）都记录于以"经、史、子、集"为分类体系的数十万种图书资料中，它们是中华文化（也是人类文明）灿烂宝库的主体内容，它们既永恒地记录了过去历史的辉煌，也将持久地点燃人类智慧，照亮人们生生不息、进德修业的漫漫长路。中华文明是否能够健康发展并持久繁荣，甚至中华民族是否能真正实现伟大复兴，不仅取决于对现代科学技术的借鉴和运用，而且也取决于是否能对这些文献典籍所记载的中华优秀传统文化的继承和弘扬。

一国如此，一个地方也不例外。一方富庶，其文化必兴，而文化若兴，其文献必富。于是"故家乔木""文献旧邦"，就成为评价一个地方历史文化底蕴的专用名词。

巴蜀地区是古人类的发祥地之一，也是中华古文明的重要摇篮。这里水土肥沃，气候湿润，物产丰富，号称"陆海""天府"，自古就是人类繁衍生息的乐园，同时也是中华文化孕育发展的沃壤。岷峨毓秀，江汉炳灵，这里不仅有距今204万年的"巫山猿人"、旧石器晚期的"资阳人"，有大禹治水及蜀王蚕丛、柏灌、鱼凫、杜宇、开明和巴王廪君等历史传说，还有长江三峡古文化遗址群和成都平原古城文化遗址群等重大发现；不仅有世界上历时最久的水利工程"都江堰"，人类最早利用天然气的"火井"，世界上第一张纸币"交子"等经济建设成就，也有历史悠久、魅力无穷的"巴蜀古文字""三星堆""金沙"为代表的青铜文明，还有首创并主撰于巴蜀的集地理、志怪于一体的世界奇书《山海经》。这里还是政府首开学宫传播儒家"七经"从而形成历久弥新"蜀学"传统的地方，还是最早发明和运用雕版印刷术的地区之一，至今还保存着国内仅有年代最早的印刷品（同时也是世界上现存最早的印刷品之一）《陀罗尼经咒》。巴蜀地区还以其丰富的物产和悠久的文化资源，哺育出一代又一代文化名贤和"蜀学"精英，有司马相如、陈子昂、李白、苏轼等文学家，有扬雄、卫元嵩、赵蕤、李鼎祚、房审权、来知德等《易》学家，有张栻、唐甄、刘沅等思想家，有落下闳、王灼、秦九韶等科学家，有陈寿、常璩、李焘、李心传等史学家，有魏了翁、虞集、杨慎、李调元等文献学家和博物学家，有严君平、郑子真、赵蕤、陈抟等大德隐士君子，还有杨锐、刘光第、廖平、宋育仁等经学家和改良学者。此外，还有李阳冰、文与可、苏轼等书画名家，有张道陵、张鲁、宗密、马祖道一、杜光庭等宗教学者等。他们都应时而生，卓然振起，以天下为己任，勇为天下创，创造了"文章冠天下""蜀学垂无穷"以及"易学在蜀""天数在蜀""宗教在蜀""史学在蜀""方术在蜀"等一个个文化奇观，丰富了祖国的文化宝库。

四川是文化大省，也是文献富省，历代学人的文化创造为我们留下了汗牛充栋、丰富多彩的文献典籍。据不完全统计，巴蜀古代文献多达五千余种，现存者约三千部。不仅数量庞大、内涵丰富，而且风格各异，形式多样。大而言之，遍及经、史、子、集，举凡《四库全书总目》经部 10 类、史部 15 类，类类齐全；子部 14 家、集部 4 家，家家咸有。举凡地理之沿革，政治之兴替，经济之发展，文化之繁荣，军事之胜负，社会之变化，风俗之移易，以及思想之精妙，奇士之风雅，民族之风貌，无不应有尽有。

研究巴蜀上古史，有《山海经》《蜀王本纪》《华阳国志》等文献。研究秦统一后的四川历史文化，则有《华阳国志》《蜀梼杌》《蜀中广记》《蜀典》《蜀故》《蜀都碎事》等，其中《蜀中广记》收集文献相当丰富，内容十分广博。研究巴蜀的地理、风俗、物产等，则有《蜀水经》《蜀水考》，历代所撰总志、通志以及各府州县志，甚至各种山川志（如《峨眉山志》《青城山志》《嘉陵江志》等）和名人游记（如《入蜀记》《吴船录》《秦蜀驿程记》等）。如果要考察"蜀学"的发展史，既有《蜀学编》《四川儒林文苑传》《拟四川艺文志》等综合著述，还有蜀学大家所撰的学术专著：在《易》学上有李鼎祚《周易集解》、苏轼《东坡易传》、来知德《周易集注》、刘沅《周易恒解》等；史学上有陈寿《三国志》、常璩《华阳国志》、李心传《建炎以来系年要录》及《建炎以来朝野杂记》、李焘《续资治通鉴长编》；文学上有司马相如、扬雄之辞赋，陈子昂、李白之诗歌，三苏父子之文章；科技上有冯鉴《续事始》、李石《续博物志》、唐慎微《证类本草》、秦九韶《数书九章》；子学上则有严遵《道德指归》、苏辙《老子解》、唐甄《潜书》等；术数则有扬雄《太玄》、卫元嵩《元包》；宗教则有张道陵《老子想尔注》、李荣《老子解》、彭晓《参同契注》、宗密《华严原人论》、释绍昙《五家正宗赞》、释性统《续灯正统》等；民族则有樊绰《蛮书》、来保《平定金川方略》、阿桂《平定两金川方略》、赵翼《平定两金川述略》、李心衡《金川琐记》等，无不多姿多彩，应有尽有。

除内容丰富外，巴蜀文献还具有很强的开拓性和创新性。扬雄《太玄》《法言》，肇开拟圣仿经之先河；常璩《华阳国志》，首成地方总志之典范；赵崇祚《花间集》、苏轼《东坡乐府》，树立宋词婉约、豪放二派之风格；昝殷《经效产宝》《食医心鉴》，陈士良《食性本草》，王灼《糖霜谱》，唐慎微《证类本草》，始得妇科学、食疗学、制糖学、方剂学之先声。至于扬雄《方言》之开方言研究新领域，李鼎祚《周易集解》首集汉易之大成，魏了翁《周易集义》首集宋易之精义，杜大珪《琬琰集》之开碑传新史体，杨慎"古音"六书之创辟明代古音学途轨，等等，皆是蜀人树之风声、成其典范的，真是"大雅出巴蜀，文章焕星斗"！

丰富多彩的巴蜀文献，既是巴蜀文化的主体、载体，也是中华文明的重要记录。研究巴蜀文化乃至中华文明，固应首当关注和整理这些巴蜀文献，充分发掘其中的文化精华。而总结历代治蜀的成功经验或失败教训，凸显和表彰历代巴蜀学人敢为天下先、勇为天下创的原创精神和人文底蕴，对重振巴蜀文化、发展巴蜀文明也不无借鉴意义。在实施"文化兴川，文化强国"战略的当下，在充分学习与吸取世界先进文化，大力发展现代科学技术的同时，我们似乎再也不能长此地"抛却自家无尽藏，沿门托钵效贫儿"矣！目前，一项由四川省委省政府决策批准、国家社科基金委托的重大项目《巴蜀全书》编纂，为我们全面地调查巴蜀历史文献，系统地整理巴蜀精品文献，科学地保护巴蜀善本文献，提供了很好的机缘。做成、做实、做好这件事，是我们告慰于巴蜀历代先贤，服务于巴蜀当代建设，嘉惠于巴蜀后代学人的光荣使命，也是一项非常艰巨的历史任务。

[原载《光明日报》（理论版）2011 年 7 月 18 日]

蜀学渊渊，历久弥新

——《巴蜀文献要览》述要

　　巴蜀地区是人类发祥地之一，也是中华文化的重要摇篮。这里有悠久的历史文化，也有丰厚的文献典藏。历史上曾经出现过的巴蜀文献至少在 5000 种以上，现存三千余种，其中富有创造性、系统性，并产生较大影响的著作不下 500 种。《巴蜀文献要览》一书本着"撷其英华、详其旨归"的精神，系统回顾了巴蜀文献产生、发展的历史，品其精华，评其优劣，揭示巴蜀学人积极进取、推陈出新的勇气，大度恢宏、集杂为醇的气度，学术精深、文采飞扬的风格，以及铁肩担道义、敢为天下先的精神，既为研究中国文化史提供可信史料，也为建设当代文明发掘可资借鉴的经验和智慧。

　　巴蜀学术与文献的发展，大致呈现六个阶段，巴蜀文献的演变也与之大致吻合。

　　先秦是巴蜀文献的萌芽期。考古发现的三星堆祭祀坑及青铜器、金沙玉器和金器，都显示出极高的艺术造诣和精神诉求；出土的春秋战国兵器所带刻符，表明巴蜀地区已拥有文字。文献记载"三皇五帝"曾与巴蜀先民发生过多种联系。"生于石纽""兴于西羌"的大禹，曾得"《洪范》九畴"，继承"伏羲氏《河图》"并演绎为《连山易》。汉以来流传《山海经》系"禹使益疏记"的说法，经今人考订，证明《海内经》4 篇出自蜀人，《大荒经》5 篇出自巴人，《五藏山经》和《海外经》4 篇出自受巴蜀文化影响的楚人，此书可视为巴蜀文献传世之最早者。

　　两汉是巴蜀文献的初盛期。文帝时，修仙道之术的胡安在邛州"居白鹤山传经"，司马相如曾从之学《易》。景帝时，相如为武骑常侍，已凭借其铺张扬厉的大赋称雄当代。景帝末年，文翁入蜀，在成都设校，遣张叔（宽）等 18 人前往长安从博士学"七经"，归来教授，推行儒化。蜀士欣欣向学，"学徒鳞比"，正式形成"蜀学"，史书有"蜀学比于齐鲁"之称。汉武帝对此举大为赞赏，遂

"令天下郡国皆立学校官"，加速了儒学向基层的传播。汉代"蜀学"初盛，而以经学、小学、文学见长。"汉赋四家"蜀据其三，相如、王褒、扬雄皆其名家。蜀中易学、天学、训诂学均居全国首位，初步奠定"蜀儒文章冠天下""易学在蜀""天数在蜀""小学在蜀"的基础，至东汉未泯。

魏晋南北朝到隋唐五代是巴蜀文献的持续发展期。魏蜀吴天下三分，既而南北对峙，但巴蜀学术文化仍在持续进步，涌现出博综经史的谯周，精于《易》学的蜀才、卫元嵩，史学宗匠陈寿、常璩。隋唐时，蜀中持续安定，物资富庶，引得天下诗人、书画名家以及缁流仙侣纷纷入蜀，诗文、艺术、佛教、道教及印刷术飞跃发展。陈子昂、李白之豪放雄奇，唐求、薛涛之一隐一艳，都是唐诗中的奇葩；李鼎祚辑录汉至六朝35家《易》说而成《周易集解》；赵蕤《长短经》融通三教，涵纳百家；道士王玄览，高僧马祖道一、宗密，著书说法，大昌宗风。晚唐、五代巴蜀图书出版成就卓著，毋昭裔倡刻"石室十三经"，碑越千数，堪称"石经"之最，儒家"十三经"因而定型。墨客骚人吟诗作赋，推动"词"体成熟，赵崇祚在成都汇刊了第一部词集《花间集》。

两宋时巴蜀文献达于极盛期。由于唐五代的积淀，蜀学在宋代进入第二次高潮。巴蜀雕版印刷最为发达，杨慎说："宋世书传，蜀本最善。"13万版的"开宝大藏经"即在成都刻成。巴蜀藏书蔚然成风、规模浩大，如成都经史阁、阆州蒲氏清风楼、眉山孙氏书楼、蒲江鹤山书院等，动辄藏书万卷至十万卷。"古文运动"的"八大家"有三家为蜀人（苏洵、苏轼、苏辙）。陈抟、龙昌期、苏洵、苏轼、房审权、张栻、李心传、魏了翁等各撰《易》著，程颐有"《易》学在蜀"之赞。"三苏"史论、苏辙《古史》、范祖禹《唐鉴》、王偁《东都事略》、李心传《建炎以来系年要录》及《建炎以来朝野杂记》、李焘《续资治通鉴长编》等，为宋代史学之干城，刘咸炘有"史学莫隆于蜀"的定评。"三苏"代表的"蜀学"、二程的"理学"及王安石的"新学"共同构成北宋学术三大主流。

医药界的"川药""蜀医"亦有天下居首之势。唐代昝殷《经效产宝》是人类第一部妇产学专著，严龟《食法》、昝殷《食医心鉴》是最早的食医著作，梅彪《百药尔雅》仿《尔雅》之例解释中药性味，定居蜀中的波斯人李珣所撰《海药本草》首次介绍海外药物。孟蜀韩保昇《蜀本草》首创给药物绘图法。南唐陈士良《食性本草》专记食疗药物。至宋，唐慎微所撰《证类本草》，第一次将药物学与方剂学结合；峨眉女医发明了人工接种流痘预防天花技术。科技上，王灼的《糖霜谱》是世界上第一部讲述甘蔗制糖工艺的专著，秦九韶《数书九章》中的代数运算法领先世界 500 年。

元明及清初巴蜀文献进入相对低迷期。受宋蒙（元）长期战争破坏，知名的蜀学人物大多流寓外地，元代蜀学因而一蹶不振。至明代，巴蜀文献虽至八百余种，但较之汉唐宋已是风光不再。明初，除苏伯衡、杨基、徐贲等人稍有事迹可陈外，在当时具有影响的学派中，蜀人身影甚微。明正德时，新都人杨廷和为宰相，其子杨慎高中状元，蜀学衰落之况才有所改观。蜀人熊过、任瀚跻身"嘉靖八才子"之列，"西蜀四大家"杨慎、赵贞吉、熊过、任瀚驰声学林。可惜，不久的"大礼议"使蜀学严重受挫。幸而有杨慎撰书四百余种，号称明代著述第一；来知德《周易集注》以"错综"方法振起《易》学于微绝；末年又有唐甄《潜书》，斥责专制，章太炎誉之为"上继孟荀，下启黄宗羲"。

明末清初，四川连年战乱，学术荒芜。康熙时在文翁石室遗址上重建锦江书院，蜀学稍有复苏。清初有巴蜀文献七百余种，具有全国影响者则有彭氏（端淑）、张氏（问陶）、费氏（经虞、密、锡璜、锡琮）、李氏（化楠、调元、鼎元）等。李调元辑刻的《函海》实为巴蜀文献整理之冠。

晚清至近代是巴蜀文献大放异彩的时代。光绪初，四川学政张之洞创办尊经书院，以"绍先哲，起蜀学"为宗旨，以纪（昀）、阮（元）"两文达之学"相号召。其后王闿运自湘入蜀，又以经学、辞章相勖勉，晚清蜀学进入第三个高度发达期。巴蜀学人如杨锐、刘光第、骆成骧、廖平、宋育仁、吴之英、张森楷等人沿着张之洞启示的"由小学入经学"，"由经学入史学"，"以经学、史学兼词章"，"以经学、史学兼经济"的道路，在考据、义理、词章、政事诸方面，皆焕然成章。近代"蜀学"顺应"以复古求解放"的潮流，宣扬"托古改制"，严格区分"今古文"，在前人所复"许郑之学"上，成功推进到西汉"今古文学"，进而脱却一切师法、家法，回溯到先秦的"子学""古史"，实现学术研究的彻底解放。巴蜀文献至清代猛增至三千余种，乃为蜀学复兴之重要标志。

（原载《中国社会科学报》2011 年 9 月 15 日）

《巴蜀文献要览》叙论

一、文献：文化的记录，历史之载体

历史研究是实证与抽象相结合的过程，它是在大量史料的基础上，对过去的历史进行小心复原，并对反映在历史发展之中的规律进行总结和提炼的过程。研究历史文化，首先必须拥有丰富的资料和证据，这些资料和证据，孔子当年称之为"文献"。子曰："夏礼吾能言之，杞不足征也；殷礼吾能言之，宋不足征也，文献不足故也。"（《论语》）礼，即历史文化。孔子说，他想讨论夏和商的历史文化，可是夏的后裔之国杞和商的后裔之国宋，他们所保存的先代文献都并不充分，因此并不足以证明夏商之历史文化。那么什么是文献呢？汉、宋注家解为"文章"和"贤才"，实即文字资料和口碑史料。

进入近代社会以后，历史资料又拓展出实物资料和民俗资料等类别。实物资料主要包括历史遗迹和遗物，在中国也就是诸如"商鼎周彝""秦砖汉瓦"等为代表的文物和古迹。民俗资料主要是指保留在民间乃至少数民族之中的资料，孔子说"礼失而求诸野"，也就是到民间和民族中去寻找历史文化资料。在这些资料中，相比之下以"文献"资料最为集中，也最有系统。它是以往文明和文化（孔子称之为"礼"）的载体，也是酝酿和启迪未来新文化、新文明和新知识的源泉。

相传上古之世，"结绳而治"。黄帝之史仓颉"始作文字"①，后世圣人乃"易之以书契"（《系辞传》），以代结绳。自此，中国便进入了有文字记录的"文明"时代。史称"古之王者，世有史官，君举必书，所以慎言行、昭法式

---

① 〔晋〕皇甫谧：《帝王世纪》卷一，徐宗元辑存本，中华书局1964年版，第18页。

也"①，于是就出现了"唯殷先人，有册有典"（《尚书·多士》）；周史老聃，"主柱下方书"②等掌故。东周以降，世道陵夷，斯文沦丧，孔子因有"文献不足"之叹。他广搜博采，振起废坠，"论次《诗》《书》，修起《礼》《乐》，赞《易》，修《春秋》"（略依《史记》），将记载"先王陈迹"（老子语）的"旧法世传之史"（《庄子》），一点一滴地收集起来，经过整理、撰修，成为记载"德行道艺"的经典著作，从而使中国的历史研究和礼乐重构有信史可据，中国的文化教育和历史传承有经典可读，这就是孔子"修定六经"的伟大事业。

孔子进而又以《诗》《书》《礼》《乐》教，弟子盖三千焉，达徒七十有二人，形成了"游文于六经之中，留意于仁义之际"的气势庞大、影响深远的儒家学派。孔子没后，弟子散游列国，友教士大夫，或为王者师。于是民智大开，诸子并兴，促成了"百家争鸣"局面的形成，形成了中国思想学术的"轴心时代"，影响后世历史发展两千余年。

有了这些文献和经典，后世的智慧才被点燃，中华历史文化也才能一代一代地得到传承和弘扬。时至今日，在众多古国的文明都已经消失或中绝后，中华文化仍然得到延续和光大，虽历尽荣枯，却老干新枝，根深叶茂，这正是因为有了经典文献为之记载、启迪的缘故。这就是因文字产生，从而实现文明记录和传承，从而又促成文明进步和发展的鲜活实例，也是人类文化发展、文明进步的一大奇观。

《隋书·经籍志序》说："夫经籍也者，机神之妙旨，圣哲之能事，所以经天地，纬阴阳，正纪纲，弘道德，显仁足以利物，藏用足以独善。学之者将殖焉，不学者将落焉。大业崇之，则成钦明之德；匹夫克念，则有王公之重。其王者之所以树风声，流显号，美教化，移风俗，何莫由乎斯道？……遭时制宜，质文迭用，应之以通变，通变之以中庸。中庸则可久，通变则可大。其教有适，其用无穷，实仁义之陶钧，诚道德之橐钥也。其为用大矣，随时之义深矣，言无得而称焉，故曰'不疾而速，不行而至'。今之所以知古，后之所以知今，其斯之谓也。"真是至理名言！

---

① 〔汉〕班固：《汉书》卷三〇《艺文志》，中华书局 1962 年版，第 1715 页。
② 〔汉〕司马迁：《史记》卷九六《张丞相列传》，中华书局 1959 年版，第 2675 页。

自兹以降，历代有作为的君主，大都致力于文献的收藏和整理，实录和国史的修撰和保存。汉有刘向、刘歆父子校理群书，隋唐时期有炀帝、玄宗之收藏"四部"文献，宋有《九经正义》之校刻和"四大部书"之纂修。明有《大典》《大全》，清有《集成》《四库》，俱为文献收藏和文化传承的重大事件，对后世历史影响十分深远。

综观历代文化盛衰的演进历程，大致以文献是否得到有效收藏和整理为标志，各时期的文化是否繁荣每每以此为坐标，呈现出文献兴则文化兴，文献散则文化衰的态势，体现了《隋志》"学之者将殖焉，不学者将落焉"的盛衰规律。

一国如此，一个地方也不例外。一方富庶，其文化必兴，而文化若兴，其文献必富。于是"故家乔木""文献旧邦"，就成为评价一个地方历史文化底蕴的专用名词。巴蜀地区是人类的发祥地之一，也是中华古文明的摇篮。这里水土肥沃，气候湿润，物产丰富，号称"陆海""天府"，是人类繁衍生息的乐园，也是文化孕育发展的沃土。

《山海经》说："西南黑水之间，有都广之野，后稷葬焉。[其城方三百里，盖天下之中，素女所出也。]① 爰有膏菽、膏稻、膏黍、膏稷，百谷自生。冬夏播琴，鸾鸟自歌，凤鸟自舞。灵寿实华，草木所聚。爰有百兽，相群爰处。此草也，冬夏不死。"② 都广之野即广都之野，亦即成都平原。那里原野广袤，河流纵横，有油浸滋润的大豆、水稻、高粱、玉米，百谷自然长成；民众冬夏弹琴娱乐，凤凰鸾鸟，自歌自舞；草木丛生，经冬不死；百兽群居其中，和平相处，不相伤害——真一派太平景象、幸福乐园！

岷峨毓秀，江汉炳灵。这里不仅自然条件优越，而且人文蔚然，美俗天成。常璩曾经满怀深情地叙说，《夏书》曰："岷山导江，东别为沱。"意思是岷江是大江源头，向东分出一支为沱水。岷江灌溉成都平原的肥田沃土，是滋养巴蜀人民的母亲河，它水源充沛，居"四渎"之首；下游又分为"九江"，为众水之源。蜀地又是个聚宝盆，"璧玉、金、银、珠、碧、铜、铁、铅、锡、赭、垩、锦、绣、罽、牦、犀、象、毡、氉、丹黄、空青、桑、漆、麻、纻"等等，充盈

---

① [ ] 内文字，原入郭注，袁珂《山海经校注》从王念孙、郝懿行校复。
② 《山海经·海经新释》卷一三《海内经》，袁珂校注本，上海古籍出版社1980年版，第445页。

其间；还地近西南夷，拥有"滇、獠、賨、僰僮仆"等劳动力资源。从方位上讲，根据文王八卦方位，蜀国处于西南坤卦，坤卦有"黄裳元吉""含章可贞"之象，故蜀地天生就"多斑彩文章"；从黄道运行轨道上看，蜀在十二辰正值未宫，未者味也，所以其地自然"尚滋味"；从五德终始上讲，西南之德正在少昊，少昊者高莘氏也，莘者辛也，故此地之人生来就"好辛香"；从星象分野上看，西南正应舆鬼之宿，鬼者聪明狡黠也，故蜀人性情，其君子"精敏"，其小人却"鬼黠"。蜀地山林里、泽渔内、园囿中，"果瓜四节代熟，靡不有焉"。蜀地的地理北与秦国相连，其风俗"故多悍勇"。此外，这里还是"南音"故土，周、召二公演为《周南》《召南》，象征"文王之化，自北而南"，泽被整个江汉平原，故蜀风与"秦、豳同咏"，文学作品多有雅正之"夏声"①。

据考古发掘和历史研究，常璩的描述基本上是准确的。这里不仅有距今204万年的"巫山猿人"、旧石器晚期的"资阳人"，有大禹治水与蜀王蚕丛、柏灌、鱼凫、杜宇、开明和巴王廪君等历史传说，而且还有长江三峡古文化遗址群和成都平原古文化遗址群等重大发现。商周时期，蜀人巴师，前歌后舞，参与武王伐纣。秦汉而降，巴蜀的地利和物产，更是统一全国和周济天下名副其实的天然府库。

在祖国大一统的文化格局中，巴蜀以其丰富的自然资源和人文环境，哺育出一批又一批杰出人物和"蜀学"精英，既有司马相如、陈子昂、李白、苏轼、巴金等文学家，扬雄、卫元嵩、赵蕤、李鼎祚、房审权、来知德等易学家，张栻、唐甄、吴虞等思想家，陈寿、常璩、李焘、李心传、刘咸炘、郭沫若、蒙文通等史学家，魏了翁、虞集、杨慎、李调元、谢无量等博物学家，杨锐、刘光第、廖平、宋育仁等经学家和改良学者，严君平、郑子真、赵蕤等大德隐士，张道陵、张鲁、宗密、马祖道一、杜光庭、王恩洋等宗教学家，李阳冰、文与可、杨朝英、王光祈、张善子、张大千等艺术家，马一浮、唐君毅、贺麟等现代新儒家；还有张澜、邹容、张培爵、朱之洪、杨沧伯、熊克武、黄复生等辛亥首义人物，吴玉章、朱德、刘伯承、邓小平、陈毅、聂荣臻等革命家，他们皆卓然振起，以天下为己任，创造了辉煌灿烂的思想文化，也推动了中国社会历史的巨大

① 〔晋〕常璩撰，刘琳校注：《华阳国志校注》卷三《蜀志》，巴蜀书社 1984 年版，第 175～176 页。

变革，真是杰才秀士，代有其人。

四川是文化大省，也是文献富省，历代学人为我们留下了汗牛充栋、丰富多彩的文献典籍。据不完全统计，现存巴蜀古文献就达三千余种。不仅数量庞大、内涵丰富，而且风格各异，形式多样。大而言之，遍及经史子集；细而言之，则有诗词歌赋、注疏撰录、正史轶闻，与乎书画碑帖，可谓诸体皆备，各呈意态。举凡政治之兴替、经济之发展、文化之繁荣、军事之胜负、社会之变革，以及思想学术之精妙、高人韵士之风雅、地理民族之风貌、民风民俗之奇异，应有尽有，多彩多姿。它们既是巴蜀文化的载体，也是中华文明的重要组成部分。它们既是巴蜀文化的历史性记录，也是巴蜀学人在各个文化领域进行研究、思索和创新过程及其成就的集中展示，这些或由巴蜀学人所著，或记录巴蜀文化的文献，我们命之名为"巴蜀文献"。

巴蜀文献不仅记载了巴蜀固有的历史文化信息，而且也为更形象生动地展示这些信息而创造了丰富多彩的文献形式。这些不断创造中的文献成果，本身也在不断地丰富和发展着巴蜀文化的内容和形象。研究巴蜀文化，固当首先关注和研究巴蜀文献，从中梳理和摘取巴蜀文化研究的历史素材。同时，要全面地审视巴蜀文化，又不能不将巴蜀文献纳入研究和探索的对象，因为巴蜀文献本身也是构成巴蜀文化的镜像。巴蜀文献在这里，实兼有文明载体和文化主体的双重含义。

撰写《巴蜀文献要览》，既是因为历史研究首先必须解决史料学问题，同时也是出于对历史上巴蜀学人长于著述、富于藏书的历史文化进行综合考察的需要。研究巴蜀的历史文化，应当充分占有历史资料，因此史料学就成为必需。同时，文化研究又应当兼顾作为文化组成部分之一的文献，因此文献学也是必不可少的。

本书任务实兼"史料学""文献学"二任，一方面来自"史料学"的任务，是为读者介绍更多的文化要籍，为学者从事专题研究提供更多的目录索引，这就要求尽可能多地揭示各书蕴含的历史文化资料，从而为读者提供读书门径和入门方便。

另一方面来自"文献学"的任务，又要求本书给读者清晰地展现出巴蜀文献发展和演变的历史轨迹，特别是各种书籍在编纂学上的继承与创新，揭示它们在承载与宣传历史文化方面所采用的编纂方法和独特创意，从而为读者提供游文与赏鉴的范本和学习与创新的典范。

二、巴蜀：历史悠久，文献旧邦

关于历代巴蜀著述，《汉志》《隋志》等正史艺文（经籍志）时见著录；宋晁公武《郡斋读书志》、陈振孙《直斋书录解题》，以及清代《四库全书总目》、民国《续修四库全书总目提要》等公私书目，亦多有评价。但是以上诸书都属全国性书目，且所著录之巴蜀文献，皆杂厕于书中各目之下，未能集中、系统地著录。

明代曹学佺撰《蜀中著述记》十卷，巴蜀文献始有专述，自先秦至宋元的蜀人著作约七百余种，都得到原原本本的著录和考述。然而明清而下，尚未有人续编。嘉靖间修《四川总志》，其艺文部分委当时才子杨慎编纂。杨氏爱好文学，热心蜀故，所编艺文志六十四卷，广泛选录古今学人有关蜀事的诗赋文章，因成《全蜀艺文志》一书。但是该书录文章有余，而纪书目却不足，史志"艺文"一体为之改变。雍正《四川通志》亦仅录文艺辞章，相承未改。至嘉庆重修《四川通志》，乃恢复"汉志""隋志"传统，自卷一八三至卷一八八，俱为巴蜀经籍的"四部"目录，自先秦至清初的全蜀著述，略备于兹矣。及乎晚清，尊经书院开办，"蜀学"再兴，师生肄业，亦颇有人关注蜀学的发展历程和蜀人的著述成果，于是有《蜀学编》①和《四川艺文志》②的草拟。《蜀学编》以人物为中心，考述历代蜀学的传承与流变；《艺文志》则是以书为中心，总览巴蜀著作之分类目录。巴蜀古代学术及其成就，于此得到初步梳理和总结。近时学人，又根据有清各县方志，综合考察清人著述成果，编成《清代蜀人著述总目》，清人之著作文章信息，毕聚于兹矣！

现据嘉庆《四川通志》胪列历代巴蜀文献如下：

---

① 《蜀学编》，高赓恩、伍肇龄同编，系据尊经诸生方守道等"课艺"成果编成。
② 吴福连：《拟四川艺文志》，《尊经书院初集》卷九，光绪成都刻本；又收入《中国历代书院志》第十六册，江苏教育出版社 2006 年影印本。

嘉庆《四川通志·经籍志》统计表

	部类	汉唐	宋	元	明	清	类计
经部	易	13	63	12	17	18	123
	书	3	23	0	4	2	32
	诗	4	22	0	6	3	35
	礼 周礼	/	6	1	/	3	10
	仪礼	/	2	/	/	1	3
	礼记	3	3	3	3	2	14
	通礼	1	5	3	7	1	17
	乐	1	9	/	1	/	11
	春秋	10	55	14	9	6	94
	孝经	4	4	1	1	1	11
	五经	2	20	7	10	3	42
	四书 论语	1	21	1	/	1	24
	大学	/	1	/	2	1	4
	中庸	/	6	/	2	2	10
	孟子	/	13	/	1	1	15
	四书总	/	3	1	14	17	35
	小学	8	5	0	36	9	58
	经部合计	**50**	**261**	**43**	**113**	**71**	**538**

续表

部类		汉唐	宋	元	明	清	类计
史部	正史	1	2	/	/	/	3
	编年	/	11	/	/	1	12
	纪事本末	/	4	/	/	1	5
	别史	/	16	/	1	1	18
	杂史	7	34	1	8	12	62
	诏令奏议	3	5	1	30	/	39
	传记	9	25	1	13	7	55
	史钞	4	14	/	6	5	29
	载记	8	5	/	2	/	15
	时令	/	1	/	2	/	3
	地理	8	57	5	36	45	151
	职官	1	14	/	1	/	16
	政书	4	43	1	19	2	69
	目录	1	1	/	2	2	6
	史评	1	20	1	6	5	33
史部合计		**47**	**252**	**10**	**126**	**81**	**516**
子部	儒家	7	18	1	23	24	73
	兵家	3	7	/	/	/	10
	法家	/	/	/	3	/	3
	农家	/	1	/	1	1	3
	医家	13	14	/	5	13	45
	天文算法	7	5	/	/	1	13
	数术	13	16	/	5	9	43
	艺术	7	6	1	7	2	23

续表

部类		汉唐	宋	元	明	清	类计
子	谱录	3	6	1	2	7	19
	杂家	4	28	/	53	24	109
	类书	6	10	1	11	1	29
	小说家	5	16	/	13	1	35
	释家	11	10	/	23	9	53
	道家	48	23	/	15	1	87
部	**子部合计**	**127**	**160**	**4**	**161**	**93**	**545**
集	别集	30	192	19	272	274	787
	总集	3	17	/	39	25	84
部	诗文评	1	5	/	8	6	20
	词曲	1	6	2	12	7	28
	集部合计	**35**	**220**	**21**	**331**	**312**	**919**
	四部总计	**259**	**893**	**78**	**731**	**557**	**2518**
别录：寓蜀文献	经部	14	10	/	/	/	24
	史部	66	69	2	51	27	215
	子部	49	5	4	4	2	64
	集部	47	28	1	21	15	112
	合　计	**176**	**112**	**7**	**76**	**44**	**415**
	总计	/	/	/	/	/	**2933**

以上巴蜀四部文献凡 2933 种，时间上起先秦，下迄清乾隆年间；作者则分两类，一类是蜀人自撰著作，约二千五百一十八种，一类是外籍寓蜀者所著和所编著作，共计 415 种。嘉庆《通志》分类比较合理，统计也较为完备，各类所反映出来的巴蜀文献也与蜀学的起伏和特征相统一。

晚清时期，尊经院生吴福连《拟四川艺文志》著录先秦至晚清"大凡书六略三十四种、千八十四家、千五百七十三部"。因其书重在以书明蜀学源流和特征，每个时代只大致著录重要的有特色的著作，不在于网罗无遗，所以连他频频引录的《四川通志》材料也未能尽录，其所著录仅及《通志》的一半（2933：1504）。

20世纪80年代，许肇鼎先生撰《宋代蜀人著作存佚录》①（巴蜀书社1986年版，简称"许录"），收载巴蜀文献二千五百余种，多出《四川通志》所录同期书目一千五百余种。2009年王晓波等人撰《清代蜀人著述总目》，在广泛普查清代、民国四川各县县志的基础上，对清代巴蜀文献做出了前所未有的全面著录和统计，总计各类文献三千余种。将《四川通志》著录的先秦至明代文献（2332），加上"王目"的三千余种，"许录"多出的一千五百余种，已知巴蜀古代文献总数六千八百余部。加上我们编《巴蜀全书》普查所增三千余条新目，历史上的巴蜀文献应在一万种以上。

《蜀中著作记》、嘉庆《四川通志》、《拟四川艺文志》著录文献一览表

部	类		四川通志	蜀中著作记	拟四川艺文志
经 部		易	123	27	73
		书	32	6	21
		诗	35	6	25
	礼	周礼	10	/	/
		仪礼	3	/	/
		礼记	14	/	/
		通礼	17	/	/
		春秋	94	21	67（含史为266）
		孝经	11	0	7
		五经	42	0	29

---

① 按，该书经许先生后人许孟青等补录、修订，改名为《宋代蜀人著述存佚录》，被纳入《巴蜀全书》"联合目录"系列，于2015年由四川大学出版社出版。修订本新增两宋蜀人著述一千余种。

续表

部　类			四川通志	蜀中著作记	拟四川艺文志
经 部	四 书	论语	23	9	/
		大学	4	/	/
		中庸	10	/	/
		孟子	15	/	/
		四书总	35	/	/
	乐		11	6	13
	小学		58	1	91
	/		/	0	谶纬 6
	经部合计		**502**	**76**	**332**
史 部	正史		3	国史 76	/
	编年		12	/	/
	纪事本末		5	/	/
	别史		18	/	/
	杂史		62	/	/
	诏令奏议		39	/	/
	传记		55	/	/
	史钞		29	/	/
	载记		15	蜀史 29	/
	时令		3	/	/
	地理		196	128	/
	职官		16	/	/
	政书		69	/	/

续表

部　类		四川通志	蜀中著作记	拟四川艺文志
史部	目录	6	/	/
	史评	33	/	/
	史部合计	**561**	**233**	**266**（合于春秋）
子部	儒家	73	14	86
	兵家	10	9	25
	法家	3	0	13
	农家	3	2	10+名家 11
	医家	45	8	68
	天文算法	13	0	阴阳 8
	术数	44	9	53
	艺术	23	3	墨 23
	谱录	19	3	纵 7
	杂家	115	12	96
	类书	29	/	/
	小说家	35	14	67
	释家	43	43	/
	道家	87	63	/
	子部合计	**542**	**180**	**467**
集部	别集	787	142	/
	总集	84	5	/
	诗文评	30	/	/
	词曲	28	/	/
	集部合计	**929**	**147**	**439**

续表

部　类	四川通志	蜀中著作记	拟四川艺文志
四部总计	2534	636	1504
别录：寓蜀文献	416	64	/
总　计	2950	700	1504

综观这些书目，我们可以得出以下几点启示：

一是学术与世运相浮沉，而文献又与学术共盛衰，世运昌则学术盛，学术昌盛则文献繁富。通过上述对巴蜀学术发展史的简要回顾，我们不难发现巴蜀历代学术呈现出曲折发展的过程：先秦萌芽，两汉初盛，魏晋南北朝持续，隋唐复盛，两宋极盛，元代再衰，明代由盛而衰，清代复苏，近代复昌。巴蜀文献和文献学的发展历程，也大致与这一情况相吻合。

如先秦时期，蜀学尚未形成，巴蜀古文字文献也未能成批发现和成功解读，我们所谈的先秦巴蜀文献只是用汉语言记录的文献。此类文献的作者，或为迁入巴蜀的外籍人（如苌弘、尸佼），或为迁入中原的巴蜀人（如大禹、尹吉甫等）。真正由巴蜀人士写于巴蜀的，可能只有《山海经》（《海内经》等篇）、"南音"等，其体例和内容都还处于萌芽状态，它们作为一种文献或文体，还有待后世的加工和提炼，如周公、召公继承"南音"而成《周南》《召南》，屈原继承"南音"而有《离骚》楚辞；汉人收集整理《海内经》《海外经》《山经》之类文献，然后才形成《山海经》一书。

秦灭巴蜀，巴蜀文化独立发展进程被强行中断，秦朝（包括前期的秦国）、汉朝大量流人迁客进入巴蜀，大大促进了巴蜀的华夏化（或汉化）；特别是文翁开办石室传授儒家七经，用汉文写就的文献在此时逐渐涌现出来。大约在文帝前期，胡安已经在邛州"居白鹤山传经"①，司马相如就曾经从胡安学《易》②。景

---

①　祝穆《方舆胜览》卷五六："白鹤山在［邛州］城西八里，常璩曰：临邛名山，曰四明，亦曰群羊，即今白鹤也。汉胡安尝于山中乘白鹤仙去，弟子即其处为白鹤台。"又引魏了翁《营造记》曰："州之西直冶城十里所，有山曰白鹤。……故为浮屠之宫。自隋唐迄今，庵院凡十四所。远有胡安先生授《易》之洞，近有常公谏议读书之庵。"
②　曹学佺《蜀中广记》卷一三引陈寿《益都耆旧传》："胡安，临邛人。聚徒于白鹤山，司马相如从之受经。"又卷七四"白鹤山"："司马相如从胡安先生授《易》于此。"

帝时期，司马相如以文章知名，为武骑常侍，又游梁国，得与东南诸侯游士交往，以文赋壮天下。这些都是文翁办石室以前的事情①，然而当时经学之传虽有其人，却不普遍。及景帝末年文翁守蜀，"选郡县小吏开敏有材者张叔等十余人，亲自饬厉，遣诣京师，受业博士"；"又修起学官于成都市中，招下县子弟，以为学官弟子"，于是形成"蜀学"，史有"蜀学比于齐鲁"的说法。② 当时即有汉文文献出现，如张宽撰《春秋章句》，这也许是汉人治《春秋》的第一书③。至如扬雄撰《太玄》《法言》《方言》，杨终撰《哀牢夷传》（收入《后汉书》），皆成为传世之作。

自汉之后，巴蜀民智大开，迄于晋唐，"蜀学"不替。渊、云（扬雄、王褒）辞赋，陈、常（陈寿、常璩）史学，蜀才（范长生）《易传》，卫元嵩《元包》，赵蕤《长短》，陈、李（陈子昂、李白）诗歌，皆驰名当代，为世师表。巴蜀文献之富，蔚为壮观，蜀之经学著作时载于史，蜀地理文献、文学作品，也见称于时。

及乎五代、两宋，蜀中相对安定，蜀学再度复兴，"蜀石经"的刊刻，九经、文选的雕印，以及北宋三苏（洵、轼、辙）的文学，南宋二李（心传、焘）的史学，还促成了卷帙浩繁的《三苏全集》《两苏经解》《建炎以来系年要录》《建炎以来朝野杂记》《续资治通鉴长编》等旷世文献的诞生。宋末以及明末清初的战乱，又使"蜀学"一片沉寂，文献特别是开创性的文献也十分稀少。经过清代近三百年的积累，至晚清蜀学才又有所复苏，巴蜀文献也才进入第三个繁盛时期。

二是文献保存与科学技术成正比，技术特别是印刷技术的进步，在大大推动文献推广的同时，也有利于文献的保存。

两汉，作为蜀学的第一个高峰期，必然产生过大量文献典籍，可惜由于当时

---

① 详参徐仁甫《司马相如与文翁先后辨》，《四川日报》1959 年 6 月 21 日；蒙文通《巴蜀史的问题》之《巴蜀的文化》，《蒙文通文集》第二卷《古族甄微》，巴蜀书社 1993 年版，第 247 页。

② 《汉书》卷八九《文翁传》，第 3625~3626 页。

③ 按，汉初《春秋》之传有左氏、公羊、穀梁、邹氏、夹氏（未有书），皆先秦旧传。汉人之著《春秋章句》，实自张宽（字叔文）始。《华阳国志》卷三："孝武帝皆征入叔为博士，（张）叔明天文灾异，始作《春秋章句》。"《汉志》著录《春秋》章句，有《公羊章句》38 篇，已佚，不知何人所作；《穀梁章句》33 篇，沈钦韩《汉书疏证》引范宁《序》徐彦《疏》："尹更始，则汉时始为章句者也。"已在宣帝以后。颇疑《汉志》所列《公羊章句》即张宽所作。

印刷无术，传播有限，又因时代久远，留存者鲜，故其具体实情已难详考矣。汉唐时期"蜀学"在诸多领域颇有创新，实居全国领先地位，但据《四川通志》所著录，仅有经学著作 50 种，史学著作 47 种，子学著作 127 种，集部文献 35 种，这与当时蜀学繁盛的历史是极不相称的。

　　印刷术的发明、改进和推广，大大推动了巴蜀文献的传播和保存。据考证至迟在公元 8 世纪上半叶，雕版印书已经在蜀中流行。唐文宗大和九年（835），东川节度使冯宿奏："剑南两川及淮南道，皆以版印历日鬻于市。每岁司天台未奏颁下新历，其印历已满天下。"① 奏书称"每岁"，知非一岁，亦非仅在近年；"印历满天下"，表明其印刷技术成熟，传播很广。此后唐懿宗咸通九年（868）、唐僖宗中和二年（882）、中和三年（883），在成都皆有与印刷有关的事情发生。大和九年，日本僧人宗睿从中国带去"西川印子（在成都雕印的书籍）《唐韵》一部五卷和《玉篇》一部三十卷"②。唐柳玭《家训序》："中和三年癸卯夏，銮舆在蜀之三年也。余为中书舍人，旬休，阅书于重城之东南。其书多阴阳杂说、占梦相宅、九宫五纬之流，又有字书小学，率雕版印纸，浸染不可尽晓。"③ 是

————————

① 〔宋〕王钦若：《册府元龟》卷一六〇，中华书局 1960 年影印本，第 1932 页。

② 张秀民：《中国印刷术的发明及其影响》，上海人民出版社 2009 年版，第 27 页。又，1900 年在敦煌石室发现"一卷木版雕刻印刷《金刚经》"，卷尾准确标出了刊刻时间："咸通九年四月十五日王玠为二亲敬造普施。"咸通九年，公元 868 年。1966 年 10 月 13 日，韩国庆州佛国寺"发现了装在舍利盒内的古代印本《无垢净光大陀罗尼咒经》"，经过考证，"经卷是公元 704 年到 751 年之间的雕版印刷之作"。韩国学者也就此为依据向世界宣称，印刷术起源于韩国。印刷史研究专家潘吉星仔细研究《无垢净光大陀罗尼咒经》的副本，发现这幅经卷之中使用了 4 个武则天造的制字——证、授、地、初，共出现了九次，因此证明这幅经卷是从中国流传到韩国去的。同样是在咸通九年，新罗人崔志远进入大唐东都洛阳国子监学习，那年他 14 岁。874 年，崔志远参加唐朝科举考试，登进士第，在唐朝为官，专掌书记。十年以后（884），崔志远回新罗，把大唐文化传播到韩国，被誉为"东国文学之父""新罗文化的圣人""韩国儒学第一圣人"。诸如《无垢净光大陀罗尼咒经》这样的唐刻经卷，就可能是崔志远等带回去的。824 年十二月，白居易在杭州做刺史，收到元稹一封书信，说他为白居易编的《白氏长庆集》已经编成，并撰序言，有"扬越间多作书模勒乐天及余杂诗卖于市肆之中也"语。模勒即刻石拓印，离雕版印刷已不远。时间又比敦煌《金刚经》早。又，1983 年，美国纽约克里斯蒂拍卖《中国书画目录》第 363 号《敦煌隋木刻加彩佛像》，描绘了南无最胜佛和两名侍从，采用雕版木刻线条，之后又用画笔添加煌色的做法，叫木刻加彩佛像。此幅佛像底部有八行汉字："大业三年四月，大庄严寺沙门智果敬为敦煌守御令孤押衙敬画二百佛，普劝众生供养受持。"大业是隋炀帝年号，大业三年就是 607 年。这幅画片有填墨的痕迹，可能是当时雕版印刷技术还不成熟，印刷质量不好而造成的，这可能是中国最早的雕版印刷作品。因此有人说雕版印刷术肇始于隋，行于唐世，扩于五代，精于宋人，盛于明清。

③ 〔宋〕叶氏：《爱日斋丛钞》卷一引，清《守山阁丛书》本。

年有印本"剑南西川成都府樊赏家历",今尚藏于伦敦。① 及至 20 世纪 40 年代，也还在四川大学校区的一座唐墓中"发掘出一张印本《陀罗尼经咒》，上有'成都府成都县龙池坊近卞印卖咒本'的题记"②。

雕版印刷术的发明和应用，无疑大大提高了图书的传播速度，也大大提高了图书的保存率。史称"学者无笔札之劳，获睹古人全书"③。苏轼说："余犹及见老儒先生，自言其少时，欲求《史记》《汉书》而不可得，幸而得之，皆手自书，日夜诵读，唯恐不及。近岁市人转相摹刻，诸子百家之书，日传万纸，学者之于书，多且易致如此。"④ 清儒钱大昕也说："唐以前藏书皆出抄写，五代（当为唐代——引者）始有印板，至宋而公私板本流布海内。自国子监、秘阁刊校外，则有浙本、蜀本、闽本、江西本，或学官详校，或书坊私刊，士大夫往往以插架相夸。"⑤ 因此，进入宋代后巴蜀文献就陡然增多起来，仅有宋一代即著录文献 1005 种，这既与蜀学的再次复兴有关，也与印刷术发明和广泛应用有关。但需特别指出的是，不能仅凭著录文献的数目来断定学术的兴衰。比如元、明、清初时期的文献亦不少，元代有 85 种，明代有 807 种，清初有 601 种，但并不能说明元至清初蜀学的繁荣，事实恰恰相反，这一时期正是蜀学的相对衰微时期。之所以仍有这么多文献见录，是由于印刷技术改进之故，而不是学术比前进步的结果。

三是巴蜀文献种类繁多，内容丰富，四部皆有，品类齐全，这就为我们研究巴蜀历史文化提供了除"正史"以外的广博资料。在《通志》根据《四库全书总目》所分的四部 44 类中，均能见到巴蜀人士的撰述，这些都可为我们今天研究"蜀学"以及巴蜀历史文化所用。如我们要研究巴蜀的上古史，就有《山海经》《蜀王本纪》《华阳国志》等文献。要研究巴蜀地区的地理、风俗、物产等，则有《蜀水经》《蜀水考》，历代所撰四川《总志》《通志》以及各府州县志，甚至各种山川志（如《峨眉山志》《青城山志》《嘉陵江志》等）和游记（如

---

① 张秀民：《中国印刷术的发明及其影响》，第 30 页。
② 详参冯汉骥：《记唐印本陀罗尼经咒的发现》，《文物参考资料》1957 年第 5 期；吴天墀：《宋代四川藏书考述》，《吴天墀文史存稿》，四川大学出版社 1998 年版，第 190 页。
③〔元〕脱脱等：《宋史》卷二〇二《艺文志》，中华书局 1977 年版，第 5032 页。
④〔宋〕苏轼：《李氏山房藏书记》，《苏轼文集》卷一一，孔凡礼点校本，中华书局 1986 年版，第 359 页。
⑤〔清〕钱大昕：《补元史艺文志序》，《二十五史补编》第六册，中华书局 1955 年版，第 8393 页。

《入蜀记》《吴船录》《秦蜀驿程记》等）。要研究秦统一后的四川历史文化，除了《华阳国志》外，还有《蜀梼杌》《蜀中广记》《蜀典》《蜀故》《蜀都碎事》等，其中特别是《蜀中广记》收集文献相当丰富，内容十分广博。又如果我们要考察"蜀学"的发展史，既有《蜀学编》《四川儒林文苑传》《拟四川艺文志》等综合著述，还有各位蜀学大家所撰的学术专著，如《易》学有李鼎祚《周易集解》、苏轼《东坡易传》、来知德《周易集注》等；史学有陈寿之《三国志》，常璩之《华阳国志》，李心传之《建炎以来系年要录》《建炎以来朝野杂记》，李焘之《续资治通鉴长编》；文学有司马相如、扬雄之辞赋，陈子昂、李白之诗歌，三苏之文章；科学有《续博物志》、唐慎微之《证类本草》、秦九韶之《数书九章》；子学有严遵《道德指归》、苏辙《老子解》、唐甄《潜书》，以及近世伍非百、庞石帚、王利器、吴毓江、杨明照等人所撰诸子文献的校注；数术有扬雄之《太玄》、卫元嵩之《元包》；宗教有张道陵之《想尔注》，李荣之《老子解》，彭晓之《参同契注》，宗密《华严经疏》《禅源诸诠集部序》，释绍昙《五家正宗赞》，释性统《续灯正统》，释通醉《锦江禅灯》等；民族有樊绰《蛮书》、来保《平定金川方略》、阿桂《平定两金川方略》、赵翼《平定两金川述略》、李心衡《金川琐记》等。真是应有尽有，无不毕载毕书，这些都是巴蜀历史文化研究的资料渊海。

四是巴蜀文献开创性和总结性都很强，在种类繁多的文献中，有开历史先河、成一代典范者；有汇古今成果、成一代总会者。如扬雄之《太玄》《法言》，开后世拟圣仿经之先例；常璩《华阳国志》，以系统的体例，平实的笔调，树立了方志总志的典范；赵崇祚《花间集》、苏轼《东坡乐府》，则创立了宋词婉约、豪放二派的词格；昝殷《经效产宝》《食医心鉴》，陈士良《食性本草》，王灼《糖霜谱》，唐慎微《证类本草》，又开妇科、食疗学、制糖业、方剂学各门之先河。至于扬雄《方言》之开辟方言研究新领域，杜大珪《琬琰集》之开碑传新史体，魏了翁《九经要义》之开辟"经抄"新体裁，等等，皆蜀人树之风声、成其典范，然后再在全国得到推广和弘扬者也。

三、纂述：类聚群分，溯流考源

我们所要介绍的巴蜀文献，比较集中地考虑了以下三个要素：

首先，入选图书必须是研究或记载巴蜀文化的重要著作。此类典籍无论是不是蜀人所作，都是巴蜀文化的历史记录和见证，也是今天研究巴蜀文化必不可少的资料。如《三国志》（陈寿撰）之有《蜀书》，《华阳国志》（常璩撰）之有《巴志》《蜀志》《先主志》《后主志》《四李志》，等等，它们既是有关巴蜀历史的重要记录，也是出自巴蜀学人之手的经典著作，它们入选"巴蜀文献要籍"自然没有任何疑义。即如陆游之撰《入蜀记》，范成大之撰《吴船录》，曹学佺之撰《蜀中广记》，王士祯之撰《秦蜀驿程记》，它们的作者虽非蜀人，但它们的内容则是地道的巴蜀文化，对于巴蜀历史文化的研究，自然也是不能缺少的，它们的入选也是没有问题的。似此之类，理所当然的是巴蜀文化的"载体"，对于它们的清理和研究，是没有任何疑义的，这就是巴蜀历史文化研究中"史料学"的任务！

其二，入选图书能够反映巴蜀文化的发展状况，特别是反映巴蜀地区思想学术的演进历程，反映历代巴蜀学人的学术成就和历史贡献，也就是反映"蜀学"的历史。如扬雄之《太玄》、李鼎祚之《周易集解》、苏轼之《东坡易传》、来知德之《周易集解》，这些书内容虽然都不是直接讲巴蜀历史的问题，但是却是巴蜀学人研究易学的智慧结晶，是对程颐"易学在蜀"的最好阐释。又如，司马相如、扬雄之辞赋，子昂、太白之诗章，"三苏"（洵、轼、辙）、二杨（廷和、升庵）之道德文章，其内容虽然不以记载巴蜀历史文化为主，但是却是巴山蜀水、巴风蜀韵孕育出来的文化精英和文学巨擘，他们的文章作品之入选本书，正可体现出巴蜀文化的无穷魅力和丰富内涵。至于苏辙之修《古史》，范祖禹之撰《唐鉴》，王偁之撰《东都事略》，李焘之撰《续资治通鉴长编》，李心传之撰《建炎以来系年要录》《建炎以来朝野杂记》，虽然其主要内容不在于记录巴蜀的史事，但是这些书正好可以反映巴蜀学人的史学成就。又如扬雄之纪《方言》，唐慎微之纪《本草》，秦九韶之纪《九章》，王灼之纪《糖霜》，虽然也不是巴蜀文化的集中记录，但却都具有当时世界第一、中国唯一的价值，实乃展现绚丽多姿的"蜀学"风貌的名著。此类资料实为蜀学的"主体"，对它们的关注和研究，我们视之为"蜀学"史"史料学"可矣！

其三是着意选录体例创新、影响较大的文献。巴蜀学人往往具有创新精神，敢为天下先，勇为天下创，许多文化成果具有倡始意义，本编对此也予以了充分关注。因为这些由巴蜀学人首创的文体和杰出的文献，本身就是巴蜀文化的重要内容和特殊现象，我们研究巴蜀文化是决不容许忽略的。如司马相如首创"铺张扬厉""劝百讽一"的大赋，扬雄首拟《易经》《论语》而作《太玄》《法言》，首继"輶轩语"而著《方言》，常璩《华阳国志》首创系统的方志体，赵崇祚《花间集》首辑婉约词，苏轼《东坡乐府》首开豪放风，杜大珪《碑传琬琰集》首创"碑传体"，以及唐甄《潜书》之首开"启蒙思潮"，李调元《函海》之首辑巴蜀丛书，廖季平《今古学考》首揭经今古学之秘，凡此种种，都是巴蜀文化史上的奇观，也在中华文化史上蔚为大观。在它们的启导和影响下，在全国又衍生出许许多多的同类型文献，此类原创性文献便理所当然地成为同类文献的"本体"（或母体），引领着相关领域学术文化的发展方向。此类特殊文献，也是巴蜀文化的"本体"和闪光体，对它们的关注和研究，应当成为巴蜀文化中"文章学""文献学"或"学术史"研究的内容，也应当成为"巴蜀文化学"的重要组成部分。

总之，本编选录的文献，可以归结为以下三类：直接记录巴蜀文化的"载体"性文献，直接反映"蜀学"成就的"主体"性文献，以及直接表现巴蜀学人创新精神的"本体"性文献。我们希望通过对这三类文献的研究和介绍，来基本完成巴蜀文化研究所寄予的"史料学""文献学"任务，也部分地实现其"文化学"的功能。

有了选目，然后就是如何分类和介绍了。图书分类是"辨章学术，考镜源流"的工作，也是"即类求书，因书就学"的尝试。凡稍知学术渊源，稍懂目录知识者，无不希望通过目录编纂来循流以溯源、提纲以振目。故殷人有"册""典"之分，卜辞占辞之别，周人亦有"国史"和"方志"之异。至于春秋之世，周人、晋人有《诗》《书》《礼》《乐》"四术"（《左传》《礼记·王制》），楚人另增《春秋》《令》《语》《故志》《训典》五种（《国语·楚语》）。及乎孔氏，乃"修《六经》""翻《十二经》"（《庄子》），其实也是将古代文献分成《诗》《书》《礼》《乐》《易》《春秋》六类，突出其主题意义，使之从旧史文献脱胎出来成为经典文献而已。

《墨子》之举"周之春秋""燕之春秋""宋之春秋""齐之春秋""百国春秋"，《孟子》之称"晋之乘、楚之梼杌、鲁之春秋，一也"，都是连类而举，这些都体现了前人对上古文献的类分意识。

此外，《庄子·天下篇》之述"旧史""道术""诸子"之分，《荀子》之《非十二子》，太史公司马谈之述《六家要旨》，《淮南子》之述《要略》，司马迁之著《自序》，此皆考镜诸子之旨趣，辨章学术之源流。及于西汉成帝时，刘向、刘歆父子典校群籍，"每一书已，向辄条其篇目，撮其指意，录而奏之"①，是为《别录》——此即"辨章学术"之事。最后又由刘歆"领校群书"而类编之，以成《七略》。《七略》是中国历史上，也是人类历史上，第一部以系统分类方式来著录古今图书的著作，共有"辑略、六艺略、诸子略、诗赋略、兵书略、数术略、方技略"七部分，其中《辑略》为叙论，所分图书凡六类——此则"考镜源流"之业。《别录》《七略》既对每一种图书的作者、内容及其真伪、优劣，进行了全面评介，也对每一种图书的门类、归属，进行了系统的分门别类的处理。通过《别录》《七略》，我们不仅可以见到每种图书个体的内容和作者的风貌，而且可以看出图书的整体阵容和各门学术的发展演变。这是一部检索书籍十分方便的目录书，也是了解学术演进的系统的源流史，其工具性和学术性都得到很好的体现。因此清人说："不通《汉书·艺文志》，不可以读天下书。"

王俭（著《七志》）、阮孝绪（著《七录》）复倡"七分"，荀勖（著《中经新簿》）、《隋志》又创"四部"，类例更明，分门更细。其后公私书目，或从或违，类聚群分，或增或减，皆踵事增华，后出弥精。

类例既明，学术爰兴。这种以分类、提要的形式来著录图书的方法，既使中国古代图书得到系统著录和介绍，也使中华传统学术因之得到梳理和传承。读者于此，不仅可以前知古书古事，而且可以循源溯流，即类求书，因书就学。前史前志借此得到保存和记录，新学新知也从此得到开启和发生。《易》曰："蓍之德圆而神，卦之德方以知。"与此绝相类似。系统目录有似《易》之卦，内容丰富则似"方以知"；即目求书有似《易》之"蓍"，因书就学则似"圆而神"

---

① 〔汉〕班固：《汉书》卷三〇《艺文志》，第 1701 页。

也。然而如果只有书目（或杂乱无章的提要），而没有系统分类，便会造成源流不清，类例不明，"不方不智"，使人寻书无路，求学无门，那就是"不圆不神"，学术的繁荣和创新也就无从谈起。

因此郑樵说："学之不专者为书之不明也，书之不明者为类例之不分也。有专门之书则有专门之学，有专门之学则有世守之能。"① 可见，科学分类对于优秀目录来说真是必不可少，对于学术传承和发展来说更是至关重要！本着这一精神，《巴蜀文献要览》将秉承中国文献学的传统，运用目录学的方法，对所收录介绍的图书进行必要的分类。

首先，我们仍然采用经、史、子、集"四部"对巴蜀文献进行大的分类，其下再根据当前学术研究需要，进行新的组合。这是遵从传统文献分类方法，适应古代文献实际的需要，也是服务当代巴蜀文化研究所做出的必要变通。

我们所说"蜀学"，无疑是以儒学为核心的蜀中学术，而儒学的主体无疑即经学，所以《巴蜀文献要览》的"经部"诸书，实际上反映的正是"蜀学"的核心内容——儒学的研究及其成果。特别是其中的"易类"文献，更是"易学在蜀"命题的具体诠释。比如，自汉代即有"蜀儒文章冠天下"之说，由大量别集（如《司马相如集》《扬子云集》《陈子昂集》《李白集》、苏洵《嘉祐集》、苏轼《东坡集》、苏辙《栾城集》、杨慎《升庵集》、李调元《童山集》等）和种类总集（《花间集》《成都文类》《全蜀艺文志》等）构成的"集部"，正是巴蜀文章大雅的集中展示。至于"史部"诸书，则既是"史学莫隆于蜀"说的具体类聚，也是从浩如烟海的文献中寻觅巴蜀史料的目录索引。

在经、史、子、集四部之下，我们根据当代学术研究的需要，结合历史文献的存佚情况，新拟了若干细目。其中"经部""集部"与古代目录分类区别不大，大致经部依经书而分，集部依别集、总集而分。至于"史部"和"子部"，则根据具体需要在类目上做了新的组合。

首先看"史部"。

结合文献内容，我们将《山海经》《蜀王本纪》等巴蜀史书分为"国史""蜀史""地理""民族"等四类。

"国史"是反映历代巴蜀学人在治史方面，特别是在全国性史书编纂方面的

---

① 〔宋〕郑樵：《通志》卷七一《校雠略一》，文渊阁《四库全书》本。

成果，如《三国志》《东都事略》《建炎以来系年要录》《建炎以来朝野杂记》等，虽然不以记载蜀事为主，却是蜀人在史学上的重要学术贡献。

"蜀史"类即集中记录巴蜀历史和文化的史书，如《蜀王本纪》（辑本）、《益州记》（辑本）、《华阳国志》、《蜀梼杌》、《锦里新编》，以及《蜀中广记》《蜀典》等，都是研究巴蜀历史所必不可少的书籍。

"地理"类包括记录蜀中山水的书籍（如《蜀水考》《蜀水经》及多种《峨眉山志》和《青城山志》）以及地方志类（精选部分有代表性的省志和县志）。

"民族"类则是民族史料。

其次看"子部"。

共分"诸子""科技""宗教""笔记"四小类。

"诸子"即传统意义上的子书及其研究著作，包括《老子指归》（汉严遵）、《长短经》（唐赵蕤）、《帝学》（宋范祖禹）、《道命录》（宋李心传）、《朱子语类》（宋黎靖德）、《学斋占毕》（宋史绳祖）、《潜书》（清唐甄）等。

"科技"类是反映古代巴蜀学人在科学技术方面成就的著作，有《糖霜谱》（宋王灼）、《数书九章》（宋秦九韶）、《岁华纪丽谱》（元费著）、《蚕桑说》（清李拔）等；还包括部分"博物"类著作，如《续事始》（后蜀冯鉴）、《益部方物略记》（宋宋祁）等关于各类事物起源或趣事的考证和杂录之书；特别是"医药"类书籍，反映了巴蜀地区富于中药生产、自来医学发达、文献丰富的事实，如唐代《石药尔雅》（唐梅彪）、《经效产宝》（唐昝殷）、《玉函经》（唐杜光庭），五代《蜀本草》（后蜀韩保昇），宋代《苏学士方》（宋苏轼）、《证类本草》（宋唐慎微），以及近人《中西汇通医经五种》（唐宗海）等。

"宗教"类则录宗教学著作，四川既是道教的创始之地，也是佛教从南道传入中国的第一站，因此自古以来道教、佛教事业都十分发达，宗教文献也十分丰厚，本类选录佛家《华严原人论》《禅源诸诠集部序》（唐宗密）、道家《老子想尔注》（汉张道陵）等著作。

"笔记"略当古之"小说家"，而主要以名家笔记、逸人小品为主。

通过以上分类，我们一则通过对此五百余种文献进行有序的著录，使之不至于漫无统纪，一盘散沙；二则通过各类图书的介绍，展现巴蜀学人在各个领域的研究和创新的成果，借以展示巴蜀文化的一个侧面。

为使读者对巴蜀文献的整体状况有全面的了解，对各类文献的学术源流有比较完整的认识，特别是对每种图书的内容结构有比较清晰的印象，我们仿照刘向、刘歆父子以来，历代学人在整理文献和编纂目录时另撰"叙录"和"解题"（或"提要"）的方式，在本书中设立了概论、总叙、小序和提要等名目，对上述各项任务予以完成。

本书共分六章，第一、二章是"巴蜀文献源流考""巴蜀文献的收藏、整理与分类"，旨在说明巴蜀文献的整体概况，包括巴蜀文献的起源、流变和盛衰，巴蜀文献的数量、存佚和特色，历代对巴蜀文献的收藏和整理，以及本书所采取的分类方法，等等。

第三至六章依次是"巴蜀经部文献""巴蜀史部文献""巴蜀子部文献""巴蜀集部文献"。每一章都对该类学术的发展和演变，特别是该类文献的产生和积累，使读者在阅读该类图书之前，对该领域的学术史有一个大致了解。

此外，我们还将选录若干重要图书，对其进行系统介绍。对入选图书我们都撰写了内容提要。这些提要的主体内容，大致包括以下几个方面。

一是作者之生平。孟子曰："读其书，不知其人可乎。"读者读一本书，首先想到的必然是了解该书的作者。因此，该书提要的第一项内容，便是关于作者的介绍。包括姓名、字号、籍贯、科第、师从、仕履、主要著述等，特别是大致勾勒其人的生平事业和著作成就，以为读者知人论事之助。

二是撰著之缘起。包括该书的创作背景及其撰著过程，特别是提供一些创作"本事"，可为读者了解和评价该书增加参考信息。

三是篇章之结构。该书所采用或所创新的体例，便于读者掌握和参考，从中体会其文献编纂学的价值。

四是内容之简介。揭示各书主要内容，特别是有关巴蜀文化的内容，以便学人选择利用。

五是学术之价值。包括该书在内容、观点方面的学术价值，在编纂学上的继承和创新，以及对后世的影响，等等。

六是版本之源流。探讨各书修成之后的刊刻与流传情况，并适当介绍各种版本的异同和优劣，为读者提供妥善选择底本的信息。

七是学术之渊源。在一些特殊文献的提要中，我们还适当补充了一些学术史特别是渊源流别等知识，以便读者通过该书提要对相关领域的知识有所了解，通过一组文献提要达到对整个领域历史和成就熟悉的目的。

八是悬疑之解释。对于一些存在争议和悬疑的书籍,其提要也会予以适当辨析,尽量为读者提供相对准确和比较全面的信息。

以上各项,力求其全,当然如果因文献不足征,史实已无考,一时无法妥善解决问题,则姑存阙疑,盖示慎焉尔。

郑樵曾经说过,好的图书分类可以达到"人守其学,学守其书,书守其类,人有存没而学不息,世有变故而书不亡"① 的效果。如果类例明晰,部次清楚,图书分类,井井有条。图书的编次就不会搞错位置,也不会被遗失。学人就可以根据这个合理的分类和清晰的目录,来读书治学了。图书不亡,学术也不会中断。《巴蜀文献要览》撰写的用意也在于此。

本书既有《概论》介绍巴蜀文献的总体状况,有"总叙"和"小序"介绍各类文献的发展源流,又有"提要"介绍每一种图书的内容结构。这样就可以使读者对各种图书、各类图书,以及文献整体和学术流变,都有所了解,有所掌握。我们希望以这种"文献概论""类聚群分"与"专书提要"相结合的方式,起到"辨章学术,考镜源流"的学术史效果,实现"明体达变,触类旁通"的目录学功能,起到"即类求书,因书就学"等读书指南的作用,最终实现使巴蜀学术再兴和文化繁荣的愿望。

当然,对巴蜀古今文献进行全面的清理和研究,目前尚属首次;对巴蜀文献进行系统的分类和提要,现在更属初步尝试。因此,其间或因经验不足,或因资料缺乏,特别因承担者学识不够、精力不足,在实现上述目标时必然存在重重阻碍。诸如对巴蜀要籍的选录是否得当,对巴蜀文献的分类是否合理,对各类图书的介绍是否准确,都有待读者来检验,也希望有识之士批评指正,以便在修订和重版时得以改善和提高。

(本文系四川省重大文化建设项目"巴蜀文化通史"成果之一,原载《存古尊经 观澜明变》,四川文艺出版社 2011 年版)

---

① 〔宋〕郑樵:《通志》卷七一《校雠略一》。

巴蜀学术丛考

"蜀学"的特征与贡献[*]

  "蜀学"诞生于巴蜀大地，带有巴蜀文化兼收并蓄、集杂成醇等鲜明特色，长期与中原学术相互推动发展。"蜀学"一向涵容巴、蜀、中原，相容儒、释、道，含蕴经、史、子，尊道贵德，体用兼赅，具有极强的包容性、开放性和创新性。"蜀学"上起先秦，迄于当下，源远流长，高潮迭起，名家辈出，成果众多。纵观蜀学发展史，其在易学、史学、文学、道教、禅学、小学、数术、方技等方面，均有不凡造诣和创新，取得了引人注目的优异成就，总体呈现出诸学共治、儒道融合、集杂为醇、开放包容、锐意革新的突出个性和优良风格。

  历史上的"蜀学"，其成就是多方面的，举凡政治、经济、军事、哲学、史学、文学、宗教、伦理、科技等领域，都代有其人，人有其书，书成其学，俨然一大源远流长的学术流派，蔚为中华学术史之大观。对于蜀学的分科叙事，目前已有多种著述讨论和述评①，特别是即将出版的二十二卷本《巴蜀文化通史》（内分哲学、宗教、文学、史学、科技、语言、艺术、文艺等卷）更将完整地展现这一切。这里，拟根据我们所理解的中华传统文化的学术体系和话语体系，从制度、经典、学术、信仰和价值观等层面归纳介绍蜀学的主体内容和特征。

一、制度创新：文翁石室、周公礼殿、蜀刻石经

  制度建设是影响学术文化发展最为持久的深层次建设。古代巴蜀，保证学术

---

 * 本文作者为第一作者，与胡游杭合撰。

 ① 20 世纪 80 年代，四川人民出版社出版"巴蜀文化研究丛书"，收录顾颉刚、徐中舒、蒙文通、缪钺等人著作；21 世纪初，巴蜀书社出版"巴蜀文化系列丛书"，内有古史、文学、哲学、科技、川剧等卷。

之树长青，其至领先全国的重要文化保障主要有三：文翁石室、周公礼殿和蜀刻石经。宋人吕陶《府学经史阁落成记》说："蜀学之盈，冠天下而垂无穷者，其具有三：一曰文翁之石室，二曰周公之礼殿，三曰石壁之九经。"① 文翁石室是全国最早的一所地方郡学，为西汉景帝末年蜀守文党创建。《汉书·循吏传》载：

> 文翁……景帝末，为蜀郡守。仁爱好教化，见蜀地辟陋，有蛮夷风，文翁欲诱进之。乃选郡县小吏开敏有材者张叔等十余人……遣诣京师……数岁，蜀生皆成就还归，文翁以为右职，用次察举，官有至郡守、刺史者。又修起学官于成都市中，招下县子弟以为学官弟子……高者以补郡县吏，次为孝弟力田。常选学官僮子，使在便坐受事。每出行县，益从学官诸生明经饬行者与俱……县邑吏民见而荣之。数年，争欲为学官弟子……繇是大化，蜀地学于京师者比齐鲁焉。至武帝时，乃令天下郡国，皆立学校官，自文翁为之始云……至今巴蜀好文雅，文翁之化也。②

《汉书·地理志下》也说："景、武间，文翁为蜀守，教民读书、法令……后有王褒、严遵、扬雄之徒，文章冠天下，繇文翁倡其教，相如为之师。"③ 文翁此举意义重大，一是首开地方政府办学先例，不仅促进"有蛮夷风"的巴蜀迅速儒化，还为后来汉武帝尊崇儒术、推行教化（"令天下郡国皆立学校官"）树立了榜样。唐人裴铏有诗："文翁石室有仪形，庠序千秋播德馨。"④ 北宋田况《进士题名记》也说："蜀自西汉，教化流而文雅盛，相如追肩屈、宋，扬雄参驾孟、荀，其辞其道，皆为天下之所宗式。故学者相继，谓与齐鲁同俗。"⑤ 二是首开通过文化成绩入仕做官的先河，在汉初以来以军功、察举孝廉、恩荫和纳赀等方式选士之外，首开文化知识入仕的途径，实现了儒家"学而优则仕"的理想，也为后来汉武帝实施开太学，置博士弟子员，按课试成绩以选人才，探索和积累了经验，在一定意义上开启了人类政治制度上文官制度的先河。清吴省钦《重建锦江书院讲堂碑记》："以孝景之不任儒，又郡国向未立学，（文）翁振厉

---

① 〔宋〕吕陶：《净德集》卷一四，文渊阁《四库全书》本。
② 〔汉〕班固：《汉书》卷八九《循吏传》，中华书局 1962 年版，第 3625～3627 页。
③ 〔汉〕班固：《汉书》卷二八下《地理志》，第 1645 页。
④ 〔唐〕裴铏：《题文翁石室》，《全唐诗》卷五九七，中华书局 1960 年版，第 6909 页。
⑤ 〔宋〕田况：《进士题名记》，《成都文类》卷三○，赵晓兰整理本，中华书局 2011 年版，第 578 页。

绝业，所举向风，固宜为循吏首。"① 杨慎《全蜀艺文志序》称："昔汉代文治，兴之者文翁。……文之有关于道若此，文翁之功不可诬也。"

周公礼殿是东汉末年蜀郡太守高朕在文翁石室旁修复重建的。北宋重臣席益《府学石经堂图籍记》说："蜀儒文章冠天下，其学校之盛，汉称石室、礼殿，近世则石九经，今皆存焉。自孝景帝时，太守文翁始作石室。至东汉兴平元年，太守高朕作周公礼殿于石室东，图画邃古以来君臣圣贤，然亦有魏晋名流。"② 由此可见，高公时的石室，既是学校，是教育后生学子的知识殿堂；又是礼殿，是用来祭祀和缅怀先圣先贤、寄托心灵企仰的精神家园，是中国第一个"庙学合一"的文化创设，比中原王朝（北魏定都洛阳后）实行相同的建制早约四百年。③

"蜀刻石经"是由五代孟蜀宰相毋昭裔发起镌刻的儒家石经，该石刻经注并存，碑逾千数，规模宏大，宋人赵希弁、曾宏父在逐经著录"蜀石经"的书名和字数后，还说"以上'石室十三经'，盖孟昶时所镌"④ 云云，说明"蜀石经"不仅汇刻完成了十三部经书，而且还冠以"石室十三经"总名，最终促进儒家经典"十三经"体系的构成。⑤

以上三项都属巴蜀首创，对巴蜀文化的改观和发展具有非常重大的影响；也对儒学的发展，特别是经典定型、义理阐释和文化普及，具有重大影响。故吕陶、席益都以"冠天下"和"垂无穷"来形容和称赞之。

---

① 〔清〕李承熙：《锦江书院纪略》卷中，《儒藏》史部第 246 册，四川大学出版社 2010 年版，第 314~315 页。

② 〔宋〕席益：《府学石经堂图籍记》，《全蜀艺文志》卷三六，刘琳、王晓波点校本，线装书局 2003 年版，第 999 页。

③ 参见舒大刚、任利荣：《"庙学合一"：成都汉文翁石室"周公礼殿"考》，《四川大学学报》（哲学社会科学版）2014 年第 5 期。又舒大刚：《"蜀学"三事：成都文翁石室丛考》，《孔学堂》2015 年第 3 期。

④ 〔宋〕曾宏父：《石刻铺叙》，文渊阁《四库全书》本；〔宋〕赵希弁：《读书附志》，《郡斋读书志》孙猛校证本，上海古籍出版社 1990 年版，第 1087 页。

⑤ 参见舒大刚：《"蜀石经"与〈十三经〉的结集》，《周易研究》2007 年第 6 期。

二、学术贡献：易学、史学、文学、方技、数术等

学术成就是一方学术赖以成立的主体，蜀学在学术贡献上也成绩不菲。刘咸炘《蜀学论》曾概括蜀学的成就，"统观蜀学，大在文史"①，认为蜀学的主要成就在于文学和史学。其实，如果展开一点，蜀学在易学、子学，以及数术、方技，甚至道学、禅学等领域，都有特别的贡献。

首先，易学是巴蜀的重要特色，北宋程颐曾有"《易》学在蜀"之语②，刘咸炘亦云："《易》学在蜀，犹诗之有唐。"刘在《蜀学论》中列举了许多巴蜀易学名家：商瞿（受业孔子，传其易学）、赵宾（授孟喜）、严君平（传扬雄）、扬雄（仿《易》作《太玄》）、任安（传孟氏易）、景鸾（传施氏易）、卫元嵩（撰《元包经》）、李鼎祚（著《周易集解》）、谯定（传程氏易）、冯时行（传谯定之学）、张行成（撰《皇极》书）、房审权（集百家《易》解成《义海》）、来知德（撰《周易集注》）等。除刘氏所举，巴蜀的知名易家和易著还有：晋代范长生（著《蜀才易传》，其经文在汉《易》和王弼《易》外，自成体系）；宋代苏轼（撰《东坡易传》，融合《易》、玄及佛学）、魏了翁（汉宋并重，删削《周易正义》成《周易要义》，还辑《周易集义》，汇集北宋理学《易》成果）；元代黄泽（有《易学滥觞》）、王申子（有《大易缉说》）、赵采（著《周易程朱传义折衷》）等；明代有熊过（著《周易象旨决录》）、杨慎（著《经说》，有"易说"）等；清代以后巴蜀地区的易学家更多，如李调元、刘沅、何志高、范泰衡、杨国桢、尹昌衡、廖平、段正元、刘子华、郭沫若等学者，皆各有易学著述。

其次，史学也是巴蜀人所擅长的。刘咸炘说："史氏家法，至唐而敚。隋前

---

① 刘咸炘：《蜀学论》，《推十书·推十文集》卷一〇，成都古籍书店 1996 年影印本，第 2102 页。

② 程伊川与其兄幼时于成都得一箍桶匠点拨《周易》之"既济""未济"二卦，后对前来请教易学的袁滋说："《易》学在蜀耳，盍往求之？"袁滋入蜀，在眉、邛之间得"卖酱薛翁"点拨《易》学。今重庆涪陵仍有程子"点易洞"。

成书，仅存十数，蜀得其二。"所谓"隋前"的"蜀得其二"，即晋陈寿著《三国志》和常璩著《华阳国志》。之后，他列举了孙光宪（五代，著《北梦琐言》）、苏洵（宋，著《谥法》《太常因革礼》）、勾延庆（宋，著《锦里耆旧传》）、张唐英（宋，著《蜀梼杌》）、范祖禹（宋，助编《资治通鉴》，自著《唐鉴》）、费枢（宋，著《廉吏传》）、王偁（宋，著《东都事略》）、李心传（宋，著《建炎以来系年要录》《建炎以来朝野杂记》《旧闻证误》《道命录》等）、李焘（宋，著《续资治通鉴长编》）、王当（宋，著《春秋列国诸臣传》）、杜大珪（宋，著《名臣碑传琬琰集》）、吴缜（宋，著《新唐书纠谬》《五代史记纂误》）。其中很多著作都具有开创性和总结性意义，尤其对于宋代历史的记录和研究，蜀人贡献独多，功不可没。故刘咸炘说："盖唐后史学，莫隆于蜀。"

第三，在文学成就上则号称冠天下。刘咸炘说："二南分绩，西主召公，蜀士之作，固已弁冕于《国风》；盛汉扬声，相如、（王）褒、（扬）雄，分国华之半，为词苑所宗。"他将巴蜀文学溯自《诗经》，其开篇《周南》《召南》中反映江汉风情的诗篇，已见蜀人之作。此后司马相如作赋成名，王褒、扬雄效之，因而"汉赋四大家"有三人是蜀人。之后，刘氏还列举了多位文学家，如东汉李尤、杨终，唐代陈子昂、李白，宋代"三苏"、唐庚，元代虞集，明代杨慎，等等，都是当时文坛上的豪杰。

第四，在子学方面，巴蜀学人的原创成果不及其他地区，但子学研究成果还是颇为丰硕的。如《老子》研究，西汉便有严遵《道德指归》（亦称《老子指归》），是现存较早且可靠的研究《老子》的著作。此后，巴蜀历代研究《老子》的著述比比皆是，明代曹学佺《蜀中广记·著作记》著录有 8 种，清朝《四川通志·经籍志》著录 11 种，吴福连《拟四川艺文志》著录 21 种，严灵峰《先秦诸子知见录》则著录巴蜀《老》学著作三十余种。至于晚近以来，巴蜀学人研究诸子者更多。如王利器，对很多子书都做了非常翔实的疏证（如《新语校注》《盐铁论校注》《风俗通义校注》《颜氏家训集解》《文心雕龙校证》《文镜秘府论校注》等）。至于张道陵入蜀创立并推行道教，马祖道一、宗密等奉行并完善禅法，已经成为宗教领域人所共知的成就，兹不复述。

第五，在方技（医药）、数术（科技）等方面，巴蜀人的成就也十分夺目。

如唐代蜀医昝殷撰《经效产宝》，是人类历史上第一部妇产学专著；严龟《食法》、昝殷《食医心鉴》则是最早的食医著作；梅彪《石药尔雅》仿《尔雅》之例解释中药性味；祖籍波斯定居蜀中的李珣撰《海药本草》，是第一部海外药物学专著；孟蜀韩保昇《蜀本草》首创给药物配图的方法；至宋，唐慎微在前述诸书基础上撰《证类本草》，成为第一部将药物学与方剂学结合的医书，为李时珍《本草纲目》树立了典型；宋真宗时，峨眉女医还发明了人工接种流痘预防天花技术（见《医宗金鉴》卷六○）。在科技上，公元前 3 世纪李冰主持修建的都江堰水利工程，因地制宜，消除水患，造就了水旱从人、沃野千里的"天府之国"，可谓举世无双；西汉落下闳研制《太初历》，扬雄推衍"浑天说"，于时皆为最优方法；东汉时期巴蜀地区已发明深井钻探引流盐泉的技术，魏晋时期进而引取天然气来熬制井盐（张华《博物志》）；晚唐时期在成都已广泛推行雕版印刷术，开启了人类文明迅速传播的广袤空间；[1] 宋王灼《糖霜谱》是世界上第一部记载甘蔗制糖工艺专著；秦九韶《数书九章》的"大衍求一术""正负开方法"，皆领先世界同领域学者（高斯、霍纳）各 500 年。

对于蜀学的评价，比刘咸炘稍早的谢无量先生，1917 年在《蜀学会叙》中，提出蜀人"制作侔天地"，"天下有学，盖由蜀云"，"若夫其学不自蜀出，得蜀人始大"[2] 等论断，笔者已有专文讨论，滋不赘叙[3]。

三、信仰体系：三才皇、五色帝、礼殿崇祀

信仰是文明和文化成熟的表现，是人们的情感皈依和精神家园。"三皇五帝"崇拜就是中华民族圣贤崇拜和祖先崇拜的集中体现，有关"三皇五帝"的

---

[1] 朱翌《猗觉寮杂记》卷下："雕印文字，唐以前无之，唐末益州始有墨版。"又，宋代《国史艺文志》也说："唐末益州始有墨板，多术数、字学、小书。"（王应麟《困学纪闻》卷八引，上海古籍出版社 2015 年版，第 289 页）

[2] 谢无量：《蜀学会叙》，油印本，国家图书馆藏。

[3] 李冬梅、舒大刚：《"蜀学"五事论稿——读谢无量先生〈蜀学会叙〉札记》，《湖南大学学报》（社会科学版）2015 年第 6 期。

历史叙事也是中华民族对于共同始祖的文化认同和集体追忆。然而，关于"三皇五帝"具体人物的传说和解释，巴蜀与中原却并不一致。

"三皇五帝"一语最早见于儒家经典《周礼》，但其只是一个集合名词，并没有具体的指向，到汉代才衍生出各种具体解释。"三皇"，通常被认为是伏羲、燧人和神农（《尚书大传》），另外还有伏羲、女娲、神农（《春秋运斗枢》），伏羲、神农、祝融（《白虎通义·号》），伏羲、神农、黄帝（《帝王世纪》）等说法。巴蜀则不然，其"三皇"分别为天皇、地皇和人皇（见于《世本》和《蜀王本纪》）。中原三皇通常以生产方式命名，且多以单个的人名出现，可称"三人皇"；巴蜀三皇则以天、地、人（"三才"一统）来称名，即所谓"三才皇"。此后道教将中原和巴蜀的三皇结合起来，视中原三皇为"后三皇"，巴蜀三皇为"中三皇"，再加上盘古、混沌等远古神话人物为"前三皇"，建构起"九皇"的宗教信仰体系。此体系在唐玄宗时还为中央王朝所采纳，在中央设立同时祭祀三人皇和三才皇的寺庙，为天下一统、三教合一树立了典范。

巴蜀的"五帝"信仰也与中原颇为不同。中原的"五帝"至少存在神农、黄帝、颛顼、帝喾、尧（《吕氏春秋·尊师》），少昊、颛顼、帝喾、尧、舜（伪孔安国《尚书序》）等多种说法。巴蜀的"五帝"除了《蜀王本纪》所载的"五主"（蚕丛、柏濩、鱼凫、蒲泽、开明）之外，还有"五色帝"的信仰。据《华阳国志·蜀志》载："（开明王）未有谥列，但以五色为主，故其庙称青、赤、黑、黄、白帝也。"[1] 所谓"五色帝"，其代表的是一种五行观念。巴蜀有尚五传统，相传大禹所传、箕子所述的《洪范》在政教设施方面多以五为组合。刘邦在称帝时也采用了巴蜀"五色帝"概念，在秦人四色帝祭祀基础上，说"待我而五"[2]，设立五色帝庙予以祭祀，这些无疑与巴蜀特殊的古史传承体系和特有的三才和五行观念有密切关系。[3]

巴蜀在汉代也形成了既与中原相关又有自己特色的祭祀体系。在文翁治蜀时

① 〔晋〕常璩著，刘琳校注：《华阳国志新校注》卷三《蜀志》，四川大学出版社2015年版，第103页。

② 郦道元注、杨守敬疏《水经注疏》卷一八《渭水中》："汉高帝问曰：'天有五帝，今四何也？'博士莫知其故。帝曰：'我知之矣，待我而五。'遂立北畤祀黑帝焉。"（江苏古籍出版社1992年版，第1533页）

③ 参见舒大刚等：《"三才皇"与"五色帝"——巴蜀的古史体系与古老信仰》，《西南民族大学学报》（人文社会科学版）2017年第1期。

期，石室里就画有以供祭祀的先圣先贤图像。东汉后期，高眹又重新修建礼殿，绘制系列人物图画。这个图画祭祀体系一直传承下来，续有增补，直到宋代、元代仍然可考者多达二百余人。① 文翁石室的图画包括四大系统：一是政统体系，包括历代的贤君圣王（如尧、舜等）、远古神话传说人物（如盘古、女娲、黄帝等）；第二是儒家体系，孔子及其弟子（在文翁时已有，而且收录最全、记录较早，司马迁著《史记·仲尼弟子列传》时就有参考）；第三是贤臣体系，如周公、萧何、张良等；第四是巴蜀乡贤、名宦，像李冰、文翁等。

这是一个极其庞大且开放的祭祀体系，而不完全拘于儒家一派。这个祭祀体系对于我们重新构建当今蜀学的信仰家园具有重大的参考价值，尤其以绘画的形式展现，既具有艺术性，还节能环保，比之于塑像或者其他形式应该效果更好。②

四、经典体系：七经、十三经、十八经注疏

经典是学术文化赖以开启和传承的核心载体。儒家经典体系在历史上有一个不断演进和扩充的过程，在这一过程中，蜀学也曾起到重要的推动作用。

西周乐正教国子有"四经"（《诗》《书》《礼》《乐》），孔子初期即继承"四经"体系，"以《诗》《书》《礼》《乐》教弟子"（《史记·孔子世家》），到了晚年赞《易》、修《春秋》，才形成了"六经"的体系。西汉时期，博士只传"五经"（《诗》《书》《礼》《易》《春秋》）。但是文翁在蜀所修石室学宫，却突破中央的"五经"教学体系而传授"七经"（在"五经"之外加《论语》与《孝经》）。虽然当时中原也传《论语》《孝经》，但都不称"经"而只称其

---

① 宋代曾在蜀地任职的王刚中，考出"可辨识姓名者一百七十三人，今貌像宛然者一百四十九人，仅存仿佛者三十二人，姓名存者六十五人"。见元费著《成都周公礼殿圣贤图考》，曹学佺《蜀中广记》卷一〇五《画苑记第一》引，文渊阁《四库全书》本。

② 详参舒大刚、任利荣：《"庙学合一"：成都汉文翁石室"周公礼殿"考》，《四川大学学报》（哲学社会科学版）2014年第5期。

为"传"，说明当时在人们心目中《论语》《孝经》地位不是很崇高，只是普及性读物。蜀人也许是看重其倡导伦理、敦厚道德、文字浅显、便于推广等特征，将《论语》《孝经》也纳入"经典"范围，大力传播，对于改变巴蜀当时的蛮夷之风显然具有重要作用。"七经"体系到了东汉被普遍承认，如郑玄"遍注群经"，汉朝廷所刻"熹平石经"，都有《论语》《孝经》二书。说明蜀人"七经"体系得到了中原的承认。

到了唐代，科举考试的经典是"九经"（《诗》《书》《易》、"三礼""三传"），即使"开成石经"刻了十二部也不唤作"十二经"，而仍称"九经"，因为当时把《论语》《孝经》《尔雅》只作普及性"兼经"对待。这一比较保守的体系也是由蜀地的创制打破的。始镌于五代孟蜀、续成于北宋的"蜀石经"，一共刻了十三部儒家经典（在唐代"开成石经"十二部基础上，补刻《孟子》入经），因此称"石室十三经"或"蜀刻十三经"，"十三经"的概念由此形成。① 当时的"石室十三经"都带有注文，所以石碑非常多，宋代校勘、拓印过该石经的晁公武称"其石千数"②。"石室十三经"的校勘价值极大，朱熹撰《四书章句集注》时即有过参考。蜀石经系由当时蜀中著名书法家书写上石，艺术价值非常高，原石大致毁于宋末元初，拓片则从宋代开始已为历朝国家书目著录。到了晚清，由于内阁大库散佚，原拓才不知所终。③ 特别是其刻《孟子》入经，回应了《孟子》经典化的需要，也加快了宋儒"四书"体系形成的进程。

蜀人对儒家经典体系时有拓展，汉代文翁石室教学将"五经"拓展到"七经"，五代孟蜀倡刻"蜀石经"，又将"九经"拓展到"十三经"。南宋史绳祖《学斋占毕》还载，时人想把与《礼记》同时产生，且具有相同性质的《大戴礼记》也列入经典，欲将"十三经"扩大到"十四经"。晚清的廖平严格区分今文经学和古文经学，拟按今文、古文两个系统来诠释儒家经典，欲将"十三经注疏"扩大到"十八经注疏"。可见蜀人一直在努力尝试充实经典体系，为儒家经

---

① 参见舒大刚：《"蜀石经"与〈十三经〉的结集》，《周易研究》2007 年第 6 期。

② 〔宋〕晁公武：《石经考异序》，见范成大《石经始末记》引，《全蜀艺文志》卷三六，第1001 页。

③ 蜀石经当时立于文翁石室，后来原碑被毁仅以拓本传世。1965 年，有人在香港古董市场发现刘体乾所藏"蜀石经"拓片要拍卖，于是上报周恩来总理拨款购回才失而复得。现有 8 册加题跋 9 册藏在国家图书馆。

典的嬗替和奠定做出了重要贡献。

五、核心价值：道德仁义礼

从古至今，凡成家成派者都有着自己的基本价值理念和核心思想体系。如先秦诸子，其学术便各有所主，"老耽贵柔，孔子贵仁，墨翟贵廉（兼），关尹贵清，子列子贵虚，陈骈贵齐，阳生贵己，孙膑贵势，王廖贵先，兒良贵后"①，等等。

与上述诸家更为注重实践性的价值稍异，孕育于巴蜀大地的古代"蜀学"，将儒家与道家思想结合起来，创造性地构建起了"道德仁义礼"的价值组合。这个以"道、德"为统率，以"仁、义、礼"为实践的思想体系，正好体现了巴蜀"儒道结合"的学术特征。

西汉王褒便主张："冠道德，履纯仁，被六艺，佩礼文。"② 将"道德"置于"仁""艺""礼文"之前，初步形成了"道德仁艺礼"的基本架构，是对孔子"志于道，据于德，依于仁，游于艺"修学方法的直接继承。稍后严遵有曰："故有道人，有德人，有仁人，有义人，有礼人……虚无无畏，开导万物，谓之道人；清静因应，无所不为，谓之德人；兼爱万物，博施无穷，谓之仁人；理名正实，处事之义，谓之义人；谦退辞让，敬以守和，谓之礼人。凡此五人，皆乐长生。"③ 严遵这一"五德并育"论，修补了《老子》"失道而后德，失德而后仁，失仁而后义，失义而后礼"的"五德衰退"观，矫正和调和了当时儒、道相反对立的状态，从理论上构建起"道德仁义礼"的核心价值理念，成为后世"蜀学"乃至道教所传承的独特体系。

---

① 〔战国〕吕不韦著，许维遹集释：《吕氏春秋集释》卷一七《不二》，中华书局 2009 年版，第467 页。

② 〔汉〕王褒：《四子讲德论》，收入《文选》卷五一，中华书局 1997 年版，第 715 页。

③ 〔汉〕严遵：《道德指归论》卷一《上德不德篇》，明《津逮秘书》本；又有王德友点校《老子指归》，中华书局 1994 年版。

师承严遵的扬雄亦在其《法言》中多次提到"道德仁义礼"。如《问神》曰:"事系诸道、德、仁、义、礼。"《问道》曰:"道、德、仁、义、礼譬诸身乎? 夫道以导之,德以得之,仁以人之,义以宜之,礼以体之,天也。合则浑,离则散。"① 扬雄的"五德兼修"论认为,道是天道对人的引导,德是人禀受于天的德行,仁是待人的善心,义是处世的原则,礼是行事的规矩,一个人想要成为君子或者圣人就不能缺少这五种德行。

李白之师、唐代赵蕤博观杂取,融通百家,著成《长短经》,又从人类行动的角度阐释了"道德仁义礼"的重要性和相互关系。曰:"夫道者人之所蹈也,居知所为,行知所之,事知所乘,动知所止,谓之道;德者人之所得也,使人各得其所欲,谓之德;仁者爱也,致利除害,兼爱无私,谓之仁;义者宜也,明是非,立可否,谓之义;礼者履也,进退有度,尊卑有分,谓之礼。"② 道通蹈,即人居、行、事、动的方向;德通得,即各得其所,各得其欲;仁即爱,兴利除弊,兼爱无私;义通宜,辨明是非,确定可否;礼通履,即行动有准绳,尊卑有分寸。道德仁义礼智信包含了人类知、行的各个方面,是人类举止行动的根本保障,可称为"五德并重"论。

北宋张商英继承了赵蕤的基本思路并有所突破。他在其所传《素书·原始章》说:"夫道、德、仁、义、礼,五者一体也。道者,人之所蹈,使万物不知所由;德者,人之所得,使万物各得其所欲;仁者,人之所亲,有慈慧恻隐之心,以遂其生成;义者,人之所宜,赏善罚恶,以立功立事;礼者,人之所履,夙兴夜寐,以成人伦之序。"③ 在此,道还是蹈,但增加了神秘感和玄妙感;德还是得,但将范围扩大到了万物;仁还是亲,却被赋予了功效和价值意义;义还是宜,但更推进到了赏罚立功成事的积极层面;礼还是履,却又增加了调剂人际伦理的内容。这无疑是"五德普适"的典型。

此后的三苏、杨慎、来知德等人对"道德仁义礼"也有着不同的表达与论述。从王褒照搬孔子"志道据德,依仁游艺",到严遵修正《老子》"五德衰退"说而形成"五德并育",再到扬雄的"五德兼修"、赵蕤的"五德并重"、张商英

① 〔汉〕扬雄著,韩敬注:《法言注》,中华书局1992年版,第74页。
② 〔唐〕赵蕤:《长短经》卷八《定名》,《巴蜀全书》重印宋刊本。
③ 旧题〔汉〕黄石公撰,〔宋〕张商英注:《素书》不分卷,明《汉魏丛书》本。

的"五德普适"的演进，从中不难发现，蜀人在使用"道德仁义礼"这一概念时是自觉的和有意识的，这一体系是互相连贯、互相继承、层层推进、每变益上的。蜀人的这个结构实现了道家（重道）与儒家（重德）的和谐统一，弥补了儒家对本体性终极关怀和道家对实践性现实关怀皆各有所缺的不足，实现了形上与形下的统一，还实现了理论与实践的统一和务虚与务实的结合。这对于促进儒道互补、知行合一的新儒学体系的构建有着重要的借鉴意义。

结　语

"蜀学"在长期的历史发展中，不仅名家辈出，成果众多，而且与中原学术互补互动，相得益彰。先秦时期形成的"三才皇""五色帝"观念，汉代形成的"周公礼殿"的庙学合一、画像崇祀等规制，代表了巴蜀地区独特的古史传承体系和丰富的信仰资源。西汉文翁兴办石室学宫，首开汉代郡国之学和以文取士的教育制度和用人制度。文翁石室在汉中央所传"五经"之外，率先传授"七经"；五代孟蜀石经在唐代"九经"之外，又形成"十三经"结构；晚清廖平在传统《十三经注疏》之外，还倡修《十八经注疏》，都对儒家经典体系的构建产生了助推作用。自西汉王褒、严遵、扬雄以下形成的"道德仁义礼"核心价值，融合道家思想和儒家精华，实现了形上与形下的结合、理论与实践的统一，较之"仁义礼智信"偏重形下实践的单一结构，更具有开发和引申的空间。在易学、史学、文学、数术、方技等领域，历代蜀人也贡献多多，成就不凡，有如扬雄、李鼎祚、苏轼、来知德之于易学，陈寿、常璩、范祖禹、李心传、李焘之于史学，司马相如、陈子昂、李白、三苏、杨慎之于文学，落下闳、唐慎微、秦九韶之于科学，皆卓尔不群，垂名古今，历史上因有"易学在蜀""天数在蜀""蜀儒文章冠天下""唐后史学莫隆于蜀"之赞，以及"川药""蜀医"之称。这些成就，自然与中原学术输入的影响分不开，也与巴蜀地区特有的自然条件和文化氛围的孕育分不开，特别是历代蜀士们善于革故鼎新、异军突起、别开生面的作为不可低估。当代学人正当继承"蜀学"的优良传统，重教兴文，大度包容，敢为天下先，勇为天下创，重温圣贤教诲，重阐儒家经典，重树巴蜀信仰，重操儒道合治、诸学并举的方法，为重新构建新时代新蜀学的学科体系、学术体系、经典体系、信仰体系和话语体系，实现传统文化的创造性转化和创新性发展，再扬风帆，破浪前行。

（原载《中国哲学史》2017 年第 4 期）

"庙学合一"：
成都汉文翁石室"周公礼殿"考*

　　祭祀先圣、先师、先贤是中国古代学校的功能之一，孔庙（或称文庙）与学校的合一则是实现这一功能的主要措施。春秋末年，鲁人据"（孔子）故所居堂、弟子内"，"庙藏孔子衣冠、琴、车、书"①，岁时致祭，形成"孔庙"雏形。然而直到汉末，此建制仅限于曲阜，且为私家行为，两汉皇帝要祭孔，都需远到曲阜才能实现。这一状况直到北魏孝文帝始于京师设"孔子庙"，才有所改变。唐代承之，令地方学校亦得建孔庙，然而以上举措实施的时代都偏晚。远在西南的成都，汉代文翁所建讲堂石室，在立学之初即有祭祀先贤的功能，及至东汉后期高朕守蜀，重建周公礼殿，正式形成"庙学合一"之制。"讲堂石室"是地方政府主办的教育机构，首建于西汉景帝末年（约前141），是当时地方政府所建最早的学校，曾得到汉武帝的表彰和推广。"周公礼殿"是祭祀以周公、孔子为代表的历代圣贤及儒林人物的庙祀场所，重建于东汉后期兴平元年（194），比北魏太和十三年（489）在京师所建孔庙早295年。

　　周公礼殿是当时蜀学对先圣先贤进行缅怀和祭祀的场所，殿内陈列历代圣君贤臣画像，也绘有孔子及其弟子等儒家著名人物，岁时祭祀，供人景仰，是当时蜀学的精神家园，也是中国古代庙学合一的最早范本。据文献所载，其中所祭祀的人物有传说神圣盘古、伏羲、神农等，政治人物禹、汤、文、武直至汉武、光武等，治世名臣李冰、文翁、诸葛亮等，学术人物从仓颉、沮诵、老子、孔子、

---

　　* 本文作者为第一作者，与任利荣女士合撰。
　　① 〔汉〕司马迁：《史记》卷四七《孔子世家》，中华书局1959年版，第1945页。

孔门弟子，以逮郑玄、谯周、王肃、杜预等，既是历代贤君名臣（政统）的荟萃，也是历代学术文化（道统、学统）以及地方文化之代表人物（乡贤）的遴选。这一体系的建立，较唐代贞观二十一年（647）形成的孔庙陪祀制度及其人选要早453年。

石室礼殿自汉代建成后，经魏、晋数朝的增饰、维护，绘祀人物也续有增添，历南北朝、隋唐五代、北宋、南宋，直至元、明，以其古朴的风格、精湛的画技，深得文人雅士喜爱，一再被外地学宫效仿，在历史上曾发挥过巨大作用，对中国孔庙祭祀制度的形成具有先导作用和典范性影响。

一、天下倡始：文翁石室及历代"蜀学"概说

北宋学人吕陶《经史阁记》述"蜀学"盛事曰：

> 蜀学之盛，冠天下而垂无穷者，其具有三：一曰文翁之石室，二曰高公之礼殿，三曰石壁之"九经"。盖自周道衰微，乡校废坏，历秦之暴，至汉景、武间，典章风化，稍稍复讲。时文翁为蜀郡守，起学于市，减少府用度，以遗博士，遣诸生受业京师。招子弟，为除更繇，且以补吏，或与之行县。民用向化，几比齐鲁。自尔郡国皆立学，实文翁倡之，所谓"石室"者存焉。
>
> 至东汉之季，四海板荡，兵火相仍，灾及校舍，弦诵寂绝，儒俗不振。兴平中，郡将陈留高眹修旧补废，作为庙堂，模制闳伟，名号一新，所谓"礼殿"者见焉。
>
> 及五代之乱，疆宇割裂，孟氏苟有剑南，百度革创，犹能取《易》《诗》《书》《春秋》《周礼》《礼记》刻于石，以资学者。吾朝皇祐中，枢密直学士京兆田公，加意文治，附以《仪礼》《公羊》《穀梁传》，所谓"九经"者备焉。
>
> 始汉景末，距今凡十六代，千二百四十余年，崩离变革，理势不

常，而三事之盛，莫易其故。然则冠天下而垂无穷，非夸说也，考实以议也。①

南宋席益《府学石经堂图籍记》亦言："蜀儒文章冠天下，其学校之盛，汉称石室、礼殿，近世则石九经。"② 皆以石室学宫、周公礼殿、蜀刻石经为"蜀学"影响天下后世的三大法宝，足可见其历史贡献和领先全国的意义。

　　石室学宫是汉景帝、武帝时期，庐江文党守蜀时于成都所建。巴蜀地处西南夷中，《战国策·秦策一》张仪曾曰："今夫蜀，西辟之国而戎狄之长也。"③ 巴蜀为秦所灭后，成为秦经略天下的重要基地，风俗迅速"染秦化"。至西汉初，蛮夷之风犹存。汉景帝末年，文翁守蜀，建学校以教化之，巴蜀学术文化乃勃然兴起。其事在班固《汉书·循吏传》④、常璩《华阳国志·蜀志》⑤ 皆有详尽记载。两段文字述文翁化蜀的时间：前者定在景帝末，后者定在文帝末；前者言武帝推广文翁经验令天下兴学，后者言为景帝。征以当时全国儒学兴起的史事，当以班固之说为可信。要之，文翁通《春秋》，"仁爱好教化"，为纯然儒吏。他派弟子到长安从博士主习儒家七经，兼习汉家法令，"蜀地学于京师者比齐鲁焉"；于成都"修起学官"，为最早的地方政府学校；选下县子弟"以为学官弟子"，为设置官学生之始；选拔学习成绩"高者，以补郡县吏，次为孝弟力田"，为据儒术遴选官员之发端；"从学官诸生明经饬行者"与他一道"使传教令"，使民羡慕，以激起巴蜀士民向学之风。宋时出土《汉文翁学生题名》碑："凡一百有八人。文学、祭酒、典学从事各一人，司仪、主事各二人；左生七十三人，右生三十人。"⑥ 欧阳修曰："文翁在蜀，教学之盛，为汉称首，其弟子著籍者，何止

---

　　① 〔明〕杨慎：《全蜀艺文志》卷三六，刘琳、王晓波点校本，线装书局 2003 年版，第 996 页；又吕陶《净德集》卷一四《府学经史阁落成记》，文渊阁《四库全书》本。

　　② 〔宋〕席益：《府学石经堂图籍记》，《成都文类》卷三〇，赵晓兰整理本，中华书局 2011 年版，第 583 页。

　　③ 〔汉〕刘向：《战国策》，贺伟、侯仰军点校本，齐鲁书社 2005 年版，第 32 页。

　　④ 〔汉〕班固：《汉书·循吏传》，中华书局 1962 年版，第 3625~3627 页。

　　⑤ 〔晋〕常璩著，刘琳校注：《华阳国志校注》卷三《蜀志》，巴蜀书社 1984 年版，第 214 页。

　　⑥ 〔宋〕欧阳修：《后汉文翁学生题名》，《欧阳修全集》卷一三六，李逸安点校本，中华书局 2001 年版，第 2148 页。

于此？盖其磨灭之余，所存者此尔。"① 其办学规模远超中央太学。

《汉书》还说："至武帝时，乃令天下郡国，皆立学校官，自文翁为之始云。"② 种种举措皆在董仲舒建议"罢黜百家，表章六经"和公孙弘建议设立"五经博士"，"置弟子员五十人"之前。《三国志·蜀书·秦宓传》、北宋田况《进士题名记》亦言文翁立学后，出现"蜀学比于齐鲁""与齐鲁同俗"的局面。杨慎《全蜀艺文志序》称："昔汉代文治，兴之者文翁。……文之有关于道若此，文翁之功不可诬也。"③

文翁石室，自汉迄明清，皆为成都最高学府，承担着传播儒学、化育人才的历史使命。张俞《成都府学讲堂颂》序曰："蜀之学远矣，肇兴于汉，历晋、唐至于五代，世世弦诵不衰。所谓周公礼殿、文翁石室，越千余载而岿然犹存。"④又有《华阳县学馆记》言："三代之学缘秦废，蜀郡之学由汉兴，而天下之学由蜀起。历汉至宋，殿室画像，古制尽在，则蜀之学其盛远矣哉！"⑤ 且以颂赞曰："唯蜀学宫，肇于汉初。用倡庠学，盛于八区。八区洋洋，弦诵复兴。周法孔经，是缵是承。"⑥ 宋代李石《左右生题名》咏其盛曰："蜀地虽远天之涯，蜀人只隔一水巴。自从文翁建此学，此俗化为齐鲁家。颓林春风桑葚熟，集鼓坎坎闻晨挝。诸生堂奥分左右，相比以立如排衙。"⑦

其后，文翁石室在历史的演进中，不断创造文化先例，其中首推"周公礼殿"和"石壁九经"。"周公礼殿"重建于东汉，是当时曲阜之外最早用于祭祀周公、孔子以及历代圣贤的专门建筑。"石壁九经"又称"石室十三经"，始刻于五代孟蜀，是儒家十三经的最早结集。关于"石壁九经"的面貌和意义，时

---

① 〔宋〕欧阳修：《后汉文翁学生题名》，《欧阳修全集》卷一三六，第 2148 页。按，洪适《隶释》卷一五辩曰："成都又有左右生题名—巨碑，盖左学、右学诸生也。其间江阳、宁蜀、晋原、遂宁乃蜀晋所置郡，欧阳公以为'汉文翁学生题名'，非也。" 存疑。

② 〔汉〕班固：《汉书》卷八九《循吏传》，第 3626 页。

③ 〔明〕杨慎：《全蜀艺文志序》，《全蜀艺文志》卷首，第 12 页。

④ 〔宋〕张俞：《成都府学讲堂颂》，《成都文类》卷四八，第 947 页。

⑤ 〔宋〕张俞：《华阳县学馆记》，《成都文类》卷三一，第 606 页。

⑥ 〔宋〕张俞：《成都府学讲堂颂》，《成都文类》卷四八，第 947 页。

⑦ 〔宋〕李石：《左右生题名》，《成都文类》卷四，第 71 页。

贤及笔者已有专文加以探讨①，然"周公礼殿"的研究目前还有待深入。本文于兹，即欲就"礼殿"的建设修葺过程、规模建制、人物图绘和历史作用等进行初步探讨。

二、乱世箫韶：石室讲堂与"周公礼殿"的恢复

清雍正《四川通志》（下称《通志》）卷二四《古迹·成都府》"文翁石室"条②记载了周公礼殿修建年代及其沿革、制度设施、人物画像及其作者，可谓完整的"文翁石室周公礼殿"兴废简史：

（一）礼殿于东汉献帝兴平元年由蜀郡太守高朕重建，其功能是祭祀以周公为代表的历代圣贤和以孔子为首的儒林人物。

（二）礼殿中"画三皇五帝、七十二子，及三代、两汉君臣像于壁"以供凭吊。

（三）这些图像和文字，曾历经高朕、蔡邕、钟会、刘璷、张收、丘文播、黄筌、王素、席益等人维护和增饰，明末为张献忠所毁，康熙时又得刘德芳恢复重建。

文翁石室中祭祀先圣、先贤和先师的周公礼殿，延续一千五百余年，虽然在特殊时期被毁，后继者亦会重修恢复，这与其承载的历史文化内涵密切相关。

① 参见舒大刚：《从"蜀石经"的刊刻看〈十三经〉的结集》，林庆彰主编：《经学研究论丛》第16辑，台湾学生书局2009年版；又《"蜀石经"与〈十三经〉的结集》，《周易研究》2007年第6期。
② （雍正）《四川通志》卷二六，中国国家图书馆数字方志，第5页。

　　高眹及其重建礼殿之事，不见正史。其名，或作朕，或作胜①，或作眹②、联、朕③，或又疑为高躬④，俱不确，当以作"眹"者为得。《华阳国志》卷三《蜀志·蜀郡》亦作"高眹"，事迹与《通志》大致相同："始文翁立文学精舍、讲堂，作石室，一作玉室，在城南。永初后，堂遇火，太守陈留高眹更修立，又增造二石室。"同篇"其太守著德垂绩者"下又载："陈留高眹，亦播文教。太尉赵公初为九卿，适子宁还蜀，眹命为文学，撰《乡俗记》，亦能屈士如此。"⑤

　　《通志》卷六《名宦》据此撰高氏小传：

　　　　高眹，陈留人。东汉安帝⑥时，为蜀郡太守。始文翁立文学精舍、讲堂，作石室于城南。永初后，堂遇火。眹更修立，又增造二石室，祀先圣、先贤及文翁。其治蜀政绩，颇仿翁云。⑦

　　高眹重建礼殿的最早记录，见残存于宋代的《礼殿柱记》：

　　　　汉初平五年，仓龙甲戌，旻天⑧季月，修旧⑨筑周公礼殿。始自文翁，应期凿度，开建頖宫，立堂布观，庙门相钩。閾司幔延⑩，公辟相承。至于甲午，故府梓潼文君，增造吏寺二百余间。四百年之际，变异

---

　　①　"昔人尝疑'朕'非制名可称于臣下者。自秦汉天子所为称，岂复可存耶？流俗谓为'高胜'，至宋璋洗视，知为'高眹'，范蜀公尝为人道之甚详。余尝至其处，求字画得之，实为'眹'字。知在汉犹未有嫌，不必曲辨'朕'为'胜'也。《蜀书》有'高胜'，为郪县人，昔人疑其为守，非也。魏文帝时夏侯霸为右将军，霸父眹尝仕于汉，可信也。"参见董逌：《广川书跋》卷五《周公礼殿记》，中华书局1985年版，第60页。李承熙《锦江书院纪略》（四川大学出版社2011年版）卷中收清吴省钦《重建锦江书院讲堂碑记》："翁之后，唯眹最贤，眹、董逌作朕，纪述辽旷，名有显晦异同，迹有兴废，唯其德长以不毁耳。"

　　②　"又云'郡将陈留高君者'，高眹也。诸书多有误以眹为'朕'者。"洪适《隶释》卷一，中华书局1985年版，第17页。

　　③　"其西有文翁石室，其南有高眹石室，比文翁石室差大，皆有石像。眹，或以为胜，宋温之璋洗石以辨之，乃眹字也（音持禀反）。"参见范镇《东斋记事》卷四，文渊阁《四库全书》本。

　　④　"陈寿《魏志·高柔传》注：高干父躬，蜀郡太守，陈留圉人。疑即此人，而字讹作眹也。"参见李承熙《锦江书院纪略》，《儒藏》史部第246册，第165页。此说并无证据，难以取信。

　　⑤　〔晋〕常璩著，刘琳校注：《华阳国志校注》卷三《蜀志》，第235、237页。

　　⑥　按：当作献帝。

　　⑦　（雍正）《四川通志》，第34页。

　　⑧　天，原阙，据洪适《隶释》卷一第17页补。

　　⑨　按：《隶释》无此二字。

　　⑩　閾，原阙，据《隶释》补。后"幔"，《隶释》作"帏"。

蜂起①，旋机离常，玉衡失统，强桀并兼，人怀侥幸，战兵雷合，民散失命。烈火飞炎，一都之舍，官民寺室，同日一朝合为灰炭，独留文翁石室庙门之两观。礼乐崩塌②，风俗混乱，诵读已绝，倚席离散。夫礼兴则民寿，乐兴则国化。③ 郡将陈留高君，节符兴④境，迄斯十有三载。会直⑤扰乱，□虑匡救，济民涂炭。闵斯丘虚，□□□冠，学者表仪，□□□□。大小推诚，兴复第馆。八音克谐，鬼方来观。为后昌基，□神不□。⑥

这段文字，分别著录于欧阳修《集古录》、赵明诚《金石录》、洪适《隶释》等金石文献，是不可多见的汉代石刻瑰宝。《金石录》即言："今成都府学有汉时所建旧屋，柱皆正方，上狭下阔。此记在柱上刻之，灵帝初平五年立，距今盖千年矣，而字画完好可读。当时石刻在者，往往磨灭，此记托于屋楹，乃与金石争寿，亦异矣！"又言："《记》有云'甲午年，故府梓潼文君，增造吏舍二百余间'，按《华阳国志》有'文参字子奇，梓潼人，平帝用为益州太守，不从王莽、公孙述，光武嘉之'。疑此《记》所载，即其人也。盖光武建武十年，岁次甲午云。"⑦ 可知文翁之后，第一个增修石室的太守为文参。此外，此石刻碑记之重大文献价值在于据其可知重修石室、复兴礼乐之史实。

碑文首句称"汉初平五年，仓龙甲戌，旻天季月，修旧筑周公礼殿"云云，《集古录》卷二"据颜有意《益州学馆庙堂记》⑧云：'……献帝无初平五年，当是兴平元年，盖时天下丧乱，西蜀僻远，年号不通，故仍称旧号也。'今检范

---

① 《隶释》作"启"，参见洪适《隶释》卷一，第17页。
② 《隶释》作"坦"，参见洪适《隶释》卷一，第17页。
③ 兹二句，原文作"夫礼兴则国化"，兹据《隶释》补。
④ 《隶释》作"典"，参见洪适《隶释》卷一，第17页。
⑤ 直，原阙，据《隶释》卷一第17页补。
⑥ 佚名：《礼殿柱记》，《全蜀艺文志》卷三五，第973~974页。
⑦ 〔宋〕赵明诚：《金石录》卷一八，齐鲁书社2009年版，第150页。
⑧ 按，此记乃颜有意书，非颜氏撰。赵明诚《金石录》卷二四《唐益州学馆庙堂记》跋："成都县令颜有意书，撰人题'法曹陈玉，文学太子詹事待诏弘文馆陵州长史'……碑阴载当时官僚姓名，后人题云'此记贺遂亮撰'，未知果是否。"又作"贺公亮"。

晔《汉书》本纪，初平五年正月改为兴平。颜说是也"。① 兴平元年即公元194年，正是甲戌纪年。时为三国前夜，军阀力政，天下战乱之景历历在目。

春，曹操攻徐州陶谦，刘备援之，操还。马腾、韩遂与李傕战于长平观，败还凉州。

四月，曹操略地至琅琊、东海，所过残灭。陈留太守张邈迎吕布、拒曹操。后曹与吕战于濮阳，不利。

七月，三辅大旱，谷贵，长安中人相食。

八月，冯翊羌攻西部属县。

十二月，益州牧刘焉死，子璋继。徐州牧陶谦死，刘备暂领州牧。②

自东（琅珸、东海、徐州）至西（凉州、冯翊），战火遍地，《礼殿柱记》所谓"战兵雷合，民散失命"，并非虚言！亦即碑文所言自汉初文翁首开石室学宫，四百年后，突遭"烈火飞炎"，"一都之舍"，包括学宫"同日一朝合为灰炭"，只剩"文翁石室庙门之两观"。高眹守蜀"十有三载"，虽处"变异蜂起，旋机离常，玉衡失统，强桀并兼，人怀侥幸"之时，面对残垣断壁，痛心"礼乐崩塌，风俗混乱，诵读已绝，倚席离散"等状况，怀文翁"仁爱好教化"之盛德，以"礼兴则民寿，乐兴则国化"为治国理念，于是发起重修学宫，"大小推诚，兴复第馆"，重建礼殿，希望通过"八音克谐，鬼方来观"的途径，实现孔子"远人不服，则修文德以来之"的远大理想，最终使文翁仁化之教得以延续，蜀人尚文之风、文化鼎盛之局因而奠定，真可谓"乱世箫韶""西南邹鲁"也。

---

① "初平二年，犍为太守任岐及贾龙并反，攻焉，焉击破，皆杀之。……焉四子：范为左中郎将，诞治书御史，璋奉车都尉，并从献帝在长安。……兴平元年，征西将军马腾与范谋诛李傕，范遣叟兵五千助之，战败，范及诞并见杀。焉既痛二子，又遇天火烧其城府车重，延及民家，馆邑无余，于是徙居成都。遂疽发背卒。"参见范晔《后汉书·刘焉传》，中华书局1965年版，第2432页。是时益州刘焉父子与李傕把持的朝廷不睦，故不奉其主政时正朔，非因道路阻滞致政令不通也。

② 〔南朝宋〕范晔：《后汉书》卷九《孝献帝纪》，第375~379页。

三、陈规立矩："周公礼殿"所祀圣贤图考

文翁石室的周公礼殿，除了作为祭祀先圣先师的专门场所外，还选定了可以陪享先圣的儒林代表人物，并绘制其画像供奉于内。自晋以来，这些画像曾经被多方关注并记录。王羲之《与周益州书》："知有汉时讲堂在，是汉何帝时立此？知画三皇五帝以来备有，画又精妙，甚可观也。彼有能画者不？欲摹取，当可得否？须具告。"① 一代书圣尚如此醉心，其艺术价值和教化意义当不难想象矣！

礼殿所绘人物，唐李吉甫《元和郡县志》卷三二引李膺《益州记》云："壁上悉图古之圣贤，梁上则刻文宣及七十弟子。齐永明中，刘瑱更图焉。朱龄石平谯纵，勒宋武帝檄文于石壁之室。代王更以丹青增饰古画，仍加豆卢辨、苏绰之像。"② 宋乐史《太平寰宇记》卷七二引任豫《益州记》："厦屋三间，通皆图画古人之像及礼器瑞物。"③ 北宋著名书画史家黄休复《益州名画录》卷下"无画有名"，对此则有清晰记载：

> 《益州学馆记》云，献帝兴平元年，陈留高朕为益州太守④，更葺成都玉堂石室，东别创⑤一石室，自为周公礼殿。其壁上图画上古盘古、李老等神，及历代帝王之像。梁上又画仲尼七十二弟子，三皇以来名臣。⑥

据此可知，周公礼殿所绘人物有三类：一是"上古盘古、李老等神及历代帝王"，二是"仲尼七十二弟子"，三是"三皇以来名臣"。神灵、名君、名臣、名儒皆具。席益《成都府学石经堂图籍记》亦言高公于石室东作礼殿，图画邃古

---

① 〔晋〕王羲之：《与周益州书》，《全蜀艺文志》卷六〇，第 1741 页。
② 〔唐〕李吉甫：《元和郡县图志》卷三一，中华书局 1983 年版，下册，第 768 页。
③ 〔宋〕乐史：《太平寰宇记》卷七二，中华书局 2007 年版，第三册，第 1467 页。
④ 按，此处说高朕兴平元年为成都守，不确。据《殿柱记》，高公于此时已经守蜀十有三年矣。
⑤ 据上文可知当为重建。
⑥ 〔宋〕黄休复：《益州名画录》，中华书局 1991 年版，第 61 页。

以来之君臣、圣贤，其间亦有魏晋人物，故有人以为是刺史张收所画。然实则图画始自高公，后历代又有增益，故壁间又绘有东晋人物。王应麟《玉海》载《益部耆旧传》曾记录刺史董荣增谯周像，令李通颂之。又因李业高节，亦增入。《益州名画录》卷下载，南朝齐永明中，刺史刘悛弟刘瑱绘"仲尼四科十哲像"暨"车服礼器"于其中，完善祀典制度。至北周朝，据李膺《益州记》，增"豆卢辨、苏绰"。北宋宋祁《文翁祠碑》言嘉祐二年宋祁增蒋堂像于殿中。

李石《礼殿圣贤图》序言载，北宋嘉祐间王素曾摹写壁间人物共计 7 卷 155 人，南宋绍兴间，席益摹可辨可考者 168 人，重绘于石经堂。① 王象之《舆地碑记目》所载之图像当即席益所摹绘。摹写石室人物并拓印者，代有其人，自《隋书》以来艺文志多有著录。然多亡佚，宋代已无此类，故才有王素等摹写重绘之举。

与王素同时摹绘者，尚有成都知府赵抃。赵抃另辑有《成都古今集记》三十卷，又摹绘"周公礼殿图像"八轴。绍兴十七年（1147），向子諲（芗林）于临江府刻礼殿图于石，楼钥得之，因与先人所藏图有异，借赵抃摹本《礼殿图》对勘，发现赵本"丹青焕然，自盘古而下位次，向背不同者十八九"，特别是"第七轴画文翁……豆卢，第八轴画汉武帝……兒宽，丹青愈工，皆石刻所无"。② 绍兴三十年，王刚中帅蜀，作《续成都古今集记》22 卷，其中亦有礼殿人物图记，成为元人考知礼殿风貌的主要依据。

宋末战火肆虐，元代礼殿图像仅存图册，故刘申之有"况衣冠礼乐之盛乎"③ 之叹。蜀人费著撰《成都志》时，据南宋王刚中《续成都古今集记》，考其"可辨识姓名者一百七十三人，今貌像宛然者一百四十九人，仅存仿佛者三十二人，姓名存者六十五人"。④《成都志》已佚，其所考姓名尚载于明人曹学佺《蜀中广记》，大体可分三类：第一类是上古至周代圣君贤臣，如盘古、伏羲、

① "嘉祐中，王公素命摹写为七卷，凡一百五十五人，为《成都礼殿圣贤图》。绍兴中，席公益又摹写于石经堂，凡一百六十八人。"参见费著《成都周公礼殿圣贤图考》，《全蜀艺文志》卷四八，第1505页。

② 〔宋〕楼钥：《攻媿集》卷七二《跋周公礼殿图》，《丛书集成新编》第64册，新文丰出版公司1985年版，第968页。

③ 〔元〕刘岳申：《赠蒲学正序》，《申斋集》卷二，文渊阁《四库全书》本。

④ 〔元〕费著：《成都周公礼殿圣贤图考》，《全蜀艺文志》卷四八，第1505页。

神农、尧、舜、禹、周公、召公、宣王、管仲、子产等；第二类是孔子及其弟子，如孔子、颜回、闵损、漆雕徒父（《家语》无父字）、曾点、步叔乘、司马耕、秦祖、伯虔、颜幸、公孙龙等；第三类是秦以来名君贤臣及名儒，如李冰、萧何、张良、叔孙通、陆贾、贾谊、文翁、董仲舒、刘向、扬雄、李膺、高朕、杜预等。①

这个本来是祭祀邃古以来历代圣君贤相和学术人物的礼殿，因汉代崇尚周公、孔子，周公又为孔子所推尊，故被称为"周公礼殿"。唐代取消周公之祀，礼殿成为孔庙专祠，是为成都孔庙最早起源。惜宋末殿毁，元代重建，其图像唯余孔子及其弟子。曹学佺为四川参政，方予补刻。相同的内容还见于清雍正时所修《通志》卷四五，兹不复赘。

四、千古流芳：周公礼殿的意义和价值

杨慎在《全蜀艺文志序》中评价汉代"蜀学"影响曰："昔汉代文治，兴之者文翁。礼殿之图，后世建学仿焉；七十子之名，马迁之立传征焉。当时号为'西南齐鲁，岷峨洙泗'。文之有关于道若此，文翁之功不可诬也。"② 蜀学之"礼殿图"，为后世兴学、立庙者依仿之蓝本；"七十子"姓名，为司马迁修《史记》时考证之据。文翁石室不仅开汉代郡国之学，还在立殿祭祀周孔、图绘七十子等方面，为后世学校树立了榜样和规范。

首先，周公礼殿是曲阜之外中国所建最早祭祀周公、孔子的机构。中国自古有尊师重教的传统，举凡诸侯立校，士子游学，都要向"先圣先师"行"释奠"之礼。这些"重道尊师"的活动，多假东序举行。《礼记》曰："凡学，春，官释奠于其先师；秋、冬亦如之。"③ 然东序非祭祀专门场所。《礼记·文王世子》："凡祭与养老、乞言、合语之礼，皆小乐正诏之于东序。"又载："春、夏，学干

---

① 〔明〕曹学佺：《蜀中广记》卷一〇五《画苑记第一》，文渊阁《四库全书》本。
② 〔明〕杨慎：《全蜀艺文志序》，《全蜀艺文志》卷首，第12页。
③ 郑玄注："释奠者，设荐馔酌奠而已，无迎尸以下之事。"

戈；秋、冬，学羽钥，皆于东序。"可见东序集教育、养老等于一体。

最早祭祀孔子的专门场所在曲阜。《史记·孔子世家》言自孔子卒，"鲁世世相传以岁时奉祠孔子冢，而诸儒亦讲礼、乡饮、大射于孔子冢。……故所居堂、弟子内，后世因庙藏孔子衣冠、琴、车、书。至于汉二百余年不绝。高皇帝过鲁，以太牢祠焉"①。皇帝若祭孔需至曲阜，故此后多假太学或国学一隅举行祭祀。直到北魏孝文帝太和十三年秋七月立孔子庙于京师，才根本改变假学为祭的状况。唐承其制，武德二年（619），"庙周、孔于胄监"，国学并祀周、孔。贞观二年，"诏停周公为先圣，始立孔子庙堂于国学。稽式旧典，以仲尼为先圣，颜子为先师。两边俎豆干戚之容，始备于兹矣"②，由此国学专以孔为祀，乃成定制。王应麟言："鲁哀公十七年（前478），立孔子庙于故宅，阅千余载未尝出阙里。"③ 殊不知远在西南边陲的成都早在东汉时期即已建立起专门祭祀孔子的石室礼殿。

文翁石室在始建之时已绘孔子及七十二弟子像以供祭祀，后虽毁于兵火，东汉献帝兴平元年又得高公重建，用以祭祀以周公、孔子为代表的历代圣贤及儒林人物。其重建时间亦比北魏太和于京师所建孔庙早近三百年。这处祭祀场所，汉晋南北朝时周、孔并重，称"周公礼殿"，至唐专尊孔氏，礼殿遂为祭孔专门之所，图像仍得保留。王象之《舆地纪胜碑目》载："《孔子庙堂碑》，唐开元中周灏撰……《修文宣王庙碣》，会昌五年裴坦撰。"④ 可见当时已直接称周公礼殿为"孔子庙堂""文宣王庙"了。宋代因之，席益《府学石经堂图籍记》有曰："本朝因礼殿以祀孔子，为宫其旁，置学官弟子，讲习传授。"⑤ 李石曰："汉人祀周公为先师，故钟会《记》云'周公礼殿'。范蜀公镇云：'屋制甚古，非近世所为，秦汉以来有也。'内翰王素云：'其屋制绝异今制，后之葺者，惜其古，不敢改作。'"⑥ 宋之成都孔庙，即汉之"周公礼殿"，而汉代所建之"周公礼殿"

① 〔汉〕司马迁：《史记》卷四七《孔子世家》，第1945~1946页。

② 〔唐〕吴兢：《贞观政要》卷七《崇儒学》，上海古籍出版社1978年版，第215页。

③ 〔宋〕王应麟：《玉海》卷一一三"孔子庙"，江苏古籍出版社、上海书店1987年影印本，第2085页。

④ 〔明〕杨慎：《全蜀艺文志》卷五二《宋王象之舆地纪胜碑目》，第1561页。

⑤ 〔宋〕席益：《府学石经堂图籍记》，《成都文类》卷三〇，第583页。

⑥ 〔宋〕李石：《府学十咏》之《礼殿》，《成都文类》卷四，第69页。

即后来成都孔庙（也是曲阜以外异地所建孔庙）之最早尝试，同时在规范周孔
祭祀、完善学祭礼仪方面，具有重要推动作用。

其次，周公礼殿确立了庙学中系统的祭祀体系。周公礼殿设立之前，学校祭
祀对象无固定的"先圣先师"。《礼记》虽言始立学者及学生都"必释奠于先圣
先师"，然祭祀的对象并未固定。或曰如《周礼》"凡有道者有德者，使教焉，
死则以为乐祖，祭于瞽宗"；或曰"先师之类，若汉《礼》有高堂生，《乐》有
制氏，《诗》有毛公，《书》有伏生，亿可以为之也"。至汉代"表章六经"，宗
崇儒术，学校祭祀才逐渐形成以周公、孔子为先圣先师的认识，但亦未经朝廷确
立。晋人即感慨："《礼》，始立学，必先释奠于先圣先师，及行事必用币。汉世
虽立学，斯礼无闻。"① 祀典不正，学礼也就难以真正兴起。不仅如此，配享亦
无固定的人物。《后汉书·章帝纪》载元和二年（85）三月，帝"进幸鲁……祠
孔子于阙里，及七十二弟子"②。《孔僖传》也载"帝还过鲁，幸阙里，以太牢祠
孔子及七十二人，作六代乐"③ 云云。虽以七十二弟子陪祭，但都为临时举措，
据前引文献，自汉代至南北朝，祭孔仅"以颜渊配"。中央王朝直到贞观末年才
确定"陪祀"人选。④ 此后递有增损，乃成定制。

成都周公礼殿早在东汉后期（194）祭祀人员已基本固定，孔子弟子整体得
以呈现，其祭祀对象和建制皆系统化、正规化，范围和规模都比贞观之制大得
多。如前揭《成都周公礼殿圣贤图考》记载，周公礼殿所祭祀者，多达 173 人。
如果细分可列六类：一是盘古、伏羲、神农等传说中的神圣，二是尧、舜、禹等
历代圣君，三是咎繇、伊尹、傅说等历代名臣，四是仓颉、沮诵、老子等学术人
物，五是孔子及弟子等儒林人物，六是与巴蜀有关的人物，特别是巴蜀名宦，如
李冰、文翁、高公等。时代则自上古迄魏晋，范围博大系统，集中体现了"道
统、政统、学统"及"乡情"等诉求，极具包容性和示范性。这一体系的建立，
比唐宋以后形成的孔庙只祭孔子及其弟子的格局具有更高价值！因而学人径称之

---

① 〔唐〕房玄龄等：《晋书》卷一九《礼志上》，中华书局 1974 年版，第 599 页。

② 〔南朝宋〕范晔：《后汉书》卷三《章帝纪》，第 150 页。

③ 〔宋〕王应麟：《玉海》卷一一三"汉祠七十二弟子孔子弟子籍"，第 2086 页。

④ "古者唯功臣与祭大烝，未闻弟子从祀于师也。自建武祠七十二子于孔庙，然亦不出阙里也。贞
观末，加以左、卜诸儒，从祀太学，而武成王之祠亦仿而为之。总章开元以来，又加诸儒以三等之爵，而
州县学官咸有从祀矣。"参见王应麟：《玉海》卷一一三"汉孔子庙"，第 2085 页。

为"名人纪念堂"。①

其三，创造了较好的塑造所祭对象形象的表达方式——画像。《尚书大传》言："庙者，貌也，以其貌言之也。"② 古之祭祀，有立尸，有设主，有遗物，有塑像，有绘画。文翁石室的周公礼殿，即采取画像方式。东晋书法家王羲之就称赞其"画文精妙"，于是托益州守"欲因摹取，得广异闻"。隋、唐之间，《文翁石室图》成了藏家的心爱之物。五代末、北宋初，黄休复在《益州名画录》中专门记录了礼殿图像。王素、赵抃、王刚中等人则不厌其烦地描摹其像，皆因礼殿图像具有极高的文献价值和艺术价值。

李石有诗赞曰："成都名画窟，所至妙宫墙。风流五代余，轨躅参隋唐。其间礼殿晋画为鼻祖，未数后来鸿雁行。画者果谁欤？或云名收人姓张。右军问蜀守，墨帖来缣缃。乃知前辈人，不爱时世妆。"极言周公礼殿晋画之优。又述其内容："上自皮羽之服，下至垂衣裳。盘古众支派，帝霸皇与王。君臣分圣贤，有如虎豹龙凤殊文章。"再赞其画技堪称"神品"："视之若有见，日月星象空中垂耿光。听之如有闻，冲牙玉佩鸣以锵。三古以降历今世，视听所感犹一堂。乃知此画自神品，碌碌余子非所望。"③ 周公礼殿神像画技高妙，栩栩如生，犹日月行空，光彩照人，若神人降临，环佩之声相闻。上古、中古、近古圣哲以及时贤，济济一堂，謦欬相貌，宛然在前。如此神品，无可比拟！直到这些图像在宋末被兵火销毁500年后，乾隆皇帝还向当时四川守臣提及"古礼殿画像，垂问存否"④，可见其影响之深远。

其四，形成了左庙右学的庙学合一制度。中国古代学校同时具有祭祀功能，"凡祭及养老于东序"，然东序非"庙"。孔子故里于鲁哀公十七年形成祭孔场所，然曲阜孔庙非"学"。东汉"郡县、道行乡饮酒于学校，皆祀圣师周公、孔子"⑤，然非专门固定的祭孔场所。亦学亦庙，有堂有殿，有之，则自文翁石室始。

---

① 参见周九香：《周公礼殿——历史名人纪念堂》，《文史杂志》2003 年第 2 期。

② 王闿运：《尚书大传补注》卷五，中华书局 1991 年版，第 42 页。

③ 〔宋〕李石：《府学十咏》之《礼殿晋人画》，《成都文类》卷四，第 72 页。

④ 〔清〕吴省钦：《重修成都府学大成殿碑记》，李承熙：《锦江书院纪略》卷上，《儒藏》史部第 246 册，第 271 页。

⑤ 〔南朝宋〕范晔：《后汉书·礼仪志上》，第 3108 页。

前揭《修周公礼殿记》言高公重建被战火烧毁的文翁石室讲堂和礼殿。周公礼殿与泮宫讲堂皆为文翁石室的组成部分,礼殿用以祭祀以周公、孔子为首的历代先圣、先贤、先师。颜有意书《益州学馆庙堂记》载,文翁"石室,一名玉堂。安帝永初间,烈火为灾,堂及寺舍并皆焚燎,唯石室独存。至献帝兴平元年,太守高眹于玉堂东,复造一石室,为周公礼殿"①,将"学馆"与"庙堂"并提,礼殿在石室东边,正是后来"左庙右学"的雏形。范镇《东斋记事》卷四自注言:"周公礼殿,乃古之学。"② 乐史《太平寰宇记》卷七二:"文翁学堂,一名周公礼殿。"③ 学堂与礼殿在一处,故可互称。中间虽经南宋绍兴二十九年中书舍人王刚中、淳熙间范成大等重修,但皆沿袭讲堂、礼殿同修,教学、祭祀并存的"庙学合一"体制。到明朝末年,文翁石室再度被毁,康熙四十三年(1704)刘德芳在其遗址重建锦江书院,亦恢复此格局。

总之,西汉景帝末年文翁所建石室、东汉献帝兴平元年(194)高公重建石室与礼殿,是中国最早专门用来祭祀以周公、孔子为代表的历代先圣、先师、先贤的专门场所,亦为"庙学合一"的雏形。周公礼殿初步确立了先圣先师的具体对象,以孔子及其弟子为中心,同时祭拜上自盘古、伏羲等传说人物,下至魏晋的历代圣君、贤相和文化名流。周公礼殿对所祭祀的人物以图像的方式来展现,图像精美,自晋以来为历代雅士所推崇。其"左庙右学"的体制,在历史上一直得到保持或恢复,不仅为蜀学第一盛事,而且对全国学校之教育功能和祭祀功能的合璧与完善,也具有先导作用。

[原载《四川大学学报》(哲学社会科学版)2014 年第 5 期]

---

① 〔宋〕欧阳修:《集古录跋尾》卷三《后汉文翁石柱记》,人民美术出版社 2010 年版,第 77 页。按:王象之《舆地纪胜碑目·成都府碑记》作《馆学庙堂记》,唐永徽元年贺公亮撰。(《全蜀艺文志》卷五二,第 1561 页)

② 〔宋〕范镇:《东斋记事》卷四,文渊阁《四库全书》本。

③ 〔宋〕乐史:《太平寰宇记》卷七二,第 1467 页。

"蜀学"五事论稿

——读谢无量先生《蜀学会叙》札记[*]

巴蜀地区因其独有的地理位置，使巴蜀文化形成了独特的个性和古史传承体系，它既与中原文化有血肉联系，同时又有自己鲜明的地域特征。20 世纪初，谢无量先生《蜀学会叙》（又有《蜀学系传》）曾探源索隐，勾深发微，为读者展示了巴蜀文明的别样风神。其文撷拾传世文献，参酌历史传说，对巴蜀的历史渊源、文化特征、经典体系、学术创造和思想成果等，都进行了简要概述，提出了"蜀有学，先于中国"的论断。这在当时无异石破天惊，振聋发聩。不过因其说过创，不合时宜，以致该文的学术价值一直未引起学人重视。为了从此文获得了解和研究巴蜀上古学术文化的参考与启迪，兹特掇取数事，加以疏证，用发其覆，以见其概。其有不妥，幸识者教焉。

一、古史体系："三皇五帝"与"大禹"

谢先生在《蜀学会叙》开篇即说：

天造蜀国，于万斯年。垂学播文，圣哲代作。传曰："蜀肇人皇之际，爰及神农降巴黔，禹兴乎广柔，名斯焕诸夏，制作侔天地，蔑以加已。"①

---

[*] 本文为作者与李冬梅女士合撰。

① 谢无量：《蜀学会叙》，《独立周报》1912 年第 8 期，第 43 页。

意即自开天辟地以来，蜀人经历了万年以上的历史衍变。蜀人历史上创造了许多学术和文化，圣贤睿哲代有其人。又说蜀人的历史可以追溯至人皇之世，神农和大禹都降生于此（或在这一带活动过），他们的盛名光耀华夏史册，他们的创造堪与天地同久。这些夸赞感情充沛，肯定程度很高，读之令人兴起，但是他这样说有没有历史依据呢？这里单举"三皇五帝"和"大禹"籍贯问题，加以考察。

"三皇五帝"无疑是中国上古史的传说时代，也可视为上古帝王和古先神圣的概称。巴蜀文献和中原文献对此都有记载，但是在具体称名上却互有差异。《华阳国志·蜀志》："蜀之为国，肇于人皇。"这是今传文献中对蜀人始祖（人皇）的明确记载，然其根据却远远早于此者。宋人《太平寰宇记》卷七二曰"按《世本》、《山海经》、扬雄《蜀王本纪》、来敏《本蜀论》、《华阳国志》、《十三州志》，诸言蜀事者虽不悉同，参伍其说，皆言'蜀之先肇于人皇之际'"云云。罗泌《路史》卷一也说："蜀之为国，肇自人皇。"罗苹注指出其所依文献也是"《世本》、扬雄《蜀纪》、《华阳志》、《本蜀论》等语"。

可见"蜀出人皇"之说渊源有自，早在战国以前成书的《世本》中就已经如此记载了，当时中原还没有关于"三皇"是何许人也的具体记录。《史记·秦始皇帝本纪》二十六年，李斯等奏曰："古有天皇，有地皇，有泰皇，泰皇最贵。"司马贞《索隐》："泰皇，当人皇也。"王符《潜夫论》卷八："闻古有天皇、地皇、人皇。"又可见人皇是与"天皇""地皇"相配对，这个系统实起于巴蜀。

中原文献言"三皇"的具体名目，则与巴蜀大异。大致而言，中原以具体人名释"三皇"（如"伏羲、女娲、神农"等，但并不一致），巴蜀则是以"三才"言之（如"天皇、地皇、人皇"），前者趋于实指，后者则多神话，时代早晚显然可见。如《周礼》等中原文献，只提"三皇五帝"集合名词，如《春官》"外史掌书外令，掌四方之志，掌三皇五帝之书"，郑玄注"楚灵王所谓'三坟''五典'也"，但对于三皇五帝具体是哪几位人物，却并不清楚。至汉、魏而下，乃实称其名，而又每每互异：伏生《尚书大传》（佚文）举"燧人、伏羲、神农"；应劭《风俗通义·三皇》引《春秋运斗枢》"伏羲、女娲、神农"；班固《白虎通义·号》列"伏羲、神农、祝融"；皇甫谧《帝王世纪》称"伏羲、神农、黄帝",都不一致。于是王符《潜夫论》卷八乃曰:"世传三皇五帝,多以为伏羲、神农为二皇。其一者,或曰燧人,或曰祝融,或曰女娲。其是与非未可知也。"① 可见中原各说意见不一,是信是疑,莫可肯定。说"蜀出人皇"的《世本》《山海经》,显然比伏生(《尚书大传》)为早,继之者扬雄(《蜀王本纪》)也在应劭(《风俗通义》)、班固(《白虎通义》)等人之前,可见以"三才"言"三皇"比以人物释"三皇"起源更早。

蜀人的"三皇"观念后来进入中原,逐渐成为中原祀典的内容之一。首先是道教经典,他们弥缝了巴蜀三皇与中原三皇的矛盾现象,将二者统一起来,以"伏羲、女娲、神农"等为"后三皇",而以"天皇、地皇、人皇"为"中三皇",这实际上是承认了中原"三皇"晚于巴蜀"三皇"的缘故。但道教为将人类历史与天地生成结合起来,又在"中三皇"前添加一组"初三皇",即开天辟地的盘古氏(或"天地初开"的浑沌氏),其理论依据则是《易经》"易有太极,是生两仪"和《老子》"有物混成,先天地生"的信仰,特别是《列子》所谓"天地之初,有太易,有太初,有太始,有太素"的构架,用以模拟天地万物生成的原始状态。天地之体,其数本四,而所用者三,存一不用者,一者太极,非实指实形的数,故只称"初三皇"。

宋人罗泌著《路史》,参用道、儒两界文献,正式将蜀之三皇,与中原三皇、道之三皇资料统统抄入,以成开篇《前纪》之首二卷。罗苹于该书卷一"初三皇纪"之"纪三灵而复著夫三皇也"下注曰"诸书说三皇不同,《洞神》既有初三皇君、中三皇君,而以伏羲、女娲、神农为后三皇。《周官》《大戴礼》《六韬》《三略》《文》《列》《庄子》、不韦《春秋》有'三皇'之说,而刘恕以为'孔门未有明文'。孔安国曰:'伏羲、神农、黄帝之书,谓之《三坟》。'世遂以伏羲、神农、黄帝为之三皇。斯得正矣。至郑康成注《书中候勑省图》,乃依《春秋运斗枢》,绌黄帝而益以女娲,与《洞神》之说合。然《白虎通义》乃无女娲而有祝融,《甄曜度》与《梁武帝祠象碑》则又易以燧人,盖出宗均《援神契注》与谯周之《史考》。纷纭不一,故王符云:'闻古有天皇、地皇、人皇,以或及此,亦不敢明。'至唐天宝七载,始诏以时致祭天皇氏、地皇氏、人

① 〔汉〕王符:《潜夫论》卷八《五德志》,上海古籍出版社 1978 年版,第 451 页。

皇氏于京城内"① 云云，于"三皇"之渊源、异说、流衍，以及正式成为皇家信仰的过程，言之甚明，唯其对"三皇"始于蜀地则未能指明，是为遗憾。

如果从地域上看，种种有关三皇的传说也以巴蜀为中心。《华阳国志》既明言"蜀肇人皇"，是人皇原在蜀地矣。《路史》卷二"天皇氏"又说："天地成位，君臣道生。粤有天皇，是曰天灵。""被迹无外，无热之陵。"罗苹注引《遁甲开山图》："天皇出于柱州，即无外山也。"郑康成注："无外之山，在昆仑东南万二千里。"说明天皇出于昆仑山东南（"万二千里"盖极言其远，非实指），正当巴蜀之地。

又"地皇氏"："天皇氏逸，地皇氏作，出于雄耳、龙门之岳。"（注见《遁甲开山图》）。雄耳，《古微书·春秋命历序》又作"熊耳"，在蜀地。《华阳国志》谓蜀王杜宇"自以功德高诸王，乃以褒斜为前门，熊耳、灵关为后户，玉垒、峨眉为城郭，江、潜、绵、洛为池泽，以汶山为畜牧，南中为园苑"。刘琳《校注》考证，熊耳即今四川青神县南岷江上之青神峡②，在蜀国南境。三国蜀人秦宓有曰："三皇乘祇车出谷口，今之斜谷是也。"裴松之注："《蜀记》曰：'三皇乘祇车，出谷口。'"褒斜谷既然是三皇乘车出入之口，则此"龙门"当即今汉中境内褒斜谷口。"雄耳、龙门之岳"，即北起汉中，南至雅安境内的广大地域，俱为古蜀人领地，也为地皇氏的出生之地。可见上古巴蜀自是"三皇"（天皇、地皇、人皇）神话的产生与流传之区。

唐人《艺文类聚》卷一引徐整《三五历纪》，自从盘古开天地，"天数极高，地数极深，盘古极长。后乃有三皇"。此"三皇"是继开天辟地的盘古之后的人类始祖或始君，即前述之天皇、地皇、人皇"中三皇"。《太平御览》卷七八引《春秋纬》云："天皇、地皇、人皇，兄弟九人，分为九州长天下也。"晋王嘉《拾遗记》卷九云"（频斯国）有大枫木成林"，"树东有大石室，可容万人坐，壁上刻为三皇之像：天皇十三头，地皇十一头，人皇九头，皆龙身"。③ 所谓十三头、十一头、九头者，当然不能看成是实际的人物形象，也不都是纯粹的神话

① 〔宋〕罗泌：《路史》卷一《初三皇纪》，文渊阁《四库全书》本。
② 〔晋〕常璩著，刘琳校注：《华阳国志新校注》卷三《蜀志》，四川大学出版社2015年版，第99~100页。
③ 〔晋〕王嘉：《拾遗记》卷九，中华书局1981年版，第209页。

传说，而是十三部落、十一部落、九部落之历史的神话反映。

由此看来，"三皇"一词虽见于《周礼》等中原文献，但何为"三皇"，却以"天皇、地皇、人皇"的列举为早出，这个系统则出于巴蜀文献。李斯等奏"古有天皇，有地皇，有泰皇，泰皇最贵"云云，实因秦并巴蜀后受巴蜀文化影响；秦始皇根据"三皇"与"五帝"传说，各取一字形成"皇帝"的最高称号，从而影响中国政治体制两千余年。汉以后儒生以"伏羲、女娲、神农"等释三皇，俱属后起。至唐司马贞《史记·补三皇本纪》据《河图》《三五历纪》及《太平御览》引《春秋纬》说"天皇、地皇、人皇"为三皇，以及唐代诏"以时致祭"三皇于京师，更是晚出。由此可见，起于蜀地的"三皇"传说正式进入中原后，逐渐融入中华文化，并为中国古代政治制度建设做出了贡献。

后来由于巴蜀与中原的交流日多，中原文献所载"三皇"人选也影响了巴蜀，在西南地区也有了伏羲、女娲、神农等传说。谢先生《叙》就说："神农降巴黔。"《渚宫旧事》卷五曰"凿齿以为神农生于黔中，《召南》咏其美化，《春秋》称其多才，汉广之风不同"① 云云。而在今天的古郡阆中，也普遍存在洪水滔天、伏羲女娲兄妹滚石合婚的"遗址"，亦有故矣。

如果从认识论的角度考察，巴蜀"三皇"与中原"三皇"，适可互补。如前所述，蜀地"三皇"多与天地开辟、物我相待的角度思考问题，《路史》卷一在讲"初三皇"时说："一者，形变之始也。清轻而骞者为天，浊重而坠者为地，冲粹而生者为人。天地壹缊，万物化醇；男女会精，万物化生，而庶汇繁矣。"其相继而起的以天皇、地皇、人皇为代表的"中三皇"，正好构成了"天、地、人"三才一统的哲学构思，实受"自太极而两仪，自两仪而三才"的宇宙生成论之影响，对于中华文化而言实具有形而上的价值。中原对于"三皇"的解释，则多从人类的生产与生活形态出发，盖燧人者，始用火者也；伏羲（又作伏牺）者，始驯兽者也；神农者，始稼穑者也；即使是女娲，也是从造人开始的，对于中华文化实具有形而下的意蕴。只有将巴蜀"三皇"与中原"三皇"两种解释结合起来，才能完成中华文化之形上、形下的互补和完善。

至于"五帝"所指，中原文献至少有以下五种说法：一是黄帝、颛顼、帝

---

① 〔唐〕余知古：《渚宫旧事》卷五，《丛书集成初编》本，中华书局1985年版，第52页。

喾、尧、舜（《大戴礼记》《史记》）；二是庖牺、神农、黄帝、尧、舜（《战国策》）；三是太昊、炎帝、黄帝、少昊、颛顼（《吕氏春秋》）；四是黄帝、少昊、颛顼、帝喾、尧（《资治通鉴外纪》）；五是少昊、颛顼、帝喾、尧、舜（伪《尚书序》）。说明纵然"五帝"集合名称早见于中原文献，但其具体所指也一直没有确定。

世传巴蜀文献，亦有自己的"五帝"组合，而且相对确定。扬雄《蜀王本纪》："蜀之先称王者，有蚕丛、柏濩、鱼凫、蒲泽、开明，是时人萌椎髻左衽，不晓文字，未有礼乐。"说明巴蜀有自己的五帝（或五王），而且在服饰、语言和礼乐上，皆与中原正统有异，故在已经中原化的扬雄看来，古蜀皆属"左衽"和"不晓""未有"之列。《华阳国志·蜀志》所述亦同："有周之世，限以秦巴，虽奉王职，不得与春秋盟会，君长莫同书轨。周失纲纪，蜀先称王。有蜀侯蚕丛，其目纵，始称王。……次王曰柏灌。次王曰鱼凫。……后有王曰杜宇，教民务农，一号杜主。……七国称王，杜宇称帝，号曰望帝，更名蒲卑。……会有水灾，其相开明决玉垒山以除水害。帝遂委以政事，法尧舜禅授之义，遂禅位于开明，帝升西山隐焉。……开明立，号曰丛帝。""王""帝"，都是华言对蜀语的译写，为蜀地最高君长。刘琳《校注》："蜀人语言与华夏族异，所谓'帝''王'皆中夏译语，非其本称。"① 虽然如此，但是蜀人有着自己的政统及其称号，则是可以肯定的。及巴蜀与中原交流日深，中原之五帝也与巴蜀发生了联姻，如《史记·五帝本纪》即载："黄帝……娶于西陵之女，是为嫘祖。嫘祖为黄帝正妃，生二子，其后皆有天下。其一曰玄嚣，是为青阳，青阳降居江水。其二曰昌意，降居若水。昌意娶蜀山氏女，曰昌仆，生高阳。高阳有圣德焉。黄帝崩，葬桥山，其孙昌意之子高阳立，是为帝颛顼也。"② 西陵相传在今四川盐亭，江水即今岷江，若水即今雅砻江，俱在蜀中。《大戴礼记》《帝王世纪》也有相似记载。于是文献乃有"蜀王，黄帝后世也"（《史记·三代世表》及《系本》）和颛顼"封其支庶于蜀"（《华阳国志·蜀志》）等说法。

至于"大禹"的族属，汉以后亦有多说，然考诸早期文献，实与巴蜀有关。

---

① 〔晋〕常璩著，刘琳校注：《华阳国志新校注》卷三《蜀志》，第99～103页。
② 〔汉〕司马迁：《史记》卷一《五帝本纪》，中华书局1959年版，第10页。

《史记·六国年表序》："禹兴于西羌。"皇甫谧注："《孟子》称'禹生石纽，西夷人也'，传曰'禹生自西羌'是也。"皇甫所引"孟子"之说，不见于今传《孟子》书中。不过唐代注家对此并不怀疑，说明其另有依据。如张守节《史记正义》说："禹生于茂州汶川县，本冉駹国，皆西羌。"杨倞注《荀子·大略》"禹学于西王国"说："大禹生于西羌，西王国，西羌之贤人也。"也许禹生于蜀的说法，自是战国、秦汉以来的公论，非出一时之杜撰。《三国志·蜀书·秦宓传》中秦宓就说："禹生石纽，今之汶山郡是也。"裴松之注引《帝王世纪》："有莘氏女曰志……生禹于石纽。"又引谯周《蜀本纪》曰："禹本汶山广柔县人也。生于石纽，其地名刳儿坪。见《世帝纪》。"后世学人还纷纷考证，必欲为上述引文找出《孟子》脱文所在，如明陈耀文《经典稽疑》卷上于"舜卒鸣条"下："《史记·六国表》云'禹兴于西羌'，皇甫谧曰：'《孟子》称"禹生石纽，西夷人也"。'疑在此条之下，而今无此语。故知书之逸遗者多矣，可胜惜哉！"明陈士元《孟子杂记》卷二也在皇甫谧上述引文后加按语说："《离娄》下篇'文王，西夷之人也'，无'禹生石纽'之说。《华阳志》云'禹生于石纽村'。《寰宇记》云'石纽在茂州汶川县北'。《路史》注亦引《孟子》云'禹生石纽'。岂别有据邪？"征诸地方史志，石纽、刳儿坪、禹庙等，都能在今四川汶川、北川境内找到历史遗迹。可见禹兴西羌为蜀人，自是战国以来相承的传说，禹所创造的种种文化成果，被视为蜀学之早期成就可矣。

二、文化渊源：《洪范》与《连山》

谢先生说："然余所闻，邃古之先，天下有学，盖由蜀。"又说："蜀有学，先于中国。国人数千年崇戴为教宗者，唯儒唯道，其实皆蜀人所创，彬乎遐哉！"又说："儒之学，蜀人所创。其最古经典，蜀人所传。为二别：一、原始儒学（禹创）；一、易学（商瞿传）。儒家者流，明尊卑贵贱之等，叙仁义礼智之德，察于吉凶祸福之乡，称天以为治。其原盖出于禹。'河出图，洛出书，圣人则之'。伏羲因《河图》画卦，禹受《洛书》乃制《洪范》，《洪范》于人事详已，儒者所法，故禹纯然儒学之祖。《易》广大不可测，深切著明，莫如《洪范》。箕子曰：'天锡禹《洪范》九畴，彝伦攸叙。'（《洪范》初一至六极六十五字，刘歆以为即《洛书》本文也。）《洪范》于儒家众说，范围而不过，实自禹起。盛若仲尼，而曰：'禹，吾无间然矣。'王制至禹始备，儒者称先王，大抵自禹以下。（详见仆所造《〈禹书〉及〈洪范〉证闻》。）儒家尊六艺曰经。经莫大于《易》，《易》自伏羲而降，群圣相授。余经孔子所述，皆有所删定，不得与《易》并。原夫伏羲画卦，神农重卦立象。（重卦之人，传者异词，今从郑玄等说。《隋志》亦有《神农重卦经》。）其后有《连山》《归藏》《周易》，曰'三易'。《连山》禹制之，汉时藏于兰台。（或曰神农号连山氏。然桓谭亲见《连山》数万言，当是禹所为，久佚。后传刘炫伪本，亦亡。唯扬雄《太玄》有云'《益》拟《连山》者'。）"①

这里涉及儒的起源、《洪范》的制作、《连山》的制作、学术的源头、《易》学传授等问题，在历史上聚讼颇多。

儒家创自孔子，自无异议。但是关于"儒"的起源，历史上却有争议。近代以前，一直以为是"出于司徒之官"。如《汉书·艺文志》就说："儒家者流，盖出于司徒之官，助人君顺阴阳、明教化者也。游文于'六经'之中，留意于仁义之际，祖述尧舜，宪章文武，宗师仲尼。"② 司徒之官设于尧舜，因于姬周，掌土地、人民、教化，除了其官方身份、地位外，其职掌和功能正好与后来儒家相符。但自近代以来，这一说法却受到挑战，又生出种种新的说法，其最有影响者，乃章太炎、胡适和徐中舒三氏。章氏以"儒之名盖出于需。需者，云上于天，而儒亦知天文、识旱潦"，故"儒本求雨之师，故衍化为术士之称"。③ 胡、徐二氏皆以为"儒"起源于殷世，是祭司或神职人员。④ 现在看来，谢先生又提出儒者始于夏人说了。

① 谢无量：《蜀学会叙》，《独立周报》1912 年第 8 期，第 43～44 页。
② 〔汉〕班固：《汉书》卷三〇《艺文志》，中华书局 1962 年版，第 1728 页。
③ 章太炎《国故论衡·原儒》，1910 年初版于日本东京，1915 年收入《章氏丛书》，上海右文社铅印本。所引见上海古籍出版社陈平原导读本，2003 年，第 104 页。
④ 胡适：《说儒》，《中央研究院历史语言研究所集刊》第 4 卷第 3 期，1934 年 12 月，后收入《胡适论学近著》，商务印书馆 1936 年版；徐中舒：《甲骨文中所见的儒》，《四川大学学报》（哲学社会科学版）1975 年第 4 期，后收入《徐中舒历史论文集》下册（中华书局 1998 年版）。

无可否认，影响后世的有经典，有纲领，有徒众的儒家学派，必然始于孔子。《庄子·渔父》就借子贡之口说："孔氏者性服忠信，身行仁义，饰礼乐，选人伦，上以忠于世主，下以化于齐民，将以利天下。"这样有思想主张（"性服忠信"），有行为风范（"身行仁义"），有文化追求（"饰礼乐"），有学术重心（"选人伦"），并且有特定的社会功能（"上忠""下化""利天下"）的学派，只有孔子代表的儒家学派才具备。

但是作为官守的"儒"，在孔子之前确已存在。《周礼》有"师儒"两种掌教化的职业。《周礼·天官》"大司徒"职："以本俗六安万民：一曰媺（美）宫室，二曰族（同族相聚）坟墓，三曰联兄弟，四曰联师儒，五曰联朋友，六曰同衣服。"郑玄注："师儒，乡里教以道艺者。同师曰朋，同志曰友。"又"太宰"职说："以九两系邦国之民：一曰牧，以地得民；二曰长，以贵得民；三曰师，以贤得民；四曰儒，以道得民；五曰宗，以族得民；六曰主，以利得民；七曰吏，以治得民；八曰友，以任得民；九曰数，以富得民。"在九种维系邦人的手段中，就有表率万民的"师"（"师以贤得民"）和博学多方的"儒"（"儒以道得民"）。郑玄注："师，诸侯师氏，有德行以教民者；儒，诸侯保氏，有六艺以教民者。""师"是有德行的人，是德育、政治教员；"儒"有六艺，是知识、技能教员。这种职业在孔子之前是存在的。

因此胡适和徐中舒先生都在殷人中寻找证据，这是有价值的。不过，在谢先生看来那还不是最早的渊源。他认为儒的职业和功能在夏代就出现了。他举出的两条最突出的证据，一是禹制《洪范》《连山》，二是禹时形成了"先王"制度，为后世儒家所继承和称道。

上古经典，莫早于《易》卦之阴阳，莫奇于《洪范》之五行。《周易·系辞传》述《易》之起源时说："河出图，洛出书，圣人则之。"圣人是谁呢？相传即伏羲、大禹是也。《汉书·五行志》刘歆说："伏羲氏继天而王，受《河图》，则而画之，八卦是也；禹治洪水，赐《洛书》，法而陈之，《洪范》是也。"张衡《东京赋》也说："龙图授羲，龟书畀姒。"羲即伏羲，姒即禹姓。都说上古之世，黄河出"龙图"，洛水出"龟书"，伏羲根据龙图创制了八卦，是即《易》的起源；禹根据龟书创制了《洪范》，后来箕子向武王所陈《洪范》，即来源于大禹。《尚书·洪范》序载箕子之言说："天乃锡禹《洪范》九畴，彝伦攸叙。"

洪者大也，范者法也，用今天的话说，洪范即大经大法，是治国的"大宪章"。禹得到了"天锡"《洪范》九畴，才使民间日常伦叙得到规范和明晰。根据箕子所陈，"九畴"即九类治世理民的大原则："初一曰五行，次二曰敬用五事，次三曰农用八政，次四曰协用五纪，次五曰建用皇极，次六曰乂用三德，次七曰明用稽疑，次八曰念用庶征，次九曰向用五福，威用六极。"（《尚书·洪范》）刘歆认为这段文字就是禹所造。

五行是讲水、火、土、金、木五种物质的特性和功能，五事是讲人的五种感觉和思维，八政是讲政治的八个要务，五纪是讲五种天象历法，皇极是讲为君之道，三德是讲三种美德，稽疑讲处理疑难问题的方法，庶征是讲预示吉凶的气象，五福是讲人有善德将获五种福祉，六极是讲人有恶行将受六种灾殃，"九畴"涉及面相当广泛。每一种下面还有许多具体的说明，也都是先民的经验总结和政治智慧的结晶，如果这真出禹之所传，那禹肯定是具有极高智慧的。所以当武王听完箕子所陈后，非常高兴，立即"封箕子于朝鲜，而不臣也"，不把他当成普通臣子对待。

关于《连山》，首载于先秦文献《周礼》"大卜"职："（大卜）掌三易之法，一曰《连山》，二曰《归藏》，三曰《周易》。其经卦皆八，其别皆六十有四。"（《春官》）又："筮人掌三《易》以辨九筮之名：一曰《连山》，二曰《归藏》，三曰《周易》。"（《春官·筮人》）可见《连山》与《周易》是同一类型的书，一样都是由经卦、别卦组成的"易书"，而且是用来占筮的。汉人注说，《连山》是夏易，《归藏》为殷易，《周易》为周人的易。《连山》首艮，艮为山，山下山上，象山之相连无绝，一说"似山出内气，连天地也"，故称"连山"。《归藏》首坤，坤为地，万物莫不归藏于其中，故称"归藏"。《周易》首乾，乾者健也，健行不已，周还复始，故曰"周易"。《山海经》说："伏羲氏得《河图》，夏后因之曰《连山》；黄帝氏得河图，商人因之曰《归藏》；列山氏得河图，周人因之曰《周易》。"《连山》居"三易"之首，影响于《归藏》和《周易》。

《周易》今天还在流传，义例彰彰。《连山》《归藏》今已亡佚，谜团多多。据说二易汉代还有流传，桓谭《新论》就说："《连山》八万言，《归藏》四千三百言。《连山》藏于兰台，《归藏》藏于太卜。"北魏郦道元作《水经注》还有称引，如《淮水注》引《连山易》："有崇伯鲧，伏于羽山之野。"晋皇甫谧《帝王世纪》亦引《连山易》："禹娶涂山之子，名曰攸女，生启是也。"可见《连山》实有其书，而且其中还有夏代故实，应当与禹有联系，可惜后世竟然失传了。

《连山》为"三易"之首，"三易"掌于太卜，"其经卦皆八，其别皆六十有四"，"三易"是蝉联相承的，其哲学基础和表意元素，都是以阴阳二画为基础。《洪范》讲"金木水火土"五行，五行是构成物质世界的五种最基本的物质，也是影响物质运动转化的基本属性。因此阴阳、五行学说后来成为儒家哲学，也是中国文化最基本的范畴。因此说"儒起于禹"实不为过。至于《易》学在蜀中的传授，就更是源远流长了，这里不再多赘。

三、经典体系："五经""七经"与"十三经"

谢先生说："若夫其学，不自蜀出，得蜀人始大；及蜀人治之独胜者，并著以为型，而衍众人遗说。"这让我们想起儒家经典体系的形成和扩展，因得蜀学而后广，也得蜀学而后定。

儒家经典，在中原地区经过了"四经""六经"，再到"五经"的演变，巴蜀则完成自"七经"而"十三经"的定型。

早期"四教"　孔子之前，儒家赖以删述的文献处于"旧法世传之史"（《庄子·天下》）的状态，诸书皆以类为称，还没有一个统一的集合名词。《左传》僖公二十七年（前633），晋赵衰称赞郤縠"说《礼》《乐》而敦《诗》《书》"。《礼记·王制》："乐正崇四术，立四教，顺先王《诗》《书》《礼》《乐》以造士，春秋教以《礼》《乐》，冬夏教以《诗》《书》。"《管子·内言·戒》："内不考孝弟，外不正忠信，泽其'四经'而诵学者，是亡其身者也。"房玄龄（实尹知章）注："'四经'，谓《诗》《书》《礼》《乐》。"这是早期"四教"，主于实用。

孔子"六经"　春秋末年，孔子（前551—前479）"论次《诗》《书》，修起《礼》《乐》",“作《春秋》",①“序《易》传"②,将旧传“诗书礼乐"四类文献编成可供教学的《诗》《书》《礼》《乐》四经,晚年再加《易》和《春秋》,于是形成了儒家早期经典“六经"③。《庄子·天下篇》:“其明而在数度者,旧法世传之史尚多有之;其在于《诗》《书》《礼》《乐》者,邹鲁之士、缙绅先生多能明之。《诗》以道志,《书》以道事,《礼》以道行,《乐》以道和,《易》以道阴阳,《春秋》以道名分。"《天运篇》也称孔子曰:“丘治《诗》《书》《礼》《乐》《易》《春秋》‘六经’。"秦汉之际,儒家经典又称“六艺"。陆贾《新书·六术》:“是故内法六法,外体六行,以与《书》《诗》《易》《春秋》《礼》《乐》六者之术,以为大义,谓之‘六艺’。"司马谈《论六家之要指》:“儒者以六艺为法,六艺经传以千万数。"④

汉家“五经"　西汉时,《乐经》已经不用来传授生徒⑤,汉时博士弟子所习皆只“五经",汉武帝所设经学博士也只有“五经博士"。《史记》《汉书》的儒林传叙述诸经传授线索,也只分《诗》学、《书》学、《礼》学、《易》学、《春秋》学五大群体。于是“五经"就构成汉代儒家经典的基本范式,《诗》《书》《礼》《易》《春秋》“五经"就是当时整个儒家经典的代名词。

---

①　语见《史记·儒林列传序》(中华书局 1959 年版,第 3115 页),解详金景芳《孔子与六经》,《孔子研究》创刊号,1986 年第 1 期。

②　此约《史记·孔子世家》文:“孔子晚而喜《易》,序《彖》《系》《象》《说卦》《文言》。"《孔子家语·本姓解》亦称:“(孔子)删《诗》述《书》,定《礼》理《乐》,制作《春秋》,赞明《易》道。"(《四部丛刊》影印明黄鲁曾覆宋本)

③　关于孔子与“六经"的关系,历史上颇多怀疑。龚自珍《六经正名答问一》(《龚自珍全集》,王佩诤校点本,上海古籍出版社 1999 年版):“仲尼未生,已有六经;仲尼之生,不作一经。"章学诚《校雠通义·原道》(王重民《通解》本,上海古籍出版社 1987 年版):“六艺非孔氏之书,乃周官之旧典也。《易》掌太卜,《书》藏外史,《礼》在宗伯,《乐》隶司乐,《诗》领于太师,《春秋》存乎国史。"似乎孔子对“六经"毫无用功之处,实为过激之辞。董治安《先秦文献与先秦文学》(齐鲁书社 1994 年版)说:“春秋以前,所谓‘易’‘书’‘诗’‘礼’‘乐’‘春秋’,大体都是某类文献的通称,每类文献,或有性质相类的典籍,或有不同的传本。而事实上正是由于孔子的整理、编订、传授,才推动了战国儒家对于“六经"的研习和重视,并最终导致了《易》《书》《诗》《礼》《春秋》至西汉开始被普遍尊崇的特殊地位。就此而言,可以说,‘六经’实借孔子而得进一步弘扬,孔子则因整理、传授‘六经’而愈见其重要历史贡献。"不失为持平之论。

④　〔汉〕司马迁:《史记》卷一三〇《太史公自序》,第 3290 页。

⑤　或曰“《乐》本无经",或曰“《乐》亡秦火",但其未被博士用以教授生徒则一。又考汉代文献,《乐》尚处处使用,时时演奏。可见,《乐》并未亡佚,只是未被列入博士官传授而已。参蒙文通《经学抉原·焚书》,见《蒙文通文集》第三册,巴蜀书社 1995 年版。

蜀学"七经"　　首次对儒家"五经"概念有所突破的是文翁在成都兴办的石室"蜀学"。文翁于景帝末"为蜀郡守,仁爱好教化……乃选……张叔等十余人……遣诣京师,受业博士";"又修起学官于成都市中……县邑吏民……争欲为学官弟子"。① 东汉末秦宓述其事说:"蜀本无学士,文翁遣相如(当作张叔)东受七经,还教吏民,于是蜀学比于齐鲁。"② 常璩也说:"(文)翁乃立学,选吏弟子就学,遣隽士张叔等十八人,东诣博士受七经,还以教授。学徒鳞萃,蜀学比于齐鲁。"③ 秦宓和常璩都说文翁化蜀的教材是七经,比之中原还多两经。"七经"具体所指历来解者异辞,有"六经"加《论语》说④,有"五经"加《论语》《孝经》说⑤。既然《乐经》在汉代不以教学,文翁石室当然也不例外,故"六经"加《论语》说为无征。考之《汉书·平帝纪》,"征天下通知逸经……及以'五经'、《论语》、《孝经》、《尔雅》教授者",已将《论语》《孝经》与"五经"并列;晋傅咸作《七经诗》,其中也有《论语》《孝经》⑥。可见"五经"加《论》《孝》之说为可信。

中央太学传"五经",蜀郡石室传"七经"。中原人士熟读群经称"五经兼通"云云,许慎号"五经无双",所撰也是《五经异义》(《后汉书·许慎传》);桓谭"博学多通,遍习五经"(《后汉书·桓谭传》);张衡"通五经,贯六艺"(《后汉书·张衡传》);姜肱"博通五经,兼明星纬"(《后汉书·姜肱传》);等等。而蜀学人士熟习群经,却多以"七经"誉之,如《后汉书·赵

① 〔汉〕班固:《汉书》卷八九《循吏传》,第3625页。

② 〔晋〕陈寿撰,〔南朝宋〕裴松之注:《三国志·蜀书》卷三八《秦宓传》,中华书局1959年版,第973页。按:秦宓说文翁所遣是"司马相如",常璩说是"张叔等十八人",秦说无征,常璩之言与班固《汉书·循吏传》合,可从。学人谓《汉书》"(司马)相如事孝景帝为散骑常侍"的记载,证明司马相如成才和成名在文翁守蜀之前。我们又从《益部耆旧传》佚文中,找到了司马相如真正的老师——临邛隐者胡安(《蜀中广记》卷一三)。说明相如学术自有渊源,非文翁所教而成。

③ 〔晋〕常璩著,刘琳校注:《华阳国志新校注》卷三《蜀志》,第118页。

④ 《后汉书·张纯传》:"乃案《七经谶》《明堂图》。"李贤注:"七经,谓《诗》《书》《礼》《乐》《易》《春秋》及《论语》也。"(中华书局1965年版,第1196页)张纯是光武时人,当时谶纬盛行,当时纬书中有《乐纬》不假,李贤注"七经谶"有《乐》家是对的;但是作为经书,《乐经》在西汉已无传授,遑论东汉呢?因此李贤以《乐经》注"七经"又是错误的。

⑤ 参见杭士骏《经解》,《皇清文颖》卷一二,清乾隆十二年武英殿刻本。

⑥ 王应麟《困学纪闻》卷八《经说》:"《春秋正义》云:'傅咸为《七经诗》,王羲之写。'今按《艺文类聚》《初学记》载傅咸《周易》《毛诗》《周官》《左传》《孝经》《论语》诗,皆四言,而阙其一。"(辽宁教育出版社1998年校点本,第189页)

典传》注引《谢承书》，言成都人赵典"学孔子《七经》……靡不贯综"；《华阳国志》卷一〇下载，梓潼人杨充"精究《七经》"云云；江藩撰《两汉通经诸儒》，举"其治七经者则有张宽、汝阴荀爽、成都赵典、梓潼杨克（充）、涪人李譔、南阳许慈"①。张宽、赵典、杨克（充）、李譔，皆蜀人；而荀爽、许慈则皆晚出，可见"七经"教育自是蜀学传统。

自王莽时已在石头上刻制石经，东汉熹平、曹魏正始、李唐开成、赵宋绍兴、清朝乾隆等朝，都有仿效，但是莽石经无考，熹平石经才七种，正始才三种，开成稍多为十二种，但是其中《论语》《孝经》《尔雅》不以称经，只号"九经"。绍兴、乾隆者晚出，更无论。唯有后蜀广政始刻之"蜀石经"是十三种，号称"石室十三经"，儒家《十三经》体系至此完成。已详拙文《"蜀石经"与〈十三经〉的结集》②，兹不赘述。

四、核心价值："五常"与"七德"

古之为学，在乎修身和致用，故学必广博，而识贵精要。自孔子而后诸子圣贤，皆各有所主。《吕氏春秋·不二》谓："老聃贵柔，孔子贵仁，墨翟贵廉（兼），关尹贵清，子列子贵虚，陈骈贵齐，阳生贵己，孙膑贵势，王廖贵先，兒良贵后。"诸子学术都有自己的核心精神和主体价值，成熟的学术尤其如此，蜀学也不例外。当然核心价值的构成，也会随着时代演变而有所变化，但是蜀学核心价值的总体精神还是很明显的。

孔子"仁智勇"　孔子当时提出过许多价值观念，最核心的无疑是"仁"，但是如何行仁或辅仁，则有一个固定搭配，如"仁智勇""道德仁艺"。孔子曰："君子道者三：……仁者不忧，知者不惑，勇者不惧。"（《论语·宪问》）《中庸》第二十章："天下之达道五，所以行之者三。曰：君臣也，父子也，夫妇

① 〔清〕江藩：《经解入门》卷二，华东师范大学出版社2010年版，第54页。
② 参见舒大刚：《"蜀石经"与〈十三经〉的结集》，《周易研究》2007年第5期。

也，昆弟也，朋友之交也。五者，天下之达道也。知、仁、勇三者，天下之达德也，所以行之者一也。……子曰：'好学近乎知，力行近乎仁，知耻近乎勇。知斯三者，则知所以修身；知所以修身，则知所以治人；知所以治人，则知所以治天下国家矣。'"又曰："志于道，据于德，依于仁，游于艺。"如此等等。可见"仁智勇""道德仁艺"就是孔子思想的核心构建。

思孟"仁义礼智圣"　孟子在《尽心下》中说"仁之于父子也，义之于君臣也，礼之于宾主也，知之于贤者也，圣人之于天道也，命也，有性焉，君子不谓命也"。按孟子亦将"仁、义、礼、智"称为"四德"予以提倡，但就其学术渊源来说，则是将"仁、义、礼、智、圣"做一组合，称为"五行"。此说应始于子思，发扬于孟子，在战国时曾受到荀子批判。《荀子·非十二子》："案往旧造说，谓之'五行'……案饰其辞而祗敬之，曰此真先君子之言也。子思唱之，孟轲和之。"唐杨倞注："五行，五常，仁、义、礼、智、信是也。"杨氏说五行又称五常，即后之仁义礼智信，不完全正确，因为仁义礼智信是汉代董仲舒的组合，战国时不是这样，而是将"圣"与四德搭配。① 新出土郭店楚简《五行》篇说："仁形于内谓之德之行，不形于内谓之行；义形于内谓之德之行，不形于内谓之行；礼形于内谓之德之行，不形于内谓之行；智形于内谓之德之行，不形于内谓之行；圣形于内谓之德之行，不形于内谓之（德之）行。德之行五，和谓之德；四行和，谓之善。善，人道也；德，天道也。"② （马王堆帛书《五行》略同。） 正是仁、义、礼、智、圣的搭配法。汉初贾谊《新书·六术》尚曰："天地有六合之事，人有仁、义、礼、智、圣之行。"③ 仍然保持战国时期的样式。

董氏"仁义礼智信"　董仲舒进一步圣化孔子，以为圣者无不能，无不知，圣兼四德是孔子的专利，不具备普遍价值，故以"信"易"圣"，以为此五者可以常行不替，是与天地长久的经常法则（"常道"），故号"五常"，曰"仁、义、礼、智、信五常之道"（董氏《贤良对策》）。于是"仁、义、礼、智、信"乃成儒家核心价值的固定搭配，影响中国两千余年。

蜀学"道德仁义礼"　蜀学也有自己的核心价值观，据现存文献，其固定

① 参见李耀仙：《子思、孟子五行说考辨》，《先秦儒学新论》，巴蜀书社 1991 年版。
② 刘钊：《郭店楚简校释》，福建人民出版社 2003 年版，第 69 页。
③ 〔汉〕贾谊：《新书·六术》，《四部丛刊》影印明正德刊本。

搭配的系统构建实始于汉之严遵。其《道德指归论·上德不德篇》："天地所由，物类所以，道为之元，德为之始，神明为宗，太和为祖。道有深微，德有厚薄，神有清浊，和有高下。清者为天，浊者为地；阳者为男，阴者为女。人物禀假，受有多少，性有精粗，命有长短，情有美恶，意有大小。或为小人，或为君子，变化分离，剖判为数等。故有道人，有德人，有仁人，有义人，有礼人。敢问彼人何行，而名号殊谬以至于斯？庄子曰：虚无无为，开导万物，谓之道人；清静因应，无所不为，谓之德人；兼爱万物，博施无穷，谓之仁人；理名正实，处事之义，谓之义人；谦退辞让，敬以守和，谓之礼人。凡此五人，皆乐长生。"① 这是对《老子》"失道而后德，失德而后仁，失仁而后义，失义而后礼"等五德对立学说的弥缝，也是对儒、道相反状态的矫正，从而构建起兼容易、儒、道的"道、德、仁、义、礼"一体的核心价值观念。这一体系的构建，是由天地、阴阳、男女、厚薄、性命、情意、神明、太和等发展衍化而来，与前述蜀中"天皇、地皇、人皇"之"三才"构建是一脉相承的。

严遵之外的蜀学中人，其学而有体系者，亦多能承袭这一结构。如汉王褒《四子讲德论》："圣主冠道德，履纯仁，被六艺，佩礼文，屡下明诏，举贤良，求术士，招异伦，拔骏茂。"② 扬雄《法言·问道篇》："道、德、仁、义、礼譬诸身乎？夫道以导之，德以得之，仁以人之，义以宜之，礼以体之。天也。合则浑，离则散。"③ 又《问神篇》："事系诸道、德、仁、义、礼。"④《太玄经·玄摛》："虚形万物所道之谓道也，因循无革天下之理得之谓德也，理生昆群兼爱之谓仁也，列敌度宜之谓义也，秉道、德、仁、义而施之之谓业也。"⑤ 或又根据董仲舒"五常"直接冠以"道德"，而成"七德"搭配。雄《剧秦美新》："神明所祚，兆民所托，罔不云道、德、仁、义、礼、智。"⑥

---

① 〔汉〕严遵：《道德指归论》卷一《上德不德》，明《津逮秘书》本。
② 〔汉〕王褒：《四子讲德论》，《全蜀艺文志》卷四八，刘琳、王晓波点校本，线装书局 2003 年版，第 1471 页。
③ 〔汉〕扬雄：《扬子云集》卷一《法言》，文渊阁《四库全书》本。
④ 〔汉〕扬雄：《扬子云集》卷一《法言》，文渊阁《四库全书》本。
⑤ 〔汉〕扬雄：《扬子云集》卷二《太玄经》，文渊阁《四库全书》本。
⑥ 〔汉〕扬雄：《扬子云集》卷四《剧秦美新》，文渊阁《四库全书》本。

　　唐人赵蕤在其《长短经·量才》中也说："故道、德、仁、义定而天下正。"①又《定名》曰："故称之曰道、德、仁、义、礼、智、信。夫道者人之所蹈也，居知所为，行知所之，事知所乘，动知所止，谓之道。德者人之所得也，使人各得其所欲谓之德。仁者爱也，致利除害，兼爱无私谓之仁。义者宜也，明是非，立可否，谓之义。礼者履也，进退有度，尊卑有分，谓之礼。智者人之所知也，以定乎得失是非之情，谓之智。信者人之所承也，发号施令，以一人心，谓之信。"②

　　宋人张商英在其所传《黄石公素书·原始章》中也说："夫道、德、仁、义、礼五者，一体也。道者，人之所蹈，使万物不知其所由。德者，人之所得，使万物各得其所欲。仁者，人之所亲，有慈慧恻隐之心，以遂其生成。义者，人之所宜，赏善罚恶，以立功立事。礼者，人之所履，夙兴夜寐，以成人伦之序。"③其书六章，一曰《原始》，二曰《正道》，三曰《求人之志》，四曰《本德宗道》，五曰《遵义》，六曰《安礼》，在篇目上也体现出这一核心价值的构思。此外，还有明代来知德，也说"冠道德，履仁义，衣百家，佩六艺"④，承袭了蜀学自严遵以来融合儒道，会通道德仁义礼的传统。

　　无独有偶，受巴蜀文化影响的陇西李筌，在其《太白阴经》中说"夫用探心之术者，先以道、德、仁、义、礼、乐、忠、信、诗、书、经、传、子、史"⑤云云，进而将蜀人"道、德、仁、义、礼"并重的组合，与儒家"礼乐忠信"和文献载体"经、传、子、史"相搭配，形成了更加广博的核心价值结构和文化体系。在唐玄宗时曾经主纂《三教珠英》的张说，在其《大唐祀封禅颂》中也有"传不云道、德、仁、义、礼、智、信乎，顺之称圣哲，逆之号狂悖"⑥的表述，也是融合儒道的特殊表达。

---

①〔唐〕赵蕤：《长短经》卷一《量才》，文渊阁《四库全书》本。
②〔唐〕赵蕤：《长短经》卷八《定名》，文渊阁《四库全书》本。
③旧题〔汉〕黄石公撰，〔宋〕张商英注：《素书·原始章》，明《汉魏丛书》本。
④〔明〕来知德：《来瞿唐先生日录·客问》，清道光十一年刻本。
⑤〔唐〕李筌：《太白阴经》卷一《数有探心》，民国十一年（1922）上海博物斋影印本。
⑥〔唐〕张说：《张燕公集》卷一二《大唐祀封禅颂》，《四部丛刊》影印明嘉靖本。

五、文化枝辅："道家"和"道教"

谢先生说："道者，蜀人所创。其变有三宗，三宗亦自蜀始：一、原始之道（天真皇人创，同时有宁封，继起有老子）；二、养生之道（彭祖创，与容成术异）；三、符咒之道（张道陵创，道陵非蜀人，然得道在蜀，终于蜀）。司马谈论六家指要，独尊道家。中国诸学，唯道家先出。世称黄老旧矣，而《道藏》数千卷，首著《度人经》，以为峨眉天真皇人授黄帝云。（《度人经序》）《黄帝本行纪》（唐阆中吏王瓘著）谓帝未有天下，至蜀青城山谒宁封，因传《龙跷经》（唐时尚存，段成式见之）。封称天真皇人，圣人也。帝复上峨眉，问以道德之要。故天真皇人，道家之祖。《度人经》尚清静修身为本，《道德》诸经，其绪流尔。老子，周时降生成都李氏，有青羊之异，为尹喜说经。（出宋谢显道《混元本纪》，今成都青羊宫是其遗迹。）而彭祖亦隐峨眉山数百年，创养生之术。（彭祖所著《养生经》已佚，略见葛洪《神仙传》中。）汉朝张道陵入蜀得道，行符咒，今道陵二十四治皆在蜀。道之大别唯三宗，三宗所由兴以蜀。"[1]

今按，此节说道教乃蜀中所创，所举例证有四：一是《道藏》首卷《度人经》反映了蜀中的"皇人"信仰，二是彭祖创养生学，三是老子入蜀教化，四是张道陵入蜀创教。张道陵、彭祖事，固学人所艳称，兹不复赘。而"皇人"信仰、老子入蜀事，却因事涉虚妄，不受重视，这里特拈出稽考。

今天《道藏》首经即托名天真皇人所撰《度人经》，该书或许晚出，但蜀中的"皇人"信仰，则古来有之。《山海经·西山经》载巴蜀有"皇人之山……皇水出焉"，又有中皇山、西皇山。据《峨眉图经》皇人、中皇、西皇三山，即今峨眉之大峨、二峨、三峨三峰。《五符经》说："皇人在峨眉山北绝岩之下，苍玉为屋，黄帝往受真一五牙之法焉。"[2]《路史》又曰"泰壹氏是为皇人。开图挺

---

[1] 谢无量：《蜀学会叙》，《独立周报》1912 年第 8 期，第 44 页。

[2] 〔明〕曹学佺：《蜀中广记》卷七四《神仙记》，文渊阁《四库全书》本。

纪，执大同之制，调大鸿之气，正神明之位者也"①，是天地开辟后建立纲纪、制度、变化规则的一方神圣。

由于他有如此功力和功德，故自然成了学道者的祖师。《路史》又曰："昔者神农常受事于泰壹小子，而黄帝、老子皆受要于泰壹元君。盖范无形，尝无味，要会久视，操法揽而长存者。"②"皇人"是神农、黄帝、老子学习和师法的老师，他"无形""无味"，却是长生久视的法宝。

《录异记》还具体记载："青城县西北二里，有老君观，门东上有一泉，号马跑泉。水味甘美，四时不绝，春夏如冰，秋冬反温。昔老君与天真皇人会真之所。其泉是老君所乘马跑成，即冲妙观也。"③唐代名道杜光庭，还专以此传说撰成《冲妙观记》一篇。

《名号历劫记》又云："人皇之后，五龙氏兴焉。天真皇人降下开明之国，以《灵宝真文》《三皇内经》各十四篇授之。五龙氏得此经，以道治世万二千岁，白日登仙。"曹学佺《蜀中广记》引之，并按曰："开明氏，蜀古国号也，都南安，今之嘉定州是。"④由于巴蜀地区有这个皇人峰的缘故，便引来长生久视的泰壹真人和神农、黄帝、老子向他学习的掌故，后世道教造作《度人经》，也是依仿于此而成的。

又因蜀中风物原有与老子其人其学相契合的基础，于是历代以来就衍生出许多老子入蜀隐居、修炼、讲经甚至炼丹的神迹。

说起老子晚年"事迹"，《史记》本传只说："老子修道德，其学以自隐无名为务。居周久之，见周之衰，乃遂去。至关，关令尹喜曰：'子将隐矣，强为我著书。'于是老子乃著书上下篇，言道德之意五千余言而去，莫知其所终。"说老子晚年踪迹"莫知所终"。裴骃《集解》引《列仙传》曰"关令尹喜者，周大夫也……时人莫知老子西游，喜先见其气，知真人当过，候物色而迹之，果得老子。老子亦知其奇，为著书。与老子俱之流沙之西，服巨胜实，莫知其所终"，

①〔宋〕罗泌：《路史》卷三《循蜚纪》，文渊阁《四库全书》本。
②〔宋〕罗泌：《路史》卷三《循蜚纪》，文渊阁《四库全书》本。
③〔明〕曹学佺：《蜀中广记》卷六《名胜记》，文渊阁《四库全书》本。
④〔明〕曹学佺：《蜀中广记》卷七一《神仙记》，文渊阁《四库全书》本。

说老子著书后乃与尹喜"俱之流沙之西"。裴氏又说"《列仙传》是刘向所记"①，然而该书《汉志》不载，其内容往往与据向歆父子《别录》《七略》修订而成的《汉书·艺文志》相悖，故陈振孙《直斋书录解题》疑其"魏晋间方士为之，托名于（刘）向"。其"西出流沙"云云者，显然是受东汉后期以来"老子化胡"说影响。东汉末襄楷上桓帝书有云"或言老子入夷狄为浮屠（佛陀）"②；《三国志》亦载"老子西出关，过西域，之天竺教胡，浮屠属弟子别号，合有二十九"③。《列仙传》前文有"后周德衰，乃乘青牛车去入大秦，过西关"，正受其影响，"西出流沙"说实乃魏、晋间"佛老之争"的产物。

除了这个说法外，还有迹象表明，老子晚年亦有可能进入巴蜀隐居。谢先生所举宋谢显道《混元本纪》即持此说。此外，此说法还见于多种记载。首先是《蜀本纪》云："老子为关令尹喜著《道德经》，临别曰：'子行道千日后，以成都郡青羊肆寻吾。'今为青羊观也。"④ 此《蜀本纪》是何时何人的作品呢？常璩《华阳国志·序志》载："司马相如、严君平、扬子云、阳成子玄、郑伯邑、尹彭城、谯常侍、任给事等各集传记，以作《本纪》，略举其隅。"⑤ 说司马相如、严遵、扬雄、阳成衡、郑廑、尹贡、谯周、任熙八人都曾撰"蜀本纪"之类的书。相如、严遵、扬雄、阳成衡皆西汉人，郑廑为公孙述时人，尹贡为东汉初明、章时人，谯周三国蜀汉人，尹熙为西晋初年人。八家《蜀纪》今均亡佚，唯有扬雄《蜀本纪》有佚文可考。可见老子入蜀归隐，实出扬雄《蜀本纪》，为西汉相承的旧说。

宋人亦相信老子驾临成都青羊肆之说。北宋曾经四度入蜀为官的赵抃（谥清献），在其《成都古今集记》"青羊宫"云："老子乘青羊降其地，有台存。"⑥ 宋何耕有《青羊宫》诗："一再官锦城，咫尺望琳宫。……稽首五千言，众妙一

---

① 〔汉〕司马迁：《史记》卷六三《老子韩非列传》，第 2141 页。

② 〔南朝宋〕范晔著，〔唐〕李贤等注：《后汉书》卷三〇《襄楷传》，中华书局 1965 年版，第 1082 页。

③ 〔晋〕陈寿撰，〔南朝宋〕裴松之注：《三国志·魏书》卷三〇，第 859～860 页。

④ 乐史《太平寰宇记》卷七二"剑南西道一·益州·成都县·青羊肆"引；又《太平御览》卷一九一"居处部"引同；《方舆胜览》卷五一"成都府·青羊观"引用《蜀王本纪》。（俱文渊阁《四库全书》本）

⑤ 〔晋〕常璩著，刘琳校注：《华阳国志新校注》卷一二《序志》，第 519 页。

⑥ 〔明〕曹学佺：《蜀中广记》卷二引，文渊阁《四库全书》本。

以通。静观万物复，岂假九转功。区区立训诂，亦哂河上公。痴人慕羽化，心外求鸿蒙。要骑白鹤背，往访青羊踪。"①

《蜀中广记》又引《蜀记》说："老子西度函谷关，为关令尹喜著《道德经》，临别谓曰：'千日后于成都青羊肆寻吾。'及期，喜往，果见于大官李氏之家。授喜玉册金文，名之曰《文始》。"此《蜀记》疑即前叙汉扬雄所撰《蜀本纪》（不过"文始"之名却为后人添加）。曹学佺还按曰："今成都西南五里青羊宫是其处。有青铜铸成羊，其大如麇。岁二月二十有五日，四方来集，以为老君与喜相遇日也。"② 以上数则资料都说，老子在为关令尹喜撰写《道德经》五千言后，即西行隐居；别后千日，尹喜在成都青羊肆一个李姓人家宅中找到了老子。老子所骑而来的青羊，即留在了成都，后人为纪念他还铸有青铜的青羊。"青羊宫"就是在其故地建立起来的（初号青羊观、玄中观，唐僖宗诏改青羊宫，前蜀王建曾改龙兴观，宋仍旧名青羊宫），至今仍存，为蜀中道教胜迹。《蜀中广记》还于"青神县"载"《志》云县东门外有青羊桥，相传老子骑青羊过此而入成都"③，连老子入蜀线路都搞"清楚"了。考诸《蜀中广记》，在成都府城外，远至川东的丰都、川中的大足、川西的邛崃、川北的锦阳、川南的威远，都流传有老子的传说，或出虚妄，或出假托，但其所反映的巴蜀重道贵老的传统则一。

巴蜀地区山川秀丽，地理位置独特，东限三峡，南阻云贵高原，西有青藏高原，北有秦岭、大巴山，四面高山环绕，形成天然的屏障。在历史上，这里民族众多，方国林立，到春秋战国时期，已经形成巴和蜀两大君长制国家，具有悠久的历史文化。加之气候温润，终年云蒸雾霭，气象万千，人文蔚然，传说丰富，早早就给人以无限神秘的遐想，极易吸引神侣仙俦，来此修炼，产生种种神话仙话就十分自然。《山海经》所谓"西南黑水之间，有都广之野，后稷葬焉"；《大戴礼记》所谓"黄帝……娶于西陵氏之子，谓之嫘祖氏，产青阳及昌意，青阳降居泯水，昌意降居若水"；《竹书纪年》又谓"癸命扁伐山民（一作岷山氏），

---

① 〔宋〕何耕：《青羊宫》，《全蜀艺文志》卷一四，第346页。注又引赵抃《成都古今集记》上述文字。

② 〔明〕曹学佺：《蜀中广记》卷七一，文渊阁《四库全书》本。

③ 〔明〕曹学佺：《蜀中广记》卷一二，文渊阁《四库全书》本。

山民女于桀二人，曰琬曰琰"；《史记》有"禹兴于西羌"之录，《诗经》有
"吉甫作诵"之咏，《蜀王本纪》称历代蜀王"各数百岁皆神化不死"，《华阳国
志》有"彭祖为殷太史""杜宇鷩为上仙"等仙话，真是既神且圣，亦人亦仙。
进入东周以后，又有苌弘南迁、老子西行、尸佼入蜀等传说。而究其根源，实与
巴蜀自身的独特地形地貌和悠久历史文化有莫大关系。后世张道陵正是利用这一
资源，入蜀创立了早期"道教"。

[原载《湖南大学学报》（社会科学版）2015 年第 6 期]

试论“蜀石经”的镌刻与“十三经”的结集

　　“十三经”是儒家最为重要的十三部经典，它们是儒家学说的基础，也是中华文化的重要源头。从早期儒家诵法“六艺”，至后期儒家言必称“十三经”，儒家经典经历了一个逐渐扩大，并逐渐固定化的过程。儒家经典，从孔子时代的“六经”（《诗》《书》《礼》《乐》《易》《春秋》）到西汉的“五经”（“六经”无《乐》），又从“五经”发展到“七经”（“五经”加《论语》《孝经》），再发展到“九经”（《易》、《诗》、《书》、“三礼”、“春秋三传”）①、“十二经”（“九经”加《论语》《孝经》《尔雅》）和“十三经”（“十二经”加《孟子》）。这个过程从表面上看只是儒家经典数量的增加和儒家从事思想创造时文献取材范围的扩大而已，但是实际上，其反映出的是不同时期儒家思想不同的价值取向。儒家“十三经”实际是“经”“传”“子”的汇合，原始“六经”（或“五经”）代表的是三代旧制和故典，历史性、客观性是其主要特点；而《春秋》之“三传”、释礼之《礼记》，是关于《春秋》经和《仪礼》经的解释和说教，主观性、现实性的色彩逐渐增浓；至于《论语》《孟子》，其原本就是子书，是阐发以孔子、孟子为主的早期儒家的思想资料，个性化色彩自然比“传”或“记”都浓得多。由此可见，儒家经典扩大化的过程，已经呈现出“由经而传”，再“由传而子”的转换，也反映出儒家学说的话语资料从重视客观的“经”（或“史”），进而兼重（甚至“独重”）“子”书的历史变迁。从学术史的角度讲，每一次经典文献的扩展，基本上都或隐或显地预示着儒学发展新阶段的来临甚至

---

　　①　关于“七经”和“九经”所指，古来解释各异。如“七经”，有“六经”加《论语》说；有“五经”加《论语》《孝经》说（全祖望《经史问答》、杭士骏《经解》）；有“五经”加《周礼》《仪礼》说（刘藻《经解》）。但据西汉末形成的“七经纬”，“五经”加《论语》《孝经》说可信。“九经”一以为《易》、《书》、《诗》、《春秋》、“三礼”加《论语》《孝经》（刘藻《经解》）；一以为“三礼”“三传”合《易》《书》《诗》而成（顾炎武《日知录》）。验之唐“九经正义”，后说可信。

开始，儒家经典的扩大史也是儒学发展史的重要内容。因此，研究和揭示儒家经典的形成过程，对揭示儒家知识视域的不断扩大，展示儒家思想和价值观的不断转换，对完整地认识儒学发展史，都具有不容忽略的意义。可是，由于目前尚无对"十三经"形成过程的专项研究，因此人们在叙述这一过程时，难免辞浮其事，甚至错谬百出。比如，何人在何时何地最早将儒家这十三部经书汇集在一起？"十三经"的称名以何时何书为最早？目前都还歧说纷呈，矛盾互异。

本文通过考察发现，将"十三经"合刻一处以始于五代、成于北宋的"蜀石经"为最早，"十三经"的称名也以"蜀石经"为最先。因此，"蜀石经"应该是儒家"十三经"结集的最早尝试，它是一部以石头为载体的名副其实的"儒学十三经"！

一、有关"十三经"结集诸说回顾

"十三经"作为儒家最基本的典籍，其形成和结集过程历来都是讲学家和研究者所关心的问题。因此各类经学著作，无论是《群经概论》，还是《十三经概论》，或《经学历史》《经学概论》等，都照例要在首章列出"从六经至十三经"之类的章节来加以叙述，只可惜目前学界还没有取得统一的认识，有的叙述甚至矛盾重重，错误百出。下面让我们先回顾一下近世以来各类书籍关于"十三经"形成时代的说法吧。

一是形成于清代说。蒋伯潜《十三经概论》在"经与十三经"章说：

> 彼时（汉代）所谓"经"者，仅指《诗》《书》《礼》《乐》《易》《春秋》六经。六经无《乐》，实际上仅有五经。但经之外，又有释经之"传"焉……又有附经之"记"焉……于是《易》《书》《诗》之外，《礼》则《周礼》《礼记》，并《仪礼》而为三。《春秋》经则随三传而分为三。加以《论语》《孝经》《尔雅》，凡十有二矣。……五代时，蜀主孟昶刻石刻十一经，去《孝经》《尔雅》，而入《孟子》，此《孟子》入经部之始。……清高宗乾隆时，既刻十三经经文于石，立之

太学，而阮元又合刻《十三经注疏》，且附以《校勘记》。此十三经完
成之经过也。①

蒋先生还在《经学纂要》一书中重申："〔唐〕文宗所刻的《开成石经》，则
《易》《书》《诗》《三礼》《春秋三传》《论语》《孝经》之外，又加了一部《尔
雅》，已成为'十二经'了。……但五代时蜀主孟昶石刻十一经，不列《孝经》
《尔雅》，而加入《孟子》，《孟子》已列于'经'了。及清高宗刻十三经于太
学，于是'十三经'这部丛书，乃成定本。"②

蒋先生认为唐"开成石经"有十二经，孟蜀"石刻十一经"（且不论"十一
经"之称是对是错）"不列《孝经》《尔雅》"而将《孟子》刻入石经，《孟子》
虽然已经取得"经"的地位，但"十三经"的正式确立要到清高宗乾隆时期才
宣告完成，时间显然偏晚。

二是形成于明代说。顾炎武云："自汉以来，儒者相传，但言'五经'。而
唐时立之学官，则云'九经'者，'三礼''三传'分而习之，故为九也。其刻
石国子学，则云'九经'并《孝经》《论语》《尔雅》。宋时程、朱诸大儒出，
始取《礼记》中之《大学》《中庸》，及进《孟子》以配《论语》，谓之'四
书'。本朝因之，而'十三经'之名始立。"③

乾隆十二年《御制重刻十三经序》："汉代以来，儒者传授，或言'五经'，
或言'七经'，暨唐分'三礼''三传'，则称'九经'已，又益《孝经》《论
语》《尔雅》，刻石国子学。宋儒复进《孟子》，前明因之，而'十三经'之名
始立。"

杭士骏《经解》一方面以"陆德明撰《经典序录》，只称'九经'，而亦为
《孝经》《论语》《孟子》《尔雅》撰音，是'十三经'已萌芽于此"，但又因
"其末附以《老》《庄》二子，则经之名反隐"。又说："开成刻石，长兴镂板，
亦只有'九经'。斯时《孝经》以石台别行，《尔雅》为书学专习，故不兼及耳。
孟蜀广政毋昭裔等渐次刊布，逮宋淳化始得毕功。然《孟子》尚阙，宣和间席

---

① 蒋伯潜：《十三经概论》，上海古籍出版社 1983 年版，第 7~8 页。
② 蒋伯潜：《经学纂要》，岳麓书社 1990 年版，第 6 页。与朱剑芒《经学提要》合刊。
③ 〔清〕顾炎武著，〔清〕黄汝成集释：《日知录集释》卷一八，上海古籍出版社 1985 年版，第
1368~1369 页。

且刻于成都学宫而后备。……明嘉靖、万历间，南北两雍，前后并刻，而'十三经'之名遂遍海宇矣。此诸经分合之大略也。"①

刘藻《经解》："'五经'之内，分《周礼》《仪礼》为'七经'。……'七经'之外，益以《孝经》《论语》为'九经'，唐所校以刻于太学者是也。'九经'之内，去《春秋》入'三传'中，成三经，合之为'十一经'。又益以《尔雅》《孟子》为'十三经'。盖始于唐，衍于宋，而终于明之世云。"②

今世《辞源》（修订本）亦从此说："汉把《易》《诗》《书》《礼》《春秋》立于学官，名五经。唐合《周礼》《仪礼》《公羊》《穀梁》为九经。开成间刻石国子学，又加《孝经》《论语》《尔雅》称十二经。到宋代，复增《孟子》，至明合称十三经。"③

三是形成于宋代说。朱剑芒《经学提要》总论："唐开成间，开石国子学，于九经之外，加入《孝经》《论语》《尔雅》，亦尝称之为十二经。自宋列《孟子》于经部，十三经之名，亦因以成立。"④ 今之《辞海》从之："汉代开始，把《诗》《书》《易》《礼》《春秋》称为'五经'。唐代把《周礼》《礼记》《仪礼》《公羊传》《穀梁传》《左传》与《诗》《书》《易》称为'九经'。唐文宗刻石经，将《孝经》《论语》《尔雅》列入经部。宋代又将《孟子》列入，因有'十三经'之称。"⑤

夏传才《十三经概论》第一章也承此说："到宋代，原来的十二经，再加上《孟子》，便成为流传至今的十三经。……明代把经书合刊，仍是刊行宋版十三经，直传至今。"⑥

宋代又有北宋、南宋之分，关于"十三经"在宋代形成的具体时间，有的学者又明确指出是在南宋。杨伯峻《经书浅谈导言》："唐大和中，复刻'十二经，立石国学'。……到宋代，理学派又把《孟子》地位提高，朱熹取《礼记》

① 〔清〕杭士骏：《经解》，见《皇清文颖》卷一二，文渊阁《四库全书》本。
② 〔清〕刘藻：《经解》，见《皇清文颖》卷一三，文渊阁《四库全书》本。
③ 广东、广西、湖南、河南辞源修订组，商务印书馆编辑部：《辞源》（修订本），商务印书馆1981年版，第402页。
④ 朱剑芒：《经学提要》，与蒋伯潜《经学纂要》合刊本，岳麓书社1990年版，第179页。
⑤ 本书编辑委员会：《辞海》（缩印本），上海辞书出版社1989年版，第128页。
⑥ 夏传才：《十三经概论》，天津人民出版社1998年版，第16~17页。

中的《中庸》《大学》两篇，和《论语》《孟子》相配，称为《四书》，自己‘集注’，由此《孟子》也进入‘经’的行列，就成了‘十三经’。这便是‘十三经’成立的大致过程。”① 根据杨先生兹说，“十三经”的结集在朱熹表彰《孟子》并撰成《四书集注》之后，其时间则在南宋后期。

四是形成于孟蜀说。明任濬：“唐……明经取士之‘九经’，则《礼记》《春秋左传》为大经，《诗》《周礼》《仪礼》为中经，《易》《尚书》《春秋》公、穀为小经。宋合‘三传’，舍《仪礼》，而以《易》《诗》《书》《周礼》《礼记》《春秋》为‘六经’。又以《孟子》《论语》《孝经》为三小经，则宋所称‘九经’也。若夫‘石室十三经’，始自孟蜀。”②

阎若璩云：“唐文宗开成二年，国子监‘九经石壁’成……孟蜀广政十四年，镌《周易》，至宋仁宗皇祐元年，《公羊传》工毕，是为‘石室十三经’。”③（按，《公羊传》刻成时，并未形成“十三经”。详下。）

沈廷芳《经解》：“经之名数各殊，‘五经’始汉武帝，‘七经’始汉文翁，‘九经’始唐郑覃，‘十一经’始唐刘孝孙，‘十三经’始蜀毋昭裔、孙逢吉诸人，至宋淳化而始定。”④ 淳化是宋太宗年号，时当公元990—994年。但据宋人记载（详下），“蜀石经”的完成并不在淳化时期，其十二经的最后两部《公羊》《穀梁》刻成于皇祐初（1049），而《孟子》入刻更迟至宣和五年（1123）。因此李时著、崔曙凤整理的《国学五百问》订正说：“宋宣和中，席旦知成都府，于后蜀所刻石经外，加刻《孟子》，是为‘十三经’。”

综上所列，有关“十三经”结集时间的说法可谓多矣！有五代孟蜀说，有宋代说，有南宋说，有明代说，有清朝说。自孟蜀广政十四年（951），迄清乾隆时期（1736年后），前后长达七百八十余年，都被学人认为是“十三经”的形成过程，何其绵延之长而久无定准也！“十三经”到底结集于何时？必有真伪于其间，是当深入考察者也。而且诸人在谈“十三经”形成时，都没有指明具体的标志和事件，说明学界对“十三经”汇刻的具体活动，至今还缺乏清楚的认识，

---

① 杨伯峻：《经书浅谈》，中华书局1984年版，第5页。
② 〔明〕任濬：《十三经注疏序》，雍正《山东通志》卷三五之六引，文渊阁《四库全书》本。
③ 〔清〕阎若璩：《潜丘札记》卷五，文渊阁《四库全书》本。
④ 〔清〕沈廷芳：《经解》，《皇清文颖》卷一三，文渊阁《四库全书》本。

这也是不得不认真加以清理和研究的。

二、"蜀石经"的形成与著录

以上四说之中，谁者为真，谁者为假呢？从时代上讲，当然以五代孟蜀为早。让我们先从"蜀石经"考察起，如果"蜀石经"之说可以成立，其他诸说就不必费辞详论了。"蜀石经"是历代石经中校刻精审、特色鲜明、质量很高的一种，在当时即受到重视，研究经学的人常常引以为善本（如朱熹）。"蜀石经"也是历代石经中唯一附有注文的一种，也是规模最大的一种，刻成之时，其碑千余，左廊右庑，蔚然大观。可惜"蜀石经"在宋代末年就已开始散佚，其形制之详不可得而知之了。关于"蜀石经"的问题，学界虽然已经有一些研究①，已经对"蜀石经"镌刻的经过、特点、存佚、残片及其校勘价值等问题有过明确的探讨，但是，对"蜀石经"与中国儒学史的关系，特别是"蜀石经"对儒家经典结集的促进作用却还注意不够。这里，笔者愿意结合对儒家"十三经"结集过程的考察，谈一点自己对"蜀石经"的认识。

蜀石经，或称"孟蜀石经"，又有"石壁九经""石本九经""蜀刻十经""蜀刻十一经""蜀刻十二经"和"石室十三经"等称呼。这些称法，实际表达了人们对"蜀石经"所刻经数的不同理解，也反映出学术界对"蜀石经"还存在模糊的认识。

---

① 徐森玉：《蜀石经和北宋二体石经》，《文物》1963年第1期；周尊生：《近代出土的蜀石经残石》，《文物》1963年第7期；李志嘉、樊一：《蜀石经述略》，《文献》1989年第2期；袁曙光：《蜀石经残石》，《文物天地》1989年第5期。

（一）"九经"说

宋代赵抃《成都记》："伪蜀相毋昭裔捐俸金，取九经琢石于学宫。"①

张俞《华阳县学馆记》："唯孟氏踵有蜀汉，以文为事，凡草创制度，僭袭唐轨，既而绍汉庙学，遂勒'石书九经'。"②

席益《成都府学石经堂图籍记》说："蜀儒文章冠天下，其学校之盛，汉称石室、礼殿，近世则'石九经'，今皆存焉。"③

吕陶《经史阁记》："蜀学之盛冠天下而垂无穷者，其具有三：一曰文翁之石室，二曰高公之礼殿，三曰石壁之九经。……及五代之乱，疆宇割裂，孟氏苟有剑南，百度草创，犹能取《易》《诗》《书》《春秋》《周礼》《礼记》刻于石，以资学者。吾朝皇祐中，枢密直学士京兆公加意文治，附以《仪礼》《春秋公羊传》《春秋穀梁传》，所谓'九经'者备焉。"④ 洪迈《容斋随笔》卷四亦称"蜀石本九经"，"皆孟昶时所刻"。

吴任臣《十国春秋·毋昭裔传》亦曰："（毋）昭裔……性嗜藏书，酷好古文，精经术。常按雍都旧本九经，命张德钊书之，刻石于成都学宫。"⑤

"九经"一词多是泛称，相当于"群经"的意思，如赵抃、张俞、席益等文均是。但吕陶之文备列经书名称，似乎又是实指，即《易》《诗》《书》《春秋左传》《周礼》《礼记》《仪礼》《春秋公羊传》《春秋穀梁传》九种。曹学佺《蜀中广记》卷九一《著作记》亦立"石本九经"一目以著录之。

①　赵抃《成都记》，即赵抃《成都古今记》，原三十卷，见《宋史·艺文志》著录，原书今佚，《说郛》仅存其书一卷。此段文字见范成大《石经始末记》引，《全蜀艺文志》卷三六，〔明〕杨慎编，刘琳、王晓波点校本，线装书局 2003 年版，第 1001 页。

②　〔宋〕张俞：《华阳县学馆记》，《成都文类》卷三一，文渊阁《四库全书》本。

③　〔宋〕席益：《成都府学石经堂图籍记》，见万斯同《万氏石经考》卷下，文渊阁《四库全书》本。

④　〔宋〕吕陶：《经史阁记》，《成都文类》卷三〇，文渊阁《四库全书》本。

⑤　〔清〕吴任臣：《十国春秋》卷五二《毋昭裔传》，文渊阁《四库全书》本。

（二）"十经"说

晁公武《石经考异序》："按赵清献（抃）公《成都记》：伪蜀相毋昭裔捐俸金，取九经琢石于学宫……《孝经》《论语》《尔雅》，广政甲辰岁张德钊书；《周易》，辛亥岁杨钧、孙逢吉书；《尚书》，周德正书；《周礼》，孙朋吉书；《毛诗》《礼记》《仪礼》，张绍文书；《左氏传》不志何人书，而'详'观其字画，亦必为蜀人所书。然则蜀之立石盖十经。"①

从晁序可知，所谓"十经"者仅仅指孟蜀时期八年之中所刻，没有包括后续至北宋所刻的数种，因此此十经不是"蜀石经"的全部。后来有人说："后蜀广政年间，宰相毋昭裔以楷体写十部经书，立于成都石经堂。"如果只是就五代孟蜀时所刻而言，则并不错；如果说"蜀石经"只有十部，那就不太准确了。

（三）"十一经"说

明顾起元称："蜀永（广政）年之'十一经'……皆宗唐注疏而已。"② 前举蒋伯潜说："五代时蜀主孟昶石刻十一经，不列《孝经》《尔雅》，而加入《孟子》。"今人又说："五代时，后蜀皇帝孟昶命宰相毋昭裔楷书《易》、《诗》、《书》、'三礼'、'三传'、《论》、《孟》等十一经，刻石列于成都学宫。"以为蜀刻石经只有十一部，而且"三传"、《孟子》都是孟蜀时期所刻，且将《孝经》和《尔雅》从中抽出，更是非常混乱的说法。

（四）"七经"说

有的史料对"蜀石经"又只列七种经书。如吴任臣《十国春秋·后蜀主本纪》："是岁（广政十四年），诏勒诸经于石。秘书郎张绍文写《毛诗》《仪礼》

---

① 〔宋〕晁公武：《石经考异序》，见范成大《石经始末记》引，见《全蜀艺文志》卷三六，第1001页。

② 〔明〕顾起元：《说略》卷一二，文渊阁《四库全书》本。

《礼记》，秘书省校书郎孙朋古写《周礼》，国子博士孙逢吉写《周易》，校书郎周德政写《尚书》，简州平泉令张德昭写《尔雅》。"①

　　凡此种种，歧说纷呈，莫衷一是。"蜀石经"到底是九经，或是十经，抑或是十一经，或是十二经？"蜀石经"中到底有哪些经典？其中有没有《孝经》《尔雅》？诸多问题，如果不搞清楚，自然不利于对"蜀石经"的研究，也不利于对儒家"十三经"结集过程的探讨，更不好为"十三经"形成的时代做出准确定位。

　　通过对各类宋代文献的考察，我们发现以上种种记载，有的显然失考（如"十一经"说），有的则出于误记（如"九经""七经"说），有的则是将孟蜀之石经与北宋补刻之石经区别对待（如"十经"说）。"蜀石经"一名应包含两重含义：一是五代孟蜀时所刻的石经；二是始于五代而成于北宋，在蜀地所刻的石经。前一个"蜀"代表时代，后一个"蜀"代表地域。前后二者都是在同地发生的，是延续进行的一个工程，不应区别对待。我们这里要考察的"蜀石经"不仅仅有孟蜀的石经，而且也包括了延续至北宋所刻于成都同一个地方的石经。"蜀石经"一共入刻了十三部，考虑到同时期或在此以前其他地方尚未将十三部经典刻在一起（西安碑林的石经《孟子》系清代补刻），我们认为"蜀石经"是儒家"十三经"最早结集的典范。其详情如下。

　　第一，"蜀石经"的镌刻过程。

　　晁公武《石经考异序》："按赵清献公（抃）《成都记》：'伪蜀相毋昭裔捐俸金，取九经琢石于学宫。'而或又云：毋昭裔依太和旧本，令张德钊书。国朝皇祐中，田元均补刻公羊高、穀梁赤二《传》，然后'十二经'始全。至宣和间，席升献（贡）又刻孟轲书参焉。今考之，伪相实毋昭裔也。……其书者不独德钊，而能尽用太和本，固已可嘉。凡历八年，其石千数，昭裔独办之，尤伟然也。"② 晁公武曾出守成都，亲见其刻，所言的的可观。

　　曾宏父《石刻铺叙》对"蜀石经"也有详尽描述：

---

　　① 〔清〕吴任臣：《十国春秋》卷四九《后蜀主本纪》，文渊阁《四库全书》本。
　　② 〔宋〕晁公武：《石经考异序》，见范成大《石经始末记》引，《全蜀艺文志》卷三六，第1001页。

益郡石经，肇于孟蜀广政，悉选士大夫善书者，模丹入石。七年甲辰，《孝经》《论语》《尔雅》先成，时晋出帝改元开运。至十四年辛亥，《周易》继之，实周太祖广顺元年。《诗》、《书》、"三礼"不书岁月。逮《春秋》三传，则皇祐元年九月讫工。时我宋有天下已九十九年矣，通蜀广政元年肇始之日，凡一百一十二祀，成之若是其难。又七十五年，宣和五年癸卯，益帅席贡始凑镌《孟子》，运判彭慥继其成。乾道六年庚寅，晁公武又镌《古文尚书》暨诸经《考略》。①

据曾氏所言，完整的"蜀石经"从孟蜀广政初（938）刻，到皇祐元年（1049）刻成《公》《穀》二传，前后历经112年。刻《孟子》入石，又在75年之后的宣和五年（1123）。如果要算晁公武刻《考异》和《古文尚书》的时间，则要迟至公元1170年了。中间断断续续，前后跨度实达二百三十余年！

第二，"蜀石经"的流传情况。

蜀刻十三经，拓本在南宋广为流传，曾宏父《石刻铺叙》还将每经的文字都做了详尽记录。晁公武还用通行"监本"与之对校，撰成《石经考异》，发现"《周易》经文不同者五科，《尚书》十科，《毛诗》四十七科，《周礼》四十二科，《仪礼》三十一科，《礼记》三十二科，《春秋左氏传》四十六科，《公羊传》二十一科，《穀梁传》一十三科，《孝经》四科，《论语》八科，《尔雅》五科，《孟子》二十七科。其传注不同者尤多，不可胜记。独计经文，犹三百二科"②。

"蜀石经"校勘精审，书法精美，由宋及明，书家奉为法书宝帖。明《文渊阁书目》"法帖类"即著录："《石刻周易》一部三册，《石刻尚书》一部三册，《石刻毛诗》一部八册，《石刻周礼》一部八册，《石刻仪礼》一部十册，《石刻礼记》一部十四册，《石刻左氏传》一部三十册，《石刻公羊传》一部七册，《石刻穀梁传》一部七册，《石刻论语》一部三册，《石刻孝经》一部一册，《石刻孟子》一部三册，《石刻尔雅》一部三册，《石刻考异》一部一册。"③ 这里虽然只

① 〔宋〕曾宏父：《石刻铺叙》卷上，文渊阁《四库全书》本。按，原文作《考略》，当作《考异》。
② 〔宋〕晁公武：《石经考异序》，见范成大《石经始末记》引，《全蜀艺文志》卷三六，第1002页。
③ 〔明〕杨士奇《文渊阁书目》卷三《辰字号第一厨书目·法帖》，文渊阁《四库全书》本。

著"石刻"而不题'蜀石经'字样，但据王国维推测："此诸经……有《孟子》及《石经考异》，而无《五经文字》《九经字样》，其为蜀刻而非唐刻明矣。"①

稍后张萱等编《内阁图书目录》，也有与《文渊阁书目》相同的著录。张萱还在《疑耀》中记载了校阅秘阁书时发现这批石经的经过，直接称之为"成都石经"（或"蜀本石经"），还特别告语：诸拓本皆"完好如故"，"独《左氏春秋》，未知为何人书，其纸墨之精，拓法之妙，当是宋物，真希世宝也！"②

这批"蜀石经"拓本，入清之后才逐渐消失，光绪时重编内阁大库存书档册时，已经不见"蜀石经"拓本矣。晚清藏家陆续收集到一些零星的残卷和残页，盖从内阁大库逸出者。"蜀石经"残石，近世也陆续有所发现，累计拓片和残石，已有《周易》、《古文尚书》（晁公武补刻，不在"蜀刻十三经"之数）、《尚书》、《毛诗》、《周礼》、《仪礼》、《春秋左传》、《春秋公羊传》、《春秋穀梁传》八种。③　千余石碑不会泯灭得如此干净，地不爱宝，他日当会有所发现。

三、"蜀刻石经"的意义和影响

从上考可知，"蜀石经"不是九部，也不是十部，或十一部、十二部，而是十三部。这十三部石刻一直储藏于文翁石室之中，故又号称"石室十三经"。它是儒家"十三经"的首次结集，对儒学十三经的正式定型起到了积极作用。

首先，"蜀石经"是最早的"儒学十三经"。儒家经典的结集和传播，在大型儒学丛书产生之前，主要是靠石经的刊刻来实现的。在历代石经中，"蜀石经"最早形成"十三经"规模。"熹平石经"只有《周易》《尚书》《春秋》《公羊传》《仪礼》《礼记》《论语》七经；"正始石经"只有《古文尚书》《左传》二种；唐"开成石经"有十二种而无《孟子》；北宋熙宁"二体石经"虽有《孟子》，却只有九经；南宋高宗"绍兴石经"，乃赵构所书《易》《书》《诗》《左

---

① 王国维：《蜀石经残拓本跋》，《观堂集林》，中华书局1991年版重印本，第四册，第976页。
② 〔明〕张萱：《疑耀》卷一，文渊阁《四库全书》本。
③ 详参前举徐森玉、周尊生、李志嘉、樊一及袁曙光等先生文章。

氏传》《论语》《孟子》及《礼记》五篇，也是不完整的。唯独"蜀石经"刻成了包含《孟子》在内的儒家十三部经典。

其次，"蜀石经"曾以拓印本的形式影响学界。"蜀石经"不是简单地刻石储藏而已，而且还被广泛拓印，形成了印本"十三经"，是较早的儒家纸质"十三经"丛书。南宋赵希弁《郡斋读书附志》和曾宏父《石刻铺叙》都有详尽著录：

> 《石经周易》。右《周易》十卷，经、注六万六千八百四十四字，将仕郎守国子助教臣杨钧、朝议郎守国子《毛诗》博士柱国臣孙逢吉书。
>
> 《石经尚书》。右《尚书》十三卷，经、注并序八万一千九百四十四字，将仕郎、试秘书省校书郎臣周德贞书，镌玉册官陈德超镌。
>
> 《石经毛诗》。右《毛诗》二十卷，经、注一十四万六千七百四十字，将仕郎、试秘书省校书郎张绍文书。
>
> 《石经周礼》。右《周礼》十二卷，经、注一十六万三千一百单三字，将仕郎、试秘书省校书郎孙朋吉书。
>
> 《石经仪礼》。右《仪礼》十七卷，经、注一十六万五百七十三字，将仕郎、试秘书省校书郎张绍文书。
>
> 《石经礼记》。右《礼记》二十卷，经、注十九万六千七百五十一字，卷首题曰：御删定《礼记·月令》第一，集贤院学士、尚书左仆射兼右相、吏部尚书、修国史、上柱国、晋国公臣林甫奉敕注《曲礼》为第二。盖唐明皇删定之本也。将仕郎、试秘书省校书郎张绍文书。
>
> 《石经春秋》。右《春秋经传集解》二十卷，经、注并序三十四万五千一百四十四字，不题所书人姓氏。
>
> 《石经公羊》。右《公羊》十二卷，经、注一十三万一千五百一十四字，不题所书人姓氏。
>
> 《石经穀梁》。右《穀梁》十二卷，经、注八万一千六百二十字，不题所书人姓氏。
>
> 《石经论语》。右《论语》十卷，经、注并序三万五千三百六十八字，将仕郎、前守简州平泉县令、兼殿中侍御史、赐绯鱼袋张德钊书，

颍川郡陈德谦镌字。

《石经孝经》。右《孝经》一卷，经、注并序四千九百八十五字，不题所书人姓氏，但题"颍川郡陈德谦镌字"。

《石经孟子》，右《孟子》十四卷，不题经注字数若干，亦不题所书人姓氏。

《石经尔雅》，右《尔雅》三卷，将仕郎、前守简州平泉县令、赐绯鱼袋张德钊书，武令升镌。不题经注字数若干。①

其三，"蜀石经"具有"石室十三经"的总名。赵希弁在诸经著录之后，有一段《后记》说"以上'石室十三经'，盖孟昶时所镌，故《周易》后书'广政十四年岁次辛亥五月二十日'，唯'三传'至皇祐初方毕，故《公羊传》后书'大宋皇祐元年岁次己丑九月辛卯朔十五日乙巳工毕'"云云。

赵氏未将诸书分别隶属各经目录之下，说明诸本原本汇储一处；赵氏总称之为"石室十三经"，说明这十三部拓本已经有一个总名，已经初具"丛书"的性质。因此，王应麟《玉海》卷四三也直接称之为"石室十三经"；清阎若璩《古文尚书疏证》卷二也说："孟蜀广政十四年，镌《周易》，至宋仁宗皇祐元年，《公羊传》工毕，是为'石室十三经'。"

其四，"蜀石经"将《孟子》刻入石经，是儒家"尊经""崇传"向"重子"过程转变的标志。随着"蜀石经"影响的日益扩大，《孟子》在经部的地位也日益巩固和稳定。汉代虽然曾设《孟子》博士，但是后来又取消了，《汉志》仍将其列在"诸子略"，在汉人心目中，《孟子》并不是经，只是诸子百家之一。熹平、正始、开成诸石经皆不立《孟子》。列《孟子》于石经自"蜀石经"②和

---

① 〔宋〕赵希弁：《读书附志》，附《郡斋读书志》卷五，文渊阁《四库全书》本。

② 臧庸《拜经日记》说："宋高宗御书石经有《孟子》，可补唐'开成石刻'之阙。"其实宣和五年席旦在刻《孟子》入"蜀石经"时已说"伪蜀时刻'六经'于石，而独无《孟子》，经为未备"，遂补刻之。是蜀石经已有《孟子》，开成之阙已补，何待宋高宗！

"嘉祐二体石经"① 始。据学人考订，"《孟子》正式被官方列为经书，并作为科举考试的内容之一，是始于熙宁四年"②。但是，对《孟子》的尊崇和推重，似乎开始得还要早些。仁宗嘉祐时就已经将《孟子》刻入"二体石经"了，远在熙宁之前。宣和时，席贡再次将《孟子》刻入"经"，《孟子》在经部的地位得以巩固，高宗书石时则直接将《孟子》写入。

其五，"蜀石经"的"十三经"之名决定了后来中国儒学经典体系的基本格局。自从"蜀石经"被称为"石室十三经"后，"十三经"之名遂固定下来，成为儒家原典的权威称号。儒生通群经，从前谓之"身通六艺"，现在谓之"博通十三经"；从前群经通论谓之"六艺论""五经说"，现在谓之"十三经"云云。以"十三经"命名的各类著述日益增多，《明史》卷九六"陈深《十三经解诂》六十卷"，卷一九一"（丰坊）别为《十三经训诂》"。《东林列传》卷一五载"（郭正域）乘小舟往来东林，以《十三经补注》商于顾宪成昆季"，卷二三说"（许士柔）父伯彦课授《十三经》《孙》《吴》《握奇经》诸书，讽诵皆上口"。《池北偶谈》卷一一载李因笃"博学强记，《十三经注疏》尤极贯穿"，等等。至于《江南通志》卷一九〇著录顾梦麟之《十三经通考》二十卷，田有年之《十三经纂注》，史铨之《十三经类聚》，陆元辅之《十三经注疏类抄》；《皇清文颖》卷五之载汤斌《十三经注疏论》；《续通志》卷一六一著录罗万藻《十三经类语》十四卷……凡此之类，更是前所未有的现象。明、清时期，"十三经"已经取代"六经"或"五经"之称，与"二十一史"（或"二十四史"）共同成为传统文

---

① 关于"嘉祐石经"的经数，阎若璩《古文尚书疏证》卷二："仁宗庆历初，命刻篆、隶二体石经，后仅《孝经》《尚书》《论语》毕工，是为'嘉祐石经'。"这只是至和二年王洙上书时的情景。据李焘《续资治通鉴长编》嘉祐六年"国子监石经成"等可知，在王洙上书之后嘉祐石经又有续刻。王应麟《玉海》卷四三"嘉祐石经"："仁宗命国子监取《易》《诗》《书》《周礼》《礼记》《春秋》《孝经》为篆、隶二体，刻石两楹。"所举只有七部。但周密《癸辛杂识》别集卷上："罗寿可丙申再游汴梁，书所见……'九经'石板，堆积如山，一行篆字，一行真字。"可证有九部，其中原有《孟子》。元李师圣《汴梁泮宫修复石经记》载"唯汴梁旧有'六经'、《论语》、《孝经》石本，乃近代辟雍之所树者。陵谷变迁，修而复毁，其残缺漫剥，不啻十之五六，前政巨僚之贤而有文者，亦不遑恤将七十余年于此矣，今参政公额森特穆尔，一见而病之，慨然以完复为己任，义声所激，附和者众，不数月而复还旧观。奈何《孟子》七篇，犹阙遗焉"（《汴京遗迹志》卷一五引），可知其书原有《孟子》。清人丁晏所藏"二体石经"拓片，尚有《周易》《尚书》《毛诗》《春秋》《礼记》《周礼》《论语》《孟子》《孝经》九种。（详见徐森玉：《蜀石经和北宋二体石经》，《文物》1963年第1期）

② 董洪利：《孟子研究》，江苏古籍出版社1997年版，第210页。

献中经部和史部的总代表。而对这一变化的产生,"蜀石经"似乎起到了开风气之先或推波助澜的作用。

结　语

综上所述,"蜀石经"始刻于孟蜀广政初(938),其主体工程卒刻于北宋皇祐元年(1049),前后延续112年。至徽宗宣和五年(1123),席旦补刻《孟子》入石,从而形成"十三经"规模。"蜀石经"长期收藏于文翁石室之中,故至少从南宋起就有"石室十三经"的称号。这是最早汇刻于一处的十三部儒家经典,也最早获得"十三经"的称号。前人和时贤以为"十三经"形成于南宋,甚至说形成于明代或清朝,都是错误的,至少是不准确的。"十三经"这一称呼及其汇刻形式,对后世儒家经典格局的奠定起到了重要的推动作用。《孟子》入刻石经,既标志着儒学"十三经"的正式确立,也标志着中国儒学从尊经、崇传到重子书时代的转移,也标志着中国儒学正式从"经学时代"进入了"理学时代"。这其中的关节和消息,也许有轻有重,有明有暗,但其象征意义却是明显的。"蜀石经"在这一转换过程中扮演了推动的角色,是不应该被忽略的。

(原载《宋代文化研究》第15辑,四川大学出版社2007年版)

巴蜀易学源流考[*]

　　自程伊川"易学在蜀耳，盍往求之"[①] 一语传出后，古今学人对巴蜀易学便产生了浓厚兴趣，他们或游历巴山蜀水，深入山岩水涘，希望一睹研《易》者之仙风道貌；或又征文考献，穷尽金匮石室，力图明白巴蜀学人的易学业绩。由于史缺有间，文献不足，至今还缺乏对巴蜀易学的整体考察，也未出版一部内容全面的《巴蜀易学通史》。[②] 对于巴蜀易学的成就及其文献，亦没有全面系统的调查和研究。人们在传述和理解伊川先生当年这一命题时，仍然有若隐若现、若有若无的感觉，甚至对巴蜀易学史语焉不详、欲说还休。本文希望利用近来从事《儒藏》和《巴蜀全书》编纂调查所得资料，讨论一下巴蜀易学的流传及特色问题，以供人们在解读伊川语及讨论易学史时参考。

一、滥觞与集成：汉唐时期的巴蜀易学

　　自孔子传《易》商瞿，商瞿五传至田何，而遇秦焚儒书，《易》以卜筮之书不焚，故传者不绝。汉初，田何传《易》于王同、周王孙、丁宽、服生，诸人"皆著《易传》数篇"[③]。王同传《易》于杨何，杨何于元光元年（前 134）被征为中大夫，武帝立"五经博士"，易学博士即杨何，史称"《易》杨"，司马迁

---

　　[*] 本文作者为第一作者，与李冬梅女士合撰。
　　[①]〔元〕脱脱等：《宋史》卷四五九《谯定传》，中华书局 1977 年版，第 13461 页。
　　[②] 可喜的是，近年学界对于扬雄、李鼎祚、苏轼、来知德等巴蜀易学大家已经有相当深入的研究，还出版了《汉唐巴蜀易学研究》（金生杨著，巴蜀书社 2007 年版）、《宋代巴蜀易学研究》（金生杨著，四川大学博士学位论文，2007 年），四川省也设立了"元明清巴蜀易学研究"（2010 年）的研究课题。
　　[③]〔汉〕班固：《汉书》卷八八《儒林传》，中华书局 1962 年版，第 3597 页。

父亲太史谈曾"受《易》于杨何"①，即此人也。丁宽著《易传》三万言，"训故举大谊而已"，又称《小章句》。宽传《易》于施雠、孟喜、梁丘贺，三人之学在宣帝时被立为博士，又各撰《章句》2 篇。同时又有京氏，自称出于孟氏，亦被立为博士，有《孟氏京房》11 篇、《灾异孟氏京房》66 篇等书。以上皆今文易学。当时民间又有费氏、高氏，未被立于学官，独以《十翼》解说上下经，为古文易学（并见《汉志》）。此西汉易学之大略也。

从易学渊源上考察，蜀中易学传授实与中原同步。商瞿是否生于瞿上，为今四川双流人（杨升庵说），乃在疑似之间，姑且不论。仅从两汉时期算起，巴蜀易学已大有传人，并且初有文献。目前有文献可考的巴蜀第一位《易》师，是汉初的胡安。陈寿《益部耆旧传》佚文载，汉初，胡安居临邛白鹤山传《易》，司马相如尝从之问学。② 据《史记》《汉书》，司马相如（前 179—前 117）在文帝时已经知名，他从胡安受《易》，可能在文帝末年（前 157）以前。汉初传《易》的始师田何，至惠帝时尚存，《高士传》谓"（惠）帝亲幸其庐以受业"，则胡安之在世当与田何同时。也就是说，田何在中原传《易》时，胡安亦在蜀中传《易》矣，二人时代即或稍有前后，亦相距不远。如此看来，司马相如的时代应与中央第一个易学博士杨何大致相当。相如在他的作品《上林赋》中，有"修容乎《礼》园，翱翔乎《书》圃，述易道"云云，说明他是熟读五经，当然也是关注"易道"的。

稍晚的蜀易传人则有赵宾，曾为孟喜师，见于《汉书》。《儒林传》称："蜀人赵宾好小数书，后为《易》，饰《易》文，以为'箕子明夷，阴阳气亡箕子。箕子者，万物方荄兹也'。宾持论巧慧，《易》家不能难，皆曰非古法也。云受（授）孟喜，喜为名（称扬）之。后宾死，莫能持其说，喜因不肯仞（承认），以此不见信（伸）。……博士缺，众人荐喜。上闻喜改师法，遂不用喜。"③ 时人颇有说赵宾从孟喜受《易》者，然视《汉书》所谓"云受孟喜""喜为名之"

① 〔汉〕司马迁：《史记》卷一三〇《太史公自序》，中华书局 1959 年版，第 3288 页。
② 曹学佺《蜀中广记》卷一三引陈寿《益部耆旧传》云："胡安，临邛人。聚徒于白鹤山，司马相如从之受经。"又卷七四"白鹤山"云："司马相如从胡安先生授《易》于此。"（文渊阁《四库全书》本）
③ 〔汉〕班固：《汉书》卷八八《儒林传》，第 3599 页。

"喜不肯仞""喜改师法"诸语，实为赵宾曾以巴蜀的易学授于孟喜。既然赵宾曾经传术于孟喜，他生活的时代就应当与孟喜的老师丁宽同一时期，在景帝之朝。不过，赵宾除了留下以"荄兹"说《易》之"箕子"外，已别无其他《易》说可考了。

宣元时，成都《易》家则有严君平（成都人）。君平"卜筮于成都市，以为卜筮者贱业，而可以惠众。人有邪恶非正之问，则依蓍龟为言利害。与人子言依于孝，与人弟言依于顺，与人臣言依于忠。各因势导之以善，从吾言者已过半矣"①，可见其乃一位隐于卜筮的高人。他"雅性澹泊，学业加妙，专精大《易》，耽于《老》《庄》"②，又是汉代"三玄"兼治的第一人。郑樵《通志·艺文略》"五行"家之"易占"类著录《周易骨髓诀》1卷，注曰"严遵撰"；《宋史·艺文志》"筮龟类"有《严遵卦法》1卷。兹二书并不见于汉唐之间的文献著录，疑为后世依托，但颇得其易学特征。

君平的弟子有扬雄，成都郫县人。雄少从君平游学，深得大《易》秘奥，后乃仿《易经》而撰《太玄》，是"太玄学"的开创者。

从治《易》特征来看，西汉博士易学（亦即官方易学）有施、孟、梁丘、京氏，皆今文易学，皆数术之学；民间的费、高二氏古文易学，以《十翼》缘释经文，为义理之学，但亦不废卜筮。反观蜀中易学，诸家《易》都与道家神仙之术有关。先看蜀中第一《易》师胡安，《蜀中广记》卷一三引常璩说："临邛名山曰四明，亦曰群羊，即今白鹤也。汉胡安尝于山中乘白鹤仙去，弟子即其处建白鹤台。"魏了翁《营造记》说："临邛虞侯叔平以书抵靖，曰：'州之西直治城十里所，有山曰白鹤。……远有胡安先生授《易》之洞，近有常公谏议读书之庵。'"胡安居洞授《易》，临台升仙，知其为修道成仙之人，所传易学必为道家仙学易矣。其次看赵宾，宾以术数"饰《易》文"，传孟喜，喜为之改师法，讲阴阳灾变，以传京房，遂有"孟京之学"，赵宾之《易》必为数术易。

严遵专精大《易》，耽于《老》《庄》，而且卖卜成都市，以卜筮劝善，是其易学兼道家易、数术易二术。扬雄从严遵游学，当然是严学传人，而他所撰《太

---

① 〔汉〕班固：《汉书》卷七二《王贡两龚鲍传》，第3056页。
② 〔晋〕常璩著，刘琳校注：《华阳国志校注》卷一〇上《蜀郡士女》，巴蜀书社1984年版，第761~762页。

玄》，张行成说他"义取于《连山》"①。《连山》为夏易，传为禹所造，汉代兰台有藏，据说今西南少数民族（如羌族、彝族、水族）亦有传之者，是扬雄又传夏易《连山》。《周礼》太卜掌"三易"之法，《连山》在其中，是《连山》亦卜筮书。

清四库馆臣述易学变迁说"《易》本卜筮之书"，"《左传》所记诸占，盖犹太卜之遗法。汉儒言象数，去古未远也。一变而为京、焦，入于禨祥；再变而为陈、邵，务穷造化。《易》遂不切于民用"。胡安、严遵易学，尚近于《左传》，得《易》之"本义"。赵宾之法，则远启孟、京，为禨祥易学鼻祖。

前人又分汉代易学为四派，"训故举大义，周、服、王、丁、杨、蔡、韩七家易传是也"；"阴阳候灾变，孟喜、京房、五鹿充宗、段嘉四家易传是也"；"章句守师说，杨何、施、孟、梁丘、京五家博士所立以教授者是也"；"彖、象解经章，费直、高相二家民间所以传受者是也"②。放之蜀中易学，严遵《易》《老》兼治，颇近周、服；扬雄《太玄》仿古，则似费、高；赵宾数术，实启孟、京。

至于讲究"师法""章句"的博士《易》，本为蜀人所不喜，亦为蜀人所不屑为，如李弘、扬雄皆厌弃"章句"。但是西汉蜀士之学于京师者比比，必有受其传者。如宣帝时郫人何武与成都人杨覆众等偕计前往京师，曾歌王褒《中和颂》于宣室，甚得宣帝嘉奖，"武诣博士受业治《易》，以射策甲科为郎"③。何武所传者，无疑就是当时的博士易学，亦即"章句"之学，只是不知道当时所传为施氏《易》，抑梁丘《易》也？

东汉太学仍置西京"十四博士"，《易》学亦守西京施、孟、梁丘、京氏之传，蜀人受学，共从京师者，自然是"博士今文《易》"。其起于本家或本乡者，则蜀学之特色固在。据《后汉书》载，谯玄、谯瑛世代传《易》，玄始于西汉哀、平之时，瑛为东汉章帝师傅，可见其易学乃其家业；但能为章帝之师，其学必与博士《易》相通，否则必被排摈。又《杨由传》说"杨由字哀侯，蜀郡

---

① 张行成《易通变》卷四〇"四易本原"云："西汉扬子云作《太玄》，义取于《连山》；后周卫元嵩作《元包》，义取于《归藏》。于是二易，世亦有书。"（文渊阁《四库全书》本）

② 〔清〕吴翊寅：《易汉学考·叙目上》，《续修四库全书》影印清光绪十九年广雅书局刻本。

③ 〔汉〕班固：《汉书》卷八六《何武传》，第3481页。

成都人也。少习《易》，并七政、元气、风云占候，为郡文学掾"①；《段翳传》说"段翳字元章，广汉新都人也。习《易经》，明风角，时有就其学者，虽未至，必豫知其姓名"②。《华阳国志》又载郪（三台）人冯颢，少师成都杨班、张公超及东平人虞叔雅，"作《易章句》及《刺奢说》，修黄老，恬然终日"③。杨由、段翳习《易》而尚占，特别是明于风角，是乃赵宾传统；冯颢则通《易》，兼崇黄老，则与严遵道家易为一路，皆为蜀中本有易学之固有特色。

至于《后汉书》之载任安受《孟氏易》，折象通《京氏易》，景鸾治《施氏易》，作《易》说④；《华阳国志》又载成都人任熙通《京易》⑤，皆师法家法明晰，又纯然博士《易》矣。说明东汉巴蜀《易》学传授，仍然是本土传统与中原官学系统，方驾并驰，如日月之同辉。

东汉时，古文经学仍在民间传授，但经郑众、贾逵、马融、许慎等努力，已经取得很多成就，在学术上具有很大势力。郑玄囊括大典，兼治今古，遍注群经，已经开创了经学史上"郑学"时代。这些学术形势，对蜀中似乎没有太大影响，及至三国刘表立荆州学宫，表彰古学，经师司马徽、宋衷，文士王粲、王凯等，皆活跃于其间，颇与"郑学"立异。梓潼人尹默、李仁因"益部多贵今文，而不崇章句"，"知其不博"，二人"乃远游荆州，从司马德操（名徽）、宋仲子（名衷）等受古学，皆通诸经史"，古文经学才正式传入蜀中，古文《易》亦然。⑥

李仁有子李譔，也是大学者，《三国志》说他"具传其业，又从（尹）默讲论义理，五经诸子，无不该览加博"，后为蜀汉太子师傅。李譔"著古文《易》

---

① 〔南朝宋〕范晔：《后汉书》卷八二上《杨由传》，中华书局1965年版，第2716页。

② 〔南朝宋〕范晔：《后汉书》卷八二上《段翳传》，第2719页。

③ 〔晋〕常璩著，刘琳校注：《华阳国志校注》卷一〇中《广汉士女》，第746页。

④ 景氏书名，《经义考》《通志》《拟四川艺文志》皆作《易说》，不确。其书又作《交集》《奥集》。《北堂书钞》卷九六引《益部耆旧传》云："景鸾字汉伯，少随师学，经涉七州之地，能理《齐诗》《施氏易》，兼受《河》《洛》图纬，作《易》说及《诗》解，文句兼取《河》《洛》以类相从，名为《交集》。又撰《礼》内外记，号曰《礼略》。"《后汉书·儒林列传》本传同。《蜀中广记》卷九一引《益部耆旧传》作《奥集》。朱彝尊《经义考》卷八两存之。盖"奥"字古文作"窔"，与"交"形近，遂误。《奥集》兼《易》与《诗》而言，"易说"乃概称，非正式书名。

⑤ 〔晋〕常璩著，刘琳校注：《华阳国志校注》卷一一《后贤志》，第861页。

⑥ 〔晋〕陈寿：《三国志·蜀书》卷四二，中华书局1956年版，第1026页。

《尚书》《毛诗》《三礼》《左氏传》《太玄》指归"，是蜀中第一批古文经学著作。史称譔书"皆依准贾、马，异于郑玄"，是比较纯粹的古文经学；又说他"与王氏（肃）殊隔，初不见其所述，而意归多同"。① 因为王肃也师宋衷，他们都是荆州学派的传人，都以贾、马古文学来反对融合今古的"郑学"，自然"意归多同"了。

汉代巴蜀易学家多隐居，盖得"遯世无闷"之旨。他们研究《易经》主于应用、卜筮，不在著述，更不在自炫。宋人青阳梦炎说："蜀在天一方，土当盛时，安于山林，唯穷经是务，皓首不辍。故其著述往往深得经意，然不轻于自炫，而人莫之知。书之藏于家者，又以国难而毁，良可嘅叹！"② 所说虽然主要是南宋时的情况，但对于整个巴蜀历史来说也未尝不是如此。东汉时代，蜀《易》传授与博士《易》、古文《易》结合，产生了一批重要的《易》学著作，史书也才有如前述景鸾之《易》说、冯颢之《易章句》、李譔之《古文易指归》③ 等文献的著录。

自是之后，巴蜀《易》学代有传人，易学文献也时有其书。不过，巴蜀易学的隐者特征和应用目的，却始终传而未改。西晋末年，青城天师道首领范长生撰《周易注》10 卷，文句与王弼本颇有不同④；其书流行于南朝，由于其著作时不具真名，只署"蜀才"，"江南学士遂不知是何人"，王俭《四部目录》也不言其姓名，只题"王弼后人"。谢灵、夏侯该都号称"读数千卷书"，却怀疑此书是谯周所作。幸赖颜之推据陈寿《李蜀书》（一名《汉之书》）所载"姓范名长生，自称蜀才"，才将蜀才《周易注》的真实作者考证清楚。⑤ 崔鸿《十六国

---

① 〔晋〕陈寿：《三国志·蜀书》卷四二，第 1026~1027 页。

② 〔宋〕青阳梦炎：《春秋经筌序》，赵鹏飞：《春秋经筌》卷首，文渊阁《四库全书》本。

③ 李氏书，《经义考》《通志》《拟四川艺文志》皆作《古文易》，不确。《三国志》本传作："著古文《易》《尚书》《毛诗》《三礼》《左氏传》《太玄》指归，皆依准贾马，异于郑玄。""古文""指归"具兼包《易》《书》《诗》《礼》《太玄》而言。

④ 朱彝尊《经义考》卷一一一云："按《释文》引《蜀才注》'大车以载'，作'大舆'；'官有渝'，'官'作'馆'；'君子以明庶政'，'明'作'命'；'大耋'，作'咥'；'羸其角'，'羸'作'累'；'箕子之明夷'，'箕'作'其'；'二簋'作'轨'；'惩忿窒欲'，'惩'作'澄'；'壮于頄'，作'仇'；'苋陆夬夬'，'陆'作'睦'；'系于金柅'，作'尼'；'孚乃利用禴'，作'跃'；'在天成象'，'成'作'盛'；'知崇礼卑'，'礼'作'体'；'研几'作'擘几'；'参天两地而倚数'，作'奇数'。"（中华书局1998 年版）证明蜀才传《易》，经本文字不与博士《易》同。

⑤ 〔北齐〕颜之推：《颜氏家训》卷下《书证》，文渊阁《四库全书》本。

春秋》载：“城以西山，范长生岩居穴处，求遵养之志。（李）雄欲迎立为君而臣之，长生固辞。”李雄称帝，长生乃为其丞相，尊曰“范贤”。史称“长生善天文，有术数，民奉之如神”①，其隐者身份和善筮特长，都与西汉严遵相同。

至于三国郪（三台）人王长文、北周蜀郡人卫元嵩，又远袭扬雄故智，依仿圣人以造经典。王长文系蜀汉犍为太守王颙之子，他仿《论语》作《无名子》12篇，又仿《周易》作《通玄经》4篇。其《通玄经》有《文言》《卦象》，可用以卜筮，时人比之于《太玄》。卫元嵩“好言将来之事”，“天和中（566—571），著诗预论周、隋废兴及皇家受命，并有征验”。② 元嵩亦仿扬雄《太玄》之为，著《元包》5卷，颇多奇字奥义，张行成谓其“取义于《归藏》”。蜀人仿经、善筮的特点，在王、卫二人身上仍然得到保留。蜀学的这一传统甚至还影响到外地入蜀的人士，如隋末河汾大儒王通，曾为蜀王侍读、蜀司户参军，后来也曾仿蜀儒故智，遍拟群经及《论语》，作有《续六经》及《中说》。③

蜀才《易》今已亡佚，不过其遗说在陆德明《释文》和李鼎祚《周易集解》中多有引录，清人张澍、马国翰、孙堂、张惠言、黄奭并有辑本。王长文书则佚而无存，幸而卫氏书还原书俱在，尚可考见其内容和特点。此外，阮孝绪《七录》著录“齐安参军费元珪著《周易》九卷”，《隋志》有转录，《经义考》引陆德明说费氏是“蜀人”。人亡书佚，不可得而详。

隋唐时期，巴蜀易学著作颇有存者，佚文遗说多有可考。隋何妥（郫县人）通易学，官国子博士、祭酒，撰《周易讲疏》13卷（已佚，马国翰有辑本1卷），借易象以阐易理。袁天罡（成都人）撰《易镜元要》1卷，赵蕤（盐亭人）撰《注关子明易传》1卷，又以数术讲明易道。至于阴颢、阴弘道父子以及

① 〔北魏〕崔鸿：《十六国春秋·蜀录》，《太平御览》卷一二三引，文渊阁《四库全书》本。
② 〔唐〕令狐德棻等：《周书》卷四七《艺术传》，中华书局1971年版，第851页。
③ 杜淹《文中子世家》说，文中子忧“道之不行”，“退志其道”，“乃续《诗》《书》，正《礼》《乐》，修《元经》，赞《易》道，九年而‘六经’大就。……隋季，文中子之教兴于河汾，雍雍如也。大业十年，尚书召署蜀郡司户，不就。十一年，以著作郎、国子博士征，并不至。十三年，江都难作”云云，似乎王通“续六经”在大业九年，而署蜀职乃在十年。薛收《文中子墓碣》载“十八举本州秀才，射策高第。十九除蜀州司户，辞不就列。大业伊始，君子道消……时年二十二矣。以为卷怀不可以垂训……乃续《诗》《书》，正《礼》《乐》，修《元经》，赞《易》象”云云，是其“续六经”在署蜀之后。大业初，王通22岁，其生当开皇四年（584），19岁署蜀王府职，在仁寿二年（602）。其大业九年（613）“续六经”，实在署蜀之后。

李鼎祚诸人，又发凡起例，汇辑汉魏诸家注解以成新著。

　　阴氏书久佚，据《崇文总目》载："《周易新论疏》十卷，唐阴弘道撰。弘道仕为临涣令。世其父颢之学，杂采子夏、孟喜等一十八家之说，参订其长，合七十二篇，于易家有助云。"其书"《中兴》、井氏皆无之，岂轶于兵间邪？"①然而观其"杂采子夏、孟喜等一十八家之说"，则为集解性质的《易》学著作无疑。

　　唐代李鼎祚《周易集解》则是现存最早的集解型《易》书。原书17卷，今存10卷。共录子夏、孟喜以迄何妥、孔颖达35家《易》说，"刊辅嗣之野文，辅康成之逸象"，于王弼玄学《易》外，保存汉《易》资料犹伙。《隋志》共著录汉魏南北朝《易》类文献69部，南北宋之际晁公武《郡斋读书志》著录这一时期《易》书才有5部而已。其中关朗《易注》不载于《隋志》，《乾凿度》又是纬书，焦赣《易林》也属卜筮，《子夏传》或云"张弧伪人"。这样一来，《隋志》所录诸书，除王弼《注》之外，都已散佚了。所幸他们的遗说，在李鼎祚《集解》中得以保存，诸家之学乃可考知一二，李氏《集解》保存文献的功劳是非常巨大的！蜀学的"杂采"与"共录"亦即包容之功，亦由此可见一斑。

二、异峰突起：宋代的巴蜀易学

　　入宋，巴蜀易学著作陡增于前，达到历史的最高峰。嘉庆《四川通志·经籍志》"经部·易类"著录汉唐巴蜀《易》著13部，著录宋代巴蜀《易》著却达63部②，宋代300年巴蜀易学成果，比汉唐之间一千一百余年总成果之和4倍还多！《四库全书》著录宋代易学著作55种，出于巴蜀者就达8部，约占1/7。当

----

　　① 冯椅《厚斋易学》（文渊阁《四库全书》本）附录一引。又马端临《文献通考》（中华书局1986年版）卷一七五引。
　　② 金生杨《巴蜀易学研究》附《汉唐巴蜀易学人物著述表》，著录汉唐巴蜀《易》学著作29种。

代学人又博征载籍，考得宋代巴蜀易学论著 69 家 92 部，今存者有 16 部。① 如果以此计算，更是汉唐时期的 7 倍有奇。② 历观宋代巴蜀易学，有以下特点。

首先，蜀中治《易》者众，遍及各个阶层。《宋史·谯定传》："（定）少喜学佛，析其理归于儒。后学《易》于郭曩氏，自'见乃谓之象'一语以入。郭曩氏者，世家南平，始祖在汉为严君平之师，世传《易》学，盖象数之学也。"③南平，在今重庆南川地，宋时为少数民族聚居地，是标准的土著民，而所传为严氏《易》，是标准的蜀学。

《宋史》又说："初程颐之父珦尝守广汉，颐与兄颢皆随侍。游成都，见治篾箍桶者挟册，就视之，则《易》也。欲拟议致诘，而篾者先曰：'若尝学此乎？'因指'未济男之穷'以发问，二程逊而问之，则曰：'三阳皆失位。'兄弟涣然有所省。翌日再过之，则去矣。其后袁滋入洛，问《易》于颐，颐曰：'《易》学在蜀耳，盍往求之？'滋入蜀访问，久无所遇。已而见卖酱薛翁于眉、邛间，与语大有所得。"《宋史》又补充说："郭曩氏及篾叟、酱翁，皆蜀之隐君子也。"④ 可见，宋代巴蜀《易》家，从成都篾翁、眉邛酱翁，到川东地区的少数民族，都有其人，成分十分复杂，分布也十分广泛。

其次，巴蜀《易》学不仅数量繁多，而且内涵丰富。《系辞》说："《易》有圣人之道四焉：以言者尚其辞，以动者尚其变，以制器者尚其象，以卜筮者尚其占。"尚辞即义理学，尚变即卦变学，尚象即象数学，尚占即卜筮之术。这四者，巴蜀《易》家皆有，而以宋代最为充分。苏轼《苏氏易传》"多切人事"，鲜于侁《周易圣断》专引圣人传文以解经，张浚《紫岩易传》"发挥义理，颇为醇正"，张栻《南轩易说》补续《程传》，皆"尚辞"之学。陈希亮《制器尚象论》，不满于韩康伯《十三象》"徒释名义，莫得尚象之制"，故著论专极象数原理；渝州人冯时行《易传》言"《易》之象在画，《易》之道在用"，学传于李舜臣；李舜臣《易本传》以为"易本于画，舍画则无以见易"，故其书"因画论

① 参见胡昭曦：《析"易学在蜀"》，《宋史研究论文集》，河南大学出版社 1993 年版，第 555 页；又收入《胡昭曦宋史论集》，西南师范大学出版社 1998 年版，第 276 页。

② 关于宋代的巴蜀易学，可参看金生杨《宋代巴蜀易学研究》，四川大学博士学位论文，2007 年。

③ 〔元〕脱脱等：《宋史》卷四五九《谯定传》，第 13460 页。

④ 〔元〕脱脱等：《宋史》卷四五九《谯定传》，第 13461 页。

心，以中为用"，盖主于借卦位爻象以明义者，胡一桂谓其"优于明象者也"，是皆"尚象"之家。普州崇龛人陈抟（字图南，自称"西蜀崇龛人"。一说亳州真源人）撰《易龙图》，传先天、后天、河图、洛书，以极造化之原；张行成《周易通变》"取陈抟至邵子所传先天卦数等十四图，敷演解释，以通其变"，"蔓引旁推，万事万物，一一归之于数"，是皆"尚变"之说。至于史通之撰《易筮》，青城山人之著《揲蓍法》，顾名思义，自当为"尚占"之书。近时学人归纳巴蜀易学派为"宗古易的象数派""宗王弼、刘牧的义理派""宗易本言与蕴言的数理派""宗邵雍、程颐、朱熹的纯理学派""专尚图书学派""易卦互体派"等，也颇有见地。①

其三，巴蜀易学类多杂驳，兼容三教，涉及方外。陈抟《易龙图》，黄宗炎揭露说"图南本黄冠师，此图不过仙家养生之所寓，故牵节候以配合，毫无义理"；苏轼《苏氏易传》，"杂以禅学"，朱熹撰《杂学辨》以是书居首。特别是陵州（今仁寿）人龙昌期，更具代表性：他"博贯诸经"②，"尝注《易》《诗》《书》《论语》《孝经》《阴符经》《老子》"，儒道兼治，无疑是一位博学的学者。文彦博早年见他"藏器于身，不交世务，闭关却扫，开卷自得。著书数万言，穷经二十载，浮英华而沉道德，先周孔而后黄老。杨墨塞路，辞而辟之。名动士林，高视两蜀"③。其所注《易》，范仲淹称赞"深达微奥"，曾应邀赴福州讲《易》，深受欢迎，得十万钱酬金，范雍将其书推荐于朝，"遂行于时"④。昌期亦曾累上公车，"久而不报"。因韩琦、文彦博等人推荐，得补国子四门助教、成都府学教授、秘书省校书郎，以殿中丞致仕。晚年"又注《礼论》，注《政书》《帝王心鉴》《八卦图精义》《入神绝笔书》《河图照心宝鉴》《春秋复道》《三教圆通》《天保正名》等论"⑤，总共"著书百余卷"⑥，不为不夥。但史载"昌期该洽过人，著撰虽多，然所学杂驳"，"其说诡诞穿凿，至诋斥周公"，因

---

① 李朝正：《巴蜀〈易〉学源流考述》，《社会科学研究》1990 年第 5 期。

② 〔宋〕晏殊：《答枢密范给事书》，《宋文鉴》卷一一二，文渊阁《四库全书》本。

③ 〔宋〕文彦博：《送龙昌期先生归蜀序》，《潞公文集》卷一一，文渊阁《四库全书》本。

④ 〔宋〕范仲淹：《范公（雍）墓志铭》，《范文正集》卷一三，文渊阁《四库全书》本。

⑤ 〔宋〕王辟之：《渑水燕谈录》卷六《文儒》，中华书局 1981 年版，第 73 页。诸书引标点作"《河图》《照心宝鉴》《春秋复道三教圆通》《天保正名等论》"，兹从吴天墀先生句读。

⑥ 〔宋〕脱脱等：《宋史》卷二九九《胡则传》附，第 9942 页。

此欧阳修斥其"异端害道，不当推奖"，罢归而卒。① 特别是《三教圆通论》，主张儒、佛、道三教可以圆通互补，虽是当时三教相通潮流的反映②，也是其为学驳杂的表现。

其四，创造了"图书之学"，几乎为整个宋学派易家所宗，影响了宋以后中国易学史。陈抟《易龙图》首标先天图、后天图、河图、洛书，用黑白点子解释易卦起源，以为龙马所负之图，种放、穆修、李之才、邵雍、范谔昌、刘牧、黄晞，直到南宋朱熹等人，皆传其业。晁说之述宋易传授说："至有宋，华山希夷先生陈抟图南，以《易》授终南种征君放明逸，明逸授汝阳穆参军修伯长，而武功苏舜钦子美亦尝从伯长学。伯长授青州李之才挺之，挺之授河南邵康节先生雍尧夫。……有庐江范谔昌者，亦尝受《易》于种征君。谔昌授彭城刘牧，而聋隅先生黄晞及陈纯臣之徒，皆由范氏知名者也。"③ 南宋《中兴书目》引邵博语云："抟好读《易》，以数学授穆修伯长，伯长授李之才挺之，挺之授尧夫；以象学授种放，放授许坚，坚授范谔昌。"④ 朱熹说："伏羲四图，其说皆出邵氏。盖邵氏得之李之才挺之，挺之得之穆修伯长，伯长得之华山希夷先生陈抟图南者，所谓'先天之学'也。"⑤ 吴澄说："《河图》《洛书》，邵所传原于穆，刘所传原于种，皆得自希夷者也。"⑥ 黄宗炎曰："周茂叔之《太极图》，邵尧夫之《先后天图》，同出于陈图南。……再三传而尧夫受之，指为'性天窟宅'，千古不发之精蕴尽在此图。……《本义》崇而奉焉，证是羲圣心传，置诸《大易》之首。"⑦ 如此等等，都说明宋以后之"图书学"俱是陈抟发其首端。

其五，好为"集成"。也许是蜀学的博大精神和巴蜀藏书丰富的原因，巴蜀人士治经多兼容并包，常常作集解、集成性质的著作。唐代有阴弘道、李鼎祚，宋代也有房审权、魏了翁。房审权，成都人。熙宁间，审权"谓自汉至今，专门

---

① 〔宋〕脱脱等：《宋史》卷二九九《胡则传》附，第 9942 页。

② 蔡州开元寺有僧人所建"三教圆通堂"，祖无择《题三教圆通堂》云："师本佛之徒，潜心老与儒。一堂何所像，三教此焉俱。"（见祖无择《龙学文集》卷三，文渊阁《四库全书》本）

③ 〔宋〕晁说之：《传易堂记》，《景迂生集》卷一六，文渊阁《四库全书》本。

④ 冯椅《厚斋易学》附录二引《中兴书目》，又王偁《东都事略·穆修传》同。（俱文渊阁《四库全书》本）

⑤ 〔宋〕朱熹：《周易本义》卷首"图目"，廖名春点校本，中华书局 2009 年版，第 17 页。

⑥ 〔元〕吴澄：《易纂言外翼》卷七，文渊阁《四库全书》本。

⑦ 〔明〕黄宗炎：《周易寻门余论》卷上，文渊阁《四库全书》本。

学不啻千百家，或泥阴阳，或拘象数，或推之于互体，或失之于虚无"，于是"于千百家内，斥去杂学异说，摘取专明人事、羽翼吾道者，仅百家，编为一集。仍以《正义》冠之端首，厘为百卷，目之曰《周易义海》。或诸家说有同异，理相疑惑者，复援父师之训、朋友之论，辄加评议，附之篇末"①。百家具体人选即"郑玄至王安石"，可见这是集义理派易学之大成，正好可与李鼎祚书互补。四库馆臣述易学转变曰："王弼尽黜象数，说以老庄；一变而胡瑗、程子，始阐明儒理。"其实房氏此书摘取"专明人事、羽翼吾道"者，已开胡、程之端。绍兴间江都人李衡即据此书作《周易义海撮要》（增苏轼、程颐、朱震三家）。魏了翁，蒲江人，有《周易要义》，盖据孔颖达《周易正义》删节而成；又撰《周易集义》64 卷，集"自周子（敦颐）、邵子（雍）、二程子（颢、颐）、横渠张子（载）、程门诸大儒、吕蓝田（大临）、谢上蔡（良佐）、杨龟山（时）、尹和靖（惇）、胡五峰（宏）、游广平（酢）、朱汉上（震）、刘屏山（子翚），至朱子（熹）、张宣公（杖）、吕成公（祖谦），凡十七家。内一家少李隆山（舜臣）子秀岩心传"。是其书所集皆濂、洛、关、闽之理学《易》，"他《易》不预"②。以《要义》以表汉学，以《集义》以表宋学，是汉宋兼宗之士。

其六，地方特色依然明显，自觉构建蜀《易》传承体系。陈师道引杨绘说："庄遵以《易》传扬雄，雄传侯芭。自芭而下，世不绝传，至沛周郯。郯传乐安任奉古，奉古传广凯，凯传绘，所著《索蕴》，乃其学也。"③ 杨绘字元素，汉州绵竹人，《宋史》卷三二二有传。元祐三年（1088）卒，享年 62。范祖禹为撰《墓志铭》，谓其"专治经术，工古文，尤长于《易》《春秋》"；皇祐五年（1053）进士第二人，终天章阁待制。著有《群经索蕴》30 卷、《无为编》30 卷，及文集数十卷④。《经义考》著录绘《易索蕴》，当在《群经索蕴》之中。又程迥《周易章句外编》载："谯定字天授，涪州人。尝授《易》于羌夷中郭载，载告以'见乃谓之象'与'拟议以成变化'之义。郭本蜀人，其学传自严君平。"又谯定曾经从程颐学《易》，与杨绘同时，二人传严遵易学之说，必然

---

① 〔宋〕李衡：《周易义海撮要》卷首《原序》，文渊阁《四库全书》本。
② 〔元〕胡一桂：《周易启蒙翼传》中篇，文渊阁《四库全书》本。
③ 〔宋〕陈师道：《后山谈丛》卷一，上海古籍出版社 1989 年版，第 7 页。
④ 〔宋〕范祖禹：《天章阁待制杨公墓志铭》，《范太史集》卷三九，文渊阁《四库全书》本。

有据。南宋蜀人李焘为郭元亨《太玄经疏》作跋说："元亨自谓得师于蜀，而不著其师之名氏。蜀人盖多'玄学'，疑严、扬所传，固自不绝，但潜伏退避，非遇其人，则鲜有显者耳。"① 玄学如此，图书学也是这样。南宋有"二张"，张行成精于图书之学，张缤精于玄学，学问也都极有渊源。

据说陈抟既传图学于邵雍等人，邵氏后人伯温等定居蜀中，图学便又回到巴蜀，当时即有"洛遗学在蜀汉间"的说法。朱熹的朋友蔡元定（字季通）入峡为官，朱熹特委托他在蜀中寻找易图，蔡氏居然找到了三图（河图、洛书、先天图），献给了朱子②，朱子将其著在《本义》《启蒙》之首。据说他自己还秘藏了一图，只传其孙抗，蔡抗秘不示人，直到元末明初该图才得公开③，就是现在看到的《阴阳鱼太极图》。此说未必可信，但说"图学正宗"在蜀，则是可能的。

三、流衍与变迁：元明清的巴蜀易学

元、明、清时期，蜀中易学比较沉寂，在数量上不是很多，嘉庆《四川通志》载元代四川易学著述 12 种、明代 17 种、清初 18 种；王晓波主编《清代蜀人著述总目》著录清代巴蜀易学著作 48 种，种数不及宋代。但是其中杰出者时有其人，现择要述于下。

元代资州人黄泽，著《易学滥觞》1 卷，"其说《易》以明象为本，其明象

① 〔宋〕李焘：《太玄经疏跋》，《文献通考》卷二〇八引巽岩李氏曰，中华书局 1986 年版，第1716 页。

② 袁桷《（谢仲直）易三图序》云："始薛（季宣）授袁（溉）时，尝言'洛遗学多在蜀汉间'，故士大夫闻是说者，争阴购之。后有二张，曰行成，精象数；曰缤，通于玄。最后朱文公属其友蔡季通，如荆州，复入峡，始得其三图焉。"（袁桷《清容居士集》卷二一，文渊阁《四库全书》本）

③ 明初赵㧑谦《六书本义》云："天地自然之图，虑戏氏龙马负图出于荣河，八卦所由以画也。《易》曰'河出图，圣人则之'；《书》曰'河图在东序'是也。此图世传蔡元定得于蜀之隐者，秘而不传，虽朱子亦莫之见，今得之陈伯敷氏。尝熟玩之，有太极函阴阳、阴阳函八卦之妙。"（文渊阁《四库全书》本）㧑谦字古则，余姚人，宋宗室，别号老古先生。《名山藏》作赵谦，云洪武初被聘修《正韵》。（见胡渭《易图明辨》卷三引，文渊阁《四库全书》本），知其为元末明初人。

则以《序卦》为本，其占法则以《左传》为主。大旨谓王弼之废象数，遁于元虚；汉儒之用象数，亦失于繁碎。故折中以酌其平"①。可见其书力图摆脱宋儒图书易、王弼玄学易、汉儒象数易而上之，将易学恢复到先秦《左传》与孔子的时代，实已开易学复古之序。

潼川（在今三台）人赵采又宗程朱，所著《周易程朱传义折衷》33 卷，"节录程子《易传》、朱子《本义》之说，益以《语录》诸书列之于前；而各以己说附于后，所谓'折衷'也"②。应当说，对朱熹《本义》进行附录申说并不始于赵采，如胡一桂就撰有《易本义附录纂疏》15 卷，但其书只"以朱子《本义》为宗"，所取诸儒议论是"合于《本义》"者，"其去取别裁，唯以朱子为宗"。胡氏之书只是一个朱子的忠臣，而不是整个易学的公论。赵氏则不然，他"以为《易》中先儒旧说皆不可废"，只是邵雍、程颐和朱子对汉儒的互体、飞伏、纳甲之类"未及致思耳"。他认为"今时学者之读《易》，当由邵、程、朱三先生之说溯而上之"，因而先将程、朱两家《易》说列出，又"兼及于象数、变互"之说，用以"折衷"评断程朱，虽"以宋学为宗"，却也"尚存古义"，非仅暖暖姝姝守一先生之言，表现出极大的包容性，将易学从宋易复至两汉矣。

蜀人不唯不专主"宋学"（赵采），也不满足于突破"宋学"（黄泽），王申子还敢于批评"宋学"。他撰《大易缉说》10 卷，先二卷以图解《易》，"以《河图》配先天卦，以《洛书》配后天卦，而于陈抟、邵子、程子、朱子之说，一概辨其有误"；三卷后解《易》，"仍以词、变、象、占、比、应、乘、承为说，绝不生义于图书。其言转平正切实，多有发明"③。以图说《易》是宋学，申子敢于批评；以词变象占、比应乘承解《易》是汉学，申子则予以发挥。其人也是超越宋学而力图恢复古法者。

明代"嘉靖八才子"之一的熊过，富顺人，撰《周易象旨决录》7 卷，义必考古，远溯汉学，颇能补时人蔡清《易经蒙引》"陈义而不及象"之缺，杨慎赞其书"引伸触类"，"继绝表微"，"条入叶贯"，可谓"择精语详"！④

---

① 〔清〕永瑢等：《四库全书总目》卷四《易学滥觞》提要，中华书局 1965 年版，第 24 页。
② 〔清〕永瑢等：《四库全书总目》卷四《周易程朱传义折衷》提要，第 23 页。
③ 〔清〕永瑢等：《四库全书总目》卷四《大易缉说》提要，第 24 页。
④ 〔明〕杨慎：《周易象旨决录序》，《周易象旨决录》卷首，文渊阁《四库全书》本。

　　明清时期巴蜀易学的最高成就，是来知德的《周易集注》。来氏解《易》论《易》，在方法上有突破性的进展。来氏解《易》重视卦象，认为"《易》以象为主"，而深疾王弼之"弃象言《易》"和宋儒之"得意忘象"，认为"舍象不可言《易》"。其论《易》象说"圣人立象，有卦情之象，有卦画之象，有大象之象，有中爻之象，有错卦之象，有综卦之象，有爻变之象，有占中之象"，至纤至晰，至精至微。其中又以"错卦""综卦""中爻""爻变"四条最为重要。遂据《系辞》"参伍以变，错综其数"语，纵横探讨六十四卦衍生互环原理"错者，阴阳相对也"，即两卦之间阴阳爻的正反关系；"综"则"或上或下，颠之倒之"，亦即两别卦之间上卦下卦互相颠倒的关系。既以"错综"讲明六十四卦之间的关系，又以"中爻"说明上下卦之间的组合状况，"中爻者，二三四五所合之卦也"，亦即《系辞》"杂物撰德，备乎中爻"所指。又说，卦之相生又有"变"焉，所谓"变者，阳变阴，阴变阳也"。如乾卦初变即为姤。错综、中爻、爻变，诸法并用，借以解六十四卦之生成演变，丝丝入扣，穷极卦变、爻变者，后之言斯法者，无以出其右矣。

　　清代井研人胡世安，撰《大易则通》15 卷，"是书专主阐明图学，汇萃诸家之图，各为之说。虽亦及于辞变象占，而总以数为主"①。可见此书也是一部极有特色的著作。道光间刘沅撰《周易恒解》，又不言象数，深非"历代言《易》者，大半皆偏于术数"，而盛赞"王辅嗣始专以理言，厥功甚伟"！其解经专重乎说理，一卦一爻，皆在理上用功夫，每卦每章末还以"附解"总论之，论者谓其"理多可取"②。其为蜀学《易》之殿军，固无愧焉。

　　大致而言，巴蜀易学，两汉为滥觞期，六朝为续传期，唐代为总结期，两宋为高峰期，元明以下则为流衍期。合嘉庆《四川通志》、胡昭曦《析"易学在蜀"》与王晓波《清代蜀人著述总目》三项著录，历代巴蜀易学著作约有 182种，数量虽然不多，然特征却很鲜明。西汉时期，巴蜀已见治《易》之迹，胡安、相如、赵宾、严遵、扬雄，是其尤者；而其特色，则为隐士，为道家，为卜筮，为数术。东汉时，蜀《易》具有博士家法，但亦保留了善筮的蜀《易》特点；及至晚期，蜀人乃传古文易学。六朝承之，《易》著稍有，然文献废缺，不可详考，然尤有蜀才之零章，与元嵩之完书。及至唐代，蜀《易》文献稍存于世，巴蜀易学包容、集成的特点毕现，李鼎祚《周易集解》是其代表。宋代巴蜀易学著作数量最多，也最有特色。明代来知德《周易集注》，则开明清治《易》新局面。

从治《易》风格来看，巴蜀易学，"四道"毕备，有"尚辞"之义理易（如苏轼《苏氏易传》），有"尚象""尚变"之象数易（如李鼎祚《集解》、来知德《集注》），有"尚占"之卜筮易（如严遵等人）。而尤以卜筮易、隐士易渊远而流长，独具特色。至于《易》《老》兼治（或以《老》解《易》，如严遵、扬雄），图书说《易》（始于陈抟，传者有胡世安），佛陀解《易》（苏轼、龙昌期），以及仿圣拟经（扬雄、王长文、卫元嵩等），则又巴蜀易学者所优为者也。后之治《易》《玄》，谈《图》《书》者，皆以蜀学为原始。刘咸炘曰："易学在蜀（伊川语），如诗之有唐矣。"① 信矣！

（原载《周易研究》2011 年第 4 期）

---

① 刘咸炘：《蜀学论》，《推十书·推十文集》，成都古籍书店 1996 年版，第 2101 页。

从鹤山书院富于典藏，
看历代巴蜀学人的藏书传统

　　魏了翁的鹤山书院始建于八百年前，是当时四川集教育、学术、藏书、奉祀于一体的文化机构，在"教授生徒，作育人才"方面，曾经培养出王万、吴泳、史绳祖、高斯得等著名人物；在"研讨学术，传播理学"方面，则促进了蜀、洛会同，使"蜀人尽知义理之学"①。因此，鹤山书院成为宋代著名书院，曾获得宋理宗颁赐的"鹤山书院"四字御题，这在当时全国的书院建设中是不多见的。

　　此外，鹤山书院还是当时四川重要的藏书机构，在图书收藏与流通方面也起到了积极作用。魏了翁自述书院兴办功能，一则说"筑室贮书"②，一则说"聚书求友，朝益暮习"③。虞集记其后人魏起追忆之言亦说："昔文靖之归临邛，即白鹤山筑屋聚书，会友讲习，四方谓之鹤山先生。"④ 俱可见图书的收集和入藏，是鹤山书院的重要功能之一。当然，注重藏书已不是鹤山书院首创，学人已经指出"书院教育在宋代已经形成了由教学、藏书、供祀三部分构成的基本制度"⑤。但是，鹤山书院之藏书规模却不是当时任何一所书院所能比拟的，魏了翁《书鹤山书院始末》亲记其事，说书院"（书舫）堂之后为阁，家故有书，某又得秘书之副而传录焉，与访寻于公私所板行者，凡得十万卷，以附益而尊阁之；取《六

---

① 〔元〕脱脱等：《宋史》卷四三七《魏了翁传》，中华书局1977年版，第12966页。详见胡昭曦：《四川书院史》一之四 "《宋代四川书院的作用和地位》，四川大学出版社2006年版，第40～48页。
② 〔宋〕魏了翁：《书鹤山书院始末》，《鹤山先生大全文集》卷四一，《四部丛刊》影印宋刊本。
③ 〔宋〕魏了翁：《靖州鹤山书院记》，《鹤山先生大全文集》卷四七，《四部丛刊》影印宋刊本。
④ 〔元〕虞集：《魏氏请建鹤山书院序》，《道园学古录》卷六，《四部丛刊》影印明刊本。
⑤ 胡昭曦：《四川书院史》一之四节 "宋代四川书院的作用和地位"，第49页。

经阁记》中语，榜以‘尊经’”① 云云。

　　鹤山书院以魏氏个人努力藏书达“十万卷”，也许在今天并不稀奇，可是要放在八百年前的宋代社会，确是一件了不得的成就。正如胡昭曦先生所说：“当时，国家秘府藏书也还不到十万卷……宋代藏书上万卷的书院有 4 所，即福建漳浦的梁山书堂（藏书二万卷）、浙江东阳的南园书院（聚书三万卷）、江西贵溪的石林书院（聚古今图书数万卷）和四川蒲江的鹤山书院。所以有学者说鹤山书院的藏书量，‘规模之宏富，实为宋代各书院之首，亦使当年国家藏书瞠乎其后’。”② 远在四川的鹤山书院的藏书量，是当时东南藏书最多书院的 3~5 倍，特别是一个地方书院藏书量，竟然比国家图书馆藏书量还要多，这真是一件不寻常的事情！产生这一现象的原因何在呢？吴天墀先生曾揭示说：“魏氏以一人之力，便搜藏达十万卷之多。一方面固由于他的努力经营，另一方面也表明南宋时期四川刻书发达，藏书已形成社会风尚的缘故。”③ 可见鹤山书院之所以藏书如此之富，是与当时四川的文化环境分不开的。吴先生曾对宋代四川藏书情况进行过系统考述，这里欲补充资料，对鹤山书院前后的巴蜀历代的公私藏书状况做一综合考述，从而更清楚地反映出巴蜀地区悠久的藏书历史和优良传统。

一、探源溯流：先宋时期巴蜀藏书事迹钩沉

　　说起巴蜀地区的藏书史，似乎可以追溯到传说中的大禹时代。相传大禹治水，登宛委之山，得“金简玉字”，从而知晓“水泉之脉”，治水功成，后乃珍藏金书于其出生之地广柔石纽，于是其地“禹穴”在焉。此后，在嬴秦焚书时，

---

① 〔宋〕魏了翁：《书鹤山书院始末》，《鹤山先生大全文集》卷四一，《四部丛刊》影印宋刊本。
② 胡昭曦《四川书院史》一之三节“宋代四川书院的类型与活动”，第 33~34 页。
③ 吴天墀：《宋代四川藏书考述》，原载《四川文物》1984 年第 3 期，收入《吴天墀文史存稿》，四川大学出版社 1998 年版，第 203~204 页。

秦之儒生负笈担箧，自窜于武陵山区，藏书于酉水之阳，于是有"二酉书箱"之峡。① 这些传说也许是巴蜀地区关于藏书的最古老的传说，但是事属幽远，不可征实。

《初学记》佚文载，安居县"龙门山"，"汉隐士苏汝砺藏书三万卷于此"②。自汉而后，巴蜀藏书事迹时见于书。史载，三国蜀汉大将向朗，家多藏书，"年逾八十，犹手自校书，刊定谬误，积聚篇卷，于时最多"；同时他还不私其所藏，接纳读者阅读："开门接宾，诱纳后进，但讲论古义，不干时事，以是见称。上自执政，下及童冠，皆敬重焉。"③ 两千年前而有此雅量，实属难得。西晋时史学家陈寿，富于藏书，于南充果山之麓建"万卷楼"④ 以储之，至今其址犹存。

降及隋唐，公私之家，都乐于藏书，隋炀、唐玄两朝所藏图书，规模皆空前绝后。至于私家藏书，亦大有其人，韩愈有"邺侯家多书，插架三万轴。一一悬牙签，新若手未触"⑤ 的诗句；杜兼聚书万卷，每题其后云："清俸写来手自校，汝曹读之知圣道，坠之鬻之为不孝。"⑥ 皆千古美谈，可见一斑。唐人喜书藏书之风亦颇影响蜀中，如赵蕤之撰《长短经》，遍引诸子百氏；李鼎祚之作《周易集解》，广录两汉六朝易书 35 家，若非其家素来富于藏书，是不可能写成的。符载隐居庐山，即"聚书万卷，不为章句学"，贞元中，为李巽所荐，入蜀为韦皋掌书记。⑦

---

① 《太平御览》卷四九"小西山"引盛弘之《荆州记》："小西山上石穴中，有书千卷，相传秦人于此而学，因留之。故梁湘东王云'访西阳之逸典'是。"唐段成式《西阳杂俎》，亦取"大小二酉山多藏奇书"典故。

② 《蜀中广记》卷一八"安居县"条引。今本《初学记》无之。宋祝穆《方舆胜览》卷六四"龙门山"："在铜梁县东北七十里，山高一里，隐者苏汝砺之居也。有书院，藏书三万卷。"说"有书院，藏书"云云，不知"三万卷"者，是后世书院所有，还是汉代汝砺所藏。按《汉志》统计西汉一朝藏书，所录"大凡书，六略三十八种，五百九十六家，万三千二百六十九卷"（实 614 家，12990 卷）；姚振宗《后汉艺文志》著录后汉人著述 1087 种，即以每种平均 10 卷计，也才一万零八百余卷。即使前汉所藏毫无损毁，后汉所著全数得藏，也才二万三千七百九十余卷。苏氏以一介隐士，何得 30000 卷书入藏？

③ 〔晋〕陈寿：《三国志·蜀书》卷四一《向朗传》，中华书局 1959 年版，第 1010 页。

④ 《蜀中广记》卷二七"顺庆府·果山"条引："志云'陈寿有万卷楼，在山之麓'。"

⑤ 〔唐〕韩愈：《送诸葛觉往随州读书》，《朱文公校昌黎先生文集》卷七，《四部丛刊》影印元刊本。

⑥ 〔明〕杨慎：《聚书戒子》，《升庵集》卷六八，文渊阁《四库全书》本。

⑦ 〔宋〕晁公武：《郡斋读书志》卷一八，孙猛校证本，上海古籍出版社 1990 年版，第 893 页。

　　五代时期，前蜀王建永平元年（911），在成都作新宫，"集四部书，选名儒专掌其事"①；其相王锴"以（王）建起自成伍，而据全蜀，未能兴用文教，乃作《奏记》"一篇，备述伏羲"画卦"至唐玄宗"四库"，历代君主右文崇儒、兴学聚书之事迹，劝其"兴用文教"。王锴自己也是"家藏异书数千本，多手自册黄；又亲写释藏经若干卷。每趋朝，于白藤担子内抄书，书法绝工"②。

　　后蜀主孟昶亦颇重文，他还组织撰有《蜀本草》《书林韵会》等书，是集成性质的专门学术著述。其相毋昭裔，则发起校刻规模宏大的"石室十三经"，并进而捐资，雕版印刷《文选》《初学记》《白氏六帖》以及儒家"九经"、诸史等书籍；"其子毋煚（音英），藏书最富"③。"石室十三经"，有经有注，碑越千数，规模最宏，最终形成儒家"十三经"经典体系；毋氏发起雕刻的儒家经典，又为五代、北宋校刻之"监本"所效法，使儒学文献在更大范围内以更加精确的方式得到传播。"石室十三经"与文翁石室、高公礼殿，同为影响当时天下学术的"蜀学三宝"。吕陶曾经称赞道："蜀学之盛，冠天下而垂无穷者，其具有三：一曰文翁之石室，二曰高公之礼殿，三曰石壁之九经。"④ 席益也说："蜀儒文章冠天下，其学校之盛，汉称石室、礼殿，近世则石九经，今皆存焉。"⑤ 这是蜀学的荣耀，也是蜀学对于中华文化的伟大贡献。

　　唐代开始，在四川民间，藏书已经形成风气，出现了世代相袭的藏书家，这一传统一直影响到宋代。魏了翁曾记载眉山孙氏从唐经五代、北宋，到南宋世代藏书的事迹，说孙氏藏书始于唐代孙长孺，"楼建于唐之开成（836—840），至光启元年（885），僖宗御武德殿，书'书楼'二字赐之，今石本尚存"。五代伪蜀时期，毁于灾，其家乃迁于鱼鲫，其旧"为佛氏所庐，今所谓传灯院"。至于里巷地名，仍然以"书楼"命名。长孺五世孙降衷，曾经在河洛认识赵匡胤，建隆初（961）被特授眉州别驾，降衷于是购买"监本""书万卷以还"，重新开

　　① 〔前蜀〕王锴：《奏记王建兴用文教》，《全蜀艺文志》卷二八，刘琳、王晓波点校本，线装书局2003年版，第747页。

　　② 〔清〕吴任臣：《十国春秋》卷四一，文渊阁《四库全书》本。

　　③ 〔明〕杨慎：《丹铅总录》卷一〇，文渊阁《四库全书》本。

　　④ 〔宋〕吕陶：《经史阁记》，《成都文类》卷三〇，赵晓兰整理本，中华书局2011年版，第578页。

　　⑤ 〔宋〕席益：《府学石经堂图籍记》，《全蜀艺文志》卷三六，第999页。

始孙氏藏书活动。降衷之孙名辟，又入都城开封，传录太学、秘府藏书，"与官本市书，稇载而归"。天圣初（约 1024），孙辟在所居之地，"复建重楼藏之"，恢复了孙氏"书楼"；除了藏书，孙辟又建立私塾，"为师徒讲肄之所"，号曰"山学"，"于是士负笈景从，而书楼、山学之名闻于时矣"，一时名士如钱易（惟衍弟）、宋祁等皆为"赋诗"。南宋"楼又毁于灾，书仅有存者"。孙辟六世孙在高亢之地重建书楼，"以唐僖宗所书'书楼'刻揭之"，并且"走行阙下，传抄贸易，以补阙遗"；复"竭其余力，复兴山学"，于是书楼和山学又得到恢复。孙氏书楼从长孺始建的开成年间（836—840），到魏了翁写《记》时，前后三百余年，历时兹久，魏了翁感叹说："余因唯昔人藏书之盛，鲜有久而弗厄者……而孙氏之传，独能于三百年间屡绝而复兴，则斯不亦可尚矣夫！"① 其间虽然时断时续，时兴时毁，但是传统仍然，精神不泯，是为可钦！

前、后蜀在图书事业上的善举，促进了蜀中教育和学术事业繁荣，也对宋、元的学术繁荣奠定了基础。博极群书的杨慎说"宋世书传，蜀本最善。以此五代僭伪诸君，唯吴、蜀二主有文学，然李昇不过作小词、工画竹而已，孟昶乃表章五经，纂集《本草》，有功于经学矣。今之《戒石铭》亦昶之所作。又作《书林韵会》，元儒黄公绍《韵会举要》实祖之，然博洽不及也，故以《举要》为名"② 云云。

特别是五代两蜀的四库之书，在北宋灭蜀后，与蜀宫的金银财宝、后宫佳丽一道，被源源不断地运往开封，历时数年，对充实北宋的秘阁藏书，具有举足轻重的作用。李攸《宋朝事实》说："自建隆初，三馆有书万二千余卷，乾德元年后平诸国，尽收其图书以实三馆。"③ 江少虞《事实类苑》说："初平蜀，得书一万三千卷；平江左，又得二万卷。参以旧书，为八万卷。"④ 北宋从蜀中所得图书量（13000 卷，除其重本复本），竟然比自己所藏（12000 卷或一万余卷）还要多！说蜀中文献富可敌国，一点不假！

---

① 〔宋〕魏了翁：《眉山孙氏书楼记》，《鹤山先生大全文集》卷四一，《四部丛刊》影印宋刊本。
② 〔明〕杨慎：《丹铅总录》卷一五，文渊阁《四库全书》本。
③ 〔宋〕李攸：《宋朝事实》卷九，中华书局 1955 年版，第 146 页。《宋志》说只有"万余卷"。
④ 〔宋〕江少虞：《宋朝事实类苑》卷二，上海古籍出版社 1981 年版，第 15 页。

二、得天独厚：印刷术发明对四川藏书的推动作用

对宋代四川藏书影响最大的因素，是印刷术的发明和其在四川的大力推广。关于雕版印刷的起源，宋人朱翌有一简明记载："雕印文字，唐以前无之。唐末，益州始有墨板，后唐方镂九经，悉收人间所藏经史，以镂板为正。见《两朝国史》。"① 意即，雕版印刷术在唐末的四川（益州）产生，而雕印儒经则始于后唐。叶氏《爱日斋丛钞》引叶梦德《石林燕语》以为"大概唐末渐有印书，特未能盛行，遂始于蜀也。当五季乱离之际，经籍方有托而流布于四方。天之不绝斯文，信矣"②，都将印刷术的发明定在晚唐的四川。

柳玭《柳氏家训序》也说："中和三年（883）癸卯夏，銮舆在蜀之三年也，余为中书舍人。旬休，阅书于重城之东南，其书多阴阳、杂说、占梦、相宅、九宫、五纬之流。又有字书、小学，率雕版印纸，浸染不可尽晓。"③ 他认为公元883 年唐僖宗在蜀时，印刷术已经盛行，是年有印本 "剑南西川成都府樊赏家历"，今犹藏于英国伦敦。

1900 年，敦煌石室遗书发现，其中有 "一卷木版雕刻印刷《金刚经》"，卷尾准确标出了刊刻时间："咸通九年四月十五日，王玠为二亲敬造普施。" 咸通九年是公元 868 年。④ 这比柳氏所记时间早 16 年。

但《册府元龟》又载，唐文宗大和九年（835）十二月丁丑，东川节度使冯宿奏："剑南两川及淮南道，皆以版印历日鬻于市。每岁司天台未奏颁下新历，其印历已满天下。"⑤ "版印" 即雕版印刷。奏书称 "每岁"，知非一岁，亦非仅

---

① 〔宋〕朱翌：《猗觉寮杂记》卷下，文渊阁《四库全书》本。

② 〔宋〕叶氏：《爱日斋丛钞》卷一引，清《守山阁丛书》本。

③ 〔唐〕柳玭：《柳氏家训序》，《爱日斋丛钞》卷一引。

④ 同样在咸通九年，新罗人崔志远进入大唐东都洛阳国子监学习，那年他 14 岁；874 年，崔志远参加唐朝科举考试，登进士第，在唐朝为官，专掌书记；十年以后（884），崔志远回新罗，把大唐文化传播到韩国，被誉为 "东国文学之父""新罗文化的圣人""韩国儒学第一圣人"。

⑤ 〔宋〕王钦若：《册府元龟》卷一六〇，中华书局 1960 年版，第 1932 页。

在近年；"印历满天下"，表明其印刷技术成熟，传播很广。也是在大和九年，日本僧人宗睿从中国带去"西川印子（在成都雕印的书籍）《唐韵》一部五卷，同印子《玉篇》一部三十卷"。① 这比柳玭的记录提早了近49年。

及至20世纪40年代，四川大学校区的一座唐墓中"发掘出一张印本《陀罗尼经咒》，上有'成都府成都县龙池坊近卞印卖咒本'的题记"②。这些都是唐代印刷术在四川发明和应用的记录及物证。③

雕版印刷术的发明和应用，无疑大大提高了图书的传播速度，也大大提高了图书保存和传播的比例。史称"学者无笔札之劳，获睹古人全书"④；苏轼说"余犹及见老儒先生，自言其少时，欲求《史记》《汉书》而不可得，幸而得之，皆手自书，日夜诵读，唯恐不及。近岁市人转相摹刻，诸子百家之书，日传万纸，学者之于书，多且易致如此"⑤。

魏了翁《眉山孙氏书楼记》也说："余尝闻长老言：书之未有印本也，士得一书，则口诵而手抄，唯恐失之。其传之艰盖若此。惟传之艰，故诵之精，思之

---

① 张秀民：《中国印刷术的发明及其影响》，上海人民出版社2009年版，第27页。

② 详参冯汉骥：《记唐印本陀罗尼经咒的发现》，《文物参考资料》1957年第5期；吴天墀：《宋代四川藏书考述》，原载《四川文物》1984年第3期，收入《吴天墀文史存稿》，四川大学出版社1998年版，第190页。

③ 又：唐穆宗长庆四年（824）十二月，白居易在杭州做刺史，收到元稹一封书信，说他为白居易编的《白氏长庆集》已经编成，并撰序言一篇，其中有"扬越间多作书模勒乐天及余杂诗，卖于市肆之中也"语。"模勒"即刻石拓印。时间又比柳氏记早60年，比敦煌《金刚经》早45年。1966年10月13日，韩国在庆州佛国寺"发现了装在舍利盒内的古代印本《无垢净光大陀罗尼咒经》"，经过考证，"经卷是公元704年到751年之间的雕版印刷之作"——当唐中宗至玄宗时期，这比柳氏所记提前至少一百三十余年。韩国学者就此为据向世界宣称：印刷术起源于韩国。但是经印刷史研究专家潘吉星仔细研究，发现《无垢净光大陀罗尼咒经》中使用了4个武则天创造的字——"证、授、地、初"，共出现了9次，证明这幅经卷是从中国流传到韩国去的。1983年，美国纽约克里斯蒂拍卖行《中国书画目录》，其第363号《敦煌隋木刻加彩佛像》，描绘了南无最胜佛和两名侍从，佛像采用雕版木刻线条，之后又用画笔添加彩色的做法，叫木刻加彩佛像。此幅佛像底部有8行汉字："大业三年四月，大庄严寺沙门智果敬为敦煌守御令狐押衙敬画二百佛普劝众生供养受持。"大业是隋炀帝年号，大业三年就是607年。这幅画片有填墨的痕迹，可能是当时雕版印刷技术还不成熟，印刷质量不好造成的，这可能是中国最早的雕版印刷作品。比柳氏所记早了276年。看来，印刷术到底在何时发明，还得继续研究，特别是有待出土文献的进一步证实。因此有人说，雕版印刷术肇始于隋，行于唐世，扩于五代，精于宋人，盛于明、清。

④ 〔元〕脱脱等：《宋史》卷二〇二《艺文志》，第5032页。

⑤ 〔宋〕苏轼：《李氏山房藏书记》，《苏轼文集》卷一一，孔凡礼点校本，中华书局1986年版，第359页。

切，辨之审，信之笃，行之果。自唐末五季以来，始为印书，极于近世，而闽浙、庸蜀之锓梓遍天下。"

清儒钱大昕也说："唐以前藏书皆出抄写，五代（当为唐代——引者）始有印板，至宋而公私板本流布海内。自国子监、秘阁刊校外，则有浙本、蜀本、闽本、江西本，或学官详校，或书坊私刊，士大夫往往以插架相夸。"①

由于印刷术在四川得到广泛的应用，大大促进了书籍的刊刻和流通，故一进入宋代以后，巴蜀文献的数量也就陡然增多起来，仅有宋一代即著录巴蜀文献1004种，这虽然与蜀学再次复兴有关，但也与印刷术得到广泛应用有关，后者无疑在客观上为图书的收藏提供了可能。

三、盛极一时：两宋时期四川的藏书活动

伴随图书的大量撰著和出版，宋代巴蜀藏书事业也大盛于前，这一重视图书收藏的风气也大大感染了外籍的入蜀人士。

熙宁中，知府吴中度重修文翁石室，兴建了公众图书馆性质的"经史阁"，该阁基势崇大，栋宇雄奥，"聚书万卷，宝藏其间"②，成为蜀中公家藏书的中心。此外，阆中的蒲氏、眉山的陈氏，俱以藏书之富，而得苏轼、范祖禹、魏了翁为之赋诗撰文，盛极一时。

靖康之乱，中原沦陷，图书亡缺；而"四川五十余州，皆不被兵，书颇有在者"③。绍兴十四年（1144），井度为四川转运使，以俸入之半，采购蜀中图书，还修复刊刻不少文献；其属官晁公武出自书香门第，也颇有图书雅好，助其校刻，收藏甚富。后来井度离任，因子孙幼弱，难于自立，遂将50箧图书赠予晁公武；后来晁氏任官荣州，将两家藏书编成第一部私家提要目录，即《郡斋读书

---

① 〔宋〕钱大昕：《补元史艺文志序》，《二十五史补编》第六册，中华书局1955年版，第8393页。
② 〔宋〕吕陶：《经史阁记》，《成都文类》卷三〇，第579页。
③ 〔宋〕晁公武：《郡斋读书志》卷五《宋书》提要，孙猛校证本，上海古籍出版社1990年版，第184页。

志》20 卷，著录书籍二万四千五百余卷。

南宋陆游入蜀为官，也大量收购蜀中印本，及其任满"出峡，不载一物，尽买蜀书以归，其编目日益巨"①，陆家当时号称会稽三大藏书家之一，其"书巢"藏书之富，蜀刻与有力焉。

吴天墀先生曾撰《宋代四川藏书考述》一文②，对两宋四川藏书事业有专门考证，今据其文将宋世蜀人藏书史实罗列如下表：

序号	籍贯	藏书人/藏书楼	藏 书	校 书	出 处
1	华阳	句中正	喜藏书，家无余财		《宋史》四四一本传
2	华阳	彭 乘	聚书万余卷	皆手自刊校，蜀中所传，皆出于乘	《宋史》卷二九八本传
3	成都	郭友直	喜藏书，多至万余卷	誊写校对，尽为佳本。朝廷诏求遗书，上千余卷，皆秘阁所阙者	文同《龙州助教郭君墓志铭》，《丹渊集》卷三九，费著《氏族谱》
4	成都	郭大亨		熙宁七年（1074）献书3779 卷，秘阁所无者503 卷	《文献通考》卷一一四《经籍考》
5	成都	杨 汇	藏书越万，石刻多于欧阳修所录	与苏轼善。对朝廷故实、士大夫谱牒，皆能通晓	《宋元学案补遗》卷一九

① 〔宋〕施宿等：嘉泰《会稽志》卷一六《藏书》，《宋元方志丛刊》，中华书局 1990 年影印本，第七册，第 7023 页。

② 吴天墀：《宋代四川藏书考述》，原载《四川文物》1984 年第 3 期，收入《吴天墀文史存稿》，四川大学出版社 1998 年版，第 189~204 页。

序号	籍贯	藏书人/藏书楼	藏　书	校书	出处
6	非蜀籍	沈　立	宦游入蜀，"以公粟售书，积卷数万"		《宋史》卷三三三本传
7	非蜀籍	吴中度	熙宁中为成都知府，建经史阁，"聚书万卷"		吕陶《经史阁记》，《成都文类》卷三〇
8	眉山	孙长孺 孙降衷 孙　辟 孙　抃	孙抃祖长孺唐时建"书楼"，僖宗题匾；五代毁于火，宋初孙降衷"市书万卷贮之"	抃兄孙辟复于东山构屋三百楹号"山学"，延成都何维翰为掌教，以聚四方学者，有公养之法。范镇、石扬休、蒲师孟，皆执经其中	魏了翁《眉山孙氏书楼记》，《鹤山集》卷四一
9	丹棱	史子永	建"五经楼"，"藏书万卷"		家彬《史子永墓志铭》，《丹棱县志》卷二
10	眉山	史南寿	性嗜书籍，多所收藏		唐庚《史南寿墓铭》，《唐先生文集》卷六
11	郫县	李　定	多藏书	天禧中，诏访天下书籍，定率先投牒，监中群书，多出其家	《蜀中广记》卷九八
12	犍为	王　氏	云是昔人藏书处，磊落万卷今生尘		苏轼《犍为王氏书楼》

续表

序号	籍贯	藏书人/藏书楼	藏 书	校 书	出 处
13	陵州（井研）	孙光宪	于是三年间致书及数万卷	每患兵戈之际，书籍不备，遇发使诸道，未尝不厚加金帛购求焉	周羽翀《三楚新录》，《华阳县志》卷二四引
14	简州	刘讽	疏草焚来应见史，囊金散尽只留书		司马光《续诗话》
15	荣州	杨处士	裒辑古今书史万卷		文同《荣州杨处士墓志铭》，《丹渊集》卷三八
16	资州	魏润博	知资州，建聚书楼	南宋时，宇文绍奕知州，重新购置，较前多数千卷	李石《聚书楼记》，《资州直录州志》卷六引
17	阆州新井（今南部县）	蒲宗孟	家有藏书楼"清风阁"，作清风阁藏书，教子孙极严厉	惟昔隐君子，卜筑兹考盘，图书倅藏室，一一手自刊。蒲氏固蜀望……族氏散居蜀土，宋季有列朝著、登虞庠、掇高科者，皆醇谨，富词藻，诗书流泽，其来盖有自	范祖禹《寄题蒲氏清风阁》，《范太史集》卷二；邓文原《送蒲廷瑞北游序》，《巴西集》卷上
18	阆州	会经楼	保宁城内，宋元祐建会经楼	置经史子集一万余卷，东坡题额，蒲宗孟为记，范百禄皆有诗	彭遵泗《蜀故》卷七。按，《蜀中广记》卷二四作"三万余卷"
19	彭水	万卷堂	黄庭坚建，聚书于此		《蜀故》卷七

序号	籍贯	藏书人/藏书楼	藏 书	校书	出处
20	非蜀籍	井 度	天资好书，自知兴元府至领四川转运使，常以俸之半传录	历二十年，所有甚富。临卒付书五十箧予公武，公武撰《读书志》，著录书籍二万四千五百余卷	晁公武《郡斋读书志序》
21	华阳	郭绛	喜爱书籍	丹铅点勘不去手，自经史百氏、浮屠黄老、阴阳医卜之术，皆究其妙	《四川通志》卷三八之一
22	华阳	郭叔谊	筑室藏万卷	皆手所校雠	魏了翁《知巴州郭君叔谊墓志铭》，《鹤山集》卷八三
23	眉山	成叔阳	眉山多藏书	编《唐三百家文粹》四百卷	《蜀故》卷一八
24	丹棱	孙道夫	仕宦三十年，俸给多置书籍		《宋史》卷三八二本传
25	丹棱	李焘	家藏积数万卷	所至求奥篇隐帙，传录雠校，虽阴阳小说，亦无遗者	周必大《李文简公神道碑》，《全蜀艺文志》卷四七

续表

序号	籍贯	藏书人/藏书楼	藏 书	校 书	出处
26	普州	刘仪凤	任国史院编修、权秘书少监，俸入半以储书，凡万余卷，誊录国史无遗	被斥归。蜀人关耆孙赠诗：十年成底事，赢得载书归	《宋史》卷三八九本传，《宋诗纪事》，《老学庵笔记》卷二
27	资州	赵 遹	读书数行俱下，尤好聚古书	考历代兴衰治乱之迹，与当代名人巨公出处大节，根穷底究，尚友其人	《宋史》卷三八一本传
28	资州	李 石	主石室，拓石经	我集四库书，琬琰藏洛河。此外有石经，参酌正舛讹	《蜀中广记》卷九九
29	彭州	穆深之	藏书万卷，学问广博		李石《穆承奉墓志铭》，《方舟集》卷一六
30	泸州	程 贲	少孤力学，性喜藏书，自经史子集之外，凡奇诀要录未尝闻于人者，毕珍收之，亦多手写焉	其间复混以名画古琴，瑰异雅逸之玩，无所不有。……日游简编，未尝暂息	《蜀故》卷一二
31	青神	杨泰之	家故藏书数万卷	手自校雠	魏了翁《杨公墓志铭》，《鹤山集》卷八一

续表

序号	籍贯	藏书人/藏书楼	藏　书	校书	出处
32	遂宁	苏振文	落落不偶，聚书数万卷，圣经贤传，山经地志，私乘野史，以至虞初稗官、旁行敷落之书，靡不搜罗		魏了翁《苏伯起振文墓志铭》，《鹤山集》卷八四
33	蒲江	魏了翁	家故有书，某又得秘书之副而传录焉，与访寻于公私所板行者，凡得十万卷		魏了翁《书鹤山书院始末》，《鹤山集》卷四一

除了吴先生所列外，我们还可以补充以下诸例。

一是中江牟焕"隐居读书，躬耕而食"，"凿石龛藏书，铭之曰：'龛虚其中，唯书之容。……书传世久，永亲以寿。'至今名其地曰'牟谷'"。[1] 这是民间隐者凿窟以藏书，并且希望自己与所藏之书一起永传并寿。

二是熙宁初，蜀民献书。王安国《花蕊夫人诗序》："熙宁五年，臣安国奉诏定蜀民所献书可入三馆者，得花蕊夫人诗。"宋释文莹《续湘山野录》载此事曰"王平甫安国奉诏定蜀民、楚民、秦民三家所献书，可入三馆者。令令史李希颜料理之"云云。熙宁五年（1072）曾有蜀民与楚民、秦民一道，向朝廷献书，《花蕊夫人宫词》即在此次缴进之中。

三是新繁勾友于藏书。李石《勾氏盘溪记》曰"楼以藏书，堂以教子，亭

---

① 〔明〕曹学佺：《蜀中广记》卷三〇"中江县"引《宋史》，文渊阁《四库全书》本。

以赋诗，榭以置酒"① 云云。盘溪在新繁县，其主人勾友于在其中构楼以藏书。

四是荣州助教张颐献书。"进所藏书二百二十一卷，秘书官言：'此皆阙遗之书，乞加褒赏。'诏赐进士出身。"② 一个小小的县学教谕，其所献之书竟有二百二十余卷为朝廷所无，这当然是得荣州富于图书之助。

五是绍兴二十四年（1154），夔州沈知州重修州学，使"横经有堂，肄业有舍，藏书有阁，膳羞有所"③。

当然以上所举也是一鳞片爪，并不全面。不过从上引资料已经可见，宋代四川藏书区域十分广泛，从成都、华阳、眉山、丹棱、彭州等中心城市，到川北重镇遂宁、阆中，东陲的彭水，南缴的泸州，真是川东川西、川南川北，皆有藏书。当时的四川人中，无论是本籍人士，还是客居宦侣，都有爱书之人、藏书之家。其藏书单位，则既有个人，也有政府学府（如成都府学的经史阁），还有地方书楼，如阆中会经楼、蒲江鹤山书院等，都相当于今天的地区公立图书馆。宋代四川藏书如此普遍，当然与当时蜀中图书业发达、崇尚文雅不无关系。

当时四川藏书既有一定规模，动辄以万卷计，并且还有相当的质量，有的甚至是两宋国家图书馆所无。如成都郭氏，其先郭友直所献的一千余卷书俱宋室秘阁所阙，后其子郭大亨所献三千余卷中，又有五百多种为秘阁所无。荣县助教张颐所献书，也有二百多卷为国家"阙遗之书"。郫县李定，投牒献书，使宋时国家"监中群书，多出其家"。据记载，北宋时期蜀中藏书，是充实国家库藏的三个主要来源之一；南宋时期，蜀版又与杭版、建版，同称天下三大版刻系统。④

南宋四川藏书最多的机构当然就是魏了翁所办的鹤山书院。如前所引，鹤山书院藏书"凡得十万卷"⑤，这不仅比北宋国家三馆秘阁所藏八万余卷要多⑥，而且还几乎是整个宋代历朝藏书的总和。《宋志》是元人根据南北宋历朝所修藏

① 〔宋〕李石：《勾氏盘溪记》，《全蜀艺文志》卷三九，刘琳、王晓波点校本，第 1212 页。又《蜀中广记》卷一引。

② 〔清〕黄廷桂等修，张晋生等纂：《四川通志》卷七上，文渊阁《四库全书》本。

③ 〔宋〕徐粹中：《重建州学记》，《全蜀艺文志》卷三六，刘琳、王晓波点校本，第 1017 页。

④ 叶梦得《石林燕语》卷八："今天下印书，以杭州为上，蜀本次之，福建最下。"

⑤ 〔宋〕魏了翁：《书鹤山书院始末》，《鹤山先生大全文集》卷四一，《四部丛刊》影印宋刊本。

⑥ 此从江少虞《宋朝事实类苑》卷二，《宋志》作 73877 卷。

书目录编撰而成，前后所录仅为 119972 卷。可是，四川的一个地方书院，藏书量竟然与两宋国家所藏的总和相差无几！

蜀中文献之盛，于此可见一斑矣。

四、流风余韵：元代以后的四川藏书

四川藏书的情况，在元、明、清初，都不甚理想。

历经宋末元初战乱，城毁人亡，世间藏书，在山崩地裂、栋摧梁折之际，又岂能完好？如临川故家饶氏，被吴澄称为"有邹鲁之质行，学术雅正，守醇谨而不变"者，虞集记其"好史学，家藏书万卷"，可是"内附初"，亦即蒙元统一江南之际，"散轶无存者"①；临川艾氏自宋以来也是诗书传家，至元已历八九世矣，其"东偏楼藏书万卷，内附后多遗失"②。虞集的姻家临川陈氏，"旧多藏书，更代之后，散轶罕存者"③。凡此之类，举不胜举。

东南尚且如此，作为抗蒙第一线的巴蜀地区，罹祸更盛。世乱如此，遑论文化的传承？这一时期文献毁损极其严重，规模宏大、"石越千数"的"石室十三经"就是在这时化为乌有的。其他公私藏书之毁损，更是不计其数。

宋末，蜀中许多世家大族为躲避战乱，纷纷逃往东南，希求苟存。但是随着蒙古铁骑的继续南下，大宋江山的分崩瓦解，他们不仅过着艰难的生活，而且家资、图书也随之扫地罄尽。谢枋得《毋制机墓铭》说："公仁人也，少年见蜀人死于乱离，如痛入肌髓，收遗骸露骼，藏之丛家者以万计；流亡苦寒饥，赖衣食以更生者，又几万人。帑不留钱，廪不留粟，悉倾倒施舍，以活民命，家以此屡

---

① 〔元〕虞集：《送饶则民序》，《道园学古录》卷三一，《四部丛刊》影印明景泰翻元小字本。

② 〔元〕虞集：《跋艾圣传三绝碑后》，《道园学古录》卷四〇，《四部丛刊》影印明景泰翻元小字本。

③ 〔元〕虞集：《题苏文忠公诸帖》，《道园学古录》卷四〇，《四部丛刊》影印明景泰翻元小字本。

空。"① 毌氏系五代后蜀毌昭裔的后人，自然也是文献故家。

虞集的父亲虞汲，宋时为黄冈尉，宋亡后侨居临川崇仁，与吴澄为友，澄称其文"清而醇"。汲曾经两次到京师，"赎族人被俘者十余口以归，由是家益贫"。晚年乃起家，为诸生教授；后得孛术鲁翀、欧阳玄推荐，乃以翰林院编修官致仕，得以善终。②

邓文原也说："蜀人自罹兵祸（祸，通祸），转徙东南，所至如羁臣逐客，呻顿无聊。"他们中间幸而"仕且贵"者，也仅能糊口，"往往无由以周其家"，只不过以"禄代耕"而已；其"不得仕则营他业"者，温饱也不能解决（"鲜克自给"）。人们涉历忧患，担惊受怕，"以礼法自绳者"，连生计都成问题（"拙生事"）。自从邓家迁居杭州以来"余八十年，计耳目所睹闻类若此"③！可见外迁蜀人生活之窘迫和无奈！

生计如此，他们的财产特别是图书，更是没有任何保障。周密在叙述元之际图书毁损状况时说：当时藏书最富的东南士人要数直斋陈振孙了，他转录多家而成的著录达"五万一千一百八十余卷"的《解题》，"极其精详"，可惜"近亦散失"。他们周家自己的藏书也是"三世积累"，其父"尤酷嗜，至鬻负郭之田以供笔札之用，冥搜极讨，不惮劳费"，家藏图书"凡有书四万二千余卷，及三代以来金石之刻一千五百余种"，收藏在"书种""志雅"二堂之中。他的父亲爱书成癖，"日事校雠，居然籯金之富"。可是到了他这一代，却"遭时多故，不善保藏，善和之书，一旦扫地"，真是令人痛心疾首。同时，他还介绍了外迁蜀人图书的存佚情况："至如秀岩、东窗、凤山，三李、高氏、牟氏，皆蜀人，号为史家，所藏僻书尤多，今亦已无余矣。"④ 秀岩即李心传，与兄道传、弟性传号"三李"；东窗即高斯得，蒲江人，魏了翁兄子；凤山即牟子才。三人俱有史才，李心传著有《建炎以来系年要录》《建炎以来朝野杂记》二书，高、牟二人则是李心传绍定四年（1231）在成都修《宋朝会要》时所辟助手（"检阅文

①〔宋〕谢枋得：《平山先生毌制机墓铭》，《谢叠山全集校注》卷四，华东师范大学出版社1994年版，第97页。毌氏"讳廷瑞，字仁叔"，毌昭裔后世裔孙。

②〔明〕宋濂：《元史》卷一八一《虞集传》，中华书局1976年版，第4174页。

③〔元〕邓文原：《送蒲廷瑞北游序》，《巴西集》卷上，文渊阁《四库全书》本。

④〔宋〕周密：《齐东野语》卷一二，中华书局1983年版，第217~218页。

字"），二人后来身居高职，都仍兼史职。南宋末期，李、高、牟三家迁居湖州（今浙江吴兴），三家藏书也随世运萧条而灰飞烟灭矣。

元代，蜀中藏书亦时有其人，但不多见。如南充有果山书院，在城北五里，原为三国蜀汉名儒谯周所建。其后郡人边速达，以秘书监之职致仕，"归隐于此，藏书四千二百七十一册"，明代尚存"至正八年（1348）"的碑刻。① 客居外省已久的苏伯衡，在为王祎后人王举直"藏书之堂"（勤有堂）作记时，曾经自述说"余家故多藏书"②，说明文献故家，不择地而居，重视图书收藏，传统依旧。

明人陆深说："元至正初，史馆遣属官驰驿求书东南，异书颇出。时有蜀帅纽邻之孙，尽出其家赀，遍游江南，四五年间，得书三十万卷，溯峡归蜀。可谓富矣！"③ 蜀帅纽邻又作纽磷，《元史》有传，随元宪宗取蜀，升都元帅。其孙倾一家之财力，从江南收得图书三十万卷，数量如此之大，颇令人怀疑④，然即便以十分之一的可信度计之，也在三万卷上下，数量也不可谓不富；而纽氏倾其家资，经历四五年来搜访图书，亦云勤矣！

明清时期，由于雕版印刷技术更趋完密，图书的流通与收藏也更为方便，民间藏书万卷者，时有其人。特别是一些具有爱书藏书雅好的士大夫，即使身处迁客流人之境，也不忘多聚图书，寄心涵咏于其间。杨升庵在滇南的生活场景即如此，《四川通志》卷四五载："豫章简西峿绍芳，弱冠客游滇南，题诗山寺。杨升庵先生一见异之，使人物色，遂为忘年交。凡先生出入，必引与俱。先生藏书甚多，简一览辄记。每清夜剧谈，他人不能答，简一一应如响。在滇南倡和，及订较文艺，唯简为多。"

清代，朝廷大规模的收书、编书工程，大大推动了巴蜀文献的收集和整理。如乾隆时罗江李调元，家有"万卷楼"，藏书之富，号称"川西第一家"。时值《四库》馆开，调元利用身为翰林之便，每得善本，辄遣胥录之，因辑自汉迄明

① 〔明〕曹学佺：《蜀中广记》卷二七"顺庆府·果山"条引"志云"，文渊阁《四库全书》本。

② 〔明〕苏伯衡：《题勤有堂卷》，《苏平仲文集》卷一〇，《四部丛刊》影印明正统壬戌刊本。

③ 〔明〕陆深：《俨山外集》卷二一《豫章漫抄四》，文渊阁《四库全书》本。

④ 胡应麟《少室山房笔丛》正集卷一："隋文父子以天下之力收书，仅三十七万，遂冠古今。元边帅子螯一家之产，骤得三十万卷，亦宇宙奇事。然徒欲其多，而不计重复，则在今甚不难，顾正本不知几何耳？……况元时板本尚希，又非文明之世，纽氏子三十万卷，芟其重复，政恐不能三万耳。"

蜀人著述罕传秘籍，汇而刊之曰《函海》。前后历刻数十年，总计成 40 函 160 种 852 卷，其书第一至十函为晋六朝至唐宋元明诸人未见书，第十一至十六函为杨慎所著不常见的书，第十七至二十四函为蜀中不常见之书，第二十五至四十函为自己的著作，《函海》实为当时四川具体而微的"巴蜀全书"。

不过明清时期，四川并没有出现过像江南"四大藏书家"那样有规模和影响的藏书家，乾隆皇帝所修《四库全书》七个副本，也只收储于沈阳、北京、镇江、扬州、杭州等地，整个中国的中部和西部都无缘一见，这与四川在唐代"扬一益二"的经济地位，和宋代"诸学在蜀"的文化地位形成强烈反差，此亦经济文化重心南移之时势使然，非人力所能及也。

降及近代，四川文化事业又得到复苏，特别是晚清尊经书院成立后，张之洞在四川以纪、阮"两文达之学"相号召，推动四川的考据学、文献学空前发展，涌现出傅增湘、严谷孙等文献学家和图书收藏家、出版家，还建立了四川省图书馆、重庆图书馆、四川大学图书馆等大型藏书机构，在文献收集和整理方面做出了前所未有的业绩，兹不详叙。

我们从鹤山书院富于藏书的事例，引出了历代巴蜀学人热心藏书的事迹和传统，使我们对鹤山书院藏书的历史背景和文化氛围有了更多的认识。同时，我们从巴蜀学人的这些努力，特别是从巴蜀文献对丰富和充实宋代官方典藏的作用中，看到了历代巴蜀学人对保护和传播古代文化所做出的巨大贡献，这些贡献的意义不仅仅是一时一世或一地一方的，而是事关千秋万代和全民族、全中国的，这些轶闻秘史从前不太被人注意，而今自当认真研究发覆，并加以学习和弘扬。

（原载蔡方鹿主编《书院与理学》，四川大学出版社 2012 年版）

精研"天府文化"，重建精神家园

——天府文化的历史与演变

　　"天府"一词，或指天王之太府，或指天上之房星，或指优越之地域，都是优雅、高尚、富贵、和谐的象征。我们这里讨论的天府，当然是地域和文化称谓，也是在进行一种特别的文化体验。地域的"天府"，指地理优越、特产丰富、人文发达的区域，如关中（苏秦、娄敬、张良）、燕赵（苏秦、耿弇）、成都（扬雄、诸葛亮、法正），都曾经获得"天府"称谓。但是由于环境变迁、人世嬗替，目前能称得上"天府"的就只有成都平原了（至于新评出的所谓"天府之国"，还得经过历史检验后再做结论）。

　　《华阳国志·蜀志》载，李冰既治水行舟，"又溉灌三郡，开稻田，于是蜀沃野千里，号为陆海；旱则引水浸润，雨则杜塞水门，故《记》曰：'水旱从人，不知饥馑，时无荒年，天下谓之天府也。'"《记》疑即后文"横有为《蜀传》"之《传》，古者传、记相通，是对经典以外重要文献的概称。扬雄、谯周等人俱曾作《蜀王本记》或《蜀记》，董说《七国考》"李冰渠"引："扬雄云：'蜀有李冰渠，秦蜀守通。'"下即引《华阳国志》本文，说明此处的《记》也许就是扬雄的《蜀王本记》，其中曾记载有李冰治水作堰及其所达效果的历史事实，扬雄又是成都人，他对物华天宝的成都必有深刻认识，因此称成都为"天府"或许就始于扬雄《蜀王本记》。

　　天府文化，既是对历史上天府之国文化的总括，也是今天成都市域文化的特称。即使在特指的成都市域文化中，天府文化似乎还可以分出若干阶段，如前天府文化、中天府文化、后天府文化、新天府文化等。前天府文化，指公元前316

年秦灭蜀以前，在成都地区独立孕育和发展的文化，或称古蜀文化。中天府文化，指秦置蜀郡，李冰治水，特别是汉初文翁化蜀后，才出现的"水旱从人，不知饥馑"、经济繁盛、人文发达的景象，斯时的天府文化，与国一体而又自具特色。后天府文化，指近代工业革命，特别是西学进入成都后，衍生出的既与历史紧密联系，又有很大背离和更新的文化。前三个阶段，其文化特征既具有连贯性，也具有阶段性；第四阶段的天府文化，有继承也应当有发展。新天府文化，是我们当下要着力建设的当代文化。之所以称先秦时期为前天府文化，是因为彼时"天府"并不指成都，而是指关中和燕赵，当时成都，在文献中或被称为"都广之野"（《山海经》），或被称为"西辟之国而戎狄之长"（《战国策·秦策》）。但其自然条件虽好，"有膏菽、膏稻、膏黍、膏稷，百谷自生，冬夏播琴"（《山海经》），具有成为天府的自然基础，但是当时还是靠天吃饭，人们对于自然力的控制很差，没有主动权，所以称其为"前天府文化时代"。直到秦灭蜀置郡，李冰治蜀，穿郫江、检江直过郡城之下（修建都江堰），既以行舟，又以灌溉，人们才做了自然的主人，成都也才成为人文化成之区，成为名副其实的"天府"。可见天府文化是以水利和农业为前提的，一旦这个前提改变了，天府文化也要发生变化。因此每个阶段的天府文化，便呈现出不同的面貌和特征，下面略述其概，以见其旨。

一、先秦：前天府文化——创造性、独立性，对全国具有原创性影响

"先秦时期"，在这里概指公元前 316 年秦灭巴蜀以前的历史。上自传说中的蚕丛、鱼凫，下到文献所载杜宇、开明。这一时期的巴蜀地区基本上独立发展，具有自己的文化传统和学术创新。在长期相对独立的发展进程中，巴蜀地区形成了与中原不一样的古史传统体系和神话传说系统，呈现出独特有趣的精神信仰。如文献记载的"三皇五帝"，中原文献多以伏羲、女娲、神农为"三皇"，以黄帝、颛顼、帝喾、尧、舜为"五帝"；而巴蜀地区则以"天皇、地皇、人皇"为

"三皇"("三才皇");以"青帝、赤帝、黑帝、白帝、黄帝"为"五帝"("五色帝"),表现出"三才一统"的形上思考和"五行相生"的哲学观念。① 三星堆出土的一件被命名为"青铜神坛"的象征地界、人界、天界结为一体的青铜器更形象生动地说明了这一切。

而"生于石纽"(《孟子》佚文)、"兴于西羌"的大禹,他的许多文化成果可视为早期天府文化的内容。② 传说他曾得"《洪范》九畴"用于平定水土、画畴九州:"初一曰五行,次二曰敬用五事,次三曰农用八政,次四曰协用五纪,次五曰建用皇极,次六曰乂用三德,次七曰明用稽疑,次八曰念用庶征,次九曰向用五福、威用六极。"③ 其中具有丰富的执政理念,也创造性总结和完善了"五行"观念,这也许是上古巴蜀最早、也最有系统的哲学理念和学术文献。禹

---

① 参见舒大刚、尤潇潇、霞绍晖:《"三才皇"与"五色帝"——巴蜀的古史体系与古老信仰》,《西南民族大学学报》(人文社会科学版) 2017 年第 1 期。

② 《史记·六国年表序》:"禹兴于西羌。"皇甫谧注引《孟子》佚文说:"《孟子》称'禹生石纽,西夷人也',传曰'禹生自西羌'是也。"《荀子·大略》曰"禹学于西王国",杨倞注说:"大禹生于西羌,西王国,西羌之贤人也。"西汉初陆贾《新语·术事》也有"大禹出于西羌"的记载;汉武帝时的《盐铁论·国疾》也说"禹出西羌";扬雄《蜀王本纪》更明确地指明:"禹本汶山广柔县人,生于石纽。"(《太平御览》卷八二引)《三国志》裴松之注引《帝王世纪》:"有莘氏女曰志……生禹于石纽。"又引谯周《蜀本纪》曰:"禹本汶山广柔县人也。生于石纽,其地名刳儿坪。见《世帝纪》。"可见,禹兴西羌为蜀人,自是战国到两汉、三国相承不替的传说。

③ 《尚书·洪范》(通行本)箕子乃曰:"天乃锡禹洪范九畴,彝伦攸叙。"

还继承"伏羲氏《河图》",演绎为《连山》之易①,《连山》是"三易"之首,其中的"阴阳"观念奠定了《归藏》《周易》共同的哲学基础。《连山》之"阴阳",《洪范》之"五行",后来也成为中国哲学的基本概念和共同范畴。至于孔子所称大禹"菲饮食而致孝乎鬼神(祖先)"(《论语》)的孝道精神,更是中华民族的基本伦理。禹所娶涂山氏(在古江州,今重庆南岸)之婢女曾唱"候人兮猗"的"南音",周公、召公取法此音"以为《周南》《召南》"②,屈原则据之演为"楚辞"之声(谢无量《蜀学会叙》)③。

自汉以来流传有《山海经》系"禹使益疏记"④ 的说法,蒙文通据书中所涉及的地理方位和空间概念(以巴、蜀为"天下之中",又特别详于岷江中上游)、历史人物的关系和世次(以帝俊、颛顼为主,与中原传说以黄帝为中心者异)、器物发明(舟车琴瑟等发明者,俱与《世本》所载异)、分"黄帝""轩辕"为二(中原文献则以二者为一人)、计数方式(以十万为亿,与中原以万万为亿不同)、方位顺序(以南西北东为序,与中原以东南西北为序异),都与中原文献,如《世本》、《竹书纪年》、《大戴礼记·帝系姓》、《韩非子》、"六经"等不同,而与《楚辞》《庄子》相似,说明《山海经》不是中原文化的产物,而是南方文明的代表——"《山海经》就可能是巴蜀地域所流传的代表巴蜀文化的古籍"。⑤

考古发现的距今三至五千年的成都古城遗址群(宝墩文化)、三星堆祭祀坑及青铜器、金沙玉器和金器,都显示出极高的科技水平、生产力水平、建筑水平、艺术造诣和精神诉求,表明巴蜀地区很早就进入了文明状态;在巴蜀及其附

---

① 《山海经》佚文曰:"伏羲氏得河图,夏后因之曰《连山》。"(《路史》卷三二"论三易"引,文渊阁《四库全书》本)

② 〔战国〕吕不韦著,陈奇猷校释:《吕氏春秋校释》卷六《音初》,学林出版社1984年版,第335页。

③ 参见李冬梅、舒大刚:《"蜀学"五事论稿——读谢无量先生〈蜀学会叙〉札记》,《湖南大学学报》(社会科学版)2015年第6期。

④ 郭璞《山海经注》卷首载汉刘秀(歆)《上山海经表》:"禹别九州,任土作贡,而益等类物善恶,著《山海经》。"(引自袁珂《校注》本,巴蜀书社1993年版,第540页)欧阳询《艺文类聚》卷一一引《吴越春秋》:"(禹)登宛委山,取得书,得通水之理,遂周行天下,使益疏记之,名《山海经》也。"(引自汪绍楹校本,上海古籍出版社1965年版,第218页)

⑤ 蒙文通:《略论〈山海经〉的写作时代及其产生地域》,《中华文史论丛》第1辑,中华书局1962年版,第43~70页。

近地区出土的春秋战国兵器、陶器、印章所带刻符（考古学界称为"巴蜀图语"），表明巴蜀地区早在至少 3000 年前就已拥有自己的文字，可惜这些文字至今仍无法释读。

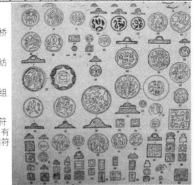

直到公元前 316 年秦灭巴蜀，巴蜀作为"西辟之国而戎狄之长"，在文化上几乎是独立发展的，有着自己的文化传统和学术造诣；但在与中原文化的接触和交流中，也呈现出向中原文明靠拢的趋势。

二、秦汉至明清：中天府文化——吸收创新、兼容互补

秦汉以后，巴蜀不仅融入祖国大一统的文化之中，而且在吸纳、融入这个系统后，常常还有特别的表现，具有兼容、创新精神。

首先是文翁化蜀，设立石室学宫，派张叔（宽）等 18 人前往长安从博士学

习“七经”①，学成归来居学教授，在成都及附近各县大力推行儒家教化。于是巴蜀才士，欣欣向学，史有“蜀地学于京师者比齐鲁焉”②“巴汉亦化之”③之说，从此蜀地“学徒鳞比”，民智大开，人才济济，文章大雅，不亚中原，涌现出一批全国一流的学者和文学家，形成了影响深远的“蜀学”。汉武帝登基，将文翁办学经验向全国推广，“令天下郡国皆立学校官”④，推动儒学向地方基层传播。文翁化蜀的重要成果，不仅改变了巴蜀至汉初犹有“蛮夷之风”的现状，还首开汉家文治之先河，垂儒家“七经”教育之典范。

汉代天府文化的重要成果，其一是在“汉赋四家”中蜀人占据了三席，司马相如、王褒、扬雄，文章称大家。《汉书·地理志》：“司马相如游宦京师、诸侯，以文辞显于世。乡党慕循其迹，后有王褒、严遵、扬雄之徒，文章冠天下，繇文翁倡其教，相如为之师。”其次，汉代蜀中“易学”（如胡安、赵宾、严遵、扬雄）⑤、“天学”（如落下闳持“浑天说”，制《太初历》）、“训诂学”（如司马相如《凡将》，犍为文学《尔雅注》，林间翁孺传“輶轩语”，扬雄《训纂》《方言》），都是全国一流甚至天下首创，初步奠定“蜀儒文章冠天下”“易学在蜀”“天数在蜀”“小学在蜀”的基础。其三，王褒、严遵、扬雄等人提出的“道德仁义礼”的核心价值观念，在中原“仁义礼智信”的观念外别树一帜，基

---

① “七经”：古来异辞，有“六经”加《论语》说，《后汉书·张纯传》：“乃案《七经谶》《明堂图》。”李贤注：“七经，谓《诗》《书》《礼》《乐》《易》《春秋》及《论语》也。”（中华书局 1965 年版，第 1196 页）张纯是光武时人，当时谶纬盛行，纬书中有《乐纬》不假，李贤注《七经谶》有《乐》家是对的；但是作为经书，《乐经》在西汉已无传授，遑论东汉呢？有“五经”加《论语》《孝经》说，见杭士骏《经解》（《皇清文颖》卷一二，文渊阁《四库全书》本）。既然《乐经》在汉代不以教学，文翁石室当然也不例外，故“六经”加《论语》说为无征。考之《汉书·平帝纪》“征天下通知逸经……及以五经、《论语》、《孝经》、《尔雅》教授者”，已将《论语》《孝经》与“五经”并列；晋傅咸作《七经诗》，其中也有《论语》《孝经》，可见“五经”加《论》《孝》之说为可信。

② 〔汉〕班固：《汉书》卷八九《文翁传》，中华书局 1962 年版，第 3626 页。

③ 〔晋〕常璩著，刘琳校注：《华阳国志新校注》卷一〇《先贤士女总赞》，四川大学出版社 2015 年版，第 403 页。

④ 〔汉〕班固：《汉书》卷八九《文翁传》，第 3626 页。

⑤ 参见舒大刚、李冬梅：《巴蜀易学源流考》，《周易研究》2011 年第 4 期。

本奠定了蜀学之理论基础。① 尤其是蜀人兼容并包、儒道兼容的包容精神，奠定了蜀学诸学并治、集杂成纯的治学特点。田况说 "蜀自西汉教化流而文雅盛，相如追肩屈宋，扬雄参驾孟荀，其辞其道，皆为天下之所宗式，故学者相继，谓与齐鲁同俗"②。信然！

这一风气一直影响到东汉，从光武帝到灵帝、献帝之时，天府之国 "文化弥纯，道德弥臻"③，巴蜀才士，更是济济昌昌，比肩连袂而出。成都人位至公卿者不乏其人，《华阳国志》载，赵戒累迁至 "三公九卿" 的尊位（"三迁台衡"），他的孙子赵谦、赵温也相继做过宰相（"相继元辅"），可谓天府第一家族。中原地区当 "东汉之季，四海板荡，兵火相仍，灾及校舍，弦诵寂绝，儒俗不振"④，而于汉献帝兴平中（194—195）镇守成都的陈留人高眹却在成都大兴礼乐教化，于石室旁边 "作为庙堂，模制闳伟"⑤，"图画圣贤古人像及礼器瑞物"⑥，将周公以下历代圣贤，特别是巴蜀乡贤绘像其中（又称 "周公礼殿"），月祭岁祀。石室不仅是传道授业解惑的教育场所，更是蜀人缅怀先贤、追慕典型的精神家园。礼殿制度，四百年后在全国各地推广，具有 "庙学合一" 的中国学校特色。

魏晋南北朝时期，天下分裂，天府文化却得到持续发展，涌现出一批博学大师，如曾为帝师的谯周（撰《古史考》等多种著作），嗜古的经学家李譔（撰古文《易》《书》等《指归》多种），隐居青城山修道、后为李蜀丞相的范长生（有《周易蜀才注》），思维玄妙的卫元嵩（仿易著《元包》），著名历史学家

①　参见舒大刚、申圣超：《道德仁义礼："蜀学"核心价值观论》，《社会科学研究》2017 年第 2 期。按，产生于巴蜀地区的《山海经》，在《南山经》"丹穴之山" 中也载："有鸟焉，其状如鸡，五采而文，名曰凤皇。首文曰德，翼文曰义，背文曰礼，膺文曰仁，腹文曰信。是鸟也，饮食自然，自歌自舞，见则天下安宁。" 又在《海内经》"苗民" 有 "有鸾鸟自歌，凤鸟自舞，凤鸟首文曰德，翼文曰顺，膺文曰仁，背文曰义。见则天下和" 之载。这说明以道德配仁义礼信，自是南方文化的产物。

②　〔宋〕田况：《进士题名记》，《成都文类》卷三〇，赵晓兰整理本，中华书局 2011 年版，第 578 页。

③　〔晋〕常璩著，刘琳校注：《华阳国志新校注》卷三《蜀志》，第 122 页。

④　〔宋〕吕陶：《府学经史阁落成记》，《净德集》卷一四，文渊阁《四库全书》本。

⑤　〔宋〕吕陶：《府学经史阁落成记》，《净德集》卷一四，文渊阁《四库全书》本。

⑥　〔晋〕任豫：《益州记》，《艺文类聚》卷三八引，汪绍楹校本，上海古籍出版社 1965 年版，第 692 页。

陈寿（撰《三国志》，入列正史；撰《耆旧传》，记天府名贤）和常璩（撰《华阳国志》，为方志之祖）。

东汉末年，张道陵还入蜀创立了正一盟威之道，宣告中国道教正式诞生。至东晋，蜀人谯秀《蜀纪》载有远先于中原的"蜀之八仙"："首容成公，云即鬼容区，隐于鸿冢，今青城山也。次李耳，生于蜀，今之青羊宫。三曰董仲舒，亦青城山隐士，非'三策'之仲舒也。四曰张道陵，今大邑鹤鸣观。五曰庄君平，卜肆在成都。六曰李八百，龙门洞，在新都。七曰范长生，在青城山。八曰尔朱先生，在雅州，有手书石刻'五经'，在洞中，好事绘为图。"① 比中原"八仙"（定型于明代）形成要早，体系也更特别，更具仙气。

唐代，蜀中的安定和富庶，使天府学术文化得到快速发展。天下诗人皆入蜀，文人雅士遍蜀中。词体文学孕育成熟，成品汇集为《花间集》。此外，蜀人在术数（科技）、方技（医学）方面创新颇多：蜀医昝殷撰《经效产宝》，成为人类历史上第一部妇产学专著；严龟《食法》、昝殷《食医心鉴》是最早的食医著作；梅彪《石药尔雅》仿《尔雅》解释中药性味；祖籍波斯定居蜀中的李珣撰《海药本草》，是第一部海外药物学专著；孟蜀韩保昇《蜀本草》首创给药物配图的方法。

值得一提的是，天府文化在图书出版方面，至迟在晚唐时期已经发明和流行雕版印刷术。唐柳玭《家训序》："中和三年（883）癸卯夏，銮舆在蜀之三年也。余为中书舍人，旬休，阅书于重城之东南。其书多阴阳杂说、占梦相宅、九宫五纬之流，又有字书小学，率雕版印纸，浸染不可尽晓。"② 宋朱翌《猗觉寮杂记》卷下："雕印文字，唐以前无之，唐末益州始有墨板。"宋代《国史艺文志》也说："唐末，益州始有墨板。"③ "墨板"即用木雕刻的书板，唐以前没有，是成都人的发明。唐大和九年（835），日本僧人宗睿从中国带去"西川印

---

① 〔明〕杨慎：《升庵集》卷四八，文渊阁《四库全书》本。
② 〔宋〕叶氏：《爱日斋丛钞》卷一引，清《守山阁丛书》本。
③ 〔宋〕王应麟：《困学纪闻》卷八引《国史艺文志》，上海古籍出版社 2015 年版，第 289 页。

子（在成都雕印的书籍）《唐韵》一部五卷，同印子《玉篇》一部三十卷"①。据载是年有印本"剑南西川成都府樊赏家历"，今尚藏于伦敦。及至 20 世纪 40 年代（1944），四川大学校区的一座唐墓还"发掘出一张印本《陀罗尼经咒》，上有'成都府成都县龙池坊近卞印卖咒本'的题记"②，这是目前国内现存的最早且有明确作坊的雕版印刷品。这些不仅是地道的"蜀刻本"，而且说明雕版印刷术已成为蜀版专称（"西川印子"）。在这些技术条件基础上，孟蜀宰相毋昭裔乃发起雕刻印行儒家经典，此举为五代、北宋校刻之"监本"所效法，使儒学文献在更大范围内以更加精确的方式得到传播。同时毋氏还在石室学宫倡刻"石室十三经"，有经有注，碑越千数，规模最宏，最终形成了儒家"十三经"的经典体系。"石室十三经"与文翁石室、周公礼殿，同为影响天下学术的"蜀学三宝"，吕陶曾热情地称赞说："蜀学之盛，冠天下而垂无穷者，其具有三：一曰文翁之石室，二曰周公之礼殿，三曰石壁之九经。"③ 席益也说："蜀儒文章

① 张秀民：《中国印刷术的发明及其影响》，上海人民出版社 2009 年版，第 27 页。又，1900 年在敦煌石室发现"一卷木版雕刻印刷《金刚经》"，卷尾准确载有刊刻时间，云"咸通九年四月十五日王玠为二亲敬造普施"。咸通九年，即公元 868 年。1966 年 10 月 13 日，韩国庆州佛国寺"发现了装在舍利盒内的古代印本《无垢净光大陀罗尼咒经》"，经过考证，"经卷是公元 704 年到 751 年之间的雕版印刷之作"。韩国学者遂就此为依据向世界宣称：印刷术起源于韩国。印刷史研究专家潘吉星仔细研究《无垢净光大陀罗尼咒经》的副本，发现这幅经卷之中使用了 4 个武则天创造的制字——证、授、地、初，一共出现了 9 次，因此证明这幅经卷是从中国流传到韩国去的。同样在咸通九年，新罗人崔志远进入大唐东都洛阳国子监学习，那年他 14 岁；874 年，崔志远参加唐朝科举考试，登进士第，在唐朝为官，专掌书记；十年以后（884），崔志远回新罗，把大唐文化传播到韩国，被誉为"东国文学之父""新罗文化的圣人""韩国儒学第一圣人"。诸如《无垢净光大陀罗尼咒经》这样的唐刻经卷，就可能是崔志远等带回去的。824 年十二月，白居易在杭州做刺史，收到元稹一封书信，说他为白居易编的《白氏长庆集》已经编成，并撰序言，有"扬越间多作手模勒乐天及余杂诗，卖于市肆之中也"语。"模勒"即刻石拓印（勒即"勒名燕然"之勒），已经离雕版印刷不远了。又，1983 年，美国纽约克里斯蒂拍卖行《中国书画目录》第 363 号《敦煌隋木刻加彩佛像》，描绘了南无最胜佛和两名侍从。佛像采用雕版木刻线条，之后又用画笔添加彩色的做法，叫木刻加彩佛像。此幅佛像底部有 8 行汉字："大业三年四月，大庄严寺沙门智果敬为敦煌守御令孤押衙敬画二百佛普劝众生供养受持。"大业是隋炀帝年号，大业三年就是 607 年。这幅画片有填墨的痕迹，可能是当时雕版印刷技术还不成熟，印刷质量不好造成的，这可能是中国最早的雕版印刷作品，但只是单幅，未装订成册。

② 详参冯汉骥：《记唐印本陀罗尼经咒的发现》，《文物参考资料》1957 年第 5 期；吴天墀：《宋代四川藏书考述》，《吴天墀文史存稿》，四川大学出版社 1998 年版，第 190 页。

③ 〔宋〕吕陶：《府学经史阁落成记》，《净德集》卷一四，文渊阁《四库全书》本。

冠天下，其学校之盛，汉称石室、礼殿，近世则石九经，今皆存焉。"① 这是蜀学的荣耀，也是蜀学对于中华文化的伟大贡献。

宋代，天府文化达于巅峰，文学领域，唐宋古文八大家，蜀有三家（苏洵、苏轼、苏辙），同出一门；北宋学术三宗，"蜀学"为其中之一（其他两家是二程"洛学"、王安石"新学"）。南宋张栻、魏了翁俱为理学宗匠，张氏既传"蜀学"文脉，又创"湖湘学派"典范；魏了翁汉宋皆宗，且使朱子之学得以解禁。巴蜀长于"史学"传统，在宋代也是斐然成章，苏辙《古史》，范祖禹《唐鉴》（并助司马光修《通鉴》），李焘《续资治通鉴长编》，王偁《东都事略》，李心传《建炎以来系年要录》《建炎以来朝野杂记》《国朝会要总类》等，构成了宋代史学主流，故刘咸炘有"唐后史学，莫隆于蜀"之说。

在科技领域，唐慎微《证类本草》是世界上第一部将药物学、方剂学结合的医学著作，也是第一部大型植物学著作，为李时珍《本草纲目》奠定了基础。峨眉医者发明人工接种流痘预防天花技术②，先于西方千余年。王灼《糖霜谱》是世界历史上第一部专门记载甘蔗制糖工艺的专书。秦九韶《数书九章》将中国古代数学推向当时世界顶峰，他的"大衍求一术"和"正负开方术"俱领先世界同行 500 年。

至于巴蜀地区的家族文化、乡村建设，也硕果累累，佳话多多。苏轼说："吾州之俗，有近古者三：其士大夫贵经术而重氏族，其民尊吏而畏法，其农夫合耦以相助。盖有三代、汉、唐之遗风，而他郡之所莫及也。"③ "贵经术而重氏族""合耦以相助"，正是儒家教化的结果。眉山苏洵、苏轼、苏辙及子孙辈苏过、苏籀，并善属文，号称"五苏"；以华阳范镇、范百禄、范祖禹、范冲为代表的范氏家族，绵延百祀，"世显以儒"，一门有 27 位进士、4 位翰林④；蒲江魏

①　〔宋〕席益：《府学石经堂图籍记》，《全蜀艺文志》卷三六，刘琳、王晓波点校本，线装书局 2003 年版，第 999 页。

②　见《医宗金鉴》卷六〇："自宋真宗时，峨眉山有神人出，为丞相王旦之子种痘而愈，遂传于世。"（清乾隆武英殿刻本）

③　〔宋〕苏轼：《眉州远景楼记》，《苏轼文集》卷一一，孔凡礼点校本，中华书局 1986 年版，第 352 页。

④　胡昭曦：《宋代"世显以儒"的成都范氏家族》，《胡昭曦宋史论集》，西南师范大学出版社 1998 年版，第 287 页。

了翁、魏文翁、高定子、高斯得等，兄弟子侄"九进士、三公卿"①；井研李舜臣及其子心传、道传、性传，俱善史法和道学，号称"四李"；丹棱李焘与儿子壁、垕三人，俱善史学、文学，人称"前有三苏，后有三李"。如此等等，不一而足。

元明清初，天府四川受长期战乱影响，学术文化有所回落，但仍然代有其人。如"元诗四大家"，虞集（仁寿人）居其首；"嘉靖八才子"，杨慎、任瀚、熊过挺其间。清初家族文化，新繁"四费"（费经虞、费密、费锡璜、费锡琮）、丹棱"三彭"（彭端淑、彭肇洙、彭遵泗）耀其乡；遂宁张氏（张鹏翮、张问陶），政事、文章，皆为当世称首；罗江李氏（李调元、李鼎元、李骥元），博学仕进，蔚为一时名门。这些家族和名流，俱善于传承和创新。

三、晚清民国：后天府文化——疑古、改制、革命，叛离性和变革性

随着工业革命的浪潮席卷全球，特别是西学东渐，地处中国西南的成都，也受其影响，文化和习俗也随之有所改变，历史于是进入"后天府文化"时代。

光绪初年，洋务派首领张之洞做四川学政，奏立尊经书院，天府文化出现又一个新鼎盛局面。在动荡多变的时局中，书院以"通经致用""中体西用"相号召，一时间以出思想、出人才著称，天府文化俨然有经纶天下，超越往古之势。即以尊经书院一校而论，就培养和聚集了许多时代精英：为维新变法英勇献身的"戊戌六君子"之中的杨锐、刘光第，出任英法领事馆参赞、力主新学的四川维新派核心人物宋育仁，博综古今、学凡"六变"的经学大师廖平，才思敏捷、遐迩闻名的蜀学大师吴之英，海内以书法名家的顾印愚；清代四川仅有的状元骆成骧，领导群众发动保路运动的蒲殿俊、罗纶，有"川北孔子"之称的一代大

---

① 胡昭曦：《诗书持家，理学名门——宋代蒲江魏氏家族研究》，《胡昭曦宋史论集》，第326~329页。

儒张澜，为建立民国舍身杀敌的同盟会会员彭家珍，"一辈子做好事"的老革命家吴玉章，宣传新文化、号称"思想界清道夫"的吴虞。此外，还有岳森、刘子雄、胡从简、刘沫源、杜翰藩、方鹤斋、黄芝、林思进、傅增湘、刘咸荣、徐炯、夏之时、尹昌衡、张森楷、颜楷、邵从恩等一大批四川知识界和文化界的名流人物。①

清末民初，在成都还建有存古学堂（又称国学院、国学学校、国学专门学校，后并入四川大学），也是出人才、出思想的重要阵地，曾经聚集或培养出谢无量、刘师培、郭沫若、蒙文通、向宗鲁、周太玄、王光祈、李源澄等学术大家。此外，还有其他乡塾、书院培养的赵熙、龚道耕、庞俊、向楚、刘咸炘等人，经史辞章，俱有可观。四川近代史上，真是英才荟萃，群星灿烂！学人将晚清"蜀学"誉为中国传统学术的又一重心（李学勤），诚非虚誉。

此期学人既大力宣扬"托古改制"（廖平）、"复古改制"（宋育仁），同时又大肆"疑古"，宣传"革命"，廖平、宋育仁、吴之英，俱是维新变法的吹鼓手，杨锐、刘光第甚至成了改革的牺牲者——"六君子"之一。吴虞甚而全面怀疑"六经"和"孝道"，成为近代思想界的特别叛逆。同时，成都还兴办有各类新学，如中西学堂、各种专科学校，引进和推行西方教育，特别是向日本、欧美大量派遣留学生，川人由是大开眼界，人才卓越，天府人士成为中国近代革命和建设的主力军。

特别是廖季平、尹昌衡、段正元等人，在学术上不囿一途，不守一家，或主张"推倒一切，开拓万古"（廖平），融诸子百家、中外古今于一炉，倡撰《十八经注疏》，开创以史学治经的新经学派；或主张"三教合一"（段正元），汇先天后天、道德政事成一统，创立道德学社，鼓吹人伦教化；或主张"五教合一"（尹昌衡），冶儒、释、道、耶、回于一体，都极具包容性和创新性，影响中国社会学术的变革至深。

---

① 参见隗瀛涛主编：《四川近代史稿》，四川人民出版社1990年版，第271页。

四、新天府文化：传承发展、包容和谐

自党的十八大召开以来，新一轮的文化自觉、文化自信，在成都拉开序幕。2017 年 4 月 27 日，在成都市第十三次党代会上，范锐平书记提出，要发展"创新创造、时尚优雅、乐观包容、友善公益"的天府文化，让天府文化成为彰显成都魅力的一面旗帜。这个提法，不仅具有极强的现实性，而且也具有一定的历史继承性和发展性。

如前所揭，"创造性"本是"前天府文化"的显著特色，如阴阳、五行、三才、三皇、五帝等观念；"创新性"则是"中天府文化"的鲜明特点，如将"五经"扩为"七经"，将"九经"扩为"十三经"，甚至倡撰《十八经注疏》；文翁首创郡学，实行文官制度，开启汉家的文治时代；高公建设周公礼殿，实行庙学合一，建立起庞大的祭祀体系，当时即号为"冠天下而垂无穷"（吕陶、席益）之壮举。

"蜀人好文雅""文章冠天下"，都是天府人士"时尚优雅"的先驱。蜀人治学，易儒道并治，儒释道兼容，"三教合一"，"五教合一"，甚至提出"漫汗通观儒释道，从容涵化印中西"，更是"乐观包容"的杰出代表。至于"友善公益"，也无不与蜀人（如李白、苏轼、郭沫若等）豪放、乐观、公正、忠诚的性格，以及蜀中的儒学（"拿得起"）、释教（"想得开"）、道学（"放得下"）互补的文化结构有莫大关联。因此，我们研究、传承和发展好传统的天府文化，对培育新天府文化，具有重要的推动作用，甚至保障作用。

首先，针对当下普遍存在的信仰缺失、价值混乱、环境恶化等现象，我们应当发挥前天府文化中天、地、人"三才一统"的观念，探讨人类新的终极关怀，确立合乎现代价值的信仰体系和伦理观念（如法天则地，三才合一；尊道贵德，儒道合一；中体西用，中西合一；明体达用，知行合一）。其二，通过对前天府文化"三才皇、五色帝"和中天府文化的"周公礼殿"祭祀体系的重新演绎，探明天府独特的古史体系和神话系统，揭示其在全国信仰构建中的地位和作用。

其三，通过对前天府文化"阴阳""三才""五行"哲学的阐释和运用，构建中国哲学社会科学中具有中国气派、中国风格和天府特色的学科体系和话语体系。其四，通过回顾中天府文化"七经"和"十三经"的体系构建和义理阐释，重建和重阐儒家经典，为传统文化的现代转化和发展服务。其五，重温中天府文化"道德仁义礼"核心价值和后天府文化"三教合一""五教合一"等文化结构的解读，建立超脱于具体学派和教派的学术文化体系，实现儒释道耶回等和谐相处和多重体验的灵魂生活和精神寄托。其六，通过对中天府文化"贵经术而重氏族"传统的研究和弘扬，重新发掘和继承天府文化中的家族文化、孝道文化。通过这些努力，从而构建起具有系统经典、系统信仰、系统思想和系统内涵的，多学科发展、多学派互补、多层面服务的"新天府文化"体系，为当前中华文化复兴中的信仰重建、道德重建、礼仪重建、话语重构等贡献出来自天府文化的思考和力量。

巴蜀人物丛考

尊道贵德：扬雄"五德"观溯源

桓谭在介绍上古和西汉几部哲学著作时说："扬雄作《玄》书，以为玄者，天也，道也。言圣贤制法作事，皆引天道以为本统，而因附续万类、王政、人事、法度。故宓羲氏谓之'易'，老子谓之'道'，孔子谓之'元'，而扬子谓之'玄'。"说明中华哲学有一个最为根本的元点或极点：伏羲氏的"易"代表了阴阳变化的原理，老子的"道"代表了事物根本的哲学，孔子的"元"代表了正始重本的政见，扬雄的"玄"代表了天地人三才一统的玄思。在哲学上，他们都有一个独特的哲学概念或终极目标。哲学如此，思想内涵（特别是核心价值）也不例外，如孔子奉"仁智勇"为三达德，孟子奉"仁义礼智"为四端，子思奉"仁义礼智圣"为五行，董仲舒奉"仁义礼智信"为五常。扬雄也有自己的核心价值结构，即"道德仁义礼"的五德之教。这一结构明显具有儒道合流、虚实结合等特点，同时也是对巴蜀文化合理继承的结果。孔、思、孟、董之间，明显有一种继承和发展的关系，那么扬雄呢，他是否也有自己学术的师授和渊源呢？回答是肯定的。下面试探其学术渊源，以就正于大方之家。

一、"道德仁义礼"：独特的核心价值观念

扬雄针对当时"先生相与言，则以仁与义；市井相与言，则以财与利"（《法言·学行》）只重形下和功利的时尚，提出了更加独特的核心观念，即"道德仁义礼"五德，这在《法言》《太玄》以及《剧秦美新》等文献中都有涉及。

如《法言·问道篇》说：

　　道、德、仁、义、礼，譬诸身乎？夫道以导之，德以得之，仁以人之，义以宜之，礼以体之，天也。合则浑，离则散。一人而兼统四体者，其身全乎。①

这里用身体来比喻"道德仁义礼"的重要性，认为他们是一个整体，缺一不可。李轨注"譬诸身乎"说："不可无之于一。"吴祕注："合譬一身。"以上解释都合乎扬雄本义，将"道德仁义礼"五德视为修养德行所必须。李轨又注"天也"曰"（道德仁义礼）五者，人之天性"，将道德仁义礼视为天然所具有的人性品德。吴祕又曰"五者之备，天命全也"，司马光曰"天性自然，不可增损"，都将五德视为天命人性的充分而又必要的条件，不可增减一分。"道"是人的行动指南，"德"是人行而得所的保证，"仁"是善待他人，"义"是行得其宜，"礼"是行为规范。就像一个人必须兼具"五官""四体"才是健全的人一样，"道德仁义礼"之于君子的修养，也是缺一不可、少一则残的。李轨注"兼统四体"说："四体合，则浑成人；五美备，则混为圣。一人兼统者，德备如身全。"吴祕也说："道统仁义礼德，故谓之'道'；人统四体，故谓之'人'。可合而不离，其身乃全也。韩史部曰：'老子之所谓道德云者，去仁与义言之也，一人之私言也。'其不全哉！"司马光曰："阙一则不成人。"以上都甚合扬雄本意。

吴氏所引韩愈之言，见于韩愈《原道》篇："博爱之谓仁，行而宜之之谓义，由是而之焉之谓道，足乎己无待于外之谓德。仁与义为定名，道与德为虚位。""凡吾所谓道德云者，合仁与义言之也，天下之公言也。老子之所谓道德云者，去仁与义言之也，一人之私言也。"② 斯言与扬雄之说相近，但犹有差别。扬雄是将道德与仁义礼并列，缺一不可，不相取代；韩愈则以仁义为定名，道德为虚位，又以道德包含仁义，其结果，或者是只提道德，以为提道德即兼有仁义；或者提仁义不提道德，以为道德乃虚位为无用。故以上皆有偏颇，不合扬雄

---

① 〔汉〕扬雄撰，〔晋〕李轨、〔唐〕柳宗元、〔宋〕宋咸、〔宋〕吴祕、〔宋〕司马光注：《纂图分门类题五臣注扬子法言》（下引此本，但称《法言》）卷三《问道》，宋刘通判宅仰高堂刻本。

② 〔唐〕韩愈著，马其昶校注，马茂元整理：《韩昌黎文集校注》卷一《原道》，上海古籍出版社2014年版，第15页。

本意。

扬雄又在同书《问神篇》中说：

> 神心惚恍，经纬万方，事系诸道、德、仁、义、礼，撰《问神》。①

认为"心"和"神"具有惚恍空灵的性质，可以应对统摄万事万物。但其着眼点，则是"道德仁义礼"五者。吴祕注："神也，心也，惚恍乎无端，以经纬于万方，而并有归趣；事系乎圣人之道，圣人之道兼德、仁、义、礼而言之也。"司马光也说："君子之心，主此五者。"犹之乎孔子说："君子道者三……仁者不忧，知者不惑，勇者不惧。"（《论语》）又说："好学近乎知，力行近乎仁，知耻近乎勇。知斯三者，则知所以修身；知所以修身，则知所以治人；知所以治人，则知所以治天下国家矣。"（《中庸》）"仁智勇"就是孔子所提倡的"君子之道"（德）所必备的三元素，也是治世君子修身、治人和治国的三大法宝，缺一不可。扬雄所说的"圣人"，也应当兼具"道德仁义礼"五种德行。他在《君子》篇中说："夫进也者，进于道，慕于德，殷之以仁、义，进而进，退而退，日孳孳而不自知倦者也。"②

另外，他又在哲学著作《太玄经·玄摛》中说：

> 虚形万物所道之谓道也，因循无革、天下之理得之谓德也，理生昆群、兼爱之谓仁也，列敌度宜之谓义也，秉道、德、仁、义而施之之谓业也。③

这里又提出"道德仁义业"的结构，并对"道德仁义"四者进行了哲学化解释，然后指出，能够秉持此四德而行事的就是真正的"事业"了，这与《礼记·曲礼上》"道德仁义，非礼不成"强调礼的重要性，在句法上是一样的。无名氏在《扬子云集序》中述《太玄》内容说：

> 揲之以三策，关之以休咎，绊之以象类，播之以人事，文之以五行，拟之以道德仁义礼知。无主无名，要合五经。苟非其事，文不

---

① 〔汉〕扬雄：《法言》卷四《问神》，宋刘通判宅仰高堂刻本。
② 〔汉〕扬雄：《法言》卷九《君子》，宋刘通判宅仰高堂刻本。
③ 〔汉〕扬雄著，郑万耕校释：《太玄校释》，中华书局 2014 年版，第 256 页。

虚生。①

又提出"道德仁义礼智"六事，与扬雄前文自己的表述稍有不合，扬雄重在说明《太玄》的实质是将"道德仁义"化为事业，实有其用；此处则重在说明《太玄》是融合了道家（道德）、儒家（仁义礼智）的思想，内容庞大。在此点上倒与《剧秦美新》是一致的。扬雄《剧秦美新》：

> 神明所祚，兆民所托，罔不云道、德、仁、义、礼、智。②

这里，显然是在孟子"四端"之先，直接冠以"道德"而成"六德"搭配。这是因为该书是写给王莽看的，必然要与王莽熟知的孟子"四端"结合起来，才能获得某种合理性；同时又给仁义礼智找到道德源泉，增加其新奇感受和终极关怀。如果要究其本旨，必然以他在《法言》中两度所言"道德仁义礼"为其正式的、完整的组合。

二、"志道据德"："五德"的历史渊源

事不孤起，必有其邻。扬雄对"道德仁义礼"的论证和组合，既有其自己的发明创造，但也是基于对前贤（如老子、孔子，以及他的本师严遵、王褒）的继承和弘扬。

首先是老子。《老子》论道：

> 故失道而后德，失德而后仁，失仁而后义，失义而后礼。夫礼者，忠信之薄而乱之首。

根据现有文献考知，是老子最先完整提出了"道德仁义礼"五个概念和五德组合，只不过老子在这里表述的是"五德背反"，五德之间是递减或持衰的关系，不是并列的，也不是必需的。河上公注解"失道"句曰："言道衰而德化生

---

① 〔汉〕班固：《汉书》卷八七下《扬雄传》，中华书局1964年版，第3575页。
② 〔汉〕扬雄著，张震泽校注：《扬雄集校注·剧秦美新》，上海古籍出版社1993年版，第211页。

也。"又解"失德"句曰："言德衰而仁爱见也。"解"失仁"句曰："言仁衰而分义明也。"解"失义"曰："言义衰则施礼聘、行玉帛。"解"夫礼"句曰："言礼废本治末，忠信日以衰薄。礼者，贱质而贵文，故正直日以少，邪乱日以生。"老子这样说的前提是出于对"上德无德"的思考："上德不德，是以有德；下德不失德，是以无德。上德无为，而无以为；下德为之，而有以为。上仁为之，而无以为；上义为之，而有以为；上礼为之，而莫之应，则攘臂而仍之。"德仁义礼，如果过分追求，过分强调，恰恰会走向反面，将适得其反。但是任何事物，如果过分强调都会走向其反面。老子的五德递减说也是如此，强调了礼乃忠信之薄而乱之所由生的残酷现实的一面，但又落入非毁仁义，抛弃忠信的极端，所以韩愈才批评他去仁义而言道德，是一人之言，并非天下之公言。相比于扬雄"道德仁义礼譬诸身乎"，"合则浑，离则散"的说法，老子这组概念是完全不同的，老子、扬雄完全是两种取向。不过老子此说，正是扬雄等人借鉴和批评的对象，也是他们要重点改造的对象。所以扬雄明确地说："《老子》之言道德，吾有取焉耳；及搥提仁义，绝灭礼学，吾无取焉耳。"①

　　其次便是孔子了。《论语》记载孔子曰："志于道，据于德，依于仁，游于艺。"（《述而》）孔子提出了"道、德、仁、艺"结构。何晏集解："志，慕也，道不可体，故志之而已。据，杖也，德有成形，故可据。依，倚也，仁者功施于人，故可倚。艺，六艺也，不足据依，故曰游。"但是，什么是道、德、仁的含义？由于"子罕言利与命与仁"（《子罕》何晏集解："罕者，希也；利者，义之和也；命者，天之命也；仁者，行之盛也。寡能及之，故希言也。"）；子贡也说"夫子之言性与天道，不可得而闻也"（《公衍长》何晏集解："性者，人之所受以生也；天道者，元亨日新之道，深微，故不可得而闻也。"）。或许是由于孔子汲汲于救世、"六合之外存而不论"（《庄子》）的原因，或许是由于弟子理解不一、失于记载的缘故，至今未见孔子对"道、德、仁"这些观念做出确切解释，更未对这组概念的组合原理进行说明。至于"艺"，虽然何晏解为"六艺"，但是此处的"六艺"是指"大六艺"（《诗》《书》《礼》《乐》《易》《春秋》六经），还是指"小六艺"（礼、乐、射、御、书、数六技），皆未可知。

---

　　① 〔汉〕扬雄：《法言》卷三《问道》，宋刘通判宅仰高堂刻本。

"艺"在《论语》中也是多指，从"求也艺"何晏引孔安国注："艺，谓多才艺。"（《雍也》）何晏注"吾执御矣"引郑玄说："闻人美之，承之以谦，'吾执御'，欲名六艺之卑也。"是则此"艺"为礼乐射御书数"小六艺"。又孔子曰："吾不试故艺。"何氏注引郑玄："试，用也。言孔子自云，我不见用，故多伎艺。"前文郑解"夫子多能"的"能"曰："孔子多能于小艺。"（《子罕》）又《宪问》篇载"冉求之艺"，都是讲技艺，亦即《周礼》之六艺（礼乐射御书数），都属于形下之器，不能与伦理修养层面的"道德仁"构成一组核心价值观。可见，孔子的核心价值仍然是"仁智勇"，他并未打算构建以"道德仁"为结构的价值体系。因而扬雄在《太玄·玄摛》中述"玄"之德说"见而知之者，智也；视而爱之者，仁也；断而决之者，勇也"，正是对孔子"仁、智、勇"三达德的完整表述。

当然，他对董仲舒所建立的"仁义礼智信"五常之道，也不非毁，甚至还为之解释和论证。当有人问"仁、义、礼、智、信之用"，扬雄解释说："仁，宅也；义，路也；礼，服也；智，烛也；信，符也。处宅，由路，正服，明烛，执符，君子不动，动斯得矣。"①

接下来是孟子的"仁义礼智"四端和子思的"仁义礼智圣"五行，其中"圣"即知道者，可以称为"仁义礼智道"，但把道置于仁义礼智之后，有些本末倒置的意味，所以遭到荀子猛烈批评，认为"以仁义礼"行事即是道。思孟既将道后置于仁义礼智，又将道与仁义礼智等量齐观，完全是"略法先王而不知统"的做法。

与扬雄"道德仁义礼"结构最近似的是《礼记·曲礼上》："道、德、仁、义，非礼不成。"这里，似乎"道、德、仁、义、礼"五德是一个整体，连排列顺序也是一致的。其实不然，这只是本章的第一句，接下来还有：

> 教训正俗，非礼不备；分争辩讼，非礼不决；君臣上下、父子兄弟之秩序，非礼不定；宦学事师，非礼不亲；班朝治军、莅官行法，非礼威严不行；祷祠祭祀，供给鬼神，非礼不诚不庄。是以君子恭敬、撙（趋）节、退让，以明礼。

---

① 〔汉〕扬雄：《法言》卷二《修身》，宋刘通判宅仰高堂刻本。

整篇七个排比句，都是讲"礼"的重要性，没有"礼"不仅无法贯彻"道德仁义"诸德行，而且也无法有效维持君臣上下、父子兄弟之秩序，宦学事师，朝廷、军旅、百官执法，礼祭鬼神等活动，一句话，没有礼什么都办不好！接下来又举例说"鹦鹉能言，不离飞鸟；猩猩能言，不离禽兽。今人而无礼，虽能言，不亦禽兽之心乎？夫唯禽兽无礼，故父子聚麀（共妻），是故圣人作为礼以教人，使人以有礼，知自别于禽兽"，强调如果没有礼，连人都做不成做不好，"礼"是区分"人禽""人兽"之别的分水岭。

因此，孔颖达疏对本章宗旨总结说："此一节，明礼为诸事之本。言人能有礼，然后可异于禽兽也。'道德仁义，非礼不成'者，道者，通物之名；德者，得理之称；仁是施恩及物，义是裁断合宜。言人欲行四事，不用礼无由得成。故云'非礼不成'也。道、德为万事之本，仁、义为群行之大，故举此四者为用礼之主，则余行须礼可知也。道是通物，德是理物，理物由于开通，是德从道生，故道在德上。"说明本章是对"礼"的强调，不是讲礼与道德仁义的结合问题；同时孔疏指明"道德仁义"具有统帅性，举其首则其余可知矣。

但是他又指出："此经'道'，谓才艺；'德'，谓善行。故郑注《周礼》云'道多才艺，德能躬行'，非是老子之'道德'也。熊氏云：'此是《老子》"失道而后德，失德而后仁，失仁而后义"。'今谓道德，大而言之则包罗万事，小而言之则人之才艺、善行，无问大小，皆须礼以行之。是礼为道德之具，故云'非礼不成'。然人之才艺善行，得为道德者，以身有才艺，事得开通；身有美善，于理为得，故称道德也。"又将"道、德"定义为才艺、善行，与老子本体论的"道德"是不一样的，也与扬雄"道以导之，德以得之"的解读不一样。可见，《礼记》的"道德仁义非礼不成"只徒具形似，并无内核，不能成为扬雄观念的直接继承对象和祖述源头。

历史进入战国时期，诸侯力政，诸子蜂起，背信弃义，纵横公行，于是忠信问题被提上日程。《荀子·王霸篇》在继续强调"仁义"的同时，更加着力提升"忠信"的地位，主张"致忠信，著仁义，足以竭人矣"①，至西汉董仲舒便形成了"仁义礼智信"的固定搭配。董仲舒也重视"信"，其《春秋繁露·楚庄王》

---

① 〔清〕王先谦撰，沈啸寰、王星贤点校：《荀子集解》，中华书局1988年版，第215页。

曰"《春秋》尊礼而重信"，《汉书·董仲舒传》曰"《春秋》之义，贵信而贱诈"，等等，于是形成"仁义礼智信"的价值观，称其为"仁、义、礼、智、信五常之道"①。董仲舒进而将"五常"与阴阳五行哲学联系起来，在他看来，人类有五常之行，天地有五行之理，二将互相照应，互相影响。于是他将五常与五行相配，《春秋繁露·五行相生》："东方者木，农之本，司农尚仁，进经术之士，道之以帝王之路，将顺其美，匡救其恶。……南方者火也，本朝司马尚智，进贤圣之士，上知天文，其形兆未见，其萌芽未生，昭然独见存亡之机，得失之要，治乱之源。……中央者土，君官也，司营尚信，卑身贱体，夙兴夜寐，称述往古，以厉主意。……西方者金，大理，司徒也，司徒尚义，臣死君，而众人死父，亲有尊卑，位有上下，各死其事。……北方者水，执法，司寇也，司寇尚礼，君臣有位，长幼有序。"董仲舒以"五行"释"五常"，以"天道"释"人道"，不仅将社会道德规范神秘化，更赋予其绝对权威性，从而完成了思孟学派没有完成的道德哲学化、伦理终极化的过程。

思孟学派和董仲舒对于核心价值观的构建，虽然不是扬雄"道德仁义礼"的直接继承对象，但他们重视核心价值的构建无疑对扬雄为代表的蜀学人物具有重要影响。

三、"冠道德，履仁义"："五德"的蜀学渊源

在诸子百家纷纷构建核心价值体系的同时，蜀中学人也有自己的核心价值思考，那就是儒道合一的治学风格和"道德仁义礼"的价值结构。据现存文献所载，在扬雄之前最先提出这一结构的是王褒，而对其进行系统解读的则是严遵。

汉宣帝时的辞赋大家王褒在其《四子讲德论》中说，"圣主冠道德，履纯仁，被六艺，佩礼文，屡下明诏，举贤良，求术士，招异伦，拔骏茂"②，呈现

① 〔宋〕陈仁子编：《文选补遗》卷一九《武帝问贤良策》，文渊阁《四库全书》本。
② 〔汉〕王褒：《四子讲德论》，《全蜀艺文志》卷四八，线装书局 2003 年版，第 1471 页。

出"道德""纯仁""六艺""礼文"的排列，"道、德、仁、艺、礼"的结构呼之欲出。但是限于文体，王褒没有对这一结构进行具体阐释，不过他在当年孔子"道德仁艺"基础上，又有所增加（礼文），则是十分明显的。

接着严遵在《道德指归论·上德不德篇》系统地说：

> 天地所由，物类所以，道为之元，德为之始，神明为宗，太和为祖。道有深微，德有厚薄，神有清浊，和有高下。清者为天，浊者为地；阳者为男，阴者为女。人物禀假，受有多少，性有精粗，命有长短，情有美恶，意有大小。或为小人，或为君子，变化分离，剖判为数等。故有道人，有德人，有仁人，有义人，有礼人。敢问彼人何行，而名号殊谬以至于斯？庄子曰：虚无无为，开导万物，谓之道人；清静因应，无所不为，谓之德人；兼爱万物，博施无穷，谓之仁人；理名正实，处事之义，谓之义人；谦退辞让，敬以守和，谓之礼人。凡此五人，皆乐长生。①

这里首先提出了"道为之元，德为之始，神明为宗，太和为祖"的宇宙哲学概念，以为万事万物都是以道为元首，以德为发始的；要发挥好道德生物的作用，必须要有神明玄妙（亦即阴阳大化）作用于内，才能达到"保合太和"的和谐境界。又由于道的禀受各有深浅，德的赋予自有厚薄，神明变化互有清浊，和谐程度各有高下，故又分出君子小人、男人女人，甚至寿夭长短，性情美恶来。又因为"变化分离"，"剖判为数等"，"故有道人，有德人，有仁人，有义人，有礼人"。道德仁义礼，不过是由于人们从天道之处分禀所得的多少、厚薄、精粗、良窳不一，才析分出来的。从天道的角度讲，具有必然性；从人道的角度讲，具有合理性。这就对老子的五德递减或持衰说进行了修正，使五种德行或人格，都具有合理内涵和存在价值。

不特如此，严遵还对"道德仁义礼"五德进行了分别的说明和论证。如前所引："虚无无为，开导万物，谓之道人；清静因应，无所不为，谓之德人；兼爱万物，博施无穷，谓之仁人；理名正实，处事之义，谓之义人；谦退辞让，敬以守和，谓之礼人。凡此五人，皆乐长生。""道人"的特征是"虚无无为"，但

---

① 〔汉〕严遵：《道德指归论》卷一《上德不德》，明《津逮秘书》本。

又为万物之引导;"德人"是"清静"顺应天道,而又"无所不为";"仁人"是"兼爱""博施";"义人"是循名责实,按道义办事;"礼人"是谦让、礼敬,处世中和。可见这是对《老子》"失道而后德,失德而后仁,失仁而后义,失义而后礼"等五德对立学说的根本性修正,也是对战国以来儒道相反状态的矫正。关键是最后一句"凡此五人,皆乐长生",更是对老子五德排斥说的扭转。

严氏之说,不仅构建了兼容易、儒、道的"道、德、仁、义、礼"一体的核心价值观念,还是对被孟子斥为"禽兽"的杨朱(为我)、墨翟(兼爱)学派的存在价值的公开肯定。这一体系的构建,是由天地、阴阳、男女、厚薄、性命、情意、神明、太和等发展衍化而来,也与蜀中"天皇、地皇、人皇"之"三才"构建是一脉相承的。

这种兼儒墨、融道法的思维方式,成为后世蜀学的重要特色。如唐人赵蕤又从人行动的角度,完整地阐释了"道德仁义礼"的重要性及其相互关系。他在《长短经·量才》中也说:"故道、德、仁、义定而天下正。"① 又《定名》曰:"故称之曰道、德、仁、义、礼、智、信。夫道者人之所蹈也,居知所为,行知所之,事知所乘,动知所止,谓之道。德者人之所得也,使人各得其所欲谓之德。仁者爱也,致利除害,兼爱无私谓之仁。义者宜也,明是非,立可否,谓之义。礼者履也,进退有度,尊卑有分,谓之礼。智者人之所知也,以定乎得失是非之情,谓之智。信者人之所承也,发号施令,以一人心,谓之信。"② 宋人张商英继承了赵蕤的基本理路,在其所传《黄石公素书》卷一《原始章》中说:"夫道、德、仁、义、礼五者,一体也。道者,人之所蹈,使万物不知其所由。德者,人之所得,使万物各得其所欲。仁者,人之所亲,有慈慧恻隐之心,以遂其生成。义者,人之所宜,赏善罚恶,以立功立事。礼者,人之所履,夙兴夜寐,以成人伦之序。"③ 从中可见张商英对赵氏学说的继承,但张氏在对五德的具体表述和解说上,却又有所推进和提升。明代杨升庵《璅语》保存了道家的思想:"仁义起而道德迁,礼法兴而淳朴散。"④ 来知德却承袭了蜀学自严遵以来

---

① 〔唐〕赵蕤:《长短经》卷一《量才》,文渊阁《四库全书》本。
② 〔唐〕赵蕤:《长短经》卷八《定名》,文渊阁《四库全书》本。
③ 旧题〔汉〕黄石公撰,〔宋〕张商英注:《素书》不分卷,明《汉魏丛书》本。
④ 〔明〕杨慎:《升庵集》卷六五,文渊阁《四库全书》本。

融合儒道，会通道德仁义礼的传统，"冠道德，履仁义，衣百家，佩六艺"①。

在巴蜀文献之外，其他文献中也有列举"道德仁义礼"的现象。但这些文献或时间在严遵、扬雄之后，或将"道德仁义礼"与其他诸事并列，不是过晚，就是太过泛化，缺乏核心观念的原创性。《鬼谷子·内揵》曰"故圣人立事，以此先知而揵万物，由夫道、德、仁、义、礼、乐、计、谋，先取《诗》《书》，混说《损》《益》，议论去就，欲合者用内，欲去者用外。外内者，必明道数"②，将道家（道德）、儒家（仁义礼乐）、纵横家（计谋）等观念并列。不过苏秦、张仪虽然曾学于楚人鬼谷子，但是《鬼谷子》一书却不起于先秦。此书不见于《汉志》著录，《说苑》引有"鬼谷子"的话又不见于今本，故《四库全书总目》提要采明儒胡应麟《笔丛》之说，以为"《隋志》有《苏秦》三十一篇、《张仪》十篇，必东汉人本二书之言，荟萃为此，而托于鬼谷，若子虚、亡是之属。"馆臣又据《隋志》著录有《鬼谷子》皇甫谧注，认为"则为魏晋以来书，固无疑耳"③。无论是东汉所荟萃，还是魏晋所流传，此书都在严遵《道德指归论》之后矣。

唐玄宗时曾经主纂《三教珠英》的张说融合了儒道核心观念。《大唐封禅坛颂》称"封禅之义有三，帝王之略有七。七者何？传不云：道、德、仁、义、礼、智、信乎，顺之称圣哲，逆之号狂悖"④云云。明明是转引他人，他却称说"传云"，也许正是受《道德指归论》《太玄》《法言》以及《鬼谷子》等文献的影响。

张君房《云笈七签》卷五六《元气论》："是知道、德、仁、义、礼此五者，不可斯须暂离，可离者，非道德仁义礼也。道则信也，故尊于中宫，曰黄帝之道。德则智也，故尊于北方，曰黑帝之德。仁则人也，故尊于东方，曰青帝之仁。义则时也，故尊于西方，曰白帝之义。礼则法也，故尊于南方，曰赤帝之礼。然三皇称曰大道，五帝称曰常道，此两者同出异名。"⑤《华阳国志·蜀志》

---

① 〔明〕来知德：《来瞿唐先生日录·客问》，清道光十一年刻本。
② 许富宏撰：《鬼谷子集校集注》，中华书局2010年版，第53~56页。
③ 〔清〕永瑢等撰：《四库全书总目》卷一一七《鬼谷子》提要，中华书局1965年版，第1008页。
④ 〔唐〕张说：《张燕公集》卷一二，《四部丛刊》影印明嘉靖本。
⑤ 〔宋〕张君房著：《云笈七签》卷五六《元气论》，中华书局2003年版，第1217~1218页。

称开明王朝"未有谥列，但以五色为主，故其庙称青、赤、黑、黄、白帝也"①。可见，"青帝、赤帝、黑帝、黄帝、白帝"等"五帝"系统是蜀人的历史传统。道教创立于巴蜀，教义中吸收了许多巴蜀文化观念，如吸收蜀人"天皇、地皇、人皇"的三皇观念，创立道教的前三皇、中三皇、后三皇的鬼神和信仰体系。总的来说，《云笈七签》借鉴了巴蜀文化中"五帝""五行"等思想内容而将其融会贯通。

四、凤兮凤兮："五德"的文化土壤

以扬雄为代表的蜀中学人所构建的"道德仁义礼"核心价值观念，具有明显的虚实结合、体用合一、诸学并重的特征。此观念一则实现了道家与儒家的和谐统一。老子言道德而贬仁义，孔子讲仁义而重礼乐，不免都各有侧重，也各有偏颇，蜀学将二者结合起来，是巴蜀地区多教并存、诸学互补文化氛围的集中反映。二则实现了形上与形下的统一。《易》曰："形而上者谓之道，形而下者谓之器。"道主于无形，德生于有形，仁义礼乐更是身体力行的日用常行。自然无形是道家追求的终极目标，老子主张："人法地，地法天，天法道，道法自然。"孔子则罕言命与天道，墨家更是反对天命而倡言鬼神。蜀学将形上之道德，与形下之仁义礼乐结合起来，纠正上述各家的偏颇，更利于在现实中进行贯彻和推广。三则实现了理论与实践、务虚与务实的结合。道德偏于理论，仁义礼偏重实践。道德如果缺乏仁义礼乐，则道德必为虚位。仁义礼乐如果缺乏道德，则仁义礼乐沦于庸俗。蜀学将二者结合，使仁义礼乐具有了道德的哲学基础，也使道德学说更具有切实可行的价值。这些特征和意义的实现，又端在于蜀学儒道兼治、集杂为纯的风格。

从渊源上看，扬雄以前，虽然在巴蜀文献之外也有学人连言"道德仁义礼"，但皆未对其进行系统解说，也不是对核心价值的有意构建。从文献上看，

---

① 〔晋〕常璩著，刘琳校注：《华阳国志新校注》，四川大学出版社2015年版，第103页。

巴蜀学人王褒、严遵等首先将“道德仁义礼”五词连言，并且严遵还对此五个概念进行了全面系统的诠释，从而构建成一个价值体系，成为扬雄以下蜀人信守的价值观念。从王褒、严遵、扬雄以下，至赵蕤、张商英等人，在使用和解释这些概念时，是互相连贯、互相继承、层层推进的，具体来讲是前有所承，后出转精。蜀学核心价值观的一贯性和发展性，由此可见一斑。蜀学之所以产生“道德仁义礼”的组合，与蜀人身兼儒学、道学两种身份有关。严遵专精大《易》，耽于《老》《庄》，扬雄出入儒道，撰著《太玄》《法言》，赵蕤纵横百家，张商英涵融三教，都突出地代表了蜀学博杂、贯通百氏等特点。

扬雄学术，甚至还与蜀地独特的历史文化具有某种联系。《山海经·南山经》“丹穴之山”载：

> 有鸟焉，其状如鸡，五采而文，名曰凤皇。首文曰德，翼文曰义，背文曰礼，膺文曰仁，腹文曰信。是鸟也，饮食自然，自歌自舞，见则天下安宁。①

丹穴之山，大致在今天重庆东部地区，其山有凤凰，其羽自然成文，头上文字是“德”，肢膀文字是“义”，背上文字是“礼”，胸脯文字是“仁”，腹部文字是“信”。一鸟而兼具“德、义、礼、仁、信”五德。

又《海内经》“苗民”载：

> 有鸾鸟自歌，凤鸟自舞，凤鸟首文曰德，翼文曰顺，膺文曰仁，背文曰义。见则天下和。②

苗民自然是南方民族，其鸟身上文字，与前则稍有区别——“德、顺（孝悌）、仁、义”四德。我们这才恍然大悟，原来王褒、来知德之所以称“冠道德，履仁义（或履纯仁），佩礼文”云云，原来就是对一只凤鸟身上文字的客观描述呵！

同时也不禁想起《论语》所载楚人接舆狂歌过孔子，曰：“凤兮凤兮，何德之衰！往者不可谏，来者犹可追。已而已而，今之从政者殆而。”楚人以凤比仲

---

① 袁珂校注：《山海经校注》卷一《南山经》，上海古籍出版社1980年版，第16页。
② 袁珂校注：《山海经校注》卷一三《海内经》，第457页。

尼，是因为凤鸟兼备"德义礼仁信"（或"德顺仁义"），"见则天下和"（或"见则天下安宁"）的缘故。而楚狂之所以要讥讽他"德衰"，是因为孔子晚年追求"仁智勇"救世，已经违背了其早期"志道，据德，依仁，游艺"的远大志向，弃形上"道德"不顾，而追求形下之"仁义"也！

由此看来，"道德仁义礼"（或"顺""信"），自是南方文化（特别是巴蜀文化）的特征和产物。扬雄核心价值观的构建，无疑更应该接受的是蜀学人物（如王褒、严遵）和巴蜀文化（如《山海经》）等传统的影响。

李白生卒年诸说平议[*]

　　在对唐代诗人李白的研究中，有关其家世及生籍、生卒年等问题，长期以来异说纷呈，成为学界普遍关注的研究内容。自北宋至今，专门研究或论及此类问题者，无虑数十百家。然而，由于古今学人在史料的占有上和文字的理解上见仁见智，言人人殊，往往将简单的问题复杂化，将明白的问题隐晦化，因而争来议去，迄至今日仍无定说。本文根据新近发掘的史料，结合历史上有关李白的碑传、序跋等旧有文献，仅就李白生卒年这一问题对旧有诸说再做检讨。不当之处，祈请指正。

一、从新出史料看李白的生卒确年

　　历考载籍，有关李白生卒的记载，本有比较翔实的碑传资料如"四序""四碑"（李阳冰《草堂集序》、魏颢《李翰林集序》、乐史《李翰林别集序》、曾巩《李白集后序》、李华《故翰林学士李君墓志并序》、刘全白《唐故翰林学士李君碣记》、范传正《唐左拾遗翰林学士李公新墓碑并序》、裴敬《翰林学士李公墓碑》）① 可以证明，其中尤以李阳冰《草堂集序》、李华《故翰林学士李君墓志

---

　　* 本文作者为第一作者，与黄修明先生合撰。

　　① 陈振孙《直斋书录解题》卷一六著录李白《李翰林集》三十卷，自注："家所藏本不知何处本，前二十卷为诗，后十卷为杂著，首载阳冰、乐史及魏颢、曾巩四序，李华、刘全白、范传正、裴敬碑志。"（文渊阁《四库全书》本）赵希弁《读书附志》卷下亦于"《李翰林文集》三十卷"自注："希弁所藏三十卷……然第一卷乃李阳冰、魏颢、乐史三人所作序，李华、刘全白、范传正、裴敬四人所作志与碑。"（上海古籍出版社 1990 年版，第 1169 页）俱与后世所传李白集格局相同。可见李集之有"四碑""四序"自宋已然（赵希弁所藏唯缺曾巩序）。

并序》和范传正《唐左拾遗翰林学士李公新墓碑并序》两碑一序记事最为明晰，它们不仅明确地记载了李白的出生之年，也记载了李白的享寿之期，从中不难推算出李白生卒的准确年代。李阳冰《草堂集序》（下称李《序》）说，李白之父"神龙之始，逃归于蜀，复指李树，而生伯阳。惊姜之夕，长庚入梦，故生而名白，以太白字之"①；范传正《李公新墓碑》（下称范《碑》）亦谓"神龙初，潜还广汉……公之生也，先府君指天枝以复姓，先夫人梦长庚而告祥，名之与字，咸所取象"②，都明白告诉了李白乃是其父"神龙之始"（或"神龙初"）归蜀所生。李华《李君墓志铭》（下称李《志》）又说李白"年六十有二不偶，赋《临终歌》而卒"③，其享年六十二岁亦已明甚。自神龙初（705）顺推62年，其卒年非常自然地就是唐代宗大历初年（766），这是非常清楚的事情。可惜的是，自宋以来，由于学人对两碑一序文字推求过深，又加对李白生平史料占有不足，遂使李白生卒年这个本来不是问题的事实反而成了"问题"，千余年来，谬说流传，无人是正。有关李白生卒年的种种误说，不仅影响了李白生平（诸如籍贯、出生地点）之研究，也影响了李白诗文系年、作品本事，乃至影响了李白部分诗文真伪问题的考察和研究。

笔者新近发现的史料，有助于我们对宋以来李白生卒诸说的清理，也有助于我们对李白生卒确年的再认识。今不揣谫陋，略做探讨。

郭忠恕《汗简》卷七《略叙目录》引唐李士训《记异》：

> 大历初，予带经锄瓜于瀰水之上，得石函，有绢素《古文孝经》，一部二十二章，壹阡捌佰柒拾贰言。初传与李太白，白授当涂令李阳冰，阳冰尽通其法，上皇太子焉。④

这是一条非常珍贵的史料，它明明白白地告诉我们，李白"大历初"（766）

---

① 〔唐〕李阳冰：《唐翰林李太白诗序》，〔宋〕杨齐贤集注，〔元〕萧士赟补注：《分类补注李太白诗》卷首，《四部丛刊》影印明郭氏济美堂刊本。

② 〔唐〕范传正：《唐左拾遗翰林学士李公新墓碑并序》，〔清〕王琦：《李太白集注》卷三一，文渊阁《四库全书》本。

③ 〔唐〕李华：《故翰林学士李君墓志并序》，《分类补注李太白诗》卷首，《四部丛刊》影印明郭氏济美堂刊本。

④ 〔宋〕郭忠恕撰，郑珍笺正：《汗简笺正》卷七《略叙目录》引，《丛书集成续编》影印广雅书局本，上海书店1994年版，第146页。按，《四库》本无卷七。

尚从李士训处得新出土的"绢素《古文孝经》"，并将之传与李阳冰。由此可知，李白的卒年最早也应在大历元年（766）。引录这则史料的郭忠恕所撰《汗简》，系今存唐、宋最早的字形工具书之一，所录古文字形都是五代和北宋时期可见的古文字资料，其中相当一部分出自战国古文，在学术史上具有重要价值。李士训所发现的《古文孝经》字形，也著录其中，至今犹可按覆。李士训将《古文孝经》传与李白之事，还见于北宋句中正《三字孝经序》（朱长文《墨池编》卷一引）、王应麟《玉海》卷四一、朱彝尊《经义考》卷二二二以及倪涛《六艺之一录》卷一七九、卷二六九，内容与上引基本相同，文字略异，兹不赘引。

据考，李阳冰大历初（766）从李白处得到《古文孝经》后，一方面将该书上于当时的"皇太子"，即后来的唐德宗；另一方面又将其作为李家秘宝，传给其子服之。贞元中，服之又传给了韩愈等人。韩愈《科斗书后记》载：

> 贞元中，愈事董丞相幕府于汴州，识开封令服之者，阳冰子，授余以其家科斗《孝经》、汉卫宏《官书》，两部合一卷。愈宝蓄之，而不暇学。后来京师，为四门博士，识归公。归公好古书，能通之。……因进其所有书属归氏。元和来……因从归公乞观二部书，得之留月余。张籍令进士贺拔恕写以留愈，盖得其十四五，而归其书归氏。[1]

可见，《古文孝经》被李士训发现后，自大历至贞元年间，经历了初传李白，白传李阳冰，阳冰上皇太子的同时又传其子服之，服之传韩愈，愈传归公（归登），又传张籍、贺拔恕等人的过程。从其渊源有自、清晰无隐的传承过程看，李士训大历初得《古文孝经》之事并非向壁虚构，子虚乌有。那么，其"初传李太白，白传李阳冰"的记载也不应有问题。既然李阳冰所传《古文孝经》是"大历初"辗转传自李士训和李白，那么，他当然就不会卒于旧说所云

---

① 〔唐〕韩愈：《科斗书后记》，《韩昌黎文集校注》卷二，马其昶校注本，上海古籍出版社1998年版，第95页。

的四年前，即宝应元年（762）了。①

李士训《记异》言李白"大历初"（766）尚在人世的事实，与有关李白生平的其他史料，诸如李阳冰《草堂集序》、李华《故翰林学士李君墓志并序》所载十分吻合。李阳冰说李白生于"神龙之始"（705），李华说李白享年"六十有二"，自神龙元年至大历元年，正好62岁！三条史料如此若合符契，毫无差爽，是由于三者都是当时人记当时事，属于原始记录，不是后世补录，没有造伪嫌疑。他们关于李白生时、享年和最后活动下限记载的互相印证，当然不是偶然的，而是历史真相的实录，是我们判定李白生卒准确时间的宝贵资料。

不过，与这条材料构成最大矛盾的，是宋以来认定的"至德二年"（757）李白《为宋中丞自荐表》中所说"年五十有七"的问题。因为，如果至德二年（757）李白已57岁，那么至大历元年（766）李白就已经66岁，而不是李华《墓志》所说"年六十有二"。按常规，后人的推论是不能否定前人（唐人李士训）原始记录的，这是不言自明的道理。但为了问题的深入讨论，我们仍将对后人的这一推论进行反思。我们认为，将《自荐表》定在至德二年是有问题的。细详李白与宋中丞（若思）交往的诸多诗文，该表实际上应该是上元二年（761）李白被宋若思搭救出狱后所作。具体理由如下。

考诸文献，李白所作涉及宋中丞（宋若思）的诗文，除《自荐表》外，还有《中丞宋公以吴兵三千赴河南军次寻阳脱余之囚参谋幕府因赠之》《为宋中丞祭九江文》《陪宋中丞武昌夜饮怀古》《为宋中丞请都金陵表》等文。② 这些篇章作为李白在安史乱中身陷囹圄而获宋中丞解救后与之相知相交的历史见证，是考察李白在其人生最为低落时期行踪的重要史料。自李白集问世以来，虽经多人考订整理，诸文都一直收录保存在李白的文集之中，其真实性是不容怀疑的。但

---

① 按，吴筠《宗玄集·别录》引其"唐元和戊戌（十三年，818）"所作《南统大君内丹九章经原序》"元和（806—820）中，游淮西，遇王师讨蔡贼吴元济，避乱，东之于岳，遇李谪仙，以斯术授予曰云云"，似李白生活下限直至元和时期。然而据权德舆有关吴筠的文集序和传文，吴筠已于大历十三年（778）去世，何得元和十三年作序？且李白元和中尚在世之说与白诗文无一印证。可见，此《原序》显为道士制造的吴筠、李白成仙传道的仙话，不可视为信史。

② 李白：《中丞宋公以吴兵三千赴河南军次寻阳脱余之囚参谋幕府因赠之》《陪宋中丞武昌夜饮怀古》《为宋中丞请都金陵表》《为宋中丞自荐表》《为宋中丞祭九江文》，分别载《分类补注李太白诗》卷一、卷二二、卷二六、卷三〇。

是也由于研究者多，解释各异，蒙在它们上面的疑云也越来越厚。特别是《为宋中丞自荐表》，因文中有李白"年五十有七"的自述而备受诸家关注，并由此形成了在李白生卒疑年考辨上的一种循环论证的怪圈：一方面，人们异口同声、不加论证地将该表直接定格在至德二年（757），从而得出李白生于长安元年（701）的结论；另一方面，又说李白既生于长安元年（701），《自荐表》称"年五十有七"，则该表只能作于至德二年（757）。造成这样一种循环论证逻辑毛病，其根源究竟在什么地方？我们认为，问题出在"至德二年"系年这一关键症结上。为了便于对李白生卒年进行分析，有必要将《自荐表》本文重要部分引录如下：

> 臣伏见前翰林供奉李白，年五十有七。天宝初，五府交辟，不求闻达。……属逆胡暴乱，避地庐山，遇永王东巡胁行，中道奔走，却至彭泽，具已陈首。前后经宣慰大使崔涣及臣推覆清雪，寻经奏闻。……伏唯陛下回太阳之高辉，流覆盆之下照。特请拜一京官，献可替否，以光朝列。

这则资料是许多学人确定李白生年的重要线索。但是关于该表的撰作时间，自古皆有争议。宋乐史《李翰林别集序》："宋中丞荐于圣真云：一命不沾，四海称屈。"[1] 圣真即唐睿宗，据《新唐书·睿宗纪》，开元四年六月，睿宗崩于百福殿，谥曰"天圣真皇帝"。睿宗既于开元四年（716）驾崩，是时李白年方十余岁，宋中丞何得而荐？兹说显然错误。王琦《李太白年谱》："表作于至德二载丁酉，时年五十有七。"其实，《自荐表》只称李白"年五十有七"，并未标明写作的具体时间，王琦臆断此表作于至德二年（757），是将李白在安史乱中两次系狱之事混同一次造成的。

考上引《自荐表》文，李白因卷入永王璘事下狱，"前后经宣慰大使崔涣及臣（宋若思）推覆清雪，寻经奏闻"。"前后"二字表明李白不止一次下狱。这一点，《新唐书·李白传》有明确记载："永王璘辟（白）为府僚佐。璘起兵，逃还彭泽。璘败，当诛。初，白游并州，见郭子仪，奇之。子仪尝犯法，白为救

---

① 〔宋〕乐史：《李翰林别集序》，《分类补注李太白诗》卷首，《四部丛刊》影印明郭氏济美堂刊本。

免。至是，子仪请解官以赎，有诏长流夜郎。会赦，还寻阳，坐事下狱。时宋若思将吴兵三千赴河南，道寻阳，释囚，辟为参谋。未几辞职。李阳冰为当涂令，白依之。"① 又，魏颢《李翰林集序》也有"四海大盗，宗室有潭者，白陷焉。谪居夜郎，罪不至此，屡经昭洗，朝廷忍白久为长沙汨罗之傅"② 之语云云。仔细勘比这几段材料，一称"前后清雪"，一则说"璘败，当诛"，"会赦，还寻阳，坐事下狱"，一说"屡经昭洗"，李白不止一次系狱的事实亦已明甚。

第一次系狱地点是在彭泽，这一点在上引《新唐书》"璘起兵，逃还彭泽"及《自荐表》"遇永王东巡胁行，中道奔走，却至彭泽"已有清楚交代。系狱的时间，引文中有"璘败，当诛"之语，考之两《唐书》，"璘败"一事发生在唐肃宗至德二载（757）二月。此次系狱由"当诛"之极刑改为免死，在朝中全仗名将郭子仪"请解官以赎"竭力相保，在地方则由时任江东采访防御使的崔涣（曾相玄宗，出为江淮宣慰使）直接援手，朝野上下并力施加影响，才得以减轻李白罪责（李白集中有多篇狱中上崔相诗可证）。③ 这就是《自荐表》中"前后……推覆清雪"的"前"一次。由于此次死罪非宋中丞所解，故《为宋中丞自荐表》不可能作于本年。

退一万步讲，即便宋、李二人早已相识相交，即便宋曾在李白前次陷狱时就援手解救，但宋若思也不可能在永王璘谋逆甫平，就冒天下之大不韪，作《荐表》于肃宗，要求对李白不贬反褒，不责反用。永王璘谋反发生在安史之乱初期，其时叛军猖獗，两京（西京长安与东京洛阳）沦陷，唐王朝军民与安史叛军浴血奋战，匆匆在灵武登基的唐肃宗新政权，执政伊始便处于生死存亡危急之秋。永王璘置国家民族利益于不顾，为向其兄唐肃宗争夺皇权，悍然兴兵东南，妄图割据东南奥区沃野，一时全国震惊，军民共愤。李白卷入此事，被朝野上下视为"世人皆欲杀"（杜甫诗句）的不赦罪人。郭子仪以领兵统帅征讨安史叛军的赫赫地位鼎力相救，也才得以解脱李白死刑，但仍没有办法阻止唐肃宗对李白

---

① 〔宋〕宋祁、欧阳修等：《新唐书》卷二〇二《李白传》，中华书局 1975 年版，第 5763 页。
② 〔唐〕魏颢：《李翰林集序》，王琦：《李太白集注》卷三一，文渊阁《四库全书》本。
③ 李白集有《狱中上崔相涣》（《分类补注李太白诗》卷一一）、《系寻阳上崔相涣》（卷一一）、《狱中上崔相百忧章》（卷二四），将两次系狱亦分别甚明。其单题"狱中"者两篇，乃前次在彭泽狱中；题"系寻阳"者一篇，则后次在寻阳狱中。

"长流夜郎"的重判（按大唐刑律，"长流"是仅次于处死的重刑）。因此，宋若思以小小地方官职（其时宋任职地方刺史），岂敢视此事如儿戏，为刚刚免死判流的"谋反"之人求情，并且还要得寸进尺地向皇帝"特请拜一京官"？考宋若思一生为官老道，颇有谋略城府，不可能如此不谙政治气候，在至德二年那种不合时宜的特殊政治背景下做出推荐李白的不识时务之举。换言之，仅就宋若思官场历练的政治经验而言，也不大可能在此时不知深浅地贸然推荐涉"反"之人。更何况，至德二年李白"当诛"的死罪并非宋若思所解，而"当诛"免死之后，他仍然是钦定"长流"夜郎的罪人，宋若思怎么可能在此时把李白揽入幕府，引为参谋？也就是说，至德二年李白是一个以"待流"之身陷于牢狱的囚犯，接着（次年）便是押解流放上路，怎么可能有分身之术自由自在地和宋若思来往相交，并洋洋洒洒为宋写出上列包括《为宋中丞自荐表》在内的一系列诗文呢？所以，《自荐表》写作时间，其非至德二年无疑。

李白第二次系狱，地点是在寻阳，时间在流放夜郎返归后。如上录《新唐书》所称："会赦，还寻阳，坐事下狱。"这一次解狱脱罪，即《自荐表》中"前后……推覆清雪"的"后"一次，是宋若思亲自出面"推覆"的结果。这次脱因，宋若思不仅免其牢狱之灾，还将李白引入幕中做参谋，并向朝廷推荐了他。李白《为宋中丞自荐表》便是此时写成的，写作时间应是上元二年（761）。我们这样说，除上述理由外，主要还有李白《中丞宋公以吴兵三千赴河南军次寻阳脱余之囚参谋幕府因赠之》一诗为佐证。正如诗题所示，"中丞宋公（宋若思）"带兵入河南路过寻阳时，曾脱李白狱因，弄清宋若思"以吴兵三千赴河南"的时间，李白脱因入幕并作《为宋中丞自荐表》的时间问题也就迎刃而解了。

宋若思以吴兵三千赴河南之事，诸史没有明确记录，但也并非毫无蛛丝马迹可寻。我们考证，此事发生在肃宗上元二年，在唐廷第二次收复洛阳前夕。具体情况如下。

其一，宋若思率军"赴河南"，是唐廷上元二年军事形势变化发展的需要。考《资治通鉴》肃宗上元二年条记载，其年二月，唐肃宗错误判断形势，以为安史叛军已经不堪一击，不顾李光弼等统兵将领反对，强行下敕命令唐军"进取东京（洛阳）"，与叛军在洛阳城北的邙山展开决战。结果，唐军大败，"步兵死者数万"①，叛军乘北邙之胜，寇申、光十三州。军事形势变化需要唐廷增调兵力，重新调整军事部署，唐廷以李光弼都统河南、淮北、山南等诸道兵马，令其"赴河南行营"，重新组织对安史叛军的总攻大决战。其时，诸道兵马纷纷调集河南，宋若思率军三千从江南（"吴兵"即江南兵）"赴河南"，即这次总体战略部署中的一次局部军事调动。

其二，李白诗文内容本身，也透露出若干内证信息。李白《中丞宋公以吴兵三千赴河南军次寻阳脱余之囚参谋幕府因赠之》一诗，有"风高初选将，月满欲平胡。杀气横千里，军声动九区。白猿惭剑术，黄石借兵符。戎虏行当剪，鲸鲵立可诛"之句。诗中"戎虏行当剪，鲸鲵立可诛"，表明安史之乱虽未结束，但天下形势已然分晓，叛军败局已经明显，故李白诗才说其"行当剪""立可诛"。这和上元二年总体形势发展趋向十分吻合。虽然当时唐军有邙山之败，但唐廷重新部署兵力，积极谋划向安史叛军发起最后的大决战——洛阳会战。洛阳会战是唐廷彻底消灭叛军，结束安史之乱最关键的一战，尽管这次大战发生在宝应元年，但其前期准备在上元二年已经开始。诗人对形势发展趋向的正确把握和对安史叛军"行当剪""立可诛"的准确判断，透露出此诗的写作时间当在上元二年，也表明宋若思军次寻阳脱李白之囚就在这年。

其三，李白寻阳之狱获解后，还作有《为宋中丞请都金陵表》，表文有"皇朝百五十年，金革不作。逆胡窃号，剥乱中原"之句。考唐自武德元年（618）立国，至上元二年为144年，犹可粗称150年；若是至德二年，当时仅140年，何得称150年呢？

以上分析，可定宋若思军次寻阳脱李白之囚是在上元二年。由于此时距永王璘谋反事变已过5年之久，肃宗政权已渡过难关转危为安，对李白涉永王璘之事已经淡漠。故此时宋若思才可能既解李白之囚，又延之入幕引为参谋，还向朝廷推荐李白。因为这次推荐，李白代宋若思作了《为宋中丞自荐表》。从李白方面看，他已"屡经清雪"，"实审无辜"；从宋若思方面看，此时表荐李白已经没有什么政治风险，即使达不到目的，也不致招惹政治上的麻烦。

---

① 〔宋〕司马光撰，〔元〕胡三省注：《资治通鉴》卷二二二，第十五册，中华书局1956年版，第7106页，胡注。

上元二年李白作《自荐表》，其时 57 岁，与李阳冰《序》载李白生于神龙之始（705）完全一致；与李华《墓志》载李白享年"六十有二"，卒年当在大历元年（766）彼此吻合；也与李士训《记异》称李白"大历初"尚传《古文孝经》一事并不矛盾。所有这些，都说明《为宋中丞自荐表》作于上元二年的重新定位，是完全成立的。

总之，李白系狱有前后两次，时间、地点及解救之人皆有不同。《自荐表》云"前后"推覆清雪，魏颢《序》称"屡经昭洗"，都说明了这一点。曾巩不明就里，将两事合在一起，反诬《新唐书》有误。王琦从曾之说，作《新唐书李白传笺识》云："《新史》以为赦还之后，在寻阳坐事下狱，而宋若思释之者，以一事分为二事，非也。"① 殊不知，不是《新唐书》"误分"，而是曾、王等人"误合"。把不同时间、地点发生的两件事情误合为一，必然导致有关李白生卒纪年的重大"误说"——李白"年五十有七"时于"至德二年"作《自荐表》。由于《自荐表》作年是李白"年五十有七"的定格坐标，曾、王等人以此错误坐标为依据迁就己说，就必然陷入上文所说的臆断李白卒年，然后反推《自荐表》的制作年代，又以自推臆断的制作年代，来反证李白生年的循环论证之泥潭。这不仅与事实不符，而且在逻辑上也有问题，固不足信。

二、清代以前李白生卒年旧说辨误

根据新出史料，我们已能够证明李白生于神龙元年，卒于大历元年了。那么，其他诸说的依据如何，症结何在呢？下面让我们看一看从古以来有关李白生卒的不同说法。

自宋至清，学界一直流行李白卒于宝应元年即公元 762 年说，但其享年又有62 岁、64 岁两说，故生年也有长安元年（701）和圣历二年（699）两说。

一是生于长安元年，卒于宝应元年（762），享年 62 岁说。清王琦《李太白

---

① 〔清〕王琦：《李太白集注》卷三一，文渊阁《四库全书》本。

年谱》"唐长安元年"条："太白生。"其自注云"李阳冰《序》载白卒于宝应元年十一月"，"李华作《太白墓志》曰年六十二，则应生于长安元年。以《代宋中丞自荐表》核之，《表》作于至德二载丁酉，时年五十有七，合之，长安元年为是。"接着，王琦进一步阐述说："按李阳冰《序》云：'神龙之始，逃归于蜀。复指李树，而生伯阳。'范传正《墓碑》云：'神龙初，潜还广汉。'今以李《志》、曾《序》（曾巩《李白集后序》）参互考之，神龙改元，太白已数岁，岂'神龙'之年号乃'神功'之讹，抑太白之生，在未家广汉之前欤？"① 此说在李白生卒年诸说中影响最大，不仅旧时学人率多从之，而且目前流行的各类文学史、李白研究专著、辞典等等②，也大多采用此说。

此说的最大症结，在于无视李《序》史料的原始性和可靠性，不仅臆断曲解，而且毫无根据地擅改其中的关键内容。考之李《序》，根本没有王琦所谓"《序》载白卒于宝应元年十一月"的明示或暗喻，因为其原文作："公（指李白——引者）又疾亟。草稿万卷，手集未修，枕上授简，俾予为序……时宝应元年十一月乙酉也。"明眼人一看便知，这里的"宝应元年十一月乙酉"，乃李白"疾亟"时托李阳冰为其整理文集及李阳冰为文集作序的时间，不一定是李白的卒年。王琦"白卒于宝应元年十一月"之论，是出于对"疾亟"的误解。③ 病重即死固然有之，但是危重病人转危为安亦是常事，王琦把"疾亟"理解为已死或既卒，因而做出"白卒于宝应元年十一月"的误说。这里姑且不说李白是否真正卒于此次"疾亟"之时，即便就"公又疾亟……枕上授简，俾予为序"的前后文意连贯分析之，也决不能视"疾亟"为死亡，否则，李白既已"疾亟"身死，何又能再对李阳冰"枕上授简，俾予为序"呢？更重要的是，李士训《记异》表明，李白这次"疾亟"后四年的"大历初"（766）仍在人世，其不

---

① 〔清〕王琦：《李太白年谱》，《李太白集注》卷三五，文渊阁《四库全书》本。

② 往时文学通史类著作（若通行诸本《中国文学史》）、百科类辞典（若《辞海》《辞源》等）因非专题研究，其取此说者姑不深论，而新出之唐代文学系年以及李白研究之专著亦复如是，如傅璇琮等《唐五代文学编年史》（辽海出版社1998年版，《初盛唐卷》第391页、《中唐卷》第111页）、郁贤皓主编《李白大辞典》（广西教育出版社1995年版，第14页）、詹锳主编《李白全集校注汇释集评》（百花文艺出版社1996年版）等，仍都取"卒于宝应元年"说。

③ 按，"疾亟"一词又作"疾革"，《礼记·檀弓下》称卫太史柳庄"疾革"，陆德明《经典释文》曰："本又作亟，急也。"疾革、疾亟通用，皆指病重危急状态，本身并无死亡之义。

卒于宝应元年亦可知矣！因此，王琦《李太白年谱》臆断李白"卒于宝应元年十一月"，从根本上是不能成立的。

再看王琦对李白生年的考订。王琦定长安元年"太白生"，其立论依据是根据其臆断的李白卒年为宝应元年往后推出来的。问题是，李白卒于宝应元年既已从根本上否定了，因此，由此逆推的出生于长安元年的结论当然也就不能成立。

此外，上引李《序》和范《碑》明明记载，李白乃其父于"神龙之始"或"神龙初"逃归蜀中所生，"神龙之始"或"神龙初"在此均指神龙元年（705）。王琦却称"今以李《志》、曾《序》（曾巩《李白集后序》）参互考之，神龙改元，太白已数岁，岂'神龙'之年号乃'神功'之讹。"今考李《志》和曾《序》原文，皆无李白生于何年的明确记载，二者的差异只在于对李白享年的不同认定：李《志》称李白"六十有二不偶，赋《临终歌》而卒"；曾《序》则曰李白"以病卒，年六十有四。是时宝应元年也"。在这里，曾《序》所言李白卒年"是时宝应元年也"明显有误，已如上述。更重要的是，我们对李、曾二文所载李白纪年内容无论怎样"参互考之"，也找不出"神龙改元，太白已数岁"的蛛丝马迹。何况武则天"神功"年号系万岁通天二年七月改元，至十一月又改元为圣历，神功年号仅仅历时 5 个月[1]，就年初观之当为万岁通天，就年尾或次年观之则为圣历，无由称"神功之始"或"神功初"。如果说李《序》或范《碑》在流传过程中某一版本偶然有误，还可理解，为何所有版本、各类文编两文都一齐误为"神龙"了？这种情况出现的概率实在太小！王琦擅改"神龙"为"神功"，一字之差，谬以千里。换言之，王琦所云"神龙之年号乃神功之讹"，没有具体找出一条令人信服的史料凭证或版本依据，故其说根本不能成立。即便如王琦所说，李白生于"神功"之初（697），而"卒于宝应元年十一月"，李白的享年应当是 66 岁，与王氏本人所认同的 62 岁的享年又不能合，也与其用以"参互考之"的曾《序》所言李白享年"六十有四"不合。考订失据，臆断曲解，必然导致王琦《李太白年谱》关于李白生卒年问题的前后矛盾，难以自圆其说。王说谬误，其他不加深究步王说后尘的各类专著、辞书等，自然也

---

[1]　范祖禹《唐鉴》卷七："（睿宗）十四年（万岁通天二年——引者）春正月，帝在房州。夏四月，太后作九鼎。秋七月，享于通天宫，赦天下。改元神功。冬十一月甲子，享于通天宫，赦天下，改元圣历。"（文渊阁《四库全书》本）

随之谬误。

清以前李白生卒年颇有影响的另一说，是生于圣历二年（699），卒于宝应元年（762），享年64岁说。曾巩《李白集后序》："其族人阳冰为当涂令，白过之，以病卒，年六十有四，是时宝应元年也。"① 曾《序》不仅是曲解李《序》误定李白卒年为"宝应元年"的始作俑者，而且第一个站出来否定唐李华《墓志》李白"六十有二"说，将李白享年定为64岁。到南宋初，薛仲邕又据曾《序》之说撰《李白年谱》，将李白生年定在圣历二年即公元699年。王琦在论及薛《谱》定李白生年问题时说："《旧谱》（薛《谱》）起于圣历二年己亥，云白生于是年。按曾巩《序》，享年六十四。李阳冰《序》载白卒于宝应元年十一月，自宝应元年逆数六十四年，乃圣历二年也。薛氏据之，故曰白生于是年。"② 既然薛《谱》定李白生于圣历二年，是完全依据曾《序》李白卒于宝应元年、享年"六十有四"之说向后"逆数"的结果，那么，曾《序》李白享年"六十有四"之说，依据何在呢？

曾巩首开李白诗文系年研究，对李白诗文创作年代"考其先后而次第之"，由于他有这番工作，后人也相信他的结论有如他自称的那样，来自"白之诗书所自叙可考者"③。然而，事实并非如此，细详其所谓"白之诗书所自叙"能够有助李白生卒享年考订者，主要还是那篇李白代宋若思作的《为宋中丞自荐表》。由于李白在该《表》中自称"年五十有七"，因此，认定了该《表》的制作年代，便可考定李白的生年了。曾巩在《李白集后序》中，非常看重并重点转述了《自荐表》中相关内容，但恰恰是这篇具有内证作用的《自荐表》，提供了否定曾《序》李白享年"六十有四"之说的强有力证据。兹录曾《序》云：

> 天宝十四载，安禄山反。明年，明皇在蜀，永王璘节度东南。白时卧庐山，璘迫致之。璘军败丹阳，白奔亡至宿松，坐系寻阳狱。宣抚大使崔涣与御史中丞宋若思验治白，以为罪薄宜贳，而若思军赴河南，遂释白囚，使谋其军事。上书肃宗，荐白才可用，不报。是时白年五十有

① 〔宋〕曾巩：《李白集后序》，《分类补注李太白诗》卷首，《四部丛刊》影印明郭氏济美堂刊本。
② 〔清〕王琦：《李太白年谱》，《李太白集注》卷三五，文渊阁《四库全书》本。
③ 〔宋〕曾巩：《李白集后序》，《分类补注李太白诗》卷首，《四部丛刊》影印明郭氏济美堂刊本。

七矣。

文中称及"是时白年五十有七"的"上书"，正是李白所作的《为宋中丞自荐表》一文。根据曾《序》文意，认为李白此文作于安史之乱发生之"明年"即天宝十五载（756）。然而，即便按本年李白 57 岁顺推，至宝应元年，即曾《序》认定的李白"卒年"，李白享年以虚岁计算也只有 63 岁，与其"六十有四"之说不合。更何况，李白作《自荐表》的时间根本不可能是在 756 年。原因很简单，李白因永王璘谋反失败坐系下狱，此《表》是脱狱入宋若思幕府之后作的，这一点曾《序》自己也有明述。而考诸史籍，永王璘兵败是在至德二年即 757 年，李白下狱、脱冤及被荐等一连串事情，都是在永王璘兵败之后发生的事。而天宝十五载（756），这一系列事情均没有发生，李白又怎么可能为宋若思作《自荐表》呢？显而易见，李白作《表》时间，至少都是至德二年以后的事。由于李白"卒于宝应元年"已被曾《序》定死，因此，李白"五十有七"的年代越往后，与曾《序》李白享年"六十有四"之说的差距也越大。由此，曾《序》重点转述的一条有关李白"五十有七"的纪年材料，不仅丝毫无助于其李白享年"六十有四"之说的成立，反而无情地否定了他据之构建起来的说法。由于曾《序》再也没有为其李白享年"六十四岁说"提供佐证，因此，其对唐人李华《墓志》李白"六十有二"之说的否定，从根本上不能成立。曾《序》李白"六十四岁说"既无凭无据，不足为信，那么，南宋"薛氏据之"，"自宝应元年逆数六十四年"以定李白生年为圣历二年即公元 699 年的说法，自然也是无本之木，难以立足成论。

自宋至清，关于李白生卒享年只有上述两说互相角力，而以清王琦之说占据优势，影响最大。两说的共同毛病是曲解李《序》中的"疾亟"一词误定宝应元年李白已卒，却无法交代李《序》和范传正《墓碑》的"神龙之始"或"神龙初"李白方生的问题。由于疑窦尚多，分歧没有解决，因此，关于李白生卒年问题的探讨，还将继续进行。

三、当代学人李白生卒年新说商榷

20 世纪以来，人们又对李白生卒年展开了新的探讨。这场探讨，首先纠正了历史上李白"卒于宝应元年"的误说，将其卒年向宝应以后做了下延。

首倡其说者是李从军《李白卒年辨》①，该文提出，李白并非"卒于宝应元年（762），终年六十二岁"，而是"卒于广德二年（764），终年六十四岁"。《卒年辨》首先否定了唐李华《墓志》所载的"六十二岁说"，认为"这个墓志，乃是伪作"。其理由有四：一是该志"终唐之世，乃至北宋前期，均不见文献记载"；"古本李白集中，也未附此文"；"《文苑英华》所收李华为他人作的碑铭共有十余篇之多，却唯独没有《故翰林学士李君墓志》"。二是志文本身"青山北址，有唐高士李白之墓"之句，"泄露了天机"。李从军认为"青山北址"即范传正《李公新墓碑》所载从初葬地"龙山东麓"改迁"卜新宅于青山之阳"的"青山之阳"，"而元和十二年李白墓迁葬于青山北址时，李华已去世五十年了！又怎么可能作（此）碑文呢？"三是范传正碑文称《新墓碑》，是相对于龙山李白墓的刘全白《李君碣记》旧碑而言，而刘《碣记》并未言前已有碑，"可见原龙山旧墓无碑……所谓的李华碑铭，实际上是不存在的"。四是此志文字"短得可怜"，与李华所撰其他碑铭"无论是内容还是风格"，都"殊异"，"仅就碑铭文字本身来看，亦非李华之作"。

上述认定李华《墓志》为"伪作"的发难，是《卒年辨》一文立论之关键，但该文所列四条理由，都经不起推敲。正如有学者指出的那样，李华所作《李白墓志》自宋以来都载诸李集，并无伪造迹象；"青山北址"并非"青山之阳"，李文犯有南北不分的错误。② 其次，李文将树于墓前的碑碣和埋于墓中的墓志混为一谈，以不见地面的墓碣而否定地下的墓志存在，其误明显更不可取；还有，

---

① 李从军：《李白卒年辨》，《吉林大学社会科学学报》1983 年第 5 期。
② 林贞爱：《李白身世及生卒年代新考》，《四川师范学报》（哲学社会科学版）1989 年第 4 期。

《李白墓志》文字少于李华所撰其他墓志，也不能成为定其真伪的铁证。李华未给李白写长篇志文，也许有其自身的苦衷：他因安史乱军攻入长安时逃散未及，被强署伪职，两京收复后，他也成了罪贬之人闲居江南，作为与李白有相同遭遇并且也是戴罪之身的李华，除了惺惺相惜，一唱三叹外，还方便对李白生平做过多的言语吗？

另外，《卒年辨》对曾《序》李白"六十四岁说"备极推崇，推测说："《李（白）集》中原存有关'唐广德以后事'，曾巩所云'终年六十四'盖由此出。"这就大错特错了。考广德年号自 763 年起始，而曾《序》明明白白记载说：李白"以病卒，年六十有四，是时宝应元年也"。曾巩既已认定李白宝应元年（762）就死了，怎么可能会再据 763 年以后的"唐广德以后事"来延长其享年呢？

《卒年辨》一文的毛病，在于缺乏根据地否定传世李华《墓志》和误解曾《序》李白享年"六十四岁说"的立论依据，由于该文以此持论的两大支撑均不能成立，故其李白"终年六十四岁"之说当然也不能成立。但也需要指出，《卒年辨》一文对李白宝应以后诗文的考订非常可贵，通过李白诗文的内证否定李白卒于"宝应元年说"，这是该文特别值得称道之处，因此亦有人与之呼应以示信从。①

继李从军《李白卒年辨》之后，阎琦《李白卒年刍议》又出新论，提出李白享年 63 岁，卒于广德元年（763）说。② 阎文对《卒年辨》疑伪李华《墓志》大为赞赏，以为该《志》"即使不伪，亦必然有严重的夺误或漶漫"，"年六十有二不偶的'二'"，"值得大大的怀疑"。《刍议》通过考辨李白《献从叔当涂宰阳冰》诗中有"小子别金陵，来时白下亭"的行迹和"弹剑歌苦寒，严风起前楹。月衔天门晓，霜落牛渚清"的节令，考定李白至当涂投奔李阳冰，时间应在宝应元年初冬；并认为，本年十一月虽然李白"疾亟"病重，但"事实上李白病渐有好转，差不多又活了一年，到广德元年才去世"。

《刍议》根据刘全白《李君碣记》"代宗登极，广拔淹瘁。时君亦拜拾遗。

① 陈钧：《李白卒于广德二年补证》，《盐城师专学报》（哲学社会科学版）1999 年第 1 期。
② 阎琦：《李白卒年刍议》，《西北大学学报》（哲学社会科学版）1985 年第 3 期。

闻命之后，君亦逝矣"之语，认为代宗广德二年（764）正月下诏拜李白为拾遗时，"并没有李白死讯传到朝廷，朝廷推荐李白的人，也必然约略知道李白尚未死"；接着，又进一步推论："李白的死，当在广德元年（763）年冬，与代宗之诏是前后发生的事。倘若李白卒于宝应元年（762），即李白死后一年多，乃有代宗左拾遗之诏，这显然不大可能。"《刍议》明确表态："同意李从军同志关于李白不卒于宝应元年的主张，却不能同意他的李白卒于广德二年，享年六十四之说。"

阎文的可取之处与《卒年辨》同，都突破了李白卒于"宝应元年"旧说，并且，《刍议》还较《卒年辨》做了更多寻求李白文集内证的考察，这是非常宝贵的。但其毛病也与《卒年辨》同，也是建立在怀疑和否定李华《墓志》基础上的。由于《刍议》在否定李《志》李白享年"六十二岁"说后，对其"六十三岁"新说始终拿不出直接史料证据，只凭一系列"约略""倘若""不大可能"之类的推测遽下定论，因此，阎琦《刍议》"六十三岁"新说同样失之无据。此外，《刍议》对与其新说相抵触的李白乃"神龙之始"或"神龙初"出生的唐人《序》《碑》等原始材料，始终只字不提，似有故意回避之嫌。

问题没有解决，于是林贞爱撰《李白身世及生卒年代新考》①，对李白身世和生卒又做新的考辨。林文认为："记载李白身世及出生年代最原始最权威的材料，要数李阳冰的《草堂集序》。这篇序文不仅对李白家世的变迁，而且对李白的出生时间、地点、名字的来源都做了交代。既是诗文集的序文，也是作者小传。是今天我们研究这一伟大诗人的宝贵文献。"由此，林文立论主要围绕李《序》展开，确信李白是其父"神龙之始"从流放地逃回四川所生，但具体出生年月，则又不是李《序》所说的"神龙之始"即元年（705）。这是因为："李白父母归蜀时，先流寓巂州（今四川西昌市），后内移定居绵州彰明青莲乡时才生李白的。因此公元705年不可能是李白降生之年，应考虑神龙二年（706）是李白降生之年比较合适。"这样，李白生年被林文定在神龙二年（706）。至于李白的卒年，林文认为"历代研究者确信卒于唐代宗宝应元年（762），其实这种说法是错误的"，"宝应元年十一月乙酉仅仅是李阳冰作《序》之日，而《序》中

---

① 林贞爱：《李白身世及生卒年代新考》，《四川师范学院学报》（哲学社会科学版）1989 年第 4 期。

虽言李白'疾亟（病重）'，但未言其卒"。由此可知，在李白卒年问题上，林文与上述李从军《卒年辨》及阎琦《刍议》的看法完全一致，均对自宋曾巩以来李白卒于"宝应元年"之说予以彻底否定。

那么，李白究竟卒于何年？林文认为李华《墓志》可信，在对该志的流传情况和内容做了考证后，林文称，李华《墓志》"虽没有说具体年代，却说'年六十有二不偶，赋《临终歌》而卒'。现知李白生于神龙二年（706），后推六十二年，便知诗人卒于大历二年（767）"。于是，李白神龙二年（706）生，大历二年（767）卒，享年62岁，便成为林文《新考》的最终结论。

林文新说的可贵之处，不仅在于进一步廓清了因袭前人曲解"疾亟"而臆定李白卒年的迷雾，更在于肯定了唐人李《序》及李华《墓志》的原始性和可靠性，把李白生年考辨导入史有明载的"神龙"范围，使这一问题开始接近历史的真实。但是，林文所定李白卒于大历二年（767），是根据其自定706年为李白生年后推算出来的，缺乏必要的佐证。而且，横亘于林说面前的最大障碍，仍然是无法解释诸家所谓"至德二年"（757）李白作《为宋中丞自荐表》时已"年五十有七"的问题。因为，若按"至德二年"李白"五十有七"推算，大历二年（767）李白卒时当为67岁而不是林文赞同的62岁。这一问题不能回避也没法回避，鲠骨在喉无法解决，于是，林文干脆果断地判定鲠骨并不存在——"《为宋中丞自荐表》是伪作，不是李白所写"。这样一来，林文虽肯定了人之所否的李华《墓志》，却又否定了人之所肯的李白《自荐表》（郭沫若《李白与杜甫》亦疑此表，然无实据），不仅步上述诸说后尘也擅疑古人，而且因疑及李白诗文而较之诸人走得更远。我们上文已根据新史料对《自荐表》创作年代进行了重新定位（上元二年作），该表不仅不伪，而且可作为确定李白生年的佐证。林文囿于"至德二年"作表的年代误说而对表文本身加以否定，犹之乎人正影斜，遂因影而疑其人，在方法上是不可取的。故其结论虽然较前稍有进步，但立论仍然乏力，不可能成为定论。

上述宋以来有关李白生卒纪年诸说，主要毛病都是回避或无视唐人文献的原始性，不同程度地歪曲、擅改或疑误原始记录，为迁就己说擅疑古人，肆意否定传世文献。因此，对李白生卒纪年问题，仍有重新审视的必要。我们的出发点是，让本来简单，但却被上述诸说因回避、曲解、疑伪而引入复杂的问题回归原本。基于此，我们认为，对自来相传的唐人文献李《序》、范《碑》及李华《墓志》业已明言李白生于"神龙之始"或"神龙初"，享年"六十有二"，已经没有必要再做讨论或另立异说，因为这已有新出史料为其有力佐证。

　　只是有一点需要辨析，以公元纪年画线，李白生年究竟是"神龙之始"的705 年，抑或是林文据范《碑》"神龙初"的模糊称谓而推定的706 年？李白生活下限的"大历初"，究竟应定在元年（766）抑或是二年（767）？就通常习惯而言，某一年号之言"初"者，其范围往往具有一定的伸缩性，既可是改元当年，也可是次年或更后。但这种"初"的伸缩范围，是以该年号本身的时间容量和跨度为转移的，某些年号时间很长如唐"开元"有 29 年，"初"的范围可稍宽而延及次年或更后，大历也有 14 年，李士训的"大历初"也可能"初"至元年以后。但是，如果某些年号时间很短，其初年就应是建元当年，"神龙"年号便是如此。神龙（705 年 1 月—707 年 8 月）总共不足 3 年，"初"的范围显然不可能占去三分之二而延至次年，这一点李《序》"神龙之始"已经点明。由于李《序》直接受托于李白，较之范《碑》更为原始，范《碑》"神龙初"实际是对李《序》"神龙之始"的转录和改写，时间概念完全等同，二者均指公元705 年。李白生年一定，其下限"大历初"的"初"也就自然明白了：李白生于神龙元年，享年六十有二，其卒就应是大历元年，当公元 766 年。

结　语

　　探求李白生卒年，本当以其同时代诸人的记载为准，李阳冰《草堂集序》、范传正《新墓碑》所言李白之生年，李华《墓志铭》所言李白之享寿，李士训《记异》所言李白活动之下限，皆当时人记当时事（甚而是当事人记所历事），为我们清楚地记录了李白生活的时段（705—766）。遗憾的是，从前学人惑于"卒于宝应元年说"，对以上信史文献多致怀疑，或谓《李序》"神龙"为"神功"之误，或改《李志》"年六十二"为"六十三"（或"六十四"），或疑《自荐表》伪托不可信，等等。我们认为，在对李白生卒纪年的辨析中，凡是以疑伪传世典籍、擅改序跋传记等原始资料为基础建立的说法，都是不可靠的；剪除枝节，廓清遮蔽，重返唐人第一手碑志、序跋原始资料并以之持据持论，才是我们考察李白生卒纪年实事求是的态度。

（原载《文学遗产》2007 年第 5 期）

苏洵评传

"一门三父子，都是大文豪。诗赋传千古，峨眉共比高。"这是朱德总司令对苏洵及其二子苏轼、苏辙的崇高评价。三苏是北宋中叶文学界、思想界的三颗巨星，他们的成就是多方面的。作为文学史上的"三苏"，虽已古今流誉，而他们在其他方面的贡献，却几乎无人问津。"三苏"父子以其旷代的文采，绝俗的高论，形成了自己的一家之言，在思想上、经学上都有重大贡献，黄宗羲《宋元学案》，因而立《蜀学略》以表彰之。焦竑则将他们的经学著作编为丛书——《两苏经解》。我们没有理由因为他们非凡的文学成就而忽略对其思想的研究。其中居承前启后地位的老苏，"论议精于物理而善识变权"①。笔者于兹欲将其生平及哲学思想做一简要的介绍。

一、苏洵的生平

苏洵，字明允，宋眉州眉山县（今四川省眉山市）人。生于宋真宗大中祥符二年（1009），卒于宋英宗治平三年（1066），终年 58 岁。他是北宋有名的文学家、思想家。《宋史》入《文苑传》。

苏洵出生于一个中等农户之家，祖父时"田不满二顷，屋弊陋而不葺"②。到他时，"有山田一顷，非凶岁可以无饥。力耕而节用，亦足以自老"③。在政治地位上，据说眉山苏氏是唐代眉州刺史苏味道的后裔，但是，苏洵的高祖至祖

---

① 〔宋〕欧阳修：《荐布衣苏洵状》，《欧阳文忠公集》卷一四，《四部丛刊》影印元刊本。
② 〔宋〕苏洵：《族谱后录下篇》，《嘉祐集》卷一七，清道光十二年眉山三苏祠刊《三苏全集》本。
③ 〔宋〕苏洵：《上田枢密书》，《嘉祐集》卷一四，清道光十二年眉山三苏祠刊《三苏全集》本。

父，皆"三世不仕"① 了。父亲苏序虽是乡间一隐士，但却卓有远见，四川当五代破亡之际，人皆乐于家居而不喜读书，不乐仕进。苏序却竭力督促儿辈读书，次子苏涣终于一举成名，官至提点利州路刑狱。后来，朝廷追赠苏序为职方员外郎。

苏洵本人的经历，大致可以分成四个阶段。一是25岁以前的青年时期。这段时间里，是他"少年不喜学"，云游山水的时期。所谓"少年喜奇迹，落拓鞍马间。纵目视天下，爱此宇宙宽。山川看不厌，浩然遂忘还"②，即其真实写照。

25岁至37岁是其人生第二阶段。其间是他力学应举，而又屡试落第的潦倒时期。他自道其情说："洵少年不学，生二十五岁，始知读书，从士君子游。"③他曾两次举进士科，一应制科，皆连举落第，这对其仕进之心产生了很大的挫伤，尤以庆历六年（1046）应制举不第，对他影响殊深。

当时，范仲淹、富弼、欧阳修等人，为了改变北宋积贫积弱的局面，推行了以吏制改革为中心的"庆历新政"，由于新政部分触动了大地主大贵族阶层的利益，改革才开展了一年，便很快被废除了，维新人物也被逐出朝廷。这对于"有志于当世"的苏洵刺激很大，他后来曾回忆说："洵时在京师，亲见其事，忽忽仰天叹息，以为斯人之去，而道虽成，不复足以为荣也。"④ 这使他认识到科举制拘于陈规，容不得奇才绝智之人的局限性。从此他"不复以科举为意"⑤，而"自托于学术"⑥。他决心从事研究中国古代的思想、文化，探求救国救民之道的事业了。这是使他在探讨社会和政治问题的过程中，得以发现许多哲学问题的重要转折。

32岁到48岁，是他潜心学术，完成自己思想体系建构的时期。自庆历七年

① 〔宋〕苏轼：《苏廷评行状》，《苏轼文集》卷一六，孔凡礼点校本，中华书局1986年版，第495页。

② 〔宋〕苏洵：《忆山送人》，《嘉祐集》卷二〇，清道光十二年眉山三苏祠刊《三苏全集》本。

③ 〔宋〕苏洵：《上欧阳内翰书第一》，《嘉祐集》卷一五，清道光十二年眉山三苏祠刊《三苏全集》本。

④ 〔宋〕苏洵：《上欧阳内翰书第一》，《嘉祐集》卷一五，清道光十二年眉山三苏祠刊《三苏全集》本。

⑤ 〔宋〕苏洵：《上文丞相书》，《嘉祐集》卷一三，清道光十二年眉山三苏祠刊《三苏全集》本。

⑥ 〔宋〕苏洵：《上韩丞相书》，《嘉祐集》卷一三，清道光十二年眉山三苏祠刊《三苏全集》本。

（1047）回川后，他"到家不再出，一顿俄十年"①。回来后，他第一件事就是将那些为应付考试的声律及记问之学的文章统统付之一炬，以示与科举考试一刀两断。从此他闭门却旧，博览群书，逐渐形成了奔涌雄奇的文风，同时又建立了自己的思想体系。"大究六经百家之说，以考质古今治乱成败。"② 许多表现他思想文风的著作，都完成在这一时期。

家居的十年，他基本上没有和官场人物有什么交往，直到最后的一两年内，他才因别人的推荐，谒见了新镇成都府的张方平和雅州知州雷简夫。这两个人对苏洵都很推崇，张方平一见他便以司马迁相喻，以为"左丘明《国语》、司马迁善叙事，贾谊之明王道，君兼之矣"③，并且向朝廷表荐苏洵做成都府学官。雷简夫更推崇苏洵是"天下之奇才"，可"为帝王师。"④

48 岁至 58 岁，是其再走京师，却遭知而不用，憔悴至死的最后时期。苏洵家居十年的另一重大成就是造就了两个北宋文坛的文学巨匠——苏轼、苏辙两兄弟。嘉祐元年，苏洵送两个儿子赴京应举，这时，以古文相尚的欧阳修主考贡举，苏轼、苏辙双双被选在高等，苏洵的文章也经欧阳修的称扬而在京师广为流传，一时父子名满天下，声振京师。欧阳修还书荐苏洵于朝，希望朝廷"不次用之"。但是，就是那个认为苏洵之才虽"贾谊不能过"的当朝宰相韩琦，却"知其才而不能用"！⑤

真是福无双至，祸不单行。正值苏洵父子在京师喜讯频传的时候，苏洵的贤内助程夫人去世了，父子三人只好自京师赶回四川。苏洵原以为当"其道大有成"时，会遇到"当世之贤人君子"，自己从而可有一展抱负的机会。但现实是，他虽然遇到了像张方平、欧阳修等识才之人，却并未获得操刀一试的机会。这使他进一步认识了当时弊端丛生的用人制度。所以，当朝廷下诏特召他就试于紫微阁时，他只勉强给皇帝上书（《上皇帝书》），一方面推谢了特召，另一方面又激情慷慨地历陈宋王朝在吏治上的九大弊病，要求实行吏制改革。

---

　　① 〔宋〕苏洵：《忆山送人》，《嘉祐集》卷二〇，清道光十二年眉山三苏祠刊《三苏全集》本。
　　② 〔宋〕欧阳修：《故霸州文安县主簿苏君墓志铭》，《欧阳文忠公集》卷三四，《四部丛刊》影印元刊本。
　　③ 〔宋〕张方平：《文安先生墓表》，《乐全集》卷三九，文渊阁《四库全书》本。
　　④ 〔宋〕邵博：《邵氏闻见后录》卷一五，明《津逮秘书》本。
　　⑤ 〔宋〕张方平：《文安先生墓表》，《乐全集》卷三九，文渊阁《四库全书》本。

两年之后，苏洵举家迁往京师，苏轼、苏辙又应制举入选。他本人为了解决一家人的生计问题，接受了朝廷的委任，以霸州文安县主簿（约从九品）的官衔，与姚辟同修《太常因革礼》。自嘉祐六年（1061）至治平二年（1065）的 5 年间，他一直为礼书的编订而劳心焦思。一百卷礼书修成，苏洵便染病去世了。他死之后，皇帝才慷慨地追赠其为光禄寺丞，并具官船送丧归葬于四川。但这已是"丹旐俄惊返旧庐"了。

二、苏洵的哲学思想

苏洵"好为策谋，务一出己见，不肯蹑故迹"①。他有自己的一套世界观，有他关于自然、社会和人类认识的观点。只是作为一位雄辩的政论家，他关于社会和政治的论述要多些，而关于自然，尤其是世界本源等哲学问题则言之甚少。不过，我们透过他对许多问题的论述，不难看出，他具有一些哲学思想，并且将这些思想贯穿于他的整个思想体系中。

1. 唯物论的反映论

关于认识论的问题，他有这样一段精彩的论述：

> 圣人之道一也，大者见其大，小者见其小，高者见其高，下者见其下，而圣人不知也。苟有形乎吾前者，吾以为无不见也，而离娄子必将有见吾之所不见焉，是非物罪也。太山之高百里，有却走而不见者矣，有见而不至其趾者矣，有至其趾而不见其上者矣，而太山未始有变也。②

这里他提出了认识和认识对象的问题，认为认识的对象是客观存在的，不以人的意志为转移（"未始有变也"）。其次，他认为人的认识是对客体（如"圣

---

① 〔宋〕曾巩：《苏明允哀词》，《元丰类稿》卷四，《四部丛刊》影印元刊本。
② 〔宋〕苏洵：《三子知圣人污论》，《嘉祐集》卷一一，清道光十二年眉山三苏祠刊《三苏全集》本。

人之道""太山")的反映，这种反映，由于各自的认识能力不同（如常人和离娄子），角度不同（高和下），认识的方式不同（面对与却走），因而对客体的认识也不同。同时，这段话中还暗含这样一个判断，即事物是可以被认识的。这种关于人类认识本质的解释，是符合唯物主义的反映论的。

2. 事物矛盾的观念

苏洵还认识并运用了事物矛盾的规律。苏辙说："先君（苏洵）晚岁读《易》，玩其爻象，得其刚柔、远近、喜怒、逆顺之情，以观其词，皆迎刃而解。"①"情，理也"②，即规律。可见，苏洵认识了"刚柔、远近、喜怒、逆顺"诸矛盾的对立，还认识了矛盾的规律，即对立面的斗争，而且还用这种认识去解释《易》，达到了"迎刃而解"、无施不宜的地步。矛盾的规律，是世界的普遍规律，用这个规律去解释哲理性的《周易》自然是病对药投，可以"迎刃而解"了。

他认为事物具有两面性，矛盾的双方互为存在的条件。比如说"义"，就有"宜"（适宜）和"拂"（违逆）天下人之心的双重性。"义者所以宜天下，而亦所以拂天下之心。苟宜也，宜乎其拂天下之心也。"③唯其"义"有"宜"天下的功能，它就必然有"拂"另外一部分的功能。同时，他又认为"义"和"利"这对矛盾的事物，相互为用，缺一不可。所以，"义利、利义相为用，天下运诸掌矣"④。将义和利，结合起来使用，天下的事情就好办了。

他还认识了事物的存在与"度"的关系，发现了事物向对立面的转化。他在《太玄论上》中批评扬雄不知"度"。"太玄者，雄所以拟《易》也。观其始于一而终于八十一，是即乘之极而不可加也。……雄以为未也，从而加之，曰踦，又曰嬴……是不为太玄也，为太初历也。"太玄之所以为太玄，是"其始于一而终于八十一"的状态，这是其度，不可再加，再加踦与嬴，则过其度了，不再是太玄，而是太初历了。就像"有鼎而加柄焉，是无问其工之材不材，与其金

---

① 〔宋〕苏辙：《亡兄子瞻端明墓志铭》，《栾城后集》卷二二，《四部丛刊》影印明活字本。
② 〔汉〕高诱注：《吕氏春秋》卷四《孟夏纪·尊师》，上海书店1986年版，第41页。
③ 〔宋〕苏洵：《利者义之和论》，《嘉祐集》卷一一，清道光十二年眉山三苏祠刊《三苏全集》本。
④ 〔宋〕苏洵：《利者义之和论》，《嘉祐集》卷一一，清道光十二年眉山三苏祠刊《三苏全集》本。

之良苦，而其不可以为鼎者，固已明矣！"① 人事也不例外，也有其"度"，过则走向反面。进而他还认为事物向对立面的转化是可以用人的力量来影响的，就像"贤将能以寡为众，以小为大"② 一样。

3. 进步的历史观

苏洵在社会历史观方面，主要有以下两大观点：

（1）唯物主义的"理势观"

苏洵对事物发生发展的必然性，即规律性，有较深的认识，并用这一认识来考察人类社会。这主要表现在他对"理"和"势"两个概念的论述上。"理""势"，即事物的规律性和由规律反映出来的客观情况。这一对范畴是商鞅最早提出来的："圣人知必然之理，必为之时势。"（《商君书·画策》）"理""势"从此就成了中国哲学史上唯物主义思想家用以揭示事物规律性的专用名词。唐柳宗元就是用"势"这一概念，杰出地论证了"封建（分封制）非圣人之意"的问题，但却忽略了"理"。而苏洵则完整地继承和发展了"理""势"这两个概念，他认为"事（通"势"）有必至，理有固然"③，任何事物都不是偶然的，比如"功之成，非成于成之日，盖必有所由起；祸之作，非作于作之日，亦必有所由兆"④。规律是客观的，而由规律决定的客观情况也是不以人的意志为转移的。苏洵还明确提出了"理势相因"⑤ 的命题，即理决定势，势反映理；势必须反映理，理也必然由势来反映。苏洵对理、势客观性的强调，对理、势二者关系的解释，都是符合辩证法的，是对商鞅"理势观"的重大发展。苏洵还将他的"理势观"广泛地运用于历史规律和历史现象的考察上。他认为汤武皆号称圣王，但是施行的政策却不同。武王定天下后，一出于礼义；商汤定天下后，却是"先罚而后赏"。为什么呢？桀纣皆暴，汤武革命，但是情各有异：武王将人民从商纣的酷刑下解放出来，其势固不能对人民用刑了；而夏桀虽暴，刑法却不如纣之酷虐，其时风俗淫惰，诸侯反叛，于是商汤"诛锄其强梗怠惰不法之人，以

---

① 〔宋〕苏洵：《太玄论上》，《嘉祐集》卷八，清道光十二年眉山三苏祠刊《三苏全集》本。
② 〔宋〕苏洵：《权书·法制》，《嘉祐集》卷二，清道光十二年眉山三苏祠刊《三苏全集》本。
③ 〔宋〕苏洵：《辨奸论》，《嘉祐集》卷一一，清道光十二年眉山三苏祠刊《三苏全集》本。
④ 〔宋〕苏洵：《管仲论》，《嘉祐集》卷一一，清道光十二年眉山三苏祠刊《三苏全集》本。
⑤ 〔宋〕苏洵：《辨奸论》，《嘉祐集》卷一一，清道光十二年眉山三苏祠刊《三苏全集》本。

定纷乱"。一用礼，一用刑，殊途同归，都达到了天下大治的目的。又如齐桓、晋文，皆为五霸之一，但是"桓公之治，常任刑"，晋文"其治亦未尝以刑为本，而号亦为霸"。这是为什么呢？是因为当时具体的形势不同，而采取了不同的统治方法。如果墨守于王者用德不用刑的教条，就是"非所谓知理者"①（不知道历史发展规律的人）。又如"夏尚忠，殷尚质，周尚文"，也是由于"忠之变而入于质，质之变而入于文，其势便也"②的缘故。认识事物的理和势，是十分重要的。首先，历史和现实有理有势。"圣人审其势而应之以权"即说：只有对天下情况有了深刻的认识，才能制定出方针政策，否则就是不切实际的空想，"彼不先审天下之势，而欲应天下之务，难矣!"③其次，战争也有理和势，身为将帅"知理（战争的规律性）而后可以举兵，知势（战争的形势）而后可以加兵"④。一切事物都有理和势，人们认识了理和势，便可以"见微而知著"⑤，预见未来。因为，事物的发生都有规律性，都有渐变的征兆，所以是可以被预先认识的，正如"月晕而风，础润而雨，人人知之"⑥一样，是可以防患于未然的。他本人就具有预言家的气质，如他对王安石、苏轼、苏辙等人的预见，莫不一一应验了。⑦故而他被后人推为"见微知著，可为千古观人之法"（清吴楚材语）。

（2）具有人民性的"人情说"

在社会历史观方面，苏洵的进步性，还表现在他的"人情说"上。北宋时期，在意识形态方面是所谓"理学"（或称"道学"）的创立时期。与苏洵先后同时代的周敦颐、程颢、程颐、邵雍、张载、司马光等人，是理学的创始人。理学专谈"义理""性命"，以二程为例，他们认为"理"是自然界的普遍法则和社会最高准则，"理"的主要内容是封建等级制度和封建的纲常伦理。如果"不是天理，便是私欲"，要做到"无人欲即皆天理"。⑧也就是说要灭绝人欲来符合

① 〔宋〕苏洵：《几策·审势》，《嘉祐集》卷一，清道光十二年眉山三苏祠刊《三苏全集》本。
② 〔宋〕苏洵：《六经论·书论》，《嘉祐集》卷七，清道光十二年眉山三苏祠刊《三苏全集》本。
③ 〔宋〕苏洵：《几策·审势》，《嘉祐集》卷一，清道光十二年眉山三苏祠刊《三苏全集》本。
④ 〔宋〕苏洵：《权书·心术》，《嘉祐集》卷二，清道光十二年眉山三苏祠刊《三苏全集》本。
⑤ 〔宋〕苏洵：《辨奸论》，《嘉祐集》卷一一，清道光十二年眉山三苏祠刊《三苏全集》本。
⑥ 〔宋〕苏洵：《辨奸论》，《嘉祐集》卷一一，清道光十二年眉山三苏祠刊《三苏全集》本。
⑦ 详见《嘉祐集》卷一一《辨奸论》、卷一九《名二子说》，清道光十二年眉山三苏祠刊《三苏全集》本。
⑧ 〔宋〕程颢、程颐：《二程遗书》卷一五《入关语录》，文渊阁《四库全书》本。

封建的伦理纲常，即朱熹所谓的"明天理，灭人欲"。

与这班道学先生相反，苏洵着眼的却不是什么"义理"，而恰恰是人，是"人情"即"人欲"！他公开地探讨"人情"，并试图用"人情"来解释一切社会现象，包括礼乐诗书、法律制度，希望建立一个符合人情的社会。这就是他的"人情说"的社会哲学。

在今传《嘉祐集》中，苏洵直接使用"人情"一词的地方有十五六处，而用"人情说"来阐释问题更是随处可见。首先，他用"人情说"解释了千百年来奉为经典的《礼》《易》《乐》《诗》的产生。

"礼"就是制度，是繁文缛节。然而，"人之情，安于其所常为，无故而变其俗，则其势必不从"①。加之人之常情，又莫不好逸而恶劳，不愿有所约束。但是，如果没有礼来进行约制，社会就会大乱，人们的生命得不到保障。按照审势的理论，苏洵认为圣人正是利用了"人之好生也甚于逸，而恶死也甚于劳"②的情势，为他们立制度，定规范，这样礼就产生了。

但是，光有礼不行，礼作为明文规定，会被人钻空子。于是圣人利用人们对神秘莫测的东西盲目崇拜的心理，制造出神秘的《易》来，使人们"探之茫茫，索之冥冥，童而习之，白首而不得其源。故天下视圣人，如神之幽，如天之高，尊其人而其教亦随而尊"③。

但是，礼也好，易也好，毕竟都是外部强加给人的，难以持久。必须从其内心来解决问题，于是乐又产生了。苏洵认为合于礼义的"正声入乎耳，而人皆有事君、事父、事兄之心，则礼者固吾心之所有也，而圣人之说，又何从而不信乎？"④

《礼》《易》《乐》，就是要天下的人循规蹈矩，不要犯上作乱，这固然很好，"而人之情又不能皆然，好色之心驱诸其中，是非不平之气攻诸其外，炎炎而生，不顾利害，趋死而后已"⑤。遇到这类情况，礼、易、乐就没有力量了，于是又

---

① 〔宋〕苏洵：《六经论·礼论》，《嘉祐集》卷七，清道光十二年眉山三苏祠刊《三苏全集》本。
② 〔宋〕苏洵：《六经论·易论》，《嘉祐集》卷七，清道光十二年眉山三苏祠刊《三苏全集》本。
③ 〔宋〕苏洵：《六经论·易论》，《嘉祐集》卷七，清道光十二年眉山三苏祠刊《三苏全集》本。
④ 〔宋〕苏洵：《六经论·乐论》，《嘉祐集》卷七，清道光十二年眉山三苏祠刊《三苏全集》本。
⑤ 〔宋〕苏洵：《六经论·诗论》，《嘉祐集》卷七，清道光十二年眉山三苏祠刊《三苏全集》本。

设诗教，"圣人忧焉，曰：禁人之好色而至于淫，禁人之怨其君父兄而至于叛"，"不使人之情至于不胜也"。这是一种变通，是一条外围的防线。所谓经典就是这样产生的。

"经学"，是中华民族古代文明的主干，而"六经"又是经学的中坚，它包括了政治思想（《尚书》）、哲学思想（《周易》）、礼乐制度（"三礼"）、文学艺术（《诗经》《乐经》）等内容，几乎涉及古典文明的各个方面。苏洵认为礼、易、乐、诗都是本乎人情而产生的，这无异于告诉我们：人类文明的起源是从人情出发的，人类文明应是人情的体现。

固然，苏洵将礼、易、诗、乐的产生归结于圣人创造是唯心主义的。但是，他主张礼乐制度的制作要顺乎"人情"，这一点却具有较强的人民性。圣人制礼乐尚且要顺乎"人情"，后世君主理所当然要效法圣人了。所以，他要宋王朝体于人情，善用赏罚，以趋天下人为皇室尽心尽力（《谏论中》）；根据人情来改革法制（《衡论下·田制》），事事都应当力求做到合情合理。他还本于"人情说"修正了圣人的言论。如聚讼千百年的"义利之辩"，孔子说："君子喻于义，小人喻于利。"（《论语·里仁》）孟子说："何必曰利，亦有仁义而已矣。"（《孟子·梁惠王上》）都是把义利二者对立起来。苏洵则十分赞赏《易·乾·文言》"利者义之和"，"利物足以和义"的观点，认为君子欲行义，"必即于利，即于利则其为力也易；戾于利，则其为力也艰。利在则义存，利亡则义丧"[1]。为什么呢？因为"人之好利，若水之走下"，没有利益，理论就寸步难行了。君子耻言利，亦仅仅是耻于唯利是图，见利忘义罢了！（君子之耻言利，亦耻言夫徒利而已。）

结　语

"蜀学"的开山始祖苏洵，既是文学巨匠，又是议论纵横的思想家。在他的

---

① 〔宋〕苏洵：《利者义之和论》，《嘉祐集》卷一一，清道光十二年眉山三苏祠刊《三苏全集》本。

思想中，不乏闪光的珍珠。他在认识论方面、矛盾观方面，都有许多合符唯物主义辩证法的体会。在社会历史观方面，当理学家大谈性命义理，扼杀人性之时，他独举一帜，大谈"人情"，这是很可贵的。他用"人情说"来剖析人类文明的起源，又用"理势观"来揭示历史发展的规律性。一方面，他认为文明起源是人情作用的结果，这是颇具唯物主义精神的；另一方面，他又将文明的产生说成是个别圣人本乎人情的制作，却又有几分唯心色彩了，这是苏洵的不足，是我们可为之叹息的。(这也是马克思主义哲学诞生前一切古典哲学家共同的悲剧吧。)不过，他对历史规律及其现象的解释，即他的"理势观"，又是唯物主义的观点。而且，圣人审乎人情以制礼作乐，又符合他审势的理论，可以说，他考察文明起源时，仍然贯穿了"理势"的原理，"人情说"实际是"理势观"的具体运用。通过这样的比较，我们认为，苏洵的整个思想体系，基本上是唯物主义的，只是不彻底罢了。

（原载贾顺先、戴大禄主编《四川思想家》，巴蜀书社 1988 年版）

苏轼《东坡书传》述略

　　苏轼不仅是北宋最优秀的文学家，同时也是杰出的思想家、政论家。他除了在文采飞扬的文学作品中展示了其独特的政治思想、哲学思想和伦理思想，还撰有专门的学术著作，系统阐述其学术思想。他曾受父命作《易传》，使"千载之微言焕然可知"，"作《论语说》，时发孔氏之秘"，又"作《书传》，推明上古之绝学，多先儒所未达"。代圣人立言，借经典垂教，奇思妙想，嘉言谠论，层见叠出，其著述在一定程度上影响了后世学人的学术研究。苏轼对自己的学术著作十分自负，"既成三书，抚之叹曰：'今世要未能信，后有君子，当知我矣。'"① 将《易传》、《书传》、《论语说》（此书已佚）当作下贻君子之知的名山事业。又《答苏伯固（三）》说："抚视《易》《书》《论语》三书，即觉此生不虚过！"② 可惜后人对他的学术著作重视不够，文学史家视之为思想史研究的内容，而研究思想史的学者又将之视为文人之书而不愿稍加留意。近世刘起釪《尚书学史》说《东坡书传》"在学术上亦自有其可独立存在之处"，"在今天见到的宋人解《书》之作中，这是较早的解说得较有见地的一部"，但限于体例未能深入。③ 自朱熹以降迄清"四库馆臣"都认为《书传》乃东坡经学最高成就者，"较他经独为擅长"④，不容我们漠然待之。

---

　　① 〔宋〕苏辙：《亡兄子瞻端明墓志铭》，《栾城后集》卷二二，曾枣庄、马德富校点本，上海古籍出版社 1987 年版，第 1422 页。

　　② 〔宋〕苏轼：《答苏伯固（三）》，《苏轼文集》卷五七，孔凡礼点校本，中华书局 1986 年版，第 1741 页。

　　③ 刘起釪：《尚书学史》，中华书局 1989 年版，第 225 页。

　　④ 〔清〕永瑢等：《四库全书总目》卷一一《东坡书传》提要，中华书局 1965 年版，第 90 页。

一、《东坡书传》的撰著与流传

苏轼少治经典，在应制科《进论》中即有《易论》《书论》《春秋论》等篇章，后来又陆续对《尚书》中的许多重要问题撰写专篇，加以探讨。而撰《尚书》全书通解则在他晚年贬官期间。元丰三年（1080）苏轼谪居黄州，《与滕达道（二一）》说将"专治经书"，"欲了却《论语》《书》《易》"。① 他贬官黄州时已计划作《论语》《尚书》《周易》三部经解。其《黄州上文潞公书》说，"到黄州无所用心"，"遂因先子之学，作《易传》九卷。又自以意作《论语说》五卷"。② 而《书传》当时却没有完成。

绍圣元年（1094）苏轼再贬岭南，居惠州，四年迁海南。苏轼除了继续修改《易传》《论语说》外，还完成了《书传》，即《与郑靖老（三）》说的"草得《书传》十三卷"③；又《答李端叔（三）》"所喜者，海南了得《易》《书》《论语》传数十卷"④；又海南《题所作〈书〉〈易〉传、〈论语〉说》"吾作《易》《书》传、《论语》说，亦粗备矣"⑤。以上证据皆可证明《易传》《书传》《论语说》三经解最终完成于海南。苏辙《亡兄墓志铭》言"最后居海南，作《书传》"，更是其明证。

《东坡书传》，晁公武《郡斋读书志》卷一、陈振孙《直斋书录解题》卷二著录皆13卷，《宋史·艺文志》同。其《与郑靖老（三）》："草得《书传》十三卷，甚赖公两借书籍检阅也。"其原书为13卷可知。明、清书目则作20卷，《四库全书总目》提要说："是书《宋志》作十三卷，与今本同。《万卷堂书目》作二十卷，疑其传写误也。"不过万历《两苏经解》本、明末朱墨套印本皆20

---

① 〔宋〕苏轼：《与滕达道（二一）》，《苏轼文集》卷五一，第1482页。
② 〔宋〕苏轼：《黄州上文潞公书》，《苏轼文集》卷四八，第1380页。
③ 〔宋〕苏轼：《与郑靖老（三）》，《苏轼文集》卷五六，第1675页。
④ 〔宋〕苏轼：《答李端叔（三）》，《苏轼文集》卷五二，第1540页。
⑤ 〔宋〕苏轼：《题所作〈书〉〈易〉传、〈论语〉说》，《苏轼文集》卷六六，第2073页。

卷，其至《四库全书》本身所收也是 20 卷，"馆臣"否定 20 卷本的存在，是没有必要的。胡玉缙《四库全书总目提要补正》、周中孚《郑堂读书记·补逸》都有驳正。无论是 13 卷，还是 20 卷，经张海鹏考察，其"书之首尾既全"，"卷帙之分合，于说经要旨无关耳"。① 其书初撰为 13 卷，后来大概因卷帙过重，分为 20 卷了。

苏轼《书合浦舟行》记其元符三年（1100）获赦，渡海北归，"自海康适合浦，遭连日大雨，桥梁尽坏，水无津涯。……所撰《易》《书》《论语》皆以自随，世未有别本。抚之而叹曰：'天未丧斯文，吾辈必济！'已而果然"②。可惜天不假年，他辗转至常州，却一病不起，临死前，苏轼郑重地把三书托付给生前好友钱济明，对钱说："某前在海外，了得《易》《书》《论语》三书，今尽以付子。"③ 其所携以自随和托付给钱济民的都是抄本。苏轼死后，释道潜作《东坡先生挽词（三）》："准《易》著《书》人不见，微言分付有诸郎。"④ 既说"人不见"，可知苏轼生前未曾刊刻此书。《苏颍滨年表》谓辙归颍昌，时方诏天下焚灭元祐学术，敕诸子录以上三书，"以待后之君子"，可见当时只有抄本。宣和中，除《东坡易传》在蜀中有刻本外，《书传》《论语说》皆以写本存世。⑤

南宋和元儒《书》学著作，屡屡称引苏氏《书传》，其间有无刻本不可考。不过，根据明嘉靖年间胡直（1517—1585）《书苏子瞻书传后》所述，似乎直至明初尚无刻本："昔唐荆川先生（顺之）语予曰：'曾见苏子瞻《书传》乎？'曰：'未也。''盍求之？'岁之甲子，予行部至眉，求诸乡大夫张中丞，得其写本读之。……乃归其本张公，而寓书其末云。"⑥ "甲子"即嘉靖四十三年（1564），此前唐顺之要胡直求苏子瞻《书传》而未得，至甲子年胡按部眉州才在"乡大夫张中丞"家寻到《书传》"写本"。至万历丁酉（1597）毕侍郎刻

① 〔清〕张海鹏：《东坡先生书传·跋》，清《学津讨原》本。
② 〔宋〕苏轼：《书合浦舟行》，《苏轼文集》卷七一，第 2277 页。
③ 〔宋〕何薳：《春渚纪闻》卷六《东坡事实》，中华书局 1983 年版，第 85 页。
④ 〔宋〕释道潜：《参寥子诗集》卷一一，《四部丛刊三编》影印宋刻本。
⑤ 陆游《渭南文集》卷二八《跋苏氏易传》："此本，先君宣和中入蜀时所得也。方禁苏氏学，故谓之毗陵先生云。"由此可见，至少徽宗宣和年间有人偷刻过《毗陵易传》。
⑥ 〔明〕胡直：《书苏子瞻书传后》，《衡庐精舍藏稿》卷一八，文渊阁《四库全书》本。

《两苏经解》，焦竑《刻两苏经解序》说是从"荆溪唐中丞得子瞻《易》《书》二解"，汇而刻之，其时已在胡直按蜀后三十余年。如此看来，《东坡书传》在万历时始有刻本。焦氏从唐中丞家所得的"子瞻《易》《书》二解"，可能正是胡直从蜀中带回的副本。《东坡书传》现存版本主要有《两苏经解》本、凌濛初（或作闵齐伋）刻朱墨印本、毛晋刻《津逮秘书》本、清《四库全书》抄本、张海鹏《学津讨原》本、清顺治刊本以及明、清写本尚多，其中以《两苏经解》本早，而以《学津讨原》本最优。

二、力矫时弊，驳正王氏"新学"

苏轼为文主张"有为而作"，"言必中当世之过"。他耗费后半生心血撰著的三部经学著作，自然更是如此。他撰《易》《书》二传和《论语说》的原因，除了出于中国知识分子想"立言"以垂不朽的共同目的外，也有其欲"中当世之过"的现实用意。《东坡书传》所要针砭的"当世之过"首先就是当时由王安石"新学"引起的穿凿附会学风。晁公武曰："熙宁以后，专用王氏之说，进退多士，此书驳异其说为多。"① 可见，从原创动机上讲，此书之作有针对王氏"新学"的意图。

王安石为推行新法，力图在儒家经典中寻找依据，组织撰写了《三经新义》。熙宁六年（1073）置经义局，王安石自任总提举，自撰《新经周礼义》，命其子雱与吕惠卿等人撰《毛诗》《尚书》二经义。熙宁八年（1075）《新经尚书义》13 卷成，与已成的《周礼》《毛诗》新义，合为《三经新义》颁于学官，用以取士，谓之"新学"。《郡斋读书志》说："是经颁于学官，用以取士，或少违异，辄不中程。由是独行于世者六十年。"陈振孙《直斋书录解题》亦谓："王氏学独行于世者六十年，科举之士熟于此乃合程度，前辈谓如脱鏊然，案其

---

① 〔宋〕晁公武：《郡斋读书志》卷一，上海古籍出版社 1990 年版，第 58 页。王应麟《困学纪闻》卷八也有类似说法。

形模而出之尔。"① 王氏新学以政治高压为手段，以利禄之路做诱饵，一时间排斥旧学，倾动天下。吕祖谦《王居正行状》说，当时"概以王氏说律天下士"，而将"老师宿儒"之说称为"曲学"，"当是之时，内外校官非《三经义》《字说》不登几案，他书虽世通行者，或不能举其篇帙"。但是，王安石的《三经新义》并未遵循儒学发展规律，也没有实事求是的学术态度，而是纯粹将经学当成现实政治的奴婢，南宋学者汪应辰指斥"王安石训识经义，穿凿附会，专以济其刑名法术之说。如《书义》中所谓"'敢于殄戮乃以乂民'，'忍威不可讫'，'凶恶不可忌'之类，皆害理教，不可以训"②，其言正切中了他的命脉。南宋时并不反对王安石学术的朱熹也称"今人多说荆公穿凿"③，"王氏伤于凿"④，正代表了南宋多数学者的看法。这种依靠主观臆断，穿凿附会产生的学术著作，所带来的当然不可能是积极的影响。逐利士子，不再广涉博览先儒传解，只诵习王安石《新义》就可以了；也不需涵泳圣贤经典，只要沿着"新学"路子信口雌黄就足以自出新意。于是乎割断历史，没有继承，学风日偷，世风日下，臆说纷纭，"士习胶固"⑤，全没有学术的尊严。这令王安石本人也大为恼火。陈师道《后山谈丛》说："王荆公改科举，暮年乃觉其失，曰：'欲变学究为秀才，不谓变秀才为学究也。'盖举子专诵王氏章句而不解义。"这是附会之学和利禄诱惑带来的必然恶果。

针对"新学"穿凿附会之习，一些正直的学者一开始就对"新学"口诛笔伐。《郡斋读书志》说："而天下学者喜攻其短，自开党禁，世人鲜称焉。"也就是说，对"新学"的批评从一开始就出现了，至徽宗末年废除党禁后，人们更弃之不再提及了。如当时范纯仁即作《尚书解》进呈神宗，以反对王氏新法及新学；文彦博作《二典义》一卷、《尚书解》一卷，洛学首领程颐作《书说》一卷、《尧典舜典解》一卷，也是针对《新经尚书义》而发。当时的苏轼兄弟以其

---

① 王氏《新经义》已佚，清人从《永乐大典》只辑出《周官新义》一书，台湾大学程元敏有《三经新义辑考汇评》（一）（二），从诸文献中辑出其《尚书新义》《诗经新义》佚文。

② 〔清〕朱彝尊：《经义考》卷八〇"张纲《尚书讲义》"条，中华书局1998年版。

③ 〔宋〕黎靖德编：《朱子语类》卷七八，中华书局1986年版，第1987页。

④ 〔宋〕朱熹：《答蔡仲默》，《朱熹集·续集》卷三，四川教育出版社1996年版，第5206页。

⑤ 〔宋〕陈振孙：《直斋书录解题》卷二，上海古籍出版社1987年版，第29页。

特有的诙谐和幽默，对"新学"也多所嘲讽。邵博《闻见后录》卷二〇载，熙宁初苏轼通判杭州，刘道原欲刻印"七史"，致书苏轼，轼《答刘道原书》曰："方'新学'经解纷然，日夜摹刻不暇，何力及此！近见京师经义题：'国异政，家殊俗。国何以言异，家何以言殊？'又：'有其善，丧厥善，其，厥不同，何也？'又说《易·观卦》本是老鹳，《诗》大、小雅本是老鸦。似此类甚众，大可痛骇！"①（按，"有其善，丧厥善"，即《尚书·说命中》文。）陈善《扪虱新话》卷一"王荆公新法新经"："王荆公行新法，同时诸公皆不以为然，二苏（轼、辙）颇有论列。荆公于《三经新义》托意规讽，至《大诰》篇则几乎骂矣。《召公论》真有为而作也。后东坡作《书》《论语》诸解，又矫枉过直而夺之。"朱彧《萍洲可谈》卷一："先公在元祐背驰，与苏辙尤不相好，公知庐州，辙门人吴俦为州学教授，论公延乡人方素于学舍讲《三经义》，辙为内应，公坐降知寿州。"以上诸条，都是二苏兄弟对王氏学术批判的生动例证。元祐年间，苏辙曾反对人聚讲《三经新义》之学；苏轼经绍圣新政、元符改制，至其居海南已有 25 年之久，仍对之耿耿于怀，不惜以老迈之躯，奋如椽之笔，撰《书传》数十万言以驳正之。犹之乎孟子辟异端，斥杨墨，岂好辩哉，亦不得已也。王十朋诗曰"三等策成名煊赫，万言书就迹危疑。《易》《书》《论语》忘忧患，天下《三经》《字说》时"②，正是对苏轼三部学术著作撰著主旨的揭示。苏轼幼子苏过《大人生日（一）》诗："云何困积毁，抑未泯斯文。欲救微言绝，先惩百氏纷。韦编收断简，鲁壁出余焚。论斥诸儒陋，功逾绛帐勤。"③ 所谓"惩百氏纷""斥诸儒陋"，即对其父东坡在海南撰定三经解用意的明白坦陈。主张实事求是，捍卫学术的纯洁性，就是《东坡书传》的第一个贡献，可惜王氏《新经尚书义》已佚，无由详考苏、王二人学术的异同了。《东坡书传·周官》有曰："今律令之外，科条数万，而不足于用，有司请立新法者日益而不已。呜呼，任法之弊，一至于此哉！"苏轼反对任法而忽视人才的简拔，也是直接针对王安石新法而言

---

① 〔宋〕邵博：《邵氏闻见后录》卷二〇，刘德权、李剑雄点校本，中华书局 1983 年版，第 160 页。

② 〔宋〕王十朋：《游东坡十一绝（八）》，《梅溪先生后集》卷一五，《四部丛刊》影印明正统刻本。

③ 〔宋〕苏过著，舒大刚等校注：《斜川集校注》卷二，巴蜀书社 1996 年版，第 84 页。

的。他又于《益稷》篇批评"近世学者喜异而巧于凿",《召诰》篇驳斥"古今说者","又劝王亦须果敢殄灭杀戮以为治",《梓材》批驳"学者"说"《康诰》所戒,大抵先言杀罚"云云,结合前引汪应辰指责王氏《书义》"敢于殄戮乃能乂民"之说,苏氏此说显然是针对王安石新学而发的。

需要指出的是,反对王氏《书经新义》,并不是苏氏《书传》的专利,除上面提及的范纯仁、文彦博、程颐诸人外,尚有刘敞、曾肇、吕大临、张庭坚、杨时、孔武仲、孙觉等,也都曾著书批驳"新学"。[①] 但上述诸人之书除程颐、文彦博、杨时(《尚书讲义》)所著尚存外,其余诸家著作都灰飞烟灭,无可考述了。苏氏《书传》是诸多反王著作中保存最完整的,也是反王氏说中最系统的,因此在宋代《书》学著作中尤为引人注目。

三、见解独到,胜义迭出

《东坡书传》在解经方面,特别是对文义的审察,制度的考辨方面,胜义迭见,美不胜收,多新颖独到之见。《郡斋读书志》说其书:"以《胤征》为羿篡位时、《康王之诰》为失礼,引《左氏》为证,与诸儒之说不同。"《直斋书录解题》称其"于《胤征》以为羲和贰于羿而忠于夏,于《康王之诰》以释衰服冕为非礼……又言昭王南征不复,穆王初无愤耻之意"云云,为千古未发之"伟论"。《四库全书总目》言"其释《禹贡》三江,定为南江、中江、北江,本诸郑康成,远有端绪;……以羲和旷职为贰于羿而忠于夏,则林之奇宗之;以《康王之诰》服冕为非礼,引《左传》叔向之言为证,则蔡沈取之;《朱子语录》亦称其解《吕刑》篇,以'王享国百年耄'作一句,'荒度作刑'作一句,甚合于理",等等,都被认为有功于古学。

《胤征》一篇本是后起之书,《书序》:"羲和湎淫,废时乱日,胤往征之,作《胤征》。"伪书曰:"惟仲康肇位四海,胤侯命掌六师,羲和废厥职,酒荒于

① 刘起釪:《尚书学史》,第 226 页。

厥邑，胤后承王命徂征。"后世注家多根据伪书，说是胤侯受仲康之命以征羲和。苏轼据《左传》《史记》，发现仲康时期是"羿为政"，后来寒浞代羿，浞又执政。故他认为："胤征之事，盖出于羿，非仲康之所能专明矣。"胤侯所数羲和的罪状，"其实状止于酗酒、不知日食而已"，"此一法吏所办耳，何至于六师取之乎？"对这一问题，后来的朱熹也有所疑，但只说"不可考"。苏轼认为这里另有隐情，"羲和湎淫之臣也，而贰于羿，盖忠于夏也"，"故羿假仲康之命，以命胤侯而往征之"。胤侯之诛羲和，不过矫王命以除异己而已。尽管历史上并无羲和贰于羿、忠于夏的其他史证，但从伪书《胤征》中确实只能得出这个结论。

所谓《康王之诰》失礼，指苏轼解"王释冕反丧服"为失礼。其时，康王初即位，"成王崩未葬，君臣皆冕服"。冕为吉服，苏轼说这是"非礼"行为。今文合《康王之诰》于前篇《顾命》，《顾命》讲成王临死告诫召公、毕公辅佐康王，《康王之诰》记康王即位后对诸侯大臣的朝觐和告誓。居丧期间是不能服吉服的，东坡引了《左传》晋平公死，郑国等诸侯欲以吉礼相吊，被子产、叔向制止一事为证。对此，前人不曾有人注意到。相同的事情在伪古文《伊训》中也有发生："伊尹祠于先王，奉嗣王祗见厥祖。""祠"是吉礼，"奠"是凶礼，其时汤未葬，当用奠，而伊尹用"祠"，这也是居丧用吉礼。当有人以其事问朱熹，朱熹也只说："此与《顾命》《康王之诰》所载冕服事同，意者，古人自有一件人君居丧之礼，但今不存，无以考据。"[1] 朱熹以"无以考据"作解，又怀疑是"人君居丧之礼"的特殊性，他依据的《伊训》是伪书，当然是靠不住的，因此蔡沈《书集传》于此弃本师而用苏轼之说。

"昭王南征不复，穆王初无愤耻之意"，指东坡解《君牙》"呜呼，予读穆王之书一篇，然后知周德之衰有以也。夫昭王南征而不复，至齐桓公乃以问楚，是终穆王之世，君弑而贼不讨也。而王初无愤耻之意，乃欲以车辙马迹，周于天下，今观《君牙》《伯冏》二书，皆无哀痛恻怛之语"，"足以见无道之情"。历史上的周穆王虽非圣君明主，但也无人这般激烈批评过他。谓"武王非圣人"，穆王为"无道"，非东坡莫敢为。只不过，《君牙》《冏命》（《伯冏》）皆晚出

伪书，不能据以定古人之是非。但是苏轼能从中看出不合理性，这对后人清理伪《古文尚书》不无启发。

"其释《禹贡》三江，定为南江、中江、北江"，指释"三江既入，震泽底定"一句。震泽即今太湖。关于三江，古来异说纷纭，班固《汉书·地理志》以为即北江（从吴县南东入海，即松江）、中江（从芜湖至阳羡东入海）、南江（从毗陵东北入海），此三条水道太小，且与"三江既入"的情形不合，况又置大江而不数，显非《禹贡》所指。郭璞又以岷江、浙江、松江当之，韦昭以松江、浙江、浦阳江当之，都不是《禹贡》原意。孔安国《传》说是"自彭蠡江分为三入震泽，遂为北江入海"，彭蠡即鄱阳湖，自古无分三水入太湖之事。汉唐诸儒都未能圆满解决"三江"问题。苏轼《传》说："三江之入，古今皆不明。予以所见考之，自豫章（今赣江）而下入于彭蠡，而东至海，为南江；自蜀岷山，至于九江、彭蠡，以入于海，为中江；自嶓冢导漾，东流为汉，过三澨、大别以入于江，东汇泽为彭蠡，以入于海，为北江。此三江自彭蠡以上为二，自夏口以上为三。"三江即北江（汉水）、中江（岷江）、南江（豫章江，即赣江）。可是，三江既会于彭蠡，则已合为一，何以仍称"三江"呢？苏轼认为这是古人"以味别"水的原因："盖此三水，性不相入，江虽合而水则异，故至于今而有三泠之说。"说三江虽然已合为一江，但是各自味道未混，犹有三江之别。他的依据，一是"唐陆羽知水味，三泠相杂而不能欺，不可诬也"，二是就《禹贡》本书考之，水虽合而味不合，如《禹贡》叙汉水，"嶓冢导漾，东流为汉；又东为沧浪之水，过三澨至于大别，南入于江"，又"东汇泽为彭蠡，东为北江，入于海。"汉水至夏口既已入于大江，汇于彭蠡了，《禹贡》仍然称之"北江"。又叙江水："岷山导江，东别为沱。又东至于澧，过九江，至于东陵，东迤北会于汇，东为中江，入于海。"江水也与汉水合流，汇于彭蠡了，《禹贡》依然称之"中江"。汉水、江水既合而犹有"北江""中江"之称，以此"知其以味别也"。又叙济水曰："济水既入于河，而溢为荥。"如果禹不以味别水，济水已与河水混一，又怎么知道溢出的荥水是从济水来的呢？可见，在大禹时确实有"以味别水"的功夫。因此之故，自彭蠡而下由汉水、江水、豫章水三水合一的大江，《禹贡》犹以"三江"称之，所谓"三江"者其实就是一条大江而已。"馆臣"称东坡之说本自郑玄，今考《尚书正义》引郑玄释本条作："三江分于彭蠡为三孔，东入海。"鄱阳湖古代是否有三条水道入海，不得而知。《初学记》地部中引郑释岷江"东为中江"："左合汉为北江，会彭蠡为南江，岷江居其中则为中江。"东坡盖取郑玄释"岷江"之文以释"三江"，着眼点已自不同，故后人仍将"三江"为北江、中江、南江的"知识产权"视为东坡所有。东坡此说是《书》学史和古地理学史上非常重要的创获，后之信其说者甚众，如宋林之奇、邵博、黄伦、陈大猷（东阳人）、金履祥，元黄镇成、王充耘，明马中锡、陈第，清王夫之、钱肃润、华玉淳、程瑶田、朱鹤龄等皆是。① 特别是程瑶田著《禹贡三江考》一书，专门疏证《禹贡》中"三江既入"一句，三卷考释，洋洋洒洒，分析辩驳汉、魏以来诸家异说，只是为了得出"苏氏以为三江止一江，其识卓矣"的结论。

至于《四库全书总目》说"《朱子语录》亦称其解《吕刑》篇，以'王享国百年耄'作一句，'荒度作刑'作一句，甚合于理"，见于《语类》卷七九。但是，今检《东坡书传》，《吕刑》"唯吕命王享国百年耄荒度作刑以诘四方"句下的解释，实作："刑必老者制之，以其更事而仁也。'耄荒度作刑'者，以耄年而大度作刑，犹禹曰'予荒度土功'。度，约也，犹汉高祖约法三章也。"仍将"耄"字属下读。未知朱子所据何本？

刘起釪《尚书学史》在引列上述诸例后说："其实他的新说不止此二点。"确实如此。比如他解《禹贡》"浮于淮、泗达于河"，更是千古绝响。"淮泗达河"，孔安国传、孔颖达疏无说。淮、泗达河必以汴水为道，前人以汴渠为隋炀

---

① 邵博《邵氏闻见后录》卷三说苏氏"三江"解，"以《禹贡》之言考之，若合符节"；黄伦《尚书精义》卷一〇引；陈大猷《书集传或问》卷上"三江之辨"条；金履祥《尚书表注》；黄镇成《尚书通考》卷七；王充耘《读书管见》卷上"三江"条，"三江既入，疑当从苏氏之说"；《经义考》卷七九"苏轼《书传》"条引马中锡"东坡传《书》'三江既入，震泽底定'，谓三江为南江、中江、北江。蔡九峰不取其说，且谓其为昧别者非是。然所谓以味别水者，非东坡之臆说也，唐许敬宗曰：'古五行皆有官，水官不失职，则能辨味与色。潜而时出，合而更分，皆能识之。'是先旦有此言矣，九峰未之考也。至其所谓'尧之洪水未治也，东、南皆炪，岂复有吴越哉？及彭蠡既潴，三江入于海，则吴越始有可宅之土，水之所钟独震泽而已'。斯言也，百世以俟圣人可也"；陈第《尚书疏衍》卷三；王夫之《尚书稗疏》卷二；钱肃润《尚书体要》卷六；华玉淳《禹贡约义》；程瑶田《禹贡三江考》；朱鹤龄《禹贡长笺》卷五。

帝所开，故疑《禹贡》此文有误。苏轼历考史事，认为古汴沟在《禹贡》时代就有了！他据《汉书》文颖注楚、汉分治的"鸿沟"有云："于荥阳下引河东南为鸿沟，以通宋、郑、陈、蔡、曹、卫，与济、汝、淮、泗会于楚，即今官渡水也。"秦末、汉初之鸿沟，即东汉末年之官渡，贯穿黄河、济水、汝水、淮水、泗水，苏轼认为即《禹贡》"浮于淮、泗达于河"的故道："自秦、汉以来有之，安知非禹迹耶？"又说自春秋末"吴王夫差辟沟通水，与晋会于黄池，而江始有入淮之道，禹时则无之"。由江入淮之道即邗沟，启自吴王夫差，由淮、泗达于河之道则远在秦、汉之前已有。东坡又根据西晋王濬伐吴时，杜预与之书："足下既摧其（吴）西藩，当径取秣陵（今南京），讨累世之逋寇，释吴人于涂炭。自江入淮，逾于泗、汴，溯河而上，振旅还都，亦旷世一事也。"其路线是先沿夫差之邗沟由江入淮，再由淮越泗水、汴水，入于河，然后溯河而上，还都洛阳。所由水道皆在隋炀帝开运河之前，东坡说："又足以见秦、汉、魏、晋皆有此水道，非炀帝创开也。"由淮、泗达河，倘若无汴沟，必绕道海上，《禹贡》"直云'浮于淮、泗达于河'，不言自海，则鸿沟、官渡、汴水之类，自禹以来有之，明矣"。东坡一反旧说，不仅观点新奇，而且证据确凿，论证翔密，虽惊吓其"伟论"的学者，也无法翻其案。林之奇、吕祖谦、陈经等著名学者，都赞成东坡这一说法。①

四、善省文意，考订错简与讹文

勇于怀经疑古，敢于对神圣的经典做出订正，是苏氏经学的又一特点。陆游曾论唐、宋之际学风说："唐及国初，学者不敢议孔安国、郑康成，况圣人乎？

---

① 分别见林之奇《尚书全解》卷一；吕祖谦《东莱先生禹贡图说》"淮泗达河"条曰，"苏氏据历代事以证此，言最为详备。故近世言汴水者，皆以为起于隋时，故苏氏辨之"；陈经《尚书详解》卷六《浮于淮泗达于河》"淮泗入河，必道于汴，此故道也。世谓隋炀帝欲幸维扬，始通汴入泗，禹时无此水，东坡"云云，引苏氏《书传》自"按《西汉书》项羽"起，至"非炀帝创开也"止，凡二百八十余字，几乎一字不漏。

自庆历后，诸儒发明经旨，非前人所及。然排《系辞》，毁《周礼》，疑《孟子》，讥《书》之《胤征》《顾命》，黜《诗》之《序》，不难于议经，况传、注乎？"① 这里，"排《系辞》"指欧阳修《易童子问》以《系辞》非圣人（孔子）作；"毁《周礼》"指欧阳修《问进士策》、苏轼《策·天子六军之制》、苏辙《历代论·周公》都以为《周礼》非周公作；"疑《孟子》"指李觏《常语》、司马光《疑孟》、苏轼《论语说》辨《孟子》内容之误；"讥《书》之《胤征》《顾命》"指苏轼说《胤征》是羿矫命叫胤侯出征，《康王之诰》中居丧有吉服不合礼制，疑《顾命》不可信；"黜《诗》之《序》"指晁说之《诗序论》四篇辨《诗序》之非和苏辙《诗集传》黜《诗序》不用。② 陆游所举宋人疑古五事，其中四事都与苏氏兄弟有关，而苏轼独居其三。明杨守陈《尚书私钞自序》亦论及宋、元之间疑《书》之风曰："（《尚书》）汉、唐诸儒，乃尽信力解，至有所难通则亦强为之说。……宋儒始有疑之，若东坡之于《康诰》，荆公之于《武成》，吴才老之于《梓材》，皆明其错。而晦庵先生又重定《武成》……一时诸家传注，亦往往有愈于汉、唐者。元儒王鲁斋尝作《书疑》，谓《皋陶谟》《说命》《武成》《洪范》《多方》《立政》六篇多错简讹字，自以其意更定。虽未必尽合于古，然合者亦不鲜矣。"③ 将东坡列为宋人疑辨《尚书》诸儒之首，所谓"东坡之于《康诰》"，指苏轼以今本《康诰》首句为《洛诰》文的错简。像这样怀疑古经，调整错简讹字的地方，《东坡书传》着实不少，兹罗列于下。

一是从文意语气上审察脱文。苏轼说《皋陶谟》"曰若稽古皋陶，曰允迪厥德，谟明弼谐。禹曰：俞，如何？"中间文句不连贯，缺乏承接，认为是"简编脱坏而失之耳"。

二是从篇章结构上，考证误分一篇为二。在比较《益稷》末章与《皋陶谟》首章具有连贯性后，苏轼论断："伏生以《益稷》合于《皋陶谟》，有以也夫！"汉代伏生所传《今文尚书》，《益稷》在《皋陶谟》中，苏轼认为应该如伏生本

① 〔宋〕王应麟：《困学纪闻》卷八《经说》，《四部丛刊三编》影印元刊本。
② 〔清〕皮锡瑞：《经学历史》，周予同注释本，中华书局1959年版，第220~221页。
③ 〔明〕杨守陈：《杨文懿公文集》卷三，明弘治十二年刻本。

将两篇合在一起。这实际已经领悟到《今文尚书》篇章结构比《古文尚书》合理。

三是从事理上怀疑错简，这是东坡用得最多的手段。《尧典》（含《舜典》）"八音克谐，无相夺伦。神人以和，夔曰：于，予击石拊石，百兽率舞"，东坡说："此舜命九官之际也，无缘夔于此独称其功。此《益稷》之文也，简编脱误，复见于此。"《洪范》"曰王省惟岁"，东坡："自此以下，皆五纪之文也，简编脱误，是以在此。其文当在'五曰历数'之后。《庄子》曰：'除日无岁，王省百官，而不兼有司之事，如岁之总日月也。'"

四是从文理上审察《书》的错简。《舜典》"织皮、昆仑、析支、渠搜，西戎即叙"，东坡说："《禹贡》之所籄，皆在贡后立文，而青、徐、扬三州皆莱夷、淮夷、岛夷所籄，此云'织皮、昆仑、析支、渠搜，西戎即叙'，大意与上三州无异。盖言因西戎即叙而后昆仑、析支、渠搜三国皆籄织皮。但古语有颠倒详略尔，其文当在'厥贡唯球琳琅玕'之下，其'浮于积石，至于龙门西河，会于渭汭'三句，当在'西戎即叙'之下，以记入河水道，结雍州之末。简编脱误，不可不正也。"

五是从史实上考察阙误。前述疑《胤征》为羿矫命令胤侯征羲和一事，属于此类。又《泰誓上》"惟十有一年，武王伐殷。一月戊午，师渡孟津，作《泰誓》三篇"，东坡："文王受命九年而崩，武王以大统未集，故即位而不改元。十一年丧毕，观兵于商而归。至十三年，乃复伐商。叙所谓十一年武王伐殷者，观兵之事也。所谓一月戊午师渡孟津，作《泰誓》者，十三年之事也，而并为一年言之。疑叙文有阙误。"《康诰》"乃洪大诰治"，东坡："自'惟三月哉生魄'至此，皆《洛诰》文，当在《洛诰》'周公拜手稽首'之前。何以知之？周公东征，二年乃克管、蔡，即以殷余民封康叔。七年而复辟，营洛在复辟之岁，皆经文明甚。则封康叔之时，决未营洛。又此文终篇初不及营洛之事，知简编脱误也。"

六是从文字上考证讹误。认为《皋陶谟》"思曰赞赞襄哉"中，"曰之当为日"；又于《益稷》篇首释曰："皋陶之意曰：吾不知其他也，思日夜进益而已。知进而不知退，知上而不知下也。……禹亦因皋陶之言而进之，曰：'予何言？'

何言者，犹皋陶之'未有知'也。又曰：'予思日孜孜。'思日孜孜者，亦犹皋陶之'思日赞赞襄哉'也。其言皆相因之辞。予是以知'曰'之当为'日'也。"《顾命》"一人冕执锐，立于侧阶"，东坡："'锐'当作'銳'，《说文》曰："銳，侍臣所执兵，从金，允声。《书》曰一人冕执'銳'。读若锐。"

这些考辨都是比较精到的，因此大部分结论被后来的权威学者所继承，如蔡沈《书集传》于《禹贡》《皋陶谟》《洛诰》《康诰》等处，都引用苏轼的上述说法，对经文予以订正。南宋末年疑古大家王柏（号鲁斋）《书疑》，也引用苏氏疑《书》之说十余条。《东坡书传》的辨疑成果为后人引用，苏轼本人的怀疑精神也影响了一代人，由他识拔的北宋学者晁以道，对《尧典》《舜典》《洪范》《吕刑》《甘誓》《盘庚》《酒诰》《费誓》等篇，都提出了质疑，其大胆程度比老师东坡先生有过之而无不及。可见，苏轼在宋人疑古辨伪事业中，自有其一席之地。

需要指出的是，对待《古文尚书》，苏轼只从文意、事理、制度等方面提出怀疑，没有像吴棫、朱熹那样从文字的难易角度提出异议，更未能像后世辨伪家那样从文献学、目录学的角度予以考辨，被他怀疑的篇章有古文也有今文，存在真伪不分的情况，如上引诸篇除《胤征》而外都是伏生所传今文，除错简、讹误外，在文献上没有真伪问题。不过，人类认识的历史告诉我们，对一个问题的正确认识往往需要经过许多反复。苏轼等人从事理上、制度上、文意上对《尚书》提出的怀疑和订正，只在辨伪方法上做出了一点点探讨；吴棫、朱熹等人从语言的难易程度上怀疑《伪古文尚书》，比苏氏等人自然是技高一筹。但是，他们一方面说"某尝疑孔安国《书》是假书"，另一方面又坚信"伪书"《大禹谟》的"人心惟危，道心惟微，惟精惟一，允执厥中"十六字，乃尧、禹以来圣贤相承的所谓"心传"，甚至认为"《仲虺之诰》言仁之始也，《汤诰》言性之始也，《太甲》言诚之始也，《说命》言学之始也"①，这些篇目无一不在"伪书"之中。朱熹认为"吴才老说《梓材》是《洛诰》中书，甚好"，又认为"才老说《胤征》《康诰》《梓材》等篇，辨证极好"。《梓材》《洛诰》都是

---

① 〔宋〕王应麟：《困学纪闻》卷二《书》，《四部丛刊三编》影印元刊本。

《今文尚书》，吴氏将今文、古文一起怀疑，朱熹也不知其非，与苏、晁等人犯了同样的错误。可见，古书、古史的辨伪往往不是一蹴而就的。

　　由于《东坡书传》超凡的学术成就，古来讲学之家都很重视其书，南宋胡安定《尚书解》就"间引东坡说"①，朱熹以《东坡书传》为平生推重的宋代《书》学四大家之一②，称赞苏轼"说《书》，却有好处"③，说"东坡《书》解却好，他看得文势好"，"东坡《书》解文义得处较多"，"《尚书》句读，王介甫、苏子瞻整顿得数处甚是"④，认为《东坡书传》在行文语势、义理考察、句读审读和语言文字等方面，都堪称上乘之作。不仅如此，朱熹还说"东坡（《书》）解，大纲也好"⑤，说《东坡书传》的主体思想是没有问题的。他还在《朱熹集·杂著·尚书》和《朱子语类》中引用了苏轼不少《书》说，特别是在他指导下修成的蔡沈《书集传》，引用东坡《书》学成就达46处之多。"四库馆臣"说："洛、闽诸儒以程子之故，与苏氏如水火，唯于此书有取焉，则其书可知矣。"⑥ 文章乃天下公器，《东坡书传》的成就已渡越学派、朋党利益之上，在更加广泛的学术范围内赢得了声誉。宋代《书》学四家之一的林之奇《尚书全解》亦引苏说四十条以上。自南宋以迄清末，凡治《尚书》学者几乎没有置苏氏《书传》于不顾的。明代胡直谓苏氏《书传》"诚有笃论"，"远探于经而博取于传，以发其中心之诚然，所谓一家之言是已"。⑦ 凌濛初说苏轼"博洽异常"，"聪明盖世"，甚至主张"与其祧汉而宋乎，则毋乃廊庑诸儒而两楹苏矣"，要将苏轼配祀孔庙，用东坡诸经传解取代当时流行的经解范本。⑧ 清人盛夸东坡"究

---

① 〔宋〕黎靖德编：《朱子语类》卷七八，第1988页。

② 《朱熹集·续集》卷三《答蔡仲默》："诸说此间亦有之，但苏氏伤于简，林氏伤于繁，王氏伤于凿，吕氏伤于巧。"《经义考》卷八二"蔡沈《书集传》"条引何乔新："朱子所取四家，而王安石伤于凿，吕祖谦伤于巧，苏轼伤于略，林之奇伤于繁。"两处所引朱子皆以"简"病《东坡书传》，但《朱子语类》卷七八："或问：'《书》解谁者最好？莫是东坡《书》为上否？'曰：'然。'又问：'但若失之简。'曰：'亦有只消如此解者。'"又并不以"简"为东坡病。

③ 〔宋〕黎靖德编：《朱子语类》卷一二〇，第2898~2899页。

④ 〔宋〕黎靖德编：《朱子语类》卷七八，第1986页。

⑤ 〔宋〕黎靖德编：《朱子语类》卷八〇，第2090页。

⑥ 〔清〕永瑢等：《四库全书总目》卷一一《东坡书传》提要，中华书局1965年版，第90页。

⑦ 〔明〕胡直：《书苏子瞻书传后》，《衡庐精舍藏稿》卷一八，文渊阁《四库全书》本。

⑧ 〔明〕凌濛初：《东坡书传序》，《东坡书传》卷首，明凌氏朱墨套印本。

心经世，明于治乱兴亡之故"，所为《书传》"解说与笔力俱胜"，并对"苏氏经义，世多以其诗文掩"的不合理现实大为不满。① 以《东坡书传》为首的苏氏经学著作，是苏轼拼其平生学力、识度和晚年精力撰成的学术力作，不仅是他学术成就和学术思想的重要组成部分，也对中国经学史和学术史做出过重要贡献，理应引起我们的足够重视。我们没有理由因为他是一代文豪就忽视其经学成就，否则就将有"买椟还珠"之嫌了。

[原载《四川大学学报》（哲学社会科学版）2000 年第 5 期]

---

① 〔清〕周中孚：《郑堂读书记·补逸》卷三，《清代书目题跋丛刊八》，中华书局 1993 年版，第382 页。

苏轼《论语说》辑补

苏轼《论语说》"时发孔氏之秘"①，是研究苏轼儒学伦理思想的重要资料，可惜其书至明代中期以后就失传了。清末张佩纶《涧于日记》称其有该书辑本（见丁亥卷），据所自述，其辑本乃从南宋余允文《尊孟续辨》中得"辨坡《论语说》"8条，并广求苏轼其他作品，"益以文集所载，如《刚说》《思堂记》之类"，初具规模，"略见一斑"。可是"张氏辑本"不见于各家著录，可见其书并未得到流传。

1992年四川大学马德富、卿三祥二先生分别对苏轼《论语说》做了辑佚，卿氏《苏轼〈论语说〉钩沉》辑得87条（《孔子研究》1992年第2期），马氏《苏轼〈论语说〉钩沉》辑得50条（《四川大学学报》1992年第4期）。两种辑本是当时苏轼《论语说》佚文最集中的收录，使我们得以一管窥豹，略见苏轼说《论语》之神采，学人于兹受赐良多！

笔者在整理《三苏全书》的过程中，又于宋、金文献中，发现卿、马二氏辑本外的一些资料。如果按照张辑本、卿辑本的惯例，将东坡其他著作中有关《论语》的资料统统辑出，可得30条。现将可以确定为东坡《论语说》遗说的资料集中于此，以就正于方家。博闻君子，如有补所不逮，尚希教我。

1. 子曰："人而无信，不知其可也。大车无輗，小车无軏，其何以行之哉。"（《为政》）

"人而无信"，车之与马、牛本两物，以輗軏交乎其间，而引重致远，无所不至焉。物与我未合，亦二物，以信行乎其间，则物我一致矣。夫然后行。（《朱熹集》卷三九《答范伯崇》引苏氏曰②）

---

① 〔宋〕苏辙：《亡兄子瞻端明墓志铭》，《栾城后集》卷二二，上海古籍出版社1987年版，第1422页

② 〔宋〕朱熹：《朱熹集》卷三九《答范伯崇》，郭齐、尹波点校本，四川教育出版社1996年版，第1821页。

2. 孔子谓季氏，"八佾舞于庭，是可忍也，孰不可忍也？"（《八佾》）

《宋书·乐志》：宋文帝元嘉十三年，给彭城王义康伎，相丞给三十六人。太常傅隆以为《左传》诸侯用六，杜预以为三十六人，非是。舞所以节八音，故必以八人为列。自天子至士，降杀以两。两者，减其二列尔。若如预言，至士止有四人。岂复成乐？服虔注《左传》与隆同。又《春秋》：晋悼公纳郑女乐二八，晋以一八赐魏绛。此乐以八人为列也。予按《说文》，佾从人，肎声。肎，许吃切，肎从肉口入声。其解云"振也"。八无缘为"肎"之声，疑古文从人从肉。（《东坡志林·八佾说》① ）

按，《说文》："肎，振肎也，从肉，入声，许讫反。"东坡疑从"入"无缘为肎声，而谓舞必八人为列，乃谓"佾"即"肎"字，从"八"从"肉"。今按，此乃《说文》之误，东坡疑之是也，而其所以为说则非。若以"八"字为"兮"，而从"肉"，"兮"省声，则正得许讫切矣。"肎"又从"人"，乃为"佾"字，盖舞则人之振肎也。然今《说文》不见"佾"字，坡云有之，未详其说。每详"肎"字即"肹"字，故《说文》但有"肎"字而别无"肹"字。坡疑"佾"即"肎"字，亦非也。《班史·武纪》谓云"肎然如有闻"，亦肹乡之义也。（《朱熹集》卷七一《杂著·偶读漫记》② ）

3. 林放问礼之本，子曰："大哉问！礼与其奢也宁俭，丧与其易也宁戚。"（《八佾》）

忠、质、文，谓当初亦未有那质，只因后来文，便称为质。孔子曰"从先进"，周虽尚文，初头尚自有些质在。（《朱子语类》卷二五引东坡曰③）

4. 哀公问社于宰我，宰我对曰："夏后氏以松，殷人以柏，周人以栗，曰'使民战栗'。"（《八佾》）

公与宰我谋诛三桓，而为隐辞以相语。（《四书或问·论语或问》卷三引苏氏曰④)

按："或问'使民战栗'，或者以为哀公之言，信乎？曰：使是言果出于哀

① 〔宋〕苏轼：《东坡志林》卷七《八佾说》，明刻本。

② 〔宋〕朱熹：《朱熹集》卷七一《偶读漫记》，第 3699～3700 页。

③ 〔宋〕黎靖德编：《朱子语类》卷二五，中华书局 1986 年版，第 609 页。

④ 〔宋〕朱熹：《四书或问·论语或问》卷三，文渊阁《四库全书》本。

公，则当以'公曰'发之，而夫子之责宰予，亦不若是之迂且晦矣。曰：苏氏以为'公与宰我谋诛三桓，而为隐辞以相语'，则固无嫌于晦矣。"（《四书或问·论语或问》卷三①）

按，苏辙《古史·鲁周公世家》"苏子曰"："《语》称：哀公问社于宰我，宰我对曰：……予尝考之，以为哀公将去三桓，而不敢正言。古者戮人于社，其托于社者，有意于诛也。宰我知其意，而亦以隐答焉。其曰'使民战栗'，以诛告也。"此说与东坡之意正同。东坡此说又为后世学者所取，刘宝楠《论语正义》引方观旭《偶记》："哀公欲去三桓，张公室，问社于宰我，宰我对以使民战栗，劝之断也。"刘说："此时哀公与三桓有恶……欲去三桓之心，已非一日。则此社主之问，与宰我之对？君臣密语，隐衷可想。又社阴气主杀，《甘誓》云：'不用命，戮于社。'《大司寇》云：'大军旅莅戮于社。'是宰我因社主之义，而起哀公威民之心，本非臆见附会。"

5. 叶公问孔子于子路，子路不对，子曰："女奚不曰，其为人也，发愤忘食，乐以忘忧，不知老之将至云尔。"（《述而》）

实言则不让，贬言则非实，故常略言之，而天下之美莫能加焉。（《朱子语类》卷三四引东坡曰②）

6. 或问子产，子曰："惠人也。"（《宪问》）

有及人之近利，无经世之远图。（《朱子语类》卷五七引东坡云③）

7. "唐棣之华，偏其反而，岂不尔思？室是远而。"子曰："未之思也，夫何远之有。"（《子罕》）

思贤而不得之诗。（《朱子语类》卷三七引东坡④）

按，《朱子语类》卷三七："问'唐棣之华，偏其反而'。曰：此自是一篇诗，与今《常棣》之诗别。……此逸诗，不知当时诗人思个甚底。东坡谓'思贤而不得之诗'，看来未必是思贤。""汉儒有反经之说，只缘将《论语》下文

---

① 〔宋〕朱熹：《四书或问·论语或问》卷三，文渊阁《四库全书》本。
② 〔宋〕黎靖德编：《朱子语类》卷三四，第890页。
③ 〔宋〕黎靖德编：《朱子语类》卷五七，第1339页。
④ 〔宋〕黎靖德编：《朱子语类》卷三七，第996页。

'偏其反而'误作一章解,故其说相承漫衍。且看《集义》中诸儒之说,莫不连下文。独是范纯夫不如此说,苏氏亦不如此说,自以'唐棣之华'为下截。"《朱熹集》卷三一《与张敬夫论癸巳论语说》:"《论语》此下别为一章,不连上文,范氏、苏氏已如此说。但以为思贤之诗,则未必然耳。"《朱熹集》卷四四《答江德功》:"'唐棣之华',别为一章,甚是,《精义》中范公已有此说。东坡亦然,但其为说或未尽耳。"关于此章,东坡一则以认为是"思贤不得之诗",一则认为该章应分两段来理解。

8. 子贡曰:"固天纵之将圣,又多能也。"(《子罕》)

将,殆也。(《四书章句集注·论语》卷五①)

按,《四书或问》卷一四:"旧说训'将'为大,今以为殆,何也?曰:此苏氏说也,'将'固有训大者,然与此书前后文体不类,故从苏氏说耳。"据此,知"将,殆也"乃苏轼之说。

9. 三分天下有其二,以服事殷,周之德,其可谓至德也已矣。(《泰伯》)

文王只是依本分做,诸侯自归之。又,"三分天下有其二",文王只是不管他。(《朱子语类》卷三五引苏东坡说②)

10. 武王曰:"予有乱臣十人。"孔子曰:"才难,不其然乎?唐虞之际,于斯为盛,有妇人焉,九人而已。"(《泰伯》)

古今传十人,为文母、周公、太公、召公、毕公、荣公、太颠、闳夭、散宜生、南宫括。孔子曰:"有妇人焉,九人而已。"(《东坡书传·泰誓中》③)

11. 季文子三思而后行,子闻之曰:"再斯可矣。"(《公冶长》)

再愈于一,而况三乎?(《滹南遗老集》卷五《论语辨惑(二)》引苏氏曰④)

12. 阳货欲见孔子,孔子不见。(《阳货》)

按,东坡注文已佚,据朱熹说是"皆以利害言之",是"尚权谋"之论。

─────────────

① 〔宋〕朱熹:《四书章句集注·论语》卷五,宋刻本。
② 〔宋〕黎靖德编:《朱子语类》卷三五,第946、908页。
③ 〔宋〕苏轼:《东坡书传》卷九《泰誓中》,清《学津讨原》本。
④ 〔金〕王若虚:《滹南遗老集》卷五《论语辨惑(二)》,《四部丛刊》影印旧抄本。

至若苏氏之言，高者出入有无而曲成义理（如《易》之性命阴阳，《书》之人心道心，《古史》之中一性善，《老子》之道器中和），下者指陈利害而切近人情（苏氏此等议论不可殚举。且据《论语》，则东坡之论见阳货，子由之论彼子西，皆以利害言之也）。……论事实则尚权谋（如阳货、子西事，乃以此论圣人，可见其底蕴矣）。（《朱熹集》卷三〇《答汪尚书》①　）

[原载《四川大学学报》（哲学社会科学社版）2001 年第 3 期]

---

① 〔宋〕朱熹：《朱熹集》卷三〇《答汪尚书》，第 1272 页。

苏辙佚文二篇：《诗说》《春秋说》辑考[*]

苏辙诗文主要收录于"栾城四集"（《栾城集》《栾城后集》《栾城三集》和《栾城应诏集》）。"四集"系苏辙生前亲自手编，比较真实可靠，《四库全书总目》说诸集"为辙所手定，与东坡诸集出自他人裒辑者不同。故自宋以来，原本相传，未有妄为附益者"①。馆臣说今传《栾城集》"未有妄为附益者"不假，但在《栾城集》外尚广有佚篇，也是不争的事实。故近时学人多有辑补，栾贵明据《永乐大典》残本辑出苏辙佚文佚诗 9 首②；曾枣庄、马德富整理《栾城集》时辑《栾城集拾遗》诗文 48 首③；刘尚荣据《东坡和陶诗集》《百家注分类东坡诗集》及《续资治通鉴长编》等书辑苏辙佚诗 15 首、佚文 4 篇④，后又广搜群籍，从《续资治通鉴长编》《圣宋五百家播芳大全文粹》等书辑苏辙佚文七十余篇，随中华书局版《栾城集》刊布于世。⑤ 经过诸先生努力，"栾城四集"以外的苏辙诗文，可以说大体已称齐备。但是载籍既博，披览不易，巨网之下，仍然难免遗珠之叹。近读明人茅坤《唐宋八大家文钞》，竟于《颍滨文钞》得《诗说》《春秋说》二篇，遍检"栾城四集"与诸人所做辑补，都无相同篇章。《唐宋八大家文钞》自明代以来"为世所传习"（《四库全书总目》），其书并不难觅，但是此二篇却不见于今传各类苏辙文集刻本和新近诸家的整理本⑥，也不

---

* 本文作者为第一作者，与李冬梅女士合撰。此文《诗说》《春秋说》由李冬梅提供线索，由舒大刚录出并撰文。

① 〔清〕永瑢等：《四库全书总目》卷一五四《栾城集》提要，中华书局 1965 年影印本，第 1328 页。

② 栾贵明：《苏轼、苏辙集拾遗》，《文学评论》1981 年第 5 期。

③ 曾枣庄、马德富：《栾城集拾遗》，《栾城集》第三册附录，上海古籍出版社 1987 年版。

④ 刘尚荣：《苏辙佚著辑考》，《文学遗产》1984 年第 3 期。

⑤ 刘尚荣增辑：《苏辙佚著辑考》，附《苏辙集》第四册后，陈宏天、高秀芳校点本，中华书局 1990 年版。

⑥ 四川大学古籍研究所编《全宋文》（巴蜀书社 1994 年版）第 46、47 册与曾枣庄、舒大刚编《三苏全书》（语文出版社 2001 年版）第 16~19 册所收苏辙文，也漏收《诗说》《春秋说》。

见于诸先生的辑本，故为苏辙研究者所忽略①。虽然《唐宋八大家文钞》在旧时被学人"家弦户诵"，而二篇论说却一直未引起学人注意，实与佚文无异。《诗说》《春秋说》是苏辙关于《诗经》《春秋》的两篇专论，内容十分重要，不可忽略。现揭橥于此，以与专家学者共赏析。

一、佚文

诗　说

《诗序》非诗人所作，亦非一人作之。盖自国史明变，太师达雅，其所作之义，必相授于作诗之时。况圣人删定之后，凡在孔门居七十子之列，类能言之；而邹、鲁之士缙绅先生，多能明之。汉兴，得遗文于战国之余，诸儒相与传授讲说，而作为之序，其义必有所授之也。于是训诂传注起焉，相与祖述而为之说，使后之学者释经之旨，而不得即以序为证。殊不知序之作，亦未为得诗之旨，此不可不辨。夫鲁之有颂，词过于实；《閟宫》之诗有曰："居尝与许，复周公之宇。"以《春秋》考之，许即鲁朝宿之邑也。自桓元年郑伯以璧假许田，至僖公时，许已非鲁所有。尝地，无所经见，而先儒以为尝即鲁薛地，若难考据。而《诗》称"居尝与许"，为能"复周公之宇"。何也？盖此《诗》之作，自"俾尔昌而炽，俾尔寿而臧"以下，至"天锡公纯嘏，眉寿保鲁。居尝与许，复周公之宇"，皆国人祝之之辞。望其君之能如此也。序《诗》者，徒得其言，而未得其意。乃为之言曰："颂僖公能复周公之宇。"以为僖公果复尝、许，若未可信也。《鱼藻》言："鱼在在藻，有颁其首。王在在镐，岂乐饮酒。鱼在在藻，有莘其尾。王在在镐，饮酒乐岂。鱼在在藻，依于其蒲。王在在镐，有那其居。"

---

① 刘毓庆《历代诗经著述考》（先秦—元代）于苏辙《诗》学著作，曾将《诗说》与《诗论》并举，惜未指出该篇与《春秋说》被人忽略的事实。（中华书局 2002 年版，第 154 页）

言鱼何在？在藻尔。或颁首，或莘尾，或依蒲，自以为得所也。然特在藻在蒲而已焉，足特以为得所。犹之幽王何在？在镐尔，或岂乐而后饮酒，或饮酒而后乐岂，若无事而那居，自以为乐者。然徒在镐饮酒，湛于耽乐，而不恤危亡之至，亦焉足特以为至乐？此诗人所刺也。序诗者徒见诗每以鱼言物之多，故于此亦曰"万物失其性"；以镐为武王所都，故于此曰"思武王"，恐非《诗》之旨也。《清庙》之序曰："周公既成洛邑，朝诸侯，率以祀文王。"昔武王崩，成王幼，周公位冢宰，正百官而已，未尝居摄也。汉儒惑于荀卿与夫《礼记》之说，遂以谓周公实居摄。然荀卿之言好妄，而《礼》所记杂出于二戴之论，于此附会其说曰："周公既成洛邑，朝诸侯，率以祀文王。"然则成洛邑者周公也，至于朝诸侯、率以祀文王，使周公为之，不几于僭乎？《将仲子》之序曰："小不忍以至大乱。"以《春秋左传》考之，祭仲之谏庄公，以不如早为之所。庄公曰："多行不义必自毙。子姑待之。"又曰："无庸，将自及。"又曰："不义不昵，厚将崩。"终至于伐诸鄢。庄公之志，不早为之所，而待其自毙，盖欲养成其恶，而终害之故也。故《春秋》讥之，而《左氏》谓之"郑志"，以郑伯之志在于杀也。《将仲子》之刺，亦恶乎养成其恶而终害之？序诗者曰："小不忍以致大乱。"盖不知此。观庄公誓母姜氏于城颍，则庄公之用心，岂小不忍者乎？《召旻》所刺，刺幽王大坏也。始曰"旻天疾威"，而卒章曰"昔先王受命，有如召公，日辟国百里"，思召公之辟国，特其一事耳。而序诗者，遂以《旻》为"闵天下无如召公之臣"，焉足以尽一诗之义？《淇奥》所美，美武公之德也。武公之德如诗所赋，无施不可。序诗者，徒见诗言曰"有匪君子"，即称其有文章。武公所以为君子，非止文章而已。见诗言曰"如切如磋，如琢如磨"，即称其"又能听其规谏"。武公所以切磋琢磨，非止听规谏而已。是言也，又似非能文者所为。即此观之，诗之序，非汉诸儒相与论撰者欤？不然，何其误诗人之旨尚如此！至如《载驰》《抑》诗称作《诗》者谧，《丝衣》引高子及灵星以证其说，若此之类，序非诗人作明矣。如《江有汜》言美媵也，勤而无怨，嫡能悔过也，辞意并足矣。又曰："文王之时，江汜之间，有嫡不以其媵备数，媵遇劳而无怨，嫡能自悔也。"如《式微》言："黎侯寓于卫，其臣劝以归。"而《旄丘》曰"责卫伯"，因前篇以见意，足矣。又曰"狄人迫逐黎侯，黎侯寓于卫，卫不能修方伯连率之职"云云，何其辞意重复如此！若此之类，序非一人作明矣。或者谓如《江有汜》之为美媵,《赉》之为锡予,《那》之祀成汤,《商武》之祀高宗,疑非后人所能知而序之者。曰:不然。自诗作已来,必相授于作之之时,况圣人删定之后乎!

春秋说

　　名分立,礼义明,使斯民皆直道而行,则圣人之褒贬未始作也。名分不立,礼义不明,然导以名分而或知戒,谕以礼义而或知畏,犹有先王之泽在,则圣人之褒贬因是而作也。名分不足以导之使戒,礼义不足以谕之使畏,而先王之遗意已不复见,则圣人虽欲褒贬,亦未如之何矣。愚于仲尼作《春秋》见之。周之盛时,赏罚一于主断,好恶公于人心,赏其所可赏,皆天下之同好也;罚其所可罚,皆天下之同恶也。虽鄙夫贱隶,犹知名分礼义之所在而不敢犯者。不幸虽幽、厉失道,天下板荡,然天子之权未尝倒持,而名分礼义在天下者,亦不敢逾也。当是时,王迹不熄而《雅》道存,《雅》道存而《春秋》不作。则褒贬安所著哉?奈何东迁之后,势已陵替,赏罚之柄不足令天下而《雅》道息,《雅》道息则名分逾而礼义丧矣。然尚有可救者,五霸起而合诸侯,尊天子。葵丘之会,伐原之信,大搜之礼,有足多者。至如鲁未可动,亦以能秉周礼,使先王纲纪之遗意绵绵有存者。又幸而一时卿士大夫事君行己,忠义之节,间有三代人才之遗风。圣人于此,知夫导以名分或使知戒,谕以礼义或使知畏,故与之善善、恶恶、贤贤、贱不肖,而责备致严。则《春秋》之作,亦其人可得而褒贬欤!逮五霸既没之后,春秋之末,陵迟愈甚。吴越始入中国,干戈纵横,则中国几于沦胥矣。当时诸侯皆五霸罪人,而先王纪纲遗意与夫人才遗风,扫地荡尽。终于田常篡齐,六卿分晋,圣人于此,知夫名分不足以导之使戒,礼义不足以谕之使畏,虽欲褒贬,亦未如之何矣。故绝笔获麟,止于二百四十二年。获麟之后,书陈恒弑其君之事,已非圣人所笔。噫!《春秋》不复作,其人不足与褒贬欤?然自《诗》亡而《春秋》作,孟轲以为“王者之迹熄”;至于《春秋》不复作,则又先王之泽竭焉,可胜叹哉!①

---

　　① 〔明〕茅坤:《颍滨文钞》卷二〇,《唐宋八大家文钞》卷一六四,文渊阁《四库全书》本。

二、杂考

　　《诗说》《春秋说》两篇见于《唐宋八大家文钞》卷一六四《颍滨文钞》"说赞辞赋祭文杂著"类，同属"说"体的文章共收 3 篇，其一《易说》（"夫乾天下之至健也"至"亦位于其中而已矣"），其二、三即《诗说》和《春秋说》。《易说》与《栾城三集》卷八《易说三首》第三首完全相同，可定为《易说三首》之三，《诗》《春秋》二说却一时找不到出处，当为佚文。

　　众所周知，《唐宋八大家文钞》是"掇韩公愈，柳公宗元，欧阳公修，苏公洵、轼、辙，曾公巩，王公安石之文，而稍为批评之"① 而成，其性质当然是韩愈至苏辙等八大家文章的选编。20 卷的《颍滨文钞》与 96 卷的"四集"② 相比，无疑也是选本。何以其中竟有"四集"所无的文章呢？茅氏自述《颍滨文钞》内容包括"其《上皇帝书》及《札子》《状》19 首，与他执政书 10 首，诸论及《历代》《古史》名论 82 首，策 25 首，序、引、传 7 首，记 12 首，说、赞、辞、赋、祭、文、杂著 11 首"③，总共 166 篇。这一百六十余篇文章来源于两类文献：一是苏辙文集，二是苏辙学术专著（《古史》）。取自《古史》的二十五首，《颍滨文钞》卷一一标为《古史论》，即齐、鲁、陈、蔡叔、卫、晋、楚、燕、越、晏平仲、屈原、孟尝、平原、魏公子、春申君、苏秦、王翦、刺客、虞卿、鲁仲连、穰侯、范雎、蔡泽、白起、李斯、蒙恬等篇传后的"苏子曰"，按之原书，一一皆可符证。

　　而《易》《诗》《春秋》三说，茅氏于首篇《易说》注："以下三首，非公文之至者。存之，特以见古人穷经之学。"茅氏只从文章学上略表不满，以为不是苏辙文章中最好的，但是并未说明是取自别书。我们用此二文与苏辙其他学术著作相比较，也无相同篇章。可见三篇非如《古史论》录自别书，而是从苏辙

---

　　① 〔明〕茅坤：《唐宋八大家文钞原叙》，《唐宋八大家文钞》卷首，文渊阁《四库全书》本。
　　② 宋刻本《苏文定公文集》，含《前集》五十卷、《后集》二十四卷、《三集》十卷、《应诏集》十二卷，凡九十六卷。
　　③ 〔明〕茅坤：《颍滨文钞引》，《唐宋八大家文钞》卷一四五，文渊阁《四库全书》本。

文集中选出。苏辙集虽如馆臣所言"自宋以来，原本相传"①，但自宋迄明，版本既多，翻刻各异，各种版本之间在文篇上此多彼少，亦是常事。况且《宋史·艺文志》于《栾城集》八十四卷、《应诏集》十卷外，复有《策论》十卷、《均阳杂著》一卷；焦竑《国史经籍志》于《栾城集》外，别出《黄门集》七十卷。说明在"栾城四集"外尚有其他苏辙文录行世。《诗》《春秋》二说既可能出自明代尚存的某本《栾城集》，其收文与今传本互有出入，甚或比今本为多；也可能取自别种苏辙文录，其收文有《栾城集》所无者。栾贵明仅据残本《永乐大典》即辑得今本所无佚篇九首就是明证；《永乐大典》所引或称《苏文定公集》，或称《苏颍滨集》，也许正反映了明时多种苏辙文录行世的事实。《诗》《春秋》二说也许是多于今传本的某本《栾城集》之佚篇，也许是明代流行的别本苏辙文录之孑遗。② 我们有理由将其与《永乐大典》的佚文一例对待，做苏文佚篇处理。

前揭茅坤说《易》《诗》《春秋》三说"非公文之至者"，似乎三说文字并不可观，这是不是暗示着他对文章内容也表示怀疑呢？回答是否定的。《易说》已作为《易说三首》之一收入《栾城三集》之中，其为苏辙文无疑。《春秋》《诗》二说，内容也与苏辙其他论著观点一致，可证其并非假托，亦非他人之作窜入。茅氏明言其为"公（辙）文"是有根据的。试举数例如下。

先看《春秋说》。从上揭全文可知，《春秋说》的内容主要是讨论孔子作《春秋》问题，其观点与苏辙所撰《春秋集解》是一致的。文中分析孔子为何作《春秋》，《春秋》为何起于隐公，终于哀公，提出"衰周三世说"："幽、厉失道，天下板荡，然天子之权未尝倒持"，"王迹不熄而《雅》道存"，故《春秋》不作。"东迁之后……而《雅》道息"，"名分逾而礼义丧"；但是"尚有可救"，"五霸起而合诸侯"，"先王纲纪之遗意绵绵有存"，"间有三代人才之遗风"，故孔子"导以名分或使知戒，谕以礼义或使知畏"，于是作《春秋》。"五霸既没之后"，"先王纪纲遗意与夫人才遗风，扫地荡尽"，已经没有施教的基础，"故绝

---

① 〔清〕永瑢等：《四库全书总目》卷一五四《栾城集》提要，第1328页。

② 永瑢等《四库全书总目》卷一八九《唐宋八大家文钞》提要："说者谓其书本出唐顺之，坤据其稿本，刊版以行，攘为己作，如郭象之于向秀。"说明茅氏本自唐顺之，然唐顺之又本自何处，当容别文详考。

笔获麟，止于二百四十二年"。

这种对衰周历史三世的划分，与苏辙《春秋集解》卷一二"西狩获麟"注十分一致：

> 自周之衰，天下三变，而《春秋》举其中焉耳。其始也，虽幽厉失道，王室昏乱，而礼乐征伐，犹出于天子。诸侯畏周之威，不敢肆也。虽《春秋》将何施焉？
>
> 及其中也，平王东迁，而周室不竞。诸侯自为政，周道陵迟，夷于列国，迨隐之世，习以成俗，不可改矣。然而文、武、成、康之德犹在，民未忘周也。故齐桓、晋文相继而起，莫不秉大义以尊周室，会盟征伐，以王命为首。诸侯顺之者存，逆之者亡。虽齐、晋、秦、楚之强，义之所在，天下予之；义之所去，天下叛之。世虽无王，而其法犹在也。故孔子作《春秋》，推王法以绳不义，知其犹可以此治也。
>
> 及其终也，定、哀以来，齐、晋既衰，政出于大夫；继之以吴、越、夷狄之众，横行于中国。以势力相吞灭，礼义无所复施，刑政无所复加。虽欲举王法以绳之，而诸侯习于凶乱，不可告语。风俗靡然，日入战国。是以《春秋》终焉。
>
> 由此观之，则《春秋》起于五伯之始，而止于战国之初。隐、哀适其时耳。

可见《春秋说》与"获麟"注完全是一个腔调，犹之乎脱墼于同一模型。特别是文章的后一段，两者都用孟子"《诗》亡《春秋》作"一语作结，更是形神毕肖。

其次看《诗说》。《诗说》中心议题批评《毛诗序》。首先开宗明义指出："《诗序》非诗人所作，亦非一人作之。"其下则备举《毛诗序》关于《閟宫》《鱼藻》《清庙》《将仲子》《召旻》《淇奥》《载驰》《抑》《江有汜》《旄丘》等篇误说，一一举例辩驳。关于"《诗序》非诗人所作"之说，正是苏辙《诗经》学思想的突出特点。其《诗集传·关雎序》即明确说"今《毛诗》之叙，何其详之甚也！世传以为出于子夏，予窃疑之"，"《诗》之叙未尝详也，《诗》之亡者，经师不得见矣，虽欲详之而无由。其存者将以解之，故从而附益之以自信其说。是以其言时有反复繁重，类非一人之词者。凡此，皆毛氏之学，而卫宏之所集录也"。一详一略，一明一暗，彼此正好上下呼应，前后补充。

该文对《闷宫》以下各篇诗序的驳辩，也与苏辙《诗集传》注解诸篇的观点一致。如《闷宫》有"居尝与许，复周公之宇"之句，《诗序》说是"颂僖公能复周公之宇"。苏辙以为只是"国人"祝愿之辞，"望其君之能如此也"。《诗序》"徒得其言，而未得其意"，"以为僖公果复尝、许"，"未可信也"！这与《诗集传》卷一九本诗注"夫此诗所谓'居尝与许，复周公之宇'者，人之所以愿之，而其实则未能也"之说完全吻合。

又说《鱼藻》之诗，是借鱼依藻、蒲为安起兴，说王在镐行乐，是"不恤危亡之至"。批评《诗序》解该篇为"万物失其性"，是"思武王"，"恐非诗之旨也"！这与《诗集传》卷一三注的内容也是相同的："鱼何在，亦在藻耳。其所依者至薄也，然其首颁然而大，自以为安，不知人得而取之也。今王亦在镐耳，寡恩无助，天下将有图之者，而饮酒自乐，恬于危亡之祸，亦如是鱼也。毛氏因在镐之言，故序此诗为思武王，以在藻颂首，为鱼得其性。盖不识鱼之在藻之有危意也。"

由上可见，《诗说》关于《诗序》非诗人所作的观点，以及对各篇《诗序》的个案分析，都与《诗集传》《古史》吻合，其为一人之辞盖无可疑。

《诗说》《春秋说》，茅氏既将其与《易说》同列，又没有特别交代其特殊来历，说明它们与《易说》等其他文章一样，同取于栾城文集，三篇文字在版本上是有依据的，从而排除了其他资料"妄为附益"的可能。其中，《诗说》的观点与《诗集传》《古史》吻合，《春秋说》的观点也与《春秋集解》无殊，两篇文章在内容上与苏辙思想的一致性，又排除了他人文章窜入的可能。因此，我们可以说，《诗说》《春秋说》本是苏辙作品，只是长期未被重视罢了。《诗说》《春秋说》反映了苏辙重要的经学思想，特别是其怀疑《毛诗》小序的观点在这里得到充分展开，孔子作《春秋》的原因和《春秋》始隐终哀的用意，在这里也得到专门探讨，二文是我们研究苏辙"诗经学"思想和"春秋学"成就的宝贵文献，弥足珍贵！不可等闲视之。

（原载《文学遗产》2004 年第 1 期）

苏辙佚文八篇

　　苏辙文集由于系作者自己晚年所编，向称完备，但是或由于转刻脱漏，或由于作者自己沙汰，故仍有佚篇存在。自 20 世纪 80 年代以来，陆续有刘尚荣（《苏辙佚著辑考》，《文学遗产》1984 年第 3 期；又附《苏辙集》后，中华书局 1990 年版），栾贵明（《苏轼、苏辙集拾遗》，《文学评论》1981 年第 5 期），曾枣庄、马德富（《栾城集拾遗》，附《栾城集》后，上海古籍出版社 1987 年版），及笔者与李冬梅（《苏辙佚文二篇：〈诗说〉〈春秋说〉辑考》，《文学遗产》2004 年第 1 期）先后拾补，当时以为大体无遗。但是，近来因整理《三苏先生文粹》，比勘栾城所作文字，于卷六五（《重广分门三苏先生文粹》卷五四）仍发现有八篇文章（《禹之所以通水之法》《修废官举逸民》《天子六军之制》《休兵久矣而国用益困》《关陇游民私铸钱与江淮漕卒为盗之由》《择郡守》《任子》《复成均之法》，总题"颍滨先生·策"，或"策八首·颍滨先生"），既不见于《栾城集》《后集》《三集》及《应诏集》，也不见于上述各家辑补文章，盖遗文也。

　　无独有偶，在苏轼文集（"七集"本之《续集》之卷九、《东坡全集》之卷四八，或《苏轼文集》之卷七）亦有与前五篇同题文章，总名"杂策五首"（内容则与苏辙之文不同）。《苏轼全集校注》卷七按语："此组文章共 5 篇，嘉祐二年（1057）二月作于开封。《续集》总目在此 5 篇之前标有《策问五首》之总题，而卷内 5 篇题前则仅冠以'策'字。案，此 5 篇未有所问，并非策题，实为针对策题而作之策答。卷内题前标'策'为是，总目称作'策问'有误。今底本冠以'杂策'亦不妥。据《宋史》卷一五五《选举一》：'凡进士，试诗、赋、论各一首，策五道。'此 5 篇文字正是 5 道策答，显然为应礼部时所作，因知当在嘉祐二年二月。又，此组中《休兵久矣而国用益困》文云：'故自宝元以来，赋敛日繁，虽休兵十有余年，而民适以困者，潜削而不知也。'宋仁宗宝元元年为1038年，至嘉祐二年为19年，正合文中'十有余年'之数。"① 苏辙这8篇文章，内容和情形都与苏轼文章吻合，应为同时作品，兹录存于此以备考校。

一、《禹之所以通水之法》

天下之有五材，犹人之有五脏六腑也。生而寿夭疾病之变，皆其所为也。故一人之身，养之有道，而无饮食喜怒之伤，则无忧乎寿命之不长；养之而不得其道，治之而不得其法，则反以为害于吾身。盖古者五材之用于天下，莫不有患，幸而皆得圣人以治之，故至于今而无伤。今之天下知夫江淮之所以流，山川之所以安，草木之所以生，兵刃之所以割，人之所以茹毛饮血者，何也？安知夫圣人修其教，以治五行五材之难也。五材之中，其至柔易泄，狎而不畏之者好以败坏天下。故尧之时，水犹逆行，泛滥于天下，得禹而后能止。方禹之治水也，而治河尤难。以为河之所从来者高，下分其势以杀其怒，不欲专以一河受其势。使后世而能守禹之所为，则何患于水之为灾？唯圣人为之甚劳，而后世败之甚易，故至于今河水岁溢而莫之或救。盖欲决而注之于匈奴者近乎危，筑堤而守之者近乎固，多穿大渠而分其流，则劳民而成功迟。求之《禹贡》之遗迹而治之，今之一河，又非若尧之天下皆水也。然欲知夫九州之高下，与禹用功之先后，则禹之行始于北方之冀，扬自南而还入于天下之中，循豫而讫于雍，凡十余载而后功乃成。使禹之治水，不先治之于崇高之地，而汲汲于卑湿之处，则水之居于高者，必反倾而赴于下，是卑湿之地未可以一用功而已。天下之大川不过江、河、淮、济，而其小者不可胜数也，不流而入于四渎之中至于海者盖寡矣。九江之相合，伊、洛、瀍、涧之入于河，其势便也。若夫蓄之而不决，如大野之九泽者，则又其势也。呜呼！人之于事，幸其易成，而倦其难治，则无以及远。故以嵎夷之略，而较之于兖州，虽十三载而不厌也。其书之于《禹贡》而可见者，大略如此。而方今之世，已不可复用矣。盖古者谋之朝廷之中，而其所以使之甚亲

① 张志烈、马德富、周裕锴主编：《苏轼全集校注》卷七，河北人民出版社2010年版，第751页。

者，皆有其职，故上古有五官以治五材，而水润下。

秦汉之间，天下犹有水工郑国之属，以郑当时之谋，不能为逐之，而责成于齐之水工徐伯。凡今世之议，其尤便者，不过曰缮旧堤而勿复筑，疏其壅塞，而使无决溢之患。若以求其不世之谋，则必有为水工者焉。古之所以能知治水之法者，能因其性而导之，水工者，亦善知水之性者。然世之患，又不患乎无水工，而患乎上之不求之也。

二、《修废官举逸民》

窃闻古者，修废官，举逸民，无异道也。视其所废而修之，视其逸而举之而已耳。今明策乃退自贬损，如不之知而问之，诸生窃以为过矣。盖古者之为天下，审名实而已矣。名之存而实之亡，其与存者有几？唯圣人为能变其名而不废其实。故上古之官，炎帝以火纪，黄帝以云纪，少昊以凤纪，二帝三王纪以其事，而天下皆无废官。历秦而至于汉，以讫于唐，其名虽殊，而其事一也。及吾宋有天下，因其名而参用之，求之于古，而以为无废官之名则可，而其实已差矣。盖屯田者，古之屯于边而田者也；职方者，总四胜之地而识之也。变名者，今以其事而复其事（名）。若夫举逸民之说，则优其礼而重其爵禄，用其言而信其道，使之无怀其山林之乐，尽力于其位而后可也。

三、《天子六军之制》

古者为井田，以网罗天下之人，而归之于农，故天下无游民。虽天子之兵卫，犹不可特设，而取之于农，使之家出一夫以为兵，而以其余者为余夫羡卒。盖使其为兵者止于一人，而其余夫羡卒得以优游于垄亩之中，而不知其劳。至于田与追胥，然后使之竭作，而又累其田，至于四丘之广，而后出兵车一乘。盖古者之优民，其制如此。而其军徒之众，天子至于六军，大国三军，次国二军，小国一军。一军之士，万二千有五百人。其有士万二千五百人者，有地五十里者也。至于周衰，诸侯相并吞灭，取以自广其地。而大国兵车，或数千乘，恶周之害己，而犹未能显然以违之也。故因周之经礼，而增损其文，使若大国之制，固有千乘矣。千乘非诸侯之所宜有，而鲁实有之。故《春秋传》曰："大搜于红，革车千乘。"一乘之车，其士之衣甲而射、御，与为右者二人，从而翼之者七十二人。公车千乘，而其士乃当六军之数。夫鲁以诸侯而为天子之制，诗人又从而歌咏之者，将以美其盛而已，非与之言制度。既如此矣，又曰"公徒三万"，何也？夫三军之士，三万七千有五百人，则所谓三万者，又非指三军而言之也。是二者，皆指其实而言之者也，非礼也。非礼而颂之者，何也？《诗》非所以定制度之书也，玩其情，而声其穷困，乐其盛大，而诗之道尽矣。古者，天子之马十二闲，以应乾之策二百一十有六，而方其美卫文公也，则曰"騋牝三千"，此岂其贬之之辞耶？非也！故求《诗》者，不责其合于典礼，而求其情之所在而已。

四、《休兵久矣而国用益困》

天下之弊，莫大乎不知其端，故匹夫之家，有穿窬之盗，而亡其百金之费，则不足以为忧。无故而日费一金之财，其弊可以立待。何者？其为盗之所夺者，止于百金也；无故而用之者，未可以量也。故景祐、宝元之间，契丹、灵夏之难相乘而作，兵役并起，而当其时财用给而上下足者，以其用之之道止于此也。天下既安，四境之患不至，水旱之灾不足以疲弊四海。天子躬慈俭之德，以令百官，取之至饶，而用之有节，而反骚然有不足之忧者，有以泄之而不知止也。夫中国之所以求和于西北者，将以息民也。息之于锋镝之间，而夺其衣食之用，以厚异域，是非所以息之也。今者，输金缯，出币帛，岁以百万计，而匈奴之骄不为少屈，西边之士不得解甲，其势非可以久远而无变，乃恬然而不为改，亦过矣！故为今之计，莫若绝而不为交，拒而不为赂，下以休吾民，上以无遗子孙之患，使之显然为叛逆之臣于外。如此，而后胜负之数乃可以决。夫匈奴之国，其实不能当中国之半，以倍人之地，选懦而不决，故彼得以邀我。诚能奋而不顾，何患不胜？如此，难者将以为构怨于匈奴，兵连祸结，而不可遽解，财用之数，将复益缺。窃以为不然。兴兵之弊，止于数年之困；而求和之费，蔓延以及于后世。不忍数年之不足，而不虑后世之患者，智之下也！

五、《关陇游民私铸钱与江淮漕卒为盗之由》

谷者，天下之所恃以为命也；金者，所以转而通之者也。居货千万，积钱盈屋，是非有益乎饥寒之用也，而举天下皆爱之者，为饥寒之权出于钱也。是以钱太重则谷甚贱，谷甚贱，则利于商而害于农；钱太轻则谷甚贵，谷甚贵，则利于农而伤于商。二者交病，而饥寒之患至。故观其势之极，而权之以轻重，使之皆不至于病者，圣人之法也。今者患在钱太轻，唯其钱太轻，是以谷甚贵，而吏民因缘以为奸。况夫秦陇勇挚之臣，吴楚穷烟之卒，固宜其起而犯之矣。且夫钱甚轻，而不私铸则难以易夫衣食之用；谷甚贵，则非杀人无以求夫口腹之利。故秦陇之铸钱，而窜乎西羌；吴楚之杀人，而往来乎江湖之上。其势诚不能不然也。方今远方耆老之民，自言其生而至于今，养生之物，其价十倍。此诚当更之时也！

六、《择郡守》

天下一体也。畿内之重，海隅之远，其重一也。虽然，畿内之事，皆上之所亲见；郡县之政，远而无以知其详。是以举郡县之政而属之吏，民之休戚喜怒，皆吏之告，而吾不与知。故凡择郡县之吏者，尤难于畿内。吾宋分别天下之地，以为十七道，郡县之数充满图籍，圣人忧夫民之众生于远方，不获蒙被王泽，故置官设吏而为之长，而使之宣导盛德于无知之民，以怀其心，使之无独不获其所。盖圣人爱民之心，如此其切然。而明策之中，犹以为"有司考此，循定格，外台会课，罕登第一"。此谓盖漕刑之过，而非守之罪也。何者？天下之吏，孰能皆贤？不能皆贤，故举而归之漕刑。漕刑不严，故吏惰而不恭。及其不恭，然后计其课之殿最。宜乎，其无成功也！昔者，汉武之世，吏之贤者，有汲黯之持重，郑庄之喜士，倪宽之廉平，董生之文雅，公孙之恭俭，文翁之好儒。若是其盛，而所谓居官可纪者三人，参列于其间。今诚振漕刑之职，以绳天下之吏，夫何患第一之课不闻，而三人者之才不复生于今哉！

七、《任子》

甚哉！儒者之言事也。诋任子而进寒士者尝有言曰："官人以世而商乱。"其反者亦尝有言曰："仕者世禄而周兴。"且夫人之贤不肖之分，非有常所而生也。当商之乱，其所用者不贤者也，是虽出于布衣无益也。周之兴也，其所用者贤者也，是又不可舍而求诸其下者也。盖知其才而已也，不知其世也。故皋陶出于微陋，伊尹起于畎亩，而舜、汤任之以公卿之事。父既为公卿，而益与陟亦不遂废。夫举其父于贫贱之地，而用其子于富贵之中，而皆无疑者，彼皆贤也。孟子曰："国君进贤，如不得已，将使卑逾尊、疏逾戚。"盖尊与戚者不足于用，不得已而后取之于卑与疏也。而曰固不用者，末也。今宋有天下，取人之道，出于进士，出于制策，出于任子，三者并用，天下之人，在官者不可知数。夫朝廷郡县之位，一定而不增；补荫进用之士，日益而不已，是以冗官纷纭充溢于扃外，而刻削之议兴。然刻削之议，可以为一时之便，而非所以罗天下贤俊之术，何则？贤俊固有出于任子者也。古者圣人患乎公卿之世，侈于耳目之欲，不知民之疾苦，而不可用也，则幼而教之，以礼使之，长而不变，故书教胄子以九德，而命后夔使掌其乐，以和其刚柔宽猛之性。商人命乐正崇四术，立四教，于五学之中，以明其国子之得失，而其不率教者，至有屏之棘寄之法，以震惧其心。故当时卿大夫之世，雍容礼让，无异于间阎蔬食之士。盖非待天性之贤而后用之也。教之而至于可用，斯亦可用也。及周之衰，其遗风流俗，犹未甚远，**故诸侯**

之卿，皆世其位，而郑侨、季札、晏婴、范燮之徒，时出于其间。当此之时，仲尼作《春秋》，讥世卿，然至于季札，则以为有吴之君子，子产则与之为友。由此观之，乌在其必排之哉！然则方今之便，教而观其可用以用之而已矣！

八、《复成均之法》

三代之教，一出于学校。学校之制，多则民劝。盖民常就于近而易见者。观之以知孝悌忠信之美，故国中有太学，四郊皆有虞庠，至于一乡一遂一党之众，亦莫不有，所以广其闻见，而便其来学之子弟。至于周兴，其制度最盛，故兼立五帝之学，而谓之成均。成均法，掌之于司乐，而副之以乐师，教之以六德六行中和孝友之道，又四时示以诗书礼乐之法，而六代之乐尤著于此。周衰学废，故《青衿》之诗作。秦氏变三代之正，而学校与儒者同灭于灰烬。汉兴，稍稍葺治，至孝武元光之间，始有辕生、公孙生，明王道以风天子。于是太常始议定其制，择民年十八已上美容仪者，以充博士弟子，而受之业。以时而考其课，能通一艺者，则以为文学掌故；不能者，则退不复用。此其法制虽不若三代之详备，然亦颇为当时之便。是以汉之学者，经明行修，可以为天子左右顾问之大臣者，相望而出。国家开设科选，以延天下之豪俊，其意亦欲得三代、两汉之贤才，以与共治，然卒不能。深言切论，以补益时政者，盖亦有说《周官》成均之制，德行礼乐之事，远而不可详见，不复言矣。近观太常之议，使人有常师，执经据古，不忽其道，以随世上下，此最为近古者。今世之俗病于无师，无师，是以教不尊；教不尊，是以持之不坚。故儒者泛泛不足以属大事，今诚能用太常之议，而敦奖劝之风，则天下儒者之幸！

（原载《宋代文化研究》第 24 辑，四川大学出版社 2018 年版）

苏过遗文拾补[*]

苏过的《斜川集》20 卷（一作 10 卷），明初曾被收入《永乐大典》，自后逐渐失传。清乾隆中，四库馆臣编修《四库全书》，周永年等人复从《永乐大典》中辑出佚文，编成《斜川集》6 卷，后赵怀玉亦有生斋刻印行世。嘉庆中，趁编纂《全唐文》之机，法式善又从《永乐大典》中辑出周氏等漏辑佚文佚诗，编为《斜川集补遗》2 卷，曾由唐仲勉附于《斜川集》后刻行。即便如此，北京图书馆和台湾"中央图书馆"所藏"清旧抄本"《斜川集》仍然保存了上述二刻未收的苏过诗文。1997 年，巴蜀书社出版《斜川集校注》，先将上述各本诗文加以汇总，再据《播芳大全》等宋文辑存补录苏过诗文二十余篇。2012 年，中华书局在巴蜀书社版基础上有所增补，出版了《苏过诗文编年笺注》。其时，学人以为苏过诗文的辑佚工作可以暂告一段落。近时，本所同仁吴洪泽在编纂《宋代蜀文辑存校补》的过程中，又从宋时蜀人编刻的《新刊国朝二百家名贤文粹》各题中发现了署名"斜川居士"的文章十余篇。其中，多数已经收入清以来各版《斜川集》中，《拟孙权答曹操书》见于《东坡全集》卷一〇〇，其余各篇虽不见于前述各版苏过文集，但内容和事实多与苏过行迹吻合，基本可断为苏过遗文。今录校出来，稍事考订，撰为《苏过遗文拾补》以就教方家。尚望博闻君子不吝赐教。

一、《河东提刑徙治太原题名记》（斜川居士）

古者制钟鼎，造宫室，犹书其人，名其地，盖将使后世或有所

考尔，而况设官置吏，迁徙府寺，独无所志，不其阙欤？河东总郡二十有四、县八十有一，民物之繁伙，吏兵之众多，狱讼之纷纭，朝廷专委一司，号提点刑狱，所以昭示德意甚重。而曩者，或治上党，或治平阳，莫有定处。元丰七年，岁在甲子，十一月始诏有司，迁之太原。环视诸州，炭然居中，使之观风俗，问疾苦，省囚系，平反刺举，各便于事。此圣人子惠远民，钦恤唯刑之意也。又因其请，以钤戎之故寺，稍增其旧宫，不加费，民不知劳。既而居之，逮今二十有九年矣。某承乏于兹，惜其废置之不录，岁月之不载，恐无以表见于后。乃访求其事，案牍具在，独上党题名不可得矣。祗取平阳所记，刻之于前。又得元丰徙治已来奉使者若干人，别书于左。前贤往哲，粲然在目。庶几来者想见风采，有以见朝廷得人之盛。岂不伟欤！

（《新刊国朝二百家名贤文粹》卷一二八）

按，此文谓"元丰七年"（1084）提刑司迁至太原，"逮今二十有九年矣"，为政和三年（1113），是时苏过正好为太原府监税，文曰"某承乏于兹"可证。苏过另有《河东提刑崔公行状》，乃政和五年为崔钧所作。文曰"大观初，太行有黠盗曰李免者，聚徒山谷……朝廷遣将兵捕虏，久无功。乃自梓州路提点刑狱移公（崔钧）河东，专董其事。……太行以宁……久之，复除本路提刑。……公在河东凡十余年……无何，无甚疾而终，享年六十有六，时政和五年"云云。按，《宋史·徽宗纪》载，大观二年（1108），"河东、北盗起"。当即李免事。崔钧自彼时（1108）移镇河东，曾经两任，到政和五年（1115）卒时正好十年。《行状》又曰："过尝辱公之知，论荐于朝。"过另有《谢荐举状》（并见《苏过诗文编年笺注》卷八，中华书局 2012 年版），是过与崔氏颇有交往，为其撰《题名记》，亦人情之常也。

二、《孟县新迁狱舍记》（斜川居士）

　　孟之为邑褊小，介在山谷中。为令者至官，多寡弱其民，不事事，至于舍馆圮坏，恬然安之，习为故常，莫肯改作。刘君祖因为是邑，其明年，民既宜之，则请于州，量功立事，自门阶户席，焕然一新。既又徙置其狱于厅事之西，为屋二十楹，闬闳垣墉，峻峙完洁。下至桁杨桎梏，莫不中度。以书抵余，愿记其事。余唯郑子产铸刑书，而叔向讥之。今子作新狱舍，俾余夸示后人，不几于使民有争心乎？虽然，古之仁人君子于是物也不敢过，亦不敢不及，盖将尽心焉耳。夫禁暴诘奸，在《易》有之，曰"利用狱"，而哀矜无辜，使人自以为不冤，必于是乎在。此吾之意也欤？如坐视其垫隘，不可一日居，暑雨祁寒适至，人有瘦死，谁执其咎？且黄霸纵夏侯胜受经，吴祐纵母丘长生子，皆坐系逾冬，死而不悔。吏若不少隐，其无辜人举为湿燥寒暑所病，呻吟疾痛之不暇，又安能受经养子于其间哉？子非直然也，抑又有旨哉？昔隽不疑为青州刺史，每行县，录囚徒，还，其母闻有所平反，辄喜笑，为饮食，言语异他日。子千里奉母而来，顾无以为亲，所谓养志，殆将出此乎？君曰：然。遂并其语书之。

（《新刊国朝二百家名贤文粹》卷一二九）

　　按，篇题"孟县"及正文"孟之为邑褊小，介在山谷中"之"孟"，疑皆为"盂"字之误。宋代有盂县，无孟县，而有孟州。《宋史》卷八五："孟州，望，河阳三城节度。政和二年，改济源郡，崇宁户三万三千四百八十一，口七万一百六十九，贡粱米。县六：河阳（望）、济源（望）、温（望）、汜水（上）、河阴（中）、王屋（中）。"又卷八六："太原府，太原郡，河东节度……县十：阳曲（次）、太谷（次）、榆次（次）、寿阳（次）、盂（次）、交城（次）、文水（次）、祁（次）、清源（次）、平晋（中）。监二：大通、永利。"又《太平寰宇记》卷五二载："孟州，河阳郡，今理河阳县。《禹贡》为冀、豫二州之域，即武王伐纣，师会盟津。在周为畿内，苏忿生之邑，后为晋邑。故《左传》云文公大败楚师，襄王自往劳之，书曰'天王狩于河阳'是也。"可见，孟州历史悠久，地处中州大地，在宋时已是望县，为州治及河阳三城节度所在。孟北依太行，南滨黄河，地利势便，介于今郑州、济源、洛阳、焦作之间，为南北、东西交通要冲。与文中所谓"为邑褊小，介在山谷中"情形不符。而太原府所辖诸县，俱属"次"邑（仅晋县为中邑），孟正当其中。《太平寰宇记》卷四〇载："孟县，东北二百二十里，旧十一乡，今八乡。本晋大夫孟丙之地，汉旧县，属太原郡。"又载其历史曰："仇由城，即县之外城也，俗名原仇城。韩子曰：'智伯欲伐仇由国，道不通，铸大钟遗之。仇由大悦，除涂将内之，赤章曼支谏，不听，断毂而驰，仇由因亡。'盖其地也。"正所谓"褊小，介在山谷"者也。文曰"刘君祖因为是邑……则请于州，量功立事，自门阶户席，焕然一新"，"以书抵余，愿记其事"，云云。河阳自为孟州所辖，兴作无烦太原府事。唯有孟县修衙门，其始也，须请示于州府，其成也，则请记于府倅，皆在情理之中。故知此文为苏过官太原监税时，为孟县修衙事所作也。

三、《题东汉宦者传》（斜川居士）

先王之有天下，贵无事而贱有功，以为功非盛德之事也。雨之为功也以旱，食之为功也以饥，药之为功也以疾。夫不旱、不饥、不疾，物何自而为功哉？虽然，君子之功则庶几焉，小人之功，祸乱之道也。雨止于济旱，食止于已饥，药止于已疾，君子之功也。雨至于淫，食至于餍，药至于过，其伤人多，岂非祸乱之道也？《师》之上六曰："大君有命，开国承家，小人勿用。"《象》曰："大君有命，以正功也；小人勿用，必乱邦也。"呜呼，小人有功，亡无日矣。何以言之？止功而赏，不足则怨，怨则乱；赏称其功则骄，骄则专，君将不堪，则图之矣。然吾又与小人谋去之，其祸则又甚矣。胜则权移于人，败则身任其祸，卒之于亡也。吾观东汉之季，始丧于宦官，终丧于权臣，何也？小人有功之患也。郑众以窦宪之功显，孙程以立顺之功奋，五侯以梁冀之功逼，而中常侍矫杀陈蕃、窦武，遂擅国命。非大剪戮之，无以谢天下也。而袁绍之惩小人之功，使董卓除之，宦官少衰而卓炽矣。流及催、汜之乱，曹操卒以勤王之功代汉。岂非小人有功之过欤？夫唐亦然，自肃、代以来，宦人典兵，虽无四夷之功，而有立储之私，至谓天子为门生，天子亦自德之，曰："朕不忌尔，援立我也。"其敢忤之哉？故刘季述之变，韩全诲之迫，有自来矣。而崔胤乃以朱全忠除之，全诲死，而唐亦亡矣。天下之权一耳，不在此则在彼。吾既失之矣，不假手于他人，何自得之哉？然其人能日取之而复以归我者，盖鲜矣。故权之移人，自亡形成哉。盖汉唐亡于宦官，非曹操、朱全忠也。夫以刃决痈，爱生之至，然得不死于痈而死于刃，其与几何？阳虎欲去季孙，不克而出，鲁之福也。使阳虎有去季孙之功，鲁之国政，欲安归哉？其僭于季孙也，必有甚焉。晋赵王伦以灭贾氏，而至于篡；齐王同以谋孙秀，而至于专。其余诸王，更相屠戮，以盗威福，卒贻天下之乱，晋由东徙。小人有功之祸也如此，可不畏哉！

（《新刊国朝二百家名贤文粹》卷一九一）

　　按，苏过有多篇"题"《史》《汉》文：《书田布传后》《书周亚夫传后》《萧何论》《书二李传后》《书张骞传后》诸篇，俱见《苏过诗文编年笺注》卷七、卷八（中华书局 2012 年版）。苏轼海南《答程全父推官书》曰"儿子到此，抄得《唐书》一部，又借得《前汉》欲抄"云云，则过侍父南迁时，曾经抄录《唐书》《汉书》，其于抄录之暇撰多篇史评文章，亦甚宜也。兹篇虽然题名"题东汉宦者传"，其实亦议及唐之宦官之祸："夫唐亦然，自肃、代以来，宦人典兵，虽无四夷之功，而有立储之私，至谓天子为门生，天子亦自德之，曰：'朕不忌尔，援立我也。'其敢忤之哉？"盖出于同人之手无疑。至于写作时间，恐亦在海南时。文曰："君子之功则庶几焉，小人之功，祸乱之道也。""吾观东汉之季，始丧于宦官，终丧于权臣，何也？小人有功之患也。"又曰："盖汉唐亡于宦官，非曹操、朱全忠也。"可见过之痛恨宦官，将其等同祸国殃民之小人。然而观过晚年行事，则与此相反。朱熹《朱子语录》卷一三〇："苏东坡子过，范淳夫子温，皆出入梁师成之门，以父事之。……师成自谓东坡遗腹子，待叔党如亲兄弟，谕宅库云：'苏学士使一万贯以下，不须复。'"朱熹说苏过与范温"以父事师成"，其事之有无，不好遽断。朱彝尊《曝书亭集·书晁以道撰苏叔党墓志后》已辨之："自崇宁元年迄于四年，籍党人榜朝堂……是时叔党潜身救过之不给，宁有富贵利达之念萌于中哉？唯因梁师成自言为东坡出子，尝诉于裕陵（佑陵）曰：'先臣何罪？禁诵其文章，灭其尺牍。'于是先生遗文手迹始稍稍复出。叔党之不忍显绝师成者，此也。……乃毁之者，谓叔党谄事师成，自居干儿。夫师成既以东坡为父，称曰'先臣'，则必以昆弟遇叔党。岂有业为兄弟，而又降称干儿之理？此助洛攻蜀者谤之。"但是苏过晚岁与宦官交好则实有之。赵鼎臣《竹隐畸士集》卷六《闻苏叔党至京，客于高殿帅之馆，而未尝相闻，以诗戏之》曰："小坡不见二年余，闻到都城信有诸？雪里便回非兴尽，鱼中不寄是情疏。朱门但识将军第，陋巷难逢长者车。别后欲知安否在，试凭青鸟问何如？"高殿帅即高俅是也，其事在政和六年（1116）。又宣和五年（1123）七月，宦者童贯指挥辽之降将郭药师大破辽师萧幹军，苏过赋《闻郭太尉出师，大捷奚人，擒契丹酋，领四军者来献。作长句古调一首》，大赞"将军义勇冠三光，愿以部曲除螟蝗"；"前者披靡后者戕，系累妻子涕泗滂。将军折北昔未尝，以巧服人尤所长"。未及二年，宣和七年，金人入燕京，郭药师又降金，终为宋之北边大患。盖因徽宗昏聩，重用宦者，高俅、童贯、梁师成相继得势，国之安危，士之进退，宦官与有威福，故虽名贤之后，亦有所动其衷也。由此观之，此似非苏过晚年作，其或成于早年侍父海南时欤？

四、《跋魏世家》（斜川先生）

药不能生死，病未剧而得之，则无死之道。士不能止土崩与瓦解也，国未殆而用之，则无亡之理。不幸其死，而曰命也，非药之所能救。听其亡，而曰天也，非士之所能支，可谓谬矣！太史公曰：说者以魏不用信陵君，故国削弱而至于亡。余以谓不然。天方授秦平海内，虽得阿衡之佐，日益则天下无乱国，无绝世，苟弃人事而不修，则天下亦无治国，无长久之社稷矣。太史公非知天也，特见秦取六国之易，而不考六国之所以亡。愚请借韩论之：韩小国耳，固秦之所易也。秦围邯郸，使告诸侯曰："敢救者，已拔赵，必移兵先击。"而信陵君以百骑入晋鄙军，而夺之师，解赵围而却秦师，秦不敢怒之。何也？畏公子也。及闻公子在赵，则日夜攻魏，魏之休戚固可知也。公子归而蒙骜走，反间行，魏遂亡。则秦之去取，又可知矣。夫魏岂天亡？而秦岂天授者哉？且信陵君非三公子之比也，其用兵似穰苴，其好士似重耳。救晋鄙而军不敢动，归老反幼，而士乐为之死。是岂特挫秦师也哉？将以魏霸可也。昔诸侯合纵以攻秦，秦人开关延敌，而九国之师遁逃莫敢进。夫以十倍之众而无成功，何哉？谋不审而师不一也。不然，秦有城下之盟矣，何遁逃之有哉？而公子以五诸侯兵败秦河外，抑函关而秦不敢出。当是时，魏公子实专其谋耳。故九国虽众而败，五诸侯虽寡而胜，吾是以知公子似穰苴也。且能以富贵下贫贱，礼抱关鼓刀之贤，从博徒卖缯者游，非有道，孰能是乎？吾又以知公子似重耳也。有穰苴之才、重耳之贤，岂秦之敌哉？而言无益于未殆之魏，未能支幸胜之秦，诬矣！

（《新刊二百家名贤文粹》卷一九二）

按，是篇亦苏过抄读《史》《汉》时的感想。文曰："药不能生死，病未剧而得之，则无死之道。士不能止土崩与瓦解也，国未殆而用之，则无亡之理。不幸其死，而曰命也，非药之所能救。听其亡，而曰天也，非士之所能支，可谓谬矣！"慨叹志士不获重用，以致乱政无改，国家灭亡，民族无救之历史，正是当时苏轼等一大批元祐大臣被指为"党人"而加禁锢和远逐的现实给随父南迁的苏过留下的心灵创伤，也是他对当时岌岌可危之时局的殷切关怀和无助感慨。

五、《跋山谷家书》（斜川居士）

山谷道人能枯槁万缘，秕糠富贵，故迁谪穷荒，至死而气不屈。齐死生而遗得丧，余未见其亚也。此一轴寄其家书，无戚戚语，父子之间不用其情，而乌乎用其情？古人观之，必在于此。然余疑其磊落之人，不应谆谆然，及此虫鱼细故，岂非一念未除者，骨肉子孙之爱乎？相濡以沫，相嘘以湿，抑死生之相哀乎？范侯信中，是时以布衣徒步万里，谒公于宜州，相与对榻于谯门上者半年，襄其后事而归。信中初未为人知，自是学日益，今有闻于时，盖尝亲见写此书。后二十年，信中得之，异哉！宣和辛丑闰五月二十三日，眉山苏过题。

（《新刊国朝二百家名贤文粹》卷一九三）

按，该文末题署"宣和辛丑闰五月二十三日，眉山苏过题"，看来作为苏过作品似无问题。宣和辛丑为三年（1121），苏过以是年卜筑颖昌西湖，号小斜川，有《小斜川》诗并《引》，引曰："予近卜筑（颖昌）城西鸭陂之南，依层城，绕流水，结茅而居之，名曰'小斜川'。偶读渊明诗《辛丑岁正月五日与二三邻曲同游斜川各赋诗》，渊明诗云'开岁倏五十'，今岁适在辛丑，而予年亦五十，盖渊明与予同生于壬子岁也。"是时蜀人颖昌府兵马钤辖范信中，亦因刊苏轼诗文获罪罢任，闲居颖昌，日与苏过等人相唱酬。考之《宋史》，宣和初年，宦者李彦、杨戬，兴起花石纲，大肆括田于许颖间，搜索奇石花木，颖昌府兵马钤辖因不为取竹，被削职罢官。《李彦传》载："颖昌兵马钤辖范寥不为取竹，诬刊苏轼诗文于石为'十恶'，朝廷察其掎撅，亦令勒停。靖康初……彦削官赐死，籍其家……复范寥官。"考杨戬死于宣和三年，李彦死于靖康元年，范寥之罢官，当在宣和二年间。过集尚有《从范信中觅竹》《信中见和复以前韵答之》《信中惠竹以诗谢之》《和范信中雪诗二首》《次韵范信中》《次韵信中郎官庵》《次信中韵》等，借"取竹"说事，盖亦寓讽也。当时一同被罢官的还有颍昌知府叶梦得，苏过集有《送叶少蕴归缙云》"言乘刺史藩，曾视金銮草"，"未忘经济心，甘为穷鬼笑。手援沟壑危，自上蠲赋表"，云云，已隐约言其事矣。

但是此文说："山谷道人……迁谪穷荒……此一轴寄其家书，无戚戚语。"又说："范侯信中，是时以布衣徒步万里，谒公于宜州，相与对榻于谯门上者半年，襄其后事而归。信中初未为人知，自是学日益，今有闻于时。盖尝亲见写此书，后20年，信中得之。"似乎是范信中往宜州见黄山谷，亲见山谷写此信。山谷死后20年，范氏乃重见此书。这样看来，首先时间上有参差。如果由宣和三年（辛丑）上溯20年，则为建中靖国元年（1101），其时山谷尚健在，并且还在四川戎州（今宜宾），并未物故，范寥自然不会前往广西宜州探望。《山谷集》卷三〇附黄𪫷《山谷年谱》崇宁三年"十二月二十七日"引范信中为黄氏日记所撰《乙酉家乘序》云：

> 崇宁甲申（三年，1104）秋，余客建康，闻山谷先生谪居岭表，恨不识之。遂溯大江，历溢浦，舍舟于洞庭，取道荆湘，以趋八桂。至乙酉（四年，1105）三月十四日始达宜州，寓宿崇宁寺。翌日，谒先生于僦舍，望之真谪仙人也！于是忘其道途之劳，亦不知瘴疠之可畏耳。自比日奉杖屦，至五月七日，同徙居于南楼。围棋诵书，对榻夜语，举酒浩歌，跬步不相舍。凡宾客往来，亲旧书信，晦明寒暑，出入相居，先生皆亲笔以记其事，名之曰《乙酉家乘》。而其字画特妙，尝谓余："他日北归，当以此奉遗。"至九月，先生忽以疾不起，子弟无一人在侧，独余为经理其后事。及盖棺，于南楼之上，方悲恸不能已。所谓《家乘》者，仓卒为人持去，至今思之，以为恨也。绍兴癸丑岁（三年，1133），有故人忽录以见寄，不谓此书尚尔无恙耶？读之恍然，几如隔世。因镂板以传诸好事，亦可以见先生虽迁谪，处忧患，而未尝戚戚也。视韩退之、柳子厚有间矣。东坡云"御风骑气，与造物游"，信不虚语哉！甲寅（四年，1134）四月望日，蜀郡范寥信中序。

上文更明确记载了信中往访山谷于宜州，以及山谷终卒之年，俱在崇宁乙酉（四年，1105），而非建中靖国元年（1101）。

《山谷年谱》崇宁四年亦载："三月十五日，成都范寥来相访。寥字信中。"又载："五月初七日癸卯，自此宿南楼，范信中同之。……又先生有《题东坡小字两轴》云：'崇宁四年五月丙午，观于宜州南楼。'按，诚斋先生杨公万里尝作《宜州山谷先生祠堂记》……盖山谷之贬宜州，崇宁甲申也。馆于城之戍楼，曰小南门者。明年（乙酉）卒焉。后人思之，即其地庙祀之。于湖张安国大书'豫章先生'四字以扬之。"考之《山谷集》，《和范信中寓居崇宁遇雨二首》（蜀本注："信中名寥，山谷有《跋范寥所收东坡诗》云：'实崇宁四年之五月丙午，山谷老人谪居宜州二年矣。'山谷又有《宜州游山记》，盖四年六月辛巳，而信中挂名其间，此诗亦四年夏所作欤？"）诗云："范侯来寻八桂路，走避俗人如脱兔。""当年游侠成都路，黄犬苍鹰伐狐兔。二十始肯为儒生，行寻丈人奉巾屦。""何时鲲化北溟波，好在豹隐南山雾。"（《山谷集》卷八）。《山谷别集》卷一一题署"崇宁四年（1105）六月辛巳"的《游龙水城南帖》曰"龙水城南大雷雨后，十里至广化寺，溪壑相注，沟塍为一，草木茂密，稻花发香。邵彦明置酒招余，及华阳范信中、龙城欧阳佃夫，约清旦会于龙隐洞。余三人借马自南楼来"云云，末曰"信中，名寥"。《山谷别集》卷一有《信中远来相访，且致今岁新茗，又枉任道寄佳篇，复次韵呈信中，兼简任道》，此外《山谷尺牍》亦有多则题记提及范信中其人。都说明范之访山谷于宜州在崇宁四年（1105）无疑。如果自崇宁四年下延 20 年，则是 1125 年，为宣和七年乙巳，而非宣和三年辛丑（1121）矣。但此时苏过已下世 2 年，又如何能起而为之跋乎？此不可解者一也。

范序说："自比日奉杖屦，至五月七日，同徙居于南楼。围棋诵书，对榻夜语，举酒浩歌，跬步不相舍。……至九月，先生忽以疾不起，子弟无一人在侧，独余为经理其后事。及盖棺，于南楼之上，方悲恸不能已。"内容与过此跋"范侯信中……谒公于宜州，相与对榻于谯门上者半年，襄其后事而归"很是吻合。序又说："凡宾客往来，亲旧书信，晦明寒暑，出入相居，先生皆亲笔以记其事，名之曰《乙酉家乘》。而其字画特妙，尝谓余：'他日北归，当以此奉遗。'……所谓《家乘》者，仓卒为人持去，至今思之，以为恨也。绍兴癸丑岁（三年，1133），有故人忽录以见寄，不谓此书尚尔无恙耶。"除了时间外，情形也与过跋所谓"信中初未为人知……盖尝亲见写此书，后二十年，信中得之"完全相似。但是绍兴癸丑（三年），当公元 1133 年，既与苏过跋文"宣和辛丑"不符，而且苏过已卒于宣和五年（1123），如何能够预知十年后之事？此不可解者二也。

　　然而，有没有这样一种可能，即建中靖国元年（辛巳，1101），黄庭坚在戎州时，范寥曾有访问而见其此书呢？其时山谷亦尝为人书字，如《山谷别集》载《书和晁无咎诗后与斌老》："元符三年十二月，余将发戎州，于百忙中为斌老书此卷。建中靖国元年正月，斌老遣小使持此来，追余于江安县，曰：'卷尾余缯，愿记岁时。'"但前揭范氏《乙酉家乘序》，开篇即云："崇宁甲申（三年，1104）秋，余客建康，闻山谷先生谪居岭表，恨不识之。"说明此前范、黄并无见面机会。并且范序明曰"余客建康"，"遂溯大江，历溢浦，舍舟于洞庭，取道荆湘，以趋八桂"，并于"乙酉三月十四日始达宜州"，其出发地为建康甚明。这与过跋所说"范侯信中，是时以布衣徒步万里，谒公于宜州"之情形，又不相符矣。此外，据《梁溪漫志》《京口耆旧传》等，范寥虽是蜀人，却很早就出蜀，客居于丹阳（今镇江），范之往见山谷，用不着"徒步万里"。倘若是时范寥一直家居蜀中，山谷自绍圣初迁谪黔中（今重庆彭水），三年后于元符元年再迁戎州（宜宾），前后在蜀五年有余，范寥自应早已"徒步"数百里（勿需万里）往见矣。如果信中当时在蜀而不往，一则不合信中侠义精神，二则也不容他慨叹"恨不识之"。范寥在当时即有侠义名声，《梁溪漫志》谓"其人纵横豪侠，盖苏秦、东方朔、郭解之流云"；《京口耆旧传》亦谓"（范）寥志尚卓荦，欲以功名自见，方未遇时，权以济义，故不徇小节"。说明其人尚义贵时，彼时不见，尚且何为？信中见山谷一事，以上二书俱有明确记载，时间都在崇宁末年。《梁溪漫志》卷一〇《范信中》载："范寥字信中，蜀人，其名字见《山谷集》。负才豪纵不羁，家始饶给，从其叔分财，一月辄尽之，落寞无聊赖。"早年曾"欲应科举"，"以成都第二名荐送"。因"纵酒""殴杀人"，"遂匿傍郡为园丁"。后自"称进士，谒一巨公"，巨公"延致书室教其子"，又因纵酒"殴其子"而遣去。于是"椎髻野服"，至越州见太守翟思，与翟氏父子（思与子汝文）相好。翟氏归南徐（丹阳），将范寥寄安置在越州郡庠，又因其放荡行为害得"一学之士为之不宁"，遂被遣去。崇宁初，翟思捐馆于南徐，寥又"掩面大哭"往吊,汝文留之宿,待天明,"翟公几筵所陈白金器皿荡无孑遗",盖被范席卷而去。寥这一去,"遂径往广西见山谷,相从久之,山谷下世,范乃出所携翟氏器皿尽货之,为山谷办后事",这已是崇宁四年(1105)之事矣。接下来,便是投奔佛寺"依一尊宿",被收留,赐号"恪能"。不久"尊宿死",又往茅山投张怀素,知怀素"有妖术",有谋反议,遂因汤东野而入京告发,被授"供备库副使,勾当在京延祥观"。此外,宋无名氏的《京口耆旧传》卷五亦载:

> 范寥字信中,家丹阳,本范蜀公镇之族。年少客游,落魄不羁,浮湛俗间。翟参政父思之为郡也,寥知其父子有风鉴,草衣丱角,作方外士,谒庭下……因留门下。其后思立朝,位显要,寥藐不相闻。思卒,汝文持丧无锡,一日有客自外恸哭,匍匐而入,门下大骇,问之则寥也。汝文德其意,馆之家,遇之甚厚。汝文陈白金器数事于几筵,寥一夕哭甚哀,明日夙兴,敛之而行,莫知所之。乃携以抵宜州,谒黄公庭坚。时庭坚已病,尝有诗云"范侯来寻八桂路,走避俗人如脱兔",为寥作也。寥亦有《从庭坚城南晚望诗》,其间有云"此邦虽在牂柯南,更远不离天地间。人生随处皆可乐,为报中原只如昨"。亦以开释庭坚迟莫之意。未几庭坚卒,亲友皆已散去,独寥在,为办棺敛,仍护其丧还,费皆出翟氏。其用意委折如此。还抵和州,知张怀素与知州吴储及弟侔有逆谋。……欲遂告变……东野竭力资之。……既怀素伏诛……第授供备库副。……寥后累更职,任为颍昌府兵马钤辖,坐不合收藏苏轼诗文,墨迹不首毁,追毁出身以来文字,除名勒停。后遇赦叙复。绍兴间,尝知邕州,兼邕管安抚,卒。

这里也说范寥"年少客游,落魄不羁,浮湛俗间","家丹阳",与丹阳籍的翟氏父子(思、汝文)相知。也与寥自叙"余客建康"情形吻合。由建康,经水路,"遂溯大江,历溢浦,舍舟于洞庭,取道荆湘,以趋八桂",往来之间数百里耳,既非"徒步",亦非"万里"。此不解者三也。

从考证的角度看,此文存在范氏初见和再见山谷家书的时间参差、范氏早年行止不明、范氏往见山谷情状不合等问题,都不应是与范氏交好的苏过的正常表现。个中原因,可能是范氏有意夸大其词,或是他有意隐瞒了什么。如范氏《乙西家乘序》说山谷病卒时，"子弟无一人在侧，独余为经理其后事"，《梁溪漫志》和《京口耆旧传》也都相信此说。但据杨万里《蒋彦回传》："蒋彦回，名沩，零陵人。……山谷黄先生贬宜州，过而赋之。……彦回日从之游，藏弆其文字、诗画二百余纸。山谷亦乐为之作，实崇宁三年三月也。明年九月，山谷病革，彦回往见，山谷大喜，握手曰：'吾身后非彦回谁付?'乃尽出所著书，曰：'唯所欲取。'彦回乃不私片纸。山谷卒，为买棺以敛，以钱二十万，具舟送归双井云。"（《诚斋集》卷一一七）又罗大经《鹤林玉露》卷一〇载："山谷晚年作日录，题曰《家乘》，取孟子'晋之乘'之义。谪死宜州，永州有唐生（《山谷年谱》作'唐次公'）者从之游，为之经纪后事，收拾遗文，独所谓《家乘》者，仓忙间为人窃去，寻访了不可得。后百余年，史卫王当国，乃有得之以献者，卫王甚珍之。后黄伯庸帅蜀，以其为双井之族，乃以赆其行。"又《宜山旧县志·谪迁卷》载："山谷在宜，其外甥洪州分宁人徐俯字师川来视山谷。卒，往寓昭州，绍兴中，除谏议大夫。"① 可见，山谷卒时，至少有外甥徐俯、永州士人蒋彦回、零陵士人唐次公在场，并不如范信中《序》所说"子弟无人一在侧"。可能是由于某种原因，范信中有所隐瞒，或者有所夸张。倒是山谷《乙酉家乘》失窃以及失而忽得之事，诸文献记载却非常一致。不过，据陆游《老学庵笔记》所载，这其中也许另有隐情："黄鲁直有日记谓之《家乘》，至宜州犹不辍书，其间数言'信中'者，盖范寥也。高宗得此书真本，大爱之，日置御案。徐师川（俯）以鲁直甥召用，至翰林学士，上从容问：'信中谓谁?'师川对曰：'岭外荒陋无士人，不知何人，或恐是僧耳。'寥时为福建兵钤，终不能自达而死。"既然徐师川曾经到过宜州，他与范寥见面的可能性极大。即使没有直接相见，也会听人言及，对于曾经给他舅舅送终的人，应当有所报答，或是向高宗推荐。但他却以"不知何人"回答高宗，显然是不愿引见。山谷许诺"他日北归，当以此奉遗"范寥的《乙酉家乘》，忽然在他为山谷治丧时失窃，这个原件后来竟然在师川侍候高宗时再现于御案，范寥也几乎同时因"有故人忽录以见寄"，得其副本而题之。这当然不是巧合。范、徐二人互相都不愿意提及，也

① 引自陈靖华：《范信中其人》，《九江师专学报》（哲学社会科学版）2003年第4期。

许与当初山谷《家乘》之失窃有莫大关系。由此可见，在山谷送终以及《乙酉家乘》失得等问题上，范寥有意隐瞒着什么，他没有向苏过讲出真实的情况，才使苏过在撰《跋山谷家书》时，无意中留下许多矛盾可疑之处。

（原载《宋代文化研究》第 22 辑，四川大学出版社 2015 年版）

《毗陵苏氏宗谱》宋代部分事迹考辨

　　毗陵友人苏慎先生寄示万历以来历代重修《苏氏族谱》世表及叙跋，研读之下，觉得《苏氏宗谱》实在是一份不可多得的研究三苏后代的宝贵资料。其中可与史证，亦可补史之缺文。但是，由于历次编修水准不一，所据资料真伪难分，故亦存在不准确之处。现将其有关宋代部分考证出来，以与同志者相赏析。

一、常之苏氏，远祖东坡

　　《毗陵苏氏宗谱》说："吾常之有苏氏，则自大宋嘉祐间眉山讳轼字子瞻，号东坡，官至礼部尚书，年及五十，奏居常州，终老于是，子孙遂入籍于毗陵，此毗陵苏氏之始也。"谱说常州苏氏远祖东坡，是有历史依据的。往者笔者尝作《三苏后代研究》一书，于《三苏子嗣及其分布概说》中议及三苏子嗣之分布。大致说来，随着苏轼、苏辙一生仕宦进退，转徙四方，其子孙也随之流徙迁转，分散在祖国大江南北。早在二苏在世之时，即已分住于颍昌（今河南许昌）、常州宜兴（今属江苏）、筠州高安（今属江西）、惠州（今属广东）、儋州（今属海南）等处，苏轼《和陶贫士》诗曰"我家六儿子，流落三四州"①，即当时实录。

　　苏轼辞世至苏辙在世期间，二苏子孙主要集中在许昌和常州宜兴。靖康之乱，天下板荡，国破家亡之际，苏氏子孙再次经历了家分族散的重大变故。他们携家带口，持妇将雏，分散星处，遍于四方。或困守孤城，被掳北行，成为北方金国的子民，《金史·列女传》所载苏嗣之（宗之）母白氏就是颍滨先生六世孙妇，有元一代名相耶律楚材继室、耶律铸之生母苏氏即东坡后裔。或辗转关陕，间关蜀道，不远千里，回到蜀中老家，如苏符、苏籍绍兴中在成都与范圭、程揆、李石诸贤"文字往还"，流连唱酬，有"大小苏"之称，后来苏符死亦葬于眉山。或徘徊荆湘，沿溯大江，流寓江浙，定居于婺州金华，如苏迟、苏籀以及后之苏峤都居于金华。或沿运河南下，停驻苏南，定居于旧时祖业所在的宜兴及常州、苏州等处。于是苏氏子孙分成许昌及北方苏氏、眉山及蜀中苏氏、婺源苏氏和常州、苏州、宜兴苏氏等分支，北起黄河流域，南到大江上下，都有苏氏子孙居住，形成四方祖东坡，人人景大苏的局面。

苏常地区，物华天宝，人文蔚然，苏氏子孙早在苏轼在世时就已经长住于此。东坡早年进士及第，琼林宴上，与常州宜兴人蒋之奇（颖叔）相约卜居阳羡；元丰七年（1084）苏轼方解黄州拘管，即在宜兴买田九百斛，他一往情深地赋诗说，"买田阳羡吾将老，从初只为溪山好"（轼《菩萨蛮》词），"誓将老阳羡，洞天隐苍崖"（轼《和陶杂诗》），表达了他欲长居于此终老其身的愿望。在未来的坎坷生涯中，宜兴产业一直是东坡家人重要的经济支柱和温馨归宿。绍圣元年（1094）苏轼以讥刺先朝罪，自定州贬官英州，南行至汝州，遣"迈将家大半就食阳羡"。继而至当涂，苏轼得命再贬惠州，又遣苏迨将其本人及苏过两房，归宜兴从迈为居。苏轼独携幼子过及朝云赴惠州贬所。此后三年间，苏迈、苏迨及苏过三房大小，都以宜兴田产为衣食之源。苏轼《正月二十四日……》诗所谓"寄书阳羡儿（谓迈），并语长头弟（谓迨）。门户各努力，先期毕租税"，就是对此而发的。绍圣四年，苏迈奉命知韶州仁化县，将自己和苏过两房家眷从宜兴搬至惠州，苏迨一家仍然留居于宜兴。

建中靖国元年（1101），苏轼遇赦北归，放舟长江，本欲径归常州，苏辙坚请同居许下。后闻时事有变，为了远离北宋的政治中心以便终养天年，东坡遂归于常州，馆于孙氏之馆。不幸归途染病，苏轼至常州仅四十余日即遽归道山，常州成了东坡真正的终老之所。

苏轼去世后，苏迈、苏迨、苏过扶柩沿运河北上，葬亡父于河南郏县小峨眉山，苏过、苏符守墓三年，苏迈、苏迨及三房大小则从叔父苏辙居于颍昌。尽管许昌是当时东坡子孙的定居之地，但是远在江南的宜兴旧业依然发挥着给养功能。苏过曾赴宜兴，行于横山之道，目睹麦浪滚滚，畅想饼饵飘香，因有《横山道中》之诗。特别是靖康之变，天下扰攘，鱼米之乡的常州宜兴更成了苏氏子孙首要的归依之处。南宋韩元吉《苏岘墓志铭》载："始文忠爱阳羡山水，买田欲居，仅数百亩、屋数楹也，而家于许昌。至离乱，驾部（苏迨）即世，欧阳夫人（迨夫人，欧阳修孙女）始居阳羡。"苏迨有子名箕，箕有一女，都迁居于阳羡。绍兴中，身为礼部尚书的苏符出使金国，将沦陷于金人占领区的苏过后人苏岘、苏峤带归。苏峤官至婺州知州，与先期到达的苏迟后人合族共居；苏岘官至太府寺丞，被过继为苏迨之后，定居阳羡。周必大《泛舟游山录二》说："大府寺丞苏岘叔子，东坡曾孙，而过之孙，居颍昌。陷金，尚书符奉使时挈以归，今为驾部迨之后。昔东坡买田阳羡，凡九百斛，三子之裔共享之，故岘居此。"于此可知，东坡三子的后代都曾居于宜兴。东坡《浣溪沙》词"阳羡姑苏曾买田，相逢定是前身缘"，可见东坡还于姑苏（苏州）置有产业。《建炎以来系年要录》及《宋史翼》亦载，绍兴十三年苏符除知遂宁府，符有田在苏，不欲赴任，因"留居之"，是知直至南宋苏州仍有苏氏子孙田产。又，苏籀《双溪集》卷四诗称"毗陵家弟季文"来婺州相见，季文即苏过子苏籀，毗陵即常州。可见自东坡在世至绍兴年间，其子孙都一直有在常州定居的。《毗陵苏氏宗谱》说常州苏氏远祖东坡，是有依据的。

谱又说："厥后东坡公长子伯达公（苏迈）之裔迁于毗陵之西前舍居焉，凡四乡之有苏氏皆伯达公之后裔。三子叔党之裔迁于毗陵之东锡邑兰溪居焉，凡郡城之有苏氏者皆叔党公之后裔。"也是持之有故的。即以苏迈后裔论，从前我们知道苏迈有二子：箪、符，南宋之后，只有苏符及其后人有迹可考（符在南州郡，位至礼部尚书；有子七人，靖康中淹留颍昌，独苏山逃出居于蜀中），苏箪的事迹及其后代，从前的正统文献都无记录。今据《宗谱》所记，箪有二子：嵩、峻，他们定居于常州，成为常州苏氏（"西苏"）的远源。这不仅为常州苏氏理清了远祖根系，而且也为我们指明了东坡后裔在常见文献中无法解决的归宿问题。于公于私，岂不两便！

二、苏氏宗谱，有补史阙

苏氏素有重史修谱之传统，上而老苏先生，就修有最早的眉山《苏氏族谱》！一代文宗欧阳修见之，即叹其为天下之器。故姜宝曰："谱学之起于欧苏二公。其用意恳到，故品节详明。"明代凌迪知受苏洵为团聚苏氏族人而编《苏氏族谱》的启发，遂生合天下之姓而编《万姓统谱》。其《自序》曰："余读眉山《苏氏族谱引》，感而辑《姓谱》云。"可见其影响之巨！

其后苏氏后人亦世修其谱。所可考者，以宋末元初苏轼六世孙苏垲《苏氏族谱》为最显。元初重臣、著名学者戴表元《题蜀苏氏族谱后》说："至文忠公兄弟大科异等，名官美爵，若仅酬之者。……诚不自意，时移事换之后，子孙幸而存者，皆以家世录用，其星居他处，谱牒不可详考。……余辛未岁（1271，宋度宗咸淳七年）主太学，闻有六世孙垲字伯清，方以是时入为弟子员，而未及接。越三十六年（1307，元成宗大德十一年），乃相见于杭，出所叙次昭穆，整整不乱，为之惊嗟喜诧。"① 据戴表元所说，苏垲所修《苏氏族谱》使"星居他处，谱牒不可详考"的苏氏后代，有了"叙次"井然、"整整不乱"的信史。这应是后世苏氏孝子贤孙合族敬宗、数典知祖的重要依据。元末明初，苏辙后裔苏友龙就曾"访族人通谱牒"，王祎《苏君小传》说："（友龙）间尝至京师，将留官于朝，庶几得将指使。由陕西道汉中以入蜀，展谒先茔，访族人以通谱牒，然后出归峡，经襄阳，抵河南，以拜二苏公之墓而后归。"② 王氏既称其"访族人以通谱牒"，则当时的婺州苏氏与眉山苏氏都有族谱可通，就不在话下了，王祎正是通过他所接触到的《苏氏族谱》，在苏友龙传记中详载了自颍滨先生以下，到苏伯衡之间苏氏十五世子孙的传承情况。明代以来，苏氏子孙修谱更为勤谨，举凡苏氏之分宗别支，都有谱书记录。即以常州苏氏而言，就有多种族谱，在历经战

---

① 〔元〕戴表元：《剡源戴先生文集》卷一八，《四部丛刊》影印明万历刊本。
② 〔明〕王祎：《王忠文集》卷二二，文渊阁《四库全书》本。

火与社会动荡之后，苏慎君还能收集到《苏氏族谱》五部之多，可见苏氏修谱之盛。正是这样一代又一代的不懈努力，才使苏氏后人千余年间"瓜瓞绵绵"的传衍历程，得到记录，可资考证！

国有史而家有谱，一部优秀的家谱无疑具有可补国史的重要价值，故谱之与史可以互证者非一。以苏慎君提供之民国重修《苏氏宗谱》复印件论，其中所言史实就多与文献吻合。《毗陵世表》所列第二世称苏迈"嘉祐己亥生"，则与政和元年（1111）苏过所作《送仲豫兄赴官武昌叙》言"长兄年五十有三"者合。又称苏迨"熙宁庚戌生"，则与元丰八年苏轼《与杨康功书》"某有三儿，其次者十六岁"，政和元年苏过《送仲豫兄》说"仲兄少不乐仕进，亲戚强之，今四十有二始为管库官"者合。谱称苏过"熙宁壬子生"，则与苏过《小斜川》诗序"今岁适在辛丑，而予年亦五十，盖渊明与予同生于壬子岁也"、陆游《老学庵笔记》"苏叔党宣和辛丑亦年五十"者合。其他，如说苏箪"生于元丰元年戊午"、苏符"元祐元年生"，亦皆与苏轼诗文一一符合。似此之类，可无贵欤？

不仅如此，《苏氏宗谱》还以其详尽的资料，有补于史之阙文。如谓苏迈"配石氏，生二子"，即可补史之阙。关于苏迈的这段婚姻，苏轼曾有《与迈求婚启》"里闬之游，笃于早岁；交朋之分，重以世姻。某长子迈，天资朴鲁"云云，又在《与眉守黎希声》书中提及此事，但都因未明指其姓氏，使迈所婚何氏不得而知，故王文诰《苏诗总案》卷一五说："迈是年十九岁，其婿于谁氏，不可考也。"1983年眉山披露了出土苏山《先公（苏符）行状》，其中说苏符"父讳迈，母石氏，故中书舍人昌言之孙"。石昌言亦眉山人，苏洵幼姊适昌言之兄扬言，故苏轼《与迈求婚启》称其为"里闬""世姻"。难得的是，《苏氏宗谱》亦谓迈公"配石氏"，更与出土《行状》之说相合。又，苏迈因《宋史》无传，其卒年不可详考。笔者十余年前作《斜川集校注》及撰《三苏后代研究》，于迈行实仅言"迈卒年不详，当卒于北宋末，葬郏城苏坟"，其具体年代却未能确知。现在《苏氏宗谱》帮助我弥补了这一缺陷："公（苏迈）于靖康三年卒，合葬祖茔。"按，此"三年"当为"元年"（1126）或"二年"（1127）之讹，因靖康无三年。若然，则谱之所载与鄙说（"当卒于北宋末"）正好暗合。遂使千载宿疑，一朝冰释，洵为快事！

又如三苏后裔，笔者曾在《三苏后代研究》中设专章考述。关于苏轼曾孙辈,《苏符行状》说,"靖康兵祸",苏迈次子苏符"七子俱没房中"。可见苏符后代多在金人占领区。而七子之可考者仅苏山一人,其他六人详情皆不可考了。从韩元吉《苏岘墓志铭》中,知苏过长男苏籥生二子:岘、峤;又知苏迨有子箕,箕仅一女,以苏籥子岘为后。至于苏迈长子箪的事迹和后代都不可知,长付阙如。但是根据《苏氏宗谱》,知箪"配胡氏,子二:嵩、峻";并说"嵩,生于崇宁癸未年,配孙氏,子二:茂春、芳春。公卒于淳熙乙未年"。"峻,崇宁丙戌生。"从东坡曾孙山、岘、峤等名皆从"山"旁的用例看来,苏箪二子有名"嵩""峻"者,当非虚词。于此,我们又可为苏轼增加两位曾孙找到可信资料。

《苏氏宗谱》之可补于史书者非一,此不过举其数例,以见一斑罢了。

三、"西苏"之宗苏迈行实辨正

谱之于史,既可互证,亦可补阙,是研究历史不可或缺的资料。但是由于时代久远,也难免误传误记,与传世文献相抵牾、龃龉,即使是渊源有自的《苏氏宗谱》也在所难免。端在于我们如何甄别、利用而已。作为一种史料补充,族谱、家乘,固无害也。

谱谓苏迈"生二子,箪、符",符固然是迈之子,箪则非是。据晁说之《苏过墓志铭》箪乃过子,此处的"箪"当为"箪"之误。又谓苏迨"配周氏,生二子:箕、籥"。据苏轼《祭迨妇欧阳氏文》及韩元吉《苏岘墓志铭》"至离乱,驾部即世,欧阳夫人始居阳羡"之说,知苏迨凡两娶,都姓欧阳,乃欧阳修后人,并非周氏;据《苏过墓志铭》箕、籥皆过子,非迨之子。迨子名箕,箕仅一女,以苏籥之子岘为后。又谓苏过有"二子:筌、筹",据苏辙《东坡先生墓志铭》称轼"孙男六人:箪、符、箕、籥、筌、筹",并未明言筌、筹为谁氏之子。而晁以道撰《苏过墓志铭》称其有"男七人:籥、籍、节、笈、箪、篘、竺"(《宋史》本传"箪、竺"作"筝、简",微异),并无筌、筹二人,谱之所说,不知何据?

常州西苏奉苏迈为宗,关于苏迈,肯定是许多苏氏后人关心的事情。可惜

《宗谱》依据了不可靠的文献，对苏迈的记载有不准确之处。谱谓："（迈）为韶州仁化令。文章政教颇有父风。以政最迁雄州防御推官。终驾部员外郎。"这段文字盖取自《宗谱》，《宋元学案》卷九九所引、明凌迪知《万姓统谱》卷一二即如是说。细征文献，这些说法是有问题的。

迈公为仁化令并非初仕。据东坡集，迈之初仕乃德兴尉。元丰六年（1083），苏轼在黄州贬所，迈得告尉德兴。苏轼《与钱济明书》有"儿子明年二月赴德兴"之说。次年，苏轼亦起复调汝州，父子一道赴任，至湖口，同游石钟之山，苏轼撰有著名的《石钟山记》，云"元丰七年六月丁丑，余自齐安舟行适临汝，而长子迈将赴饶之德兴尉，送之至湖口，因得观所谓石钟者"，即记其事。

元祐初（1086），苏轼政敌吕惠卿之弟温卿知饶州，德兴为饶之属县。苏辙担心吕温卿报复，遂奏罢苏迈德兴尉职，辙有《乞兄子迈罢德兴尉状》，即议其事。迈既罢德兴，复为酸枣尉。孔武仲《送苏迈尉酸枣》诗曰："酷暑日逾退，凉风生早秋。翩翩苏公子，一官不远游。仕养两得意，人生复何求。骏马如飞星，锦带垂吴钩。到邑嚚讼少，官闲吏兵休。还当有佳吟，吟到黄河头。"① 酸枣在今河南延津，位于北宋东京开封之北，是近畿之地，故诗说"不远游"。从诗文"仕养两得意""一官不远游"看，苏迈之尉酸枣必在元祐之初苏轼在京为官之时。迈公在酸枣尝作诗，受苏轼赞赏，特作《书迈诗》以记之："儿子迈……今已老，无他技，但亦时出新句也。尝作酸枣尉，有诗云：'叶随流水归何处，牛载寒鸦过别村。'亦可喜也。"

元祐四年，迈酸枣任满。是时苏轼出知杭州，苏迈又得衢州西安县丞一职。李廌有《送苏伯达之官西安七首》之诗记其事，其一云："好去西安苏县丞，千年求友近严陵。江山如彼君如此，正似玉壶寒露冰。"其四有云："问讯东海秦钓客（秦观从先生行），尔来闻已霸风骚。缗明饵香我知愧，愧尔一钩连六鳌。"② 西安是衢州州治，在今浙江衢州市。苏迈之丞西安，也有地近杭州以便亲养之意。当时秦观从苏轼学诗，亦在杭州，故李诗及之。

同年，苏迈又以雄州防御推官为河间县（今河北河间市）县令，苏辙、苏

---

① 〔宋〕王遽编：《清江三孔集》卷五，文渊阁《四库全书》本。

② 〔宋〕李廌：《济南集》卷四，文渊阁《四库全书》本。

迨、参寥子都作诗送之。苏迨诗失传，参寥子和诗尚存。其《次韵苏仲豫承务寄伯达推官》，有"昨朝西湖外，日极孤鸿送"之句。苏辙《送侄迈赴河间令》诗，有"尔赴河间治，无嫌野老讥"之语。《姓氏瑶华》说："轼三子，迈雄州防御推官，知瀛州河间县。"（《永乐大典》卷二四〇一引）盖得其实。迈在河间连任两考，至元祐八年（1093）苏轼知定州，方以亲嫌请罢。防御推官为寄食官，知县乃实缺差遣，并不是做县令政优乃升任推官。

至于为仁化令，则更在绍圣元年（1094）苏轼贬岭南之后。三年苏轼《与南华辩老书》说"至此二年，再涉寒暑"，又说"儿子被仁化，今想与南华相近也"，都说及此事。四年，苏迈自宜兴将本人和苏过两房大小携至惠州。又因吕惠卿等人参罢，并未到仁化上任。故苏轼《与王敏仲书》说："自幼累到后，诸孙病患，纷纷少暇。……小儿授仁化，又碍新制不得赴，盖惠、韶亦邻州也。"《宗谱》说迈公为仁化令，因政优而升雄州防御推官，自然不确。宋人江邻几《杂志》、赵德邻《侯鲭录》等文献说："东坡贬惠州，伯达求为韶之仁化（一作潮之安化，误）令，以便馈亲，果卒于官。"如此，更是无稽之谈了！

北归之后，苏轼卒于常州，迈等或寄居宜兴、常州，或从苏辙聚居于许昌。五六年间都无仕进之意。直至大观元年（1107），苏迈年48，才重新出任嘉禾令。苏过有《送伯达兄赴嘉禾》诗云"我生三十余，忧患恰半生"，"五载卧箕颍，分甘一廛氓"，云云，都是其证明。迈任嘉禾令5年，至政和二年（1112）乃罢任还颍昌，苏辙作《喜侄迈还家》，有"一别匆匆岁五除"之句，以慰契阔。本年苏辙卒，其后苏迈事迹亦不详。

谱谓苏迈"终驾部员外郎"也是依据《宋史》而误。《宋史》苏轼传后有"轼三子：迈、迨、过，俱善为文。迈，驾部员外郎"的记载，可是比《宋史》更为原始的《东都事略》则说："子迈、迨、过，俱善为文。迈仕不显。迨，靖康初为驾部员外郎。过终于通判定州。"韩元吉《苏岘墓志铭》、周必大《游山录》都称苏迨为"驾部"，则《东都事略》所记为得其实。《宋史》妄删《东都事略》之文，误以苏迈当之，实不可取。诸谱袭误，踵事增华，去道益远，不可不辨。

由以上考可见，《宗谱》对苏迈的行履误记不少，一是将其仕履经历弄颠倒了，把仁化令叙在雄州防御推官之前；二是漏掉了德兴尉、酸枣尉、西安丞、德兴令、嘉禾令五任经历；三是将苏迨的驾部员外郎一职张冠李戴，强加于苏迈之首。贻误数百年，苏氏子孙不可不知！正确的苏迈仕履应是元丰七年，迈始筮仕，为饶州德兴尉。元祐初，叔父苏辙虑饶州知州吕温卿报复苏迈，奏罢其德兴任，改尉酸枣。元祐四年（1089），苏轼出知杭州，迈亦任满，得衢州西安县丞。同年，迈又以雄州防御推官知河间县事。迈在河间凡历两考，元祐八年，因父轼知定州，以亲嫌自罢。绍圣初，苏轼南迁，迈携家小居宜兴。绍圣三年（1096），迈初得韶州仁化令之任。次年，携家小至惠州，又因吕惠卿阻挠未能赴任。是后，苏轼再贬儋州，苏迈遂居惠州给养。建中靖国元年（1101），迈侍父北归。东坡卒于常州，苏迈等人散居常州、宜兴、许昌，编户为氓。直至大观元年（1107），已近知命之年的苏迈才起复为嘉禾令，在任凡五年，于政和二年（1112）解任返家。据可靠文献记载，迈公仅做过知县，故史称"迈仕宦不显"，非有显秩如"驾部员外郎"者可荣子孙。但是，苏迈"文章政事，卓有父风"（语本苏轼《答陈季常书》），不愧东坡风骨，苏氏贤宗！

　　行文至此，鄙意以为"传信史，存正论；表先烈，腾后誉；资教化，睦宗族"，应该是当今贤士达人致力于修谱的重要职志。这也是苏氏祖孙修谱的优良传统。明王直《金华阮氏族谱序》说："苏老泉为《苏氏族谱》，自眉州刺史味道而下失传者皆缺之，而详其可知者，皆所以传信也。南丰曾子固自序其世，溯汉都乡侯以接子舆、子哲，可谓详矣。而欧阳公不以为然。岂非欲其传信哉！此作谱者所当法也。呜呼！谱之作，所以著本源、明昭穆、辨亲疏，而仁义之道行焉。三者或失，则为诬祖，为乱伦，贼仁害义，故君子慎之。"① 王直盛赞老苏先生修谱之慎，而批评曾子固事必求全之失，甚是通达之说。后之君子，可不慎欤！

（原载《宋代文化研究》第 11 辑，线装书局 2002 年版）

---

① 〔明〕王直：《抑庵文后集》卷一九，文渊阁《四库全书》本。

廖季平经学第三变变因刍议

梁启超 1920 年著《清代学术概论》说，廖平 "著《四益馆经学丛书》十数种，颇知守今文家法。晚年受张之洞贿逼，复著书自驳，其人固不足道"①。前贤已斥其为 "诬"。② 然而后之学者，难明真相，多 "习焉而不察"，以至谬种流传，既诬前贤，复误后生，故实有旧话重提，小题大做之必要。鉴于此，笔者拟就廖平是否有受贿逼而改说之事做一初步考察。

廖平学术，其自称一生凡六变。一变平分今古，无所轩轾，并称古学为孔子早年从周之说，今学为晚年改制之说。二变尊今抑古，归狱歆莽，这或是梁氏所称为 "颇知守今文家法" 者。三变则是小大之学，以《周礼》为大统，治天下全球；《王制》为小统，仅治中国一隅，尊古而抑今了。以后四、五、六变仅就六经中谈天人之学，不涉及今古问题。由此看来，梁所不满者，乃是廖平的第三变。对于前三变，梁又在所著《论中国学术思想变迁之大势》中有所评述：

> 廖氏（平）受师（王闿运）说而附益之，著书乃及百种，可谓不惮烦。而其说亦屡变，初言古文为周公，今文为孔子（一变——引者注）；次言今文为孔（子）之真，古文为刘（歆）之伪（二变）；最后乃言今文为小统，古文为大统（三变）。其最后说（指三变），则戊戌以后，惧祸而支离之也。蚤岁实有所心得，俨然有 "开拓千古，推倒一时" 之概。晚节则几于自卖其学，进退失据矣。③

可见其对廖平学术第三变非常不满。不过前诃其 "惧祸"，后斥为 "受贿"，微有不同罢了。然则，廖学三变之情，果如是么？

首先，廖平的为人和治学精神，否定了接受贿逼的可能性。廖平生性耿介，治学力求严谨。在治学上，他认为第一要有老实、刻苦的态度："经学须耐烦苦

---

① 梁启超：《清代学术概论》，商务印书馆 1930 年版，第 78 页。
② 见章太炎《清故龙安府学教授廖君（平）墓志铭》及蒙文通、向楚等人的廖平传记。
③ 编者按，今据梁启超：《论中国学术思想变迁之大势》，上海古籍出版社 2006 年版校核。

思，方能有得。若资性华而不实，脆而不坚，则但能略窥门户，不能深入妙境。"在治学程序上，他说："古人治经，先学小学、算学"，"盖小学为经学梯航"，他本人就是以小学的优胜受知于张之洞的。"小学既通，则当习经"，习经又是先易后难，"先博后约"。同时他反对轻易疑古弃旧、标新立异："读书要疑要信，然信在疑先"，"读而不信，有何归宿？""初学见识贵超旷，然不可稍涉狂妄。"① 他批评那些轻改古训的人说："学者舍难趋易，后遂因其易也而思变之，变者又不能通其难者，愈趋简便，故其坏无所底止。"② 总之，"凡进锐、贪多、好奇喜迁者，终无成就！"他自己正是循着这一路子走出来的，他晚年曾自述其治学的艰难说："学经六变，各有年代。苟遇盘根错节，一再沉思，废寝忘食，动以数年，豁然理解，如有鬼谋天诱，千溪百壑，得所归宿。旧日腐朽，皆为神奇。"③ 所以，海内学者，无论所持学术见解如何，每每对其交口称赞，如古文大师章太炎赞其"学有根底"，刘师培甚而推之"魏晋以来，未之有也"（《与廖平书》），梁启超也不得不服其"好学深思之誉，不能没也"。因此，他的学术见解往往精辟绝响，并且十分自信。这一点，在他刚逝世时，人们便有公论。如前川大校长王宏实（兆荣）在论及人们共同推崇廖平治学的特点时赞佩说："廖（平）先生有他特殊的地方，他有他的很强的自信力。无论别人怎样非难，无论别人怎样用威势胁迫，他都能不改其说。"④

当《辟刘篇》《知圣篇》成书后，曾极称廖平《今古学考》为"不刊之书"的俞樾"不以为然"；引廖平为知己的康有为甚至"驰书相戒，近万余言，斥为好名骛外，轻变前说，急当焚毁！"⑤ 廖平不但没有焚毁或改说，反而以自己学术的雄辩令康有为折服，并使之"尽弃其学而学焉"。自二变以后，对廖平有知遇之恩的张之洞亦视其为离轨，屡以"风疾马良，去道愈远"相诫，可是廖平听则听矣，变自变之，一连又变了四次。更可贵者，当《地球新义》初成，"见者大哗，以为穿凿附会……驰书相戒者不一而足"，但他却"不顾非笑，闭门沉

---

① 所引俱见廖平：《经学初程》，民国十年四川存古书局刊《六译馆丛书》本。
② 廖平：《经话甲编》，民国十年四川存古书局刊《六译馆丛书》本。
③ 廖宗泽：《先王考府君（廖平）行述》，《中国学报》1943 年第 1 卷第 1 期。
④ 王宏实语，《六译先生追悼录》，民国二十二年成都云雪印字馆印行。
⑤ 廖平：《经话甲编》，民国十年四川存古书局刊《六译馆丛书》本。

思，至于八年之久，而后此学大成"①。及至光绪二十九年（1903）注《公羊》，用《地球新义》之说，被提学使吴郁生以离经叛道揭参落职；宣统元年（1909）提学使赵启霖见廖平三传俱出于子夏之说②，认为其穿凿附会，下令各学堂不得延廖平为师，削夺其教育权。这些都没能使廖平屈服，他依然走自己的路。贿逼改说之迹，何得而见？

那么，廖平学术多变的原因何在呢？我们认为，主要原因在他本身，在于他的认识不断深化（暂且不论其得失）。

从理论上看，《易》曰："易穷则变，变则通，通则久。"对于"圣人不朽，时变是守"的道理，作为一代经学大师的廖平当然是心领神会，得其精要的。所以在认识论上，他认为人的认识是不断深入的，运用于治学，便是他的"变"，即"力求上进，苦心经营"，以求达到学术的新进境。他在《经话甲编》中说："为学须善变。十年一大变，三年一小变，每变愈上，不可限量。所谓士别三日，当刮目相待者也。"甚至说："若三年不变，已属庸才；至十年不变，则更为弃才矣。"他认为不守师训、好作新解固非，而泥古袭旧、株守陈言尤其不可！基于这样的认识，所以他"不故步自封，总不断地为更进一步而努力，一旦得有新的主张，便把旧的抛弃"（王宏实语）。这就是廖平学术的"变"因之主要方面。六变就是他层楼叠上，一生探索的里程碑。所以我们说，廖平学术变的过程，一次又一次地自我否定的过程，正体现了人类认识史的否定之否定的辩证规律。从廖平身上，体现了旧时代知识分子致力于学术，顽强跋涉，终老不倦的可贵精神，与所谓"贿逼""惧祸"完全无涉。

同时，廖平经学的变，也正是我国经学的符合逻辑的运动和发展。不是吗？他一生中几乎全部使用了历代经学家解经的各种方法。

要治经学，首当明家法，故廖平用东汉许慎法，著为《今古学考》，中分今古；继而用西汉博士法，作《古学考》《知圣篇》攻驳古学，尊今抑古；三变在《地球新义》《皇帝疆域图》等著作中，谈小大之学，协合今古，他本人虽未说明用谁人之法，但从方法上看，这乃是郑玄开始的调合今古法即周予同先生归纳

①　《四益馆经学四变记·三变记》，刘申叔摘，民国十年四川存古书局刊《六译馆丛书》本。

②　按：廖平撰《左丘明考》说左丘明是启予商之变文，即子夏之名。而公穀双声互转，穀与卜、梁羊与商叠韵亦可互转，是《公羊》《穀梁》《左传》都出于卜商，即子夏。

的所谓"通学"。廖平还使用了宋学的思辨方法①，清代乾嘉学派缜密的考据与大胆的疑古精神在廖平那里也得到充分发挥。我们甚至可以说，廖学本身就体现了我国两千多年经学的发展过程，而且还表明了中国古典经学的结束。因为廖平在使用了前人发明的一切方法之后，仍不能使式微的孔学复兴光大，于是他进一步自寻出路，其四变、五变、六变就是他的最新发明。他避开今古之争，专就六经谈天人之学，试图纯从哲学的角度来解经，并援用了刚传入中国的西方自然科学知识和方法，虽然他的某些说法牵强附会，乃至于糟粕精华难分，但是，这一独辟蹊径、勇于创新的精神却是可贵的。更重要的是通过廖的实践（虽屡变其说仍不能自适的状况），表明中国古典经学至此已日暮途穷，该彻底地退出历史舞台了。② 所以，廖平算得上是中国旧学术的结束者。

那么具体到第三变又怎样呢？先让我们弄清三变开始的年代。由于廖氏自订的《三变记》将三变断自戊戌年（1898），似乎三变与戊戌政变有关了。其实三变真正的开启时间在这以前。还在1894年，《古学考·自记》就说："倘能再有深造，尚将改订。"这说明他方完成二变，又准备有第三变了。《井研县志·艺文志》（下简称《艺文志》）、《经话甲编》都说廖平在丁酉年（1897）即有"大统"之说。其自叙《地球新义》也说："余治《王制》二十年，于《易》《诗》终苦捍格，未能得其要领。丁酉以来，始悉帝统海邦之义，于经中分为二统：一伯王（当作王伯——引者注），一皇帝……"这完全是可能的，廖平虽定戊戌为三变开始时代，此指成说也，而其萌芽自当在这以前。如其一变，癸未（1883）已有"今古"之说，而成说却在乙酉（1885）；二变，丙戌（1886）即"知古学新出"（《艺文志·知圣篇提要》），而"戊子（1888）以后乃是今非古"（《艺文志·今古学考提要》）。而廖宗泽编《廖季平先生年谱残稿》又记载说，戊戌政变发生后，有人劝廖平烧毁与康变法有关的书，其中就误将新成的《地球新义》烧了。《地球新义》讲大统，是三变的主要代表作，却成书于政变

---

① 钱穆曾说，廖平与康有为治经，俱先立一见解，然后揽群书以就我，不啻六经皆我注脚。

② 按：前师径谓廖平结束了中国经学，近贤有曰，中国经学并未结束，只是目的和方法不同罢了。愚以为后说甚当，廖平结束的是中国古典经学。

前。足见三变思想萌芽甚早，其时根本无祸可惧。① "惧祸支离"之说，何其不审！

三变真正的原因，乃是廖平观《大戴记》《管子》礼制，与乎二变时所作攻驳古学的《周礼删刘》诸条俱能符证，所以对于将古学一概斥为刘歆伪造的说法，于心不安，这或许是他所称"一人之书，屡变其说，盖有迫之使不得不然者"（《三变记》）的真正原因吧。而且他自己也觉得二变仅"以《王制》遍说群经，于疆域止于五千里而已"，无乃太小乎！为了恢复孔子为全球制作的圣人地位，必须打破《王制》的狭小框框。且《周礼》行世既久，对社会和历史已造成巨大影响，概摈弃不谈也不足服众，曷如《王制》《周礼》兼治呢？同时他又看到自汉以来，今学、古学，"《王制》《周礼》，一林二虎，互斗不休，吾国二千年学术政治，实深受其害"，所以必须设法使两者协和，并行于世，于是便萌生了今古学为孔学"小统"（制度在《王制》）、"大统"（制度在《周礼》）和"治内""治外"学说的新观念。旧时（二变）被删除为伪的《周礼》与《王制》不符的部分，现在皆变成"精金美玉"了，巨椽一挥，又成新论，真可谓腐朽化神奇了！这才真正是三变的内幕。

自然，廖平不是生活在真空中，他的学术也不能完全超脱于外因的作用。

康有为援廖平《辟刘篇》《知圣篇》意而成《新学伪经考》《孔子改制考》，两书分别于1891年和1897年出版，学界大哗，清廷也下诏毁禁。世俗又斥责廖平肇启祸端，廖向康叫苦说："浅见者又或以作俑，驰书归咎鄙人。"1897年秋，旧势力的代表、古学家张之洞亦通过宋育仁寄语廖平："风疾马良，去道愈远。解铃系铃，唯在自悟！"并令廖平改订经学条例，不可讲今古学及《王制》攻驳《周礼》，大有乌云压城之势，廖平亦"为之忘寝餐者累月"（《年谱残稿》）。

廖平是旧时代的文人，他对有知遇之恩的张之洞确实非常尊敬，对张的这次恼火，不能说无动于衷。但他又有儒者坚守学术尊严的气质，所以在对待张之洞的致语上，他采取了巧妙回避的办法：貌甚恭而神实乖，阳敬奉而阴相违。

他一方面表示"拟于各经凡例中，删去《王制》一例，所有制度各引本经

---

① 今传《地球新义》是1898年10月新撰成一卷，以后又陆续增订的。仍述前义，不过为避论锋，而托为与门徒课艺笔记之名。

传记师说为证，不引《王制》明文……至于攻驳《周礼》一节……唯攻刘篇（《辟刘篇》——引者注）专攻《周礼》，此书见（现）未刊刻，即将原稿毁消。"（《上南皮师相（张之洞）论学书》）另一方面他在所改订的《古学考》中不仅完全保存了原《辟刘篇》的观点，而且更引证康说，以达于完善。① 按当时廖平已不安于《王制》中的疆域太小，故爽快地答应不引《王制》解经，以敷衍张之洞。外界的压力促使他早已孕育的三变思想尽快成形。他的三变是他的学术思想符合逻辑的发展，又是在外界压力下"志欲图存"的巧妙变化。

既然如此，梁启超何以要那样诬称廖平"贿逼"改说呢？主要还在于梁氏今文学家靳靳于家法师说的见识。在今文家看来，违背师训家法，就是离经叛道，"鸣鼓而攻之可矣"！故而梁启超盛赞廖的前二变，却鄙其第三变。其次，梁启超之师康有为，袭廖二变之说，著为二《考》，作为鼓吹变法的理论根据。虽然康本人对此深以为讳，但还是希望有盟军与之呼应，哪知廖平一改前说，这对于康梁不仅止如釜底抽薪，更有似于直捣老巢了，他们自然衔恨甚深。再次，廖学大统理论虽然萌芽于 1897 年，但其成说大定却是在"沉思八年"之后，这给人的错觉是廖惧祸仓促改说，起于戊戌政变（在 1898 年）。梁启超亦未脱此俗见，故而有"惧祸""卖学"之说云云，盖亦未尝深考也。另外，梁氏之诬廖平"晚年"受贿逼改说，竟顾不得将廖学的三变和四变、五变、六变分别对待，且亦不管五、六变时张之洞已作古人（1909 年）的事实了，径谓其受张之洞贿逼，此何足服人？又按梁谈廖学，只言前三变，而不论其后三变，是有意混淆视听，抑或是由于廖氏晚年之学"语汪洋不可涯涘，闻者惊异……故世鲜能明其旨要之所在"（蒙文通语）而避谈呢？观乎此，则知梁说多误，不特不足为据，更乃大谬不然！今之为斯学者，可不慎欤？而后之踵其说者，亦可休焉！

（原载《社会科学研究》1984 年第 4 期）

---

① 参见李耀仙：《廖季平的〈古学考〉和康有为的〈新学伪经考〉》，《社会科学研究》1983 年第 5 期。

附录一

睹乔木而思故家，考文献而爱旧邦
——助推国家社科基金重大委托项目，四川省《巴蜀全书》编纂领导小组成立

舒　星

　　巴蜀文明是中华文明大花园中的一枝奇葩，既有历史悠久、文明程度震惊世界的神秘史前文明遗迹，也有《华阳国志》《花间集》《成都文类》《全蜀艺文志》《函海》等光辉夺目的历代文史遗珠，更孕育培养出了如司马相如、扬雄、陈寿、李白、三苏、李焘、杨慎、张大千、唐君毅、郭沫若等为数众多的名人大家，而旅居、宦游四川并留下累累文化硕果的历代文人名士更是不计其数。从文翁兴学，教泽后世，到三苏世家学问鼎盛，自成一派，"蜀学"这一名称和学术流派即累世发展，历久弥盛，堪可"比肩齐鲁"。尤其是清代锦江书院、尊经书院、存古学堂（后改名"国学院"）的兴办，抗战期间全国名流名家纷纷入川，更加推动了近代蜀学日益繁荣兴盛，飞速发展。在这一过程中，巴蜀先人们为我们留下了数量更加可观、内容更加丰富、思想更加精深的文献资料。这些文献资料是巴蜀文化的载体，也是中华文明的重要记录。为使这些文献资料得到传承和研究，编纂一部能够展现巴蜀文明之博大、囊括巴蜀文化文献之精髓的大型丛书，就成了承接前人余炽、继承和弘扬蜀学光辉传统的责无旁贷的历史使命。而历代巴蜀学人均早有这一夙愿，然而却囿于诸多历史条件，却一直未能实现。直到 2010 年初中共四川省委常委会批准将《巴蜀全书》编纂列入省古籍文献整理规划，4 月国家社科规划办批准《巴蜀全书》为国家社科基金重大委托项目，这

一同属于巴蜀历代学人、乃至全国学人的共同愿望才真正得以梦圆。2011 年 7 月
29 日，中共四川省委宣传部主持召开会议，正式成立"四川省《巴蜀全书》编
纂领导小组"，将《巴蜀全书》定义为大型的文献整理计划、系统的文化振兴工
程。这项拥有国家、省级双重立项的重大文化工程，又获得了关键性助推。

会议由四川省政府副省长黄彦蓉主持，中共四川省委宣传部常务副部长侯雄
飞宣读了省委常委会议关于将《巴蜀全书》列入省古籍文献整理规划的决议、
省《巴蜀全书》编纂领导小组成员和《巴蜀全书》编纂专家委员会评审组成员
的名单，会议审议通过了《〈巴蜀全书〉编纂出版工作总体方案》。中共四川省
委常委、宣传部部长黄新初，四川大学党委书记杨泉明发表了重要讲话，四川省
社科院研究员、四川省历史学会会长谭继和代表专家组发言。中共四川省委宣传
部副部长朱丹枫、四川省文化厅厅长郑晓幸、四川省新闻出版局局长周国良、四
川省社科联党组书记兼副主席王均、四川省社科院院长侯水平等，分别提交了书
面发言。参加会议的还有涉及和参与《巴蜀全书》编纂出版的单位和部门的领
导和专家，共约一百余人。此次会议的召开，标志着《巴蜀全书》编纂出版工
程由初期的规划、筹备阶段正式转入实施和推动阶段。

一、故园梦寻：《巴蜀全书》编纂的拟议和立项

中华文化源远流长，巴蜀文化作为其不可分割而又自成一脉的一个分支，在
有文字记载的五千余年历史积淀中，产生、存世的文献史料犹如浩繁星海，汗牛
充栋，璀璨夺目。据不完全统计，巴蜀古代文献多达五千余种，现存三千部以
上，不仅数量庞大、内涵丰富，而且风格各异、形式多样，涉及经、史、子、
集。凡《四库全书总目》经部 10 类、史部 15 类、子部 14 家、集部 4 家，各类
各家应有尽有；其内容于地理沿革、政治兴替、经济发展、文化繁荣、军事胜
负、社会变迁、风俗移易，以及思想精妙、奇士风雅、民族风貌，各门各科也无
不涉及。

除内容丰富外，巴蜀文献还具有很强的开拓性和创新性。扬雄《太玄》《法言》，肇开拟圣仿经之先河；常璩《华阳国志》，首成地方总志之典范；赵崇祚《花间集》、苏轼《东坡乐府》，堪称宋词婉约、豪放二派之典范。昝殷《经效产宝》《食医心鉴》，王灼《糖霜谱》，唐慎微《证类本草》，始得妇科学、食疗学、制糖学、方剂学之先声。至于扬雄《方言》之开方言研究新领域，李鼎祚《周易集解》首集汉易之大成，魏了翁《周易集义》首集宋易之精义，杜大珪《琬琰集》之开碑传新史体，杨慎"古音"六书之创辟明代古音学途轨，等等，皆是蜀人树之风声、筚路蓝缕、独领风骚的证据。可谓"大雅出巴蜀，文章焕星斗"！

在巴蜀文化历史上，已有不少学者先贤曾经产生过将巴蜀文献加以编辑整理的设想。五代赵崇祚编出了第一部以类辑蜀词为主的词总集《花间集》，宋代袁说友编成第一部辑录成都文赋的地方总集《成都文类》，明代杨慎编出了第一部汇总全川诗文辞章的《全蜀艺文志》，清代李调元所编《函海》堪称第一部具体而微的巴蜀文献丛刊。降及近代，著名学者、巴蜀才子谢无量在 20 世纪初于北京成立蜀学会时，曾拟议编纂《蜀藏》。但这些设想和努力均限于当时人力财力和社会动荡等社会条件而无法实现。今天，国家改革开放已届三十余年，国家实力提升，社会财富积累，学术文化日趋繁荣，尤其各级政府对于古籍整理工作日益重视和大力支持，在政策措施和经费资助等方面均予以大力支持，才使这一凤愿有机会得以实现。省委常委、宣传部部长黄新初和副部长朱丹枫等领导讲话指出，中华民族历来都有重视史籍、盛世修典的优良文化传统；如今党和国家，以及各级地方政府对编修古籍文献、保护弘扬民族文化也日益重视，这就构成了《巴蜀全书》编纂得以顺利实施的天时地利。省文化厅厅长郑晓幸也指出，在中国改革开放、处于社会转型时期提出编纂《巴蜀全书》，是史无前例也是正当其时的，既符合当前社会的需要，也能够得到高速发展的经济的支持。

然而，即便在如此良好的大环境下，《巴蜀全书》的提出和实施也并非一蹴而就的过程。若探究方案的提出和形成，还得追溯到由省政协原副主席章玉钧、省历史学会会长谭继和及省社科院原副院长万本根主持的《巴蜀文化通史》工程。在其中，四川大学舒大刚教授负责了该工程《巴蜀文献通览》卷的撰稿工作。在这项工作中，万本根和舒大刚深感《巴蜀文献通览》对于巴蜀文献的研究整理仅仅只开了一个小头，而对整个巴蜀文献的整理和保护工作还有大量工作需要跟进。作为生于斯、长于斯的本土学人，凭借着对巴山蜀水培育滋养的感恩之心，以及在巴蜀文化浸染熏陶下产生的自豪之情，两位学人对整理和保护巴蜀文献、继承和弘扬蜀学及巴蜀文化产生了一种迫切的责任感和强烈的使命感。2007年，他们联合一批专家学人，共同向省委省政府提出了"编纂《巴蜀全书》，研究巴蜀文化"的设想，获得了各级领导和相关部门的重视和支持。在向上级领导机关积极呼吁、层层推进的同时，还认真征求和听取诸如章玉钧、项楚、胡昭曦、赵振铎、谭继和、林向、龙显昭等资深专家的意见，对编纂方案反复论证、不断完善。因以两位先生学者为代表的一大批巴蜀专家学人的不懈努力和不倦坚持，《巴蜀全书》编纂工程终于被提上日程、步入正轨。

此外，除了专家学者孜孜不倦的努力之外，各级领导部门的重视和支持也是不可或缺的必备条件。《巴蜀全书》编纂工程牵头单位——四川大学，是一所"国家布局在四川乃至西南地区的综合性重点大学"，正如校党委书记杨泉明在会上介绍，川大"上承文翁石室之教泽，下继尊经书院、锦江书院、国学院之传统，具有两千余年古代文化教育积淀和一百一十余年现代教育的经验"，"历来都是'蜀学'的策源地和巴蜀文化的研究中心"。历年来，四川大学编纂出版了大量大型总集、丛书和别集，在国内外学界产生了重要影响。在舒大刚、万本根等学人的倡议受到省委省政府高度重视后，学校立即组织成立了《巴蜀全书》编纂协调小组、专家委员会和编纂委员会，并开辟出专门的编纂场地，在后勤上给予充分保障。此外，还积极争取上级有关部门的支持，将《巴蜀全书》申请批准为国家社科基金重大委托项目，使其跻身国家社科研究重大规划之列，从而获得了部分启动经费，也使本项目取得以全国重大项目名义组织更加广泛、深入的学术研究的机会。项目首席专家、总编纂舒大刚教授与各方面专家一道，对编纂方案进行反复调研和论证，制订出《巴蜀全书》"编纂条例""实施细则"和"工作计划"；初步编制了《巴蜀全书》三大系列的"整理书目"。于2010年7月顺利举行开题报告，征求听取专家意见，对编纂方案进行了修订完善。

《巴蜀全书》工程另一主要倡议者所在单位——四川省社科院的领导和专家

也在前期筹备、启动工作中做了卓有成效的努力。社科院领导班子给予了相当的重视和推动，院长侯水平在发言中对该院在这一过程中的工作也做了简要回顾：专门组织召开了院党委会和院长工作会，进行专题研究；还成立了编纂工程推进组，由分管副院长抓紧落实；从文史哲经各所选调了有关专家，组织力量参加项目投标工作，准备承接课题；此外，还从机关选调专人开展筹备工作，并拨出了相应活动经费。

黄新初部长、朱丹枫副部长在讲话中均对《巴蜀全书》编纂出版工作的筹备和启动情况进行了清晰的回溯。其中，朱副部长将整个过程分为四大步骤。

第一步，省政协提案。舒大刚教授、万本根研究员等专家于 2007 年提出刍议，并通过民革四川省委于 2009 年初在省政协第十届二次会议期间提出了议案（《关于尽快启动〈四川文献集成〉文化工程的建议》，省政协 2009 年第 194 号提案），并于同年 4 月得到正式肯定答复。

第二步，四川大学提案。四川大学在接到省政府办公厅对政协提案的处理意见后，立即组织专家学者展开调查论证，形成了编纂《巴蜀全书》的实施方案，于 2009 年 7 月致函省政府，申请编纂《巴蜀全书》（《四川大学关于申请承担〈巴蜀全书〉编纂和出版任务的函》，川大函〔2009〕19 号），省委、省政府领导立即做出批示。省委宣传部随即组织相关单位部门和专家学者，对该工程的可行性进行调研论证，并向省委提交报告（《关于编纂出版〈巴蜀全书〉建议意见的报告》，川宣〔2009〕137 号）。

第三步，省委决策。2010 年 1 月 13 日，刘奇葆书记主持召开九届省委第 75 次常委会议，讨论并决定将《巴蜀全书》纳入全省古籍文献整理规划项目，成立省《巴蜀全书》编纂领导小组。

第四步，拟定编纂出版方案。根据省委常委决定，省宣传部组织四川大学、省直有关部门单位做了充分讨论，并多次咨询权威专家学者，反复调整修改，最终形成了《〈巴蜀全书〉编纂出版工作总体方案》。

《〈巴蜀全书〉编纂出版工作总体方案》根据省委指示和实际需要，成立了《巴蜀全书》编纂出版工作四大组织机构——编纂领导小组、编纂组、出版发行组和专家委员会；还拟定了专家委员会 11 个组（文学组、历史组、哲学组、民族组、宗教组、语言组、地理组、考古组、科技组、图书组和文献组）、一百二十余位海内外专家成员名单，明确了相应组织机构和相关人员的职责。初步建立起了一个系统完备、专业可信、分工明确、权责清晰的编纂出版工作团队，以保证编纂出版工作的顺利开展、如期完成。

黄新初部长在会上宣布：此次领导小组会议的召开，标志着《巴蜀全书》编纂出版工作将正式由规划层面进入实施阶段，这意味着历代巴蜀学人的梦想终于有机会得以圆满实现，而作为当代四川文化强省战略的标志性工程也因此正式起航。

二、文献旧邦：《巴蜀全书》编纂的宗旨和意义

2008 年 5 月 12 日，四川人民共同遭受了突如其来、强度高达 8.0 级的汶川大地震的冲击。在巨大的灾难面前，全川人民众志成城，在抗震救灾、恢复重建中表现出了顽强乐观、坚韧不屈的伟大情怀，演绎了无数举重若轻、生死不弃、充满人性与希望的震撼心灵的故事。三年来，灾区重建获得了举世瞩目的成就。那么，究竟是什么形成了四川人民不屈不挠、乐观向上的精气神？巴蜀人民的血液中流淌着的到底是一种什么样的基因？我们不得不从巴蜀历史文化中去寻找答案。

巴蜀大地有着约四千年左右的有物可考的历史，无数神秘而诡奇的遗迹、传说至今仍令人浮想联翩、赞叹不已，以至于诗仙李白发出了"蚕丛与鱼凫，开国何茫然"的千古慨叹。至秦国统一中原，为平六国而先灭巴蜀，将巴蜀地区最先纳入华夏统一的版图之中，并以之为粮源兵源基地和东进的跳板。之后，蜀守李冰治蜀修堰，为巴蜀地区解决了排涝、灌溉问题；汉文翁石室兴学，以儒学教化生民，蜀学迅速繁荣，"比肩齐鲁"。从此，巴蜀地区不论经济还是文化，均在与中原的频繁交流碰撞中衍生发展出自己的辉煌和繁荣。

巴蜀多山地，除成都平原之外多为丘陵和高山地貌，先民为谋求生存发展开

山辟壤、农牧渔猎，形成了勤恳耐劳、乐观积极、不畏艰险的民族性格。巴蜀先民由汉、苗、彝、藏、土家等民族组成，本身就具有民族多元化的特点。此外，巴蜀人口的构成还受到了其特殊历史背景的影响——明末清初之际，四川经历战乱，人烟稀少、满目疮痍，清政府因而采取了"湖广填四川"的移民措施，从两湖两广迁徙了大量人口入川，恢复生产，从事建设。这些移民入川后，与当地幸存的土著居民逐渐交会融合，为原有的巴蜀文明注入了新鲜血液，孕育发展出了一种为今日世人所了解的新型的巴蜀文化。巴山蜀水的地理人文、历史变迁无一不在塑造着巴蜀人的性格和胸怀。所有这些，有的仍然鲜活于当下浸润人生，有的则载记于文献传之将来。

黄新初部长指出："巴蜀文献典籍记录了巴蜀大地久远的社会变迁，承载着四川人民独特的精神记忆，是展示巴蜀文化厚重底蕴与独特魅力的重要载体。"《巴蜀全书》的编纂工作正是以此为立足点，以巴蜀文明悠久而曲折的历史进程，以及复杂而多样的民族地域文化为工作重心，以所有记录反映巴蜀先民种种辉煌和艰辛、种种智慧和成就的古籍文献为工作对象。因而，对建设四川人民共有的精神家园、打牢四川人民共同的团结奋斗的思想基础，均具有十分积极的影响和重要的意义。其次，"鉴于往事，以资于治道"。黄新初部长肯定道："《巴蜀全书》汇总了两千多年来四川经济社会发展的重要史料，萃集了历代治蜀的成功经验和重要方略，对今天的兴川大计具有鉴往知来的资政价值。"

有着"天府之国"美誉的四川，以其雄奇迤逦的山水风景、热情友善的风土人情、诙谐幽默的市井文化和善酿善烹的饮食文化享誉宇内。然而，目前我省为海内外普通民众所了解和接受的文化符号也大多仅仅局限于此；即便是生为川人，了解和熟知巴蜀文化源流、巴蜀历史脉络的人也为数不多。作为文化大省的四川，其血脉骨髓中蕴含深植的文化基因远远未被世人所认识感知。无论对于怀抱拳拳之心的巴蜀学人，还是对于身负物质、精神双重文明建设重任于一身的地方政府公务人员而言，编纂和出版《巴蜀全书》，可以使巴蜀地区古今厚重的文化底蕴和独特的文化魅力得到系统集中而淋漓尽致的展现，"将填补四川作为传统文化大省却从来没有一部集大成的文化典籍的学术空白"。对于打造四川文化名片，推进文化强省建设，大力推广巴蜀文化，具有非常积极重要的意义和价值。

组织如此宏大的工程，不仅是对过去蜀学的一种总结，也是对当下巴蜀文化学术以及相关文化产业、经济链条发展的一种推进。黄新初部长提出，不仅可以把握此次机会为蜀学研究、文献整理等学科培养起新一批人才和学科带头人，同时，其出版发行也将推动巴蜀文化事业和相关文化产业的蓬勃发展。朱丹枫副部长也指出，《巴蜀全书》工程是一项"功在当代，利在千秋"的事业，因而一定要竭尽所能将其打造成为我省"文化大发展大繁荣"的标志性文化工程。

朱丹枫副部长在讲话中说："在全面建设中国特色社会主义、推动社会主义文化大发展大繁荣的当代，编纂以马克思主义唯物史观为指导、反映当代学术水准的《巴蜀全书》，既是历史和时代的需要，也是巴蜀文化学术界的夙愿。"黄彦蓉副省长也表示："编纂出版《巴蜀全书》是巴蜀文化研究的重大工程，是我省文化战线深入落实科学发展观，建设文化强省的重要举措，是发掘和保护、继承和弘扬我省丰厚历史文化成果的一件盛事，是我省文化发展史上的一件大事，具有十分重要的意义。"川大杨泉明书记则提出，《巴蜀全书》编纂的实现和实施，不仅是四川大学文科科研和学科建设的喜事，也是四川省乃至全国文化建设的大事。

此外，黄新初部长还提到最后出版成果的普及性，要求在编纂出版过程中注意将人民大众的文化需求纳入考量范围，确保最后部分出版物能够进入"寻常百姓家"，将民众也纳入到该项工程受益者的范围中来。这一要求和提法表明，对于进行全省社会主义精神文明建设，《巴蜀全书》的编纂，"必将推动传统蜀学走向大众化、现代化"。

会上，其他领导专家也纷纷对编纂出版《巴蜀全书》的价值意义发表了各自的看法。省社科联党组书记、副主席王均认为，《巴蜀全书》的编纂工作不仅实现了社科界的愿望，还顺应了建设文化强省的需要。谭继和先生在发言中也提出，《巴蜀全书》是"新时代的'巴蜀《四库全书》'"，是"巴蜀精神家园的百科文献"，并以此肯定了此项工程规模的浩大、任务的艰巨和价值的崇高。

最后，黄新初部长深具远见地指出："这不是一件简单的古籍整理出版工作，而是一件几百年来巴蜀学人一直想做而没有条件做成的文化盛事，是四川文化传承史上的重要里程碑。……能够躬逢其盛，这是时代给予我们的机遇。……随着《巴蜀全书》的问世，各位的名字也将随着这部巨著而流传后世。"

三、宏规大矩：《巴蜀全书》的规划和主体内容

《巴蜀全书》被誉为"川版《四库全书》"，内容十分丰富，卷帙也颇为浩大。黄新初部长介绍说，《巴蜀全书》是"巴蜀历史上规模最大、跨度最长、体例最新的古籍整理保护工作，也是当代四川最具标志性的重大文化工程"。这一表述并不夸张——《巴蜀全书》考察编纂的对象，是巴蜀文化在长达两千多年，甚至更长的历史中，产生并存留的浩如烟海、种类繁杂的史料文献，其内容涉及广泛，分别涵盖政治、历史、科技、法律、医药、宗教、文学等各个领域。

整个工程由《巴蜀文献精品集萃》《巴蜀文献联合目录》和《巴蜀文献善本珍本》三大部分组成，预计总共将整理出版一千余册。

其中，《巴蜀文献精品集萃》拟整理五百种左右文献。精选具有较大社会影响和较高学术价值的巴蜀文献典籍的稿本、抄本、刻本等予以点校、注释、疏证，深入挖掘其丰富内涵，围绕蜀学发展的脉络，编纂成包含哲学、历史、文学、宗教、地理、民族、艺术、科技、政治、经济、军事等内容的大型丛书，总结两千多年巴蜀地区经济社会发展和历代治蜀的成功经验，提炼巴蜀学人的智慧和巴蜀儿女敢为天下先的创造精神。

《巴蜀文献联合目录》拟编纂40册。以目录的形式揭示和反映文献，历来是古籍整理和研究最基本的方法。该项工作拟著录现存两千余种巴蜀古籍文献的名称、作者及生平、成书时间、版本流传、内容提要、收藏馆存数量等项。根据国家古籍数字化标准，建立巴蜀文献古籍数字资源库。

《巴蜀文献珍本善本》拟重印一百种左右。结合传统修复技艺和现代技术，利用现代印刷手段，重点修复、影印、出版面临老化、破损、虫蛀和濒危的古籍，抢救巴蜀文化遗产，传承巴蜀文明。

《〈巴蜀全书〉编纂出版工作总体方案》对工程总体规模、编纂内容、进度安排、实施办法等内容，以及编纂出版工作流程做出了周全细致的规划和说明，指出："整个工程将对历代巴蜀文献的存佚状况进行调查研究，对两千余种巴蜀文献进行研究并撰写提要，对五百余部、二十余万篇巴蜀文献进行精心校勘、注释和研究，对一百余种巴蜀善本文献进行整理和再造，总计处理信息约 4.6 亿字左右。"并明确其整理、收录范围为"历代籍贯为巴蜀的学人的著述，长期寓居巴蜀的学人的代表著述，内容为巴蜀历史文化的著述，在巴蜀地区刊刻的代表性文献和版本"。

在进度安排上，《总体方案》拟定全部工程在 10 年内完成，共分四个阶段：2010 年启动，做好工程全面展开的所有前期准备工作，并制作出三个系列的样书；2011 年，纂写《巴蜀文献联合目录》400 种书目提要；2012—2015 年和2016—2020 年两阶段为主要工作完成阶段，需按《总体方案》部署各完成相当于总工程 50% 的工作量。对此情况，黄新初部长做出了明确指示：《巴蜀全书》工程时间紧、任务重、难度大，必须确保实施进度。

四、众志成城：《巴蜀全书》编纂顺利进行的组织保障

《巴蜀全书》工程规模浩大、时间紧迫，参与人员和涉及单位部门众多，这无疑对编纂出版工作的顺利开展和如期完成形成了一大挑战。诸位领导和专家均表示，如此浩大的工程，仅凭一人、一校之力是无法胜任的，因而需要建立高效运作的管理、工作体系，参与各个单位部门同心协力、精诚合作，摒除门户之见，以全省一家的角度出发共同推进共同发展。

对此，黄新初部长提出了几点要求和期望：第一，《巴蜀全书》是时代给予的机遇，要树立使命意识，从建设中华民族共有精神家园、打牢四川人民团结奋斗共同的思想基础的高度，深刻认识《巴蜀全书》编纂出版的重大意义，应当怀着"荣誉感、使命感、充满激情地"参与此项工作。第二，编纂出版四大工

作组织架构，分别各自明确职责分工、形成责任体系，确保《全书》的优良品质和影响范围。第三，工程规划预计十年完成，时间紧、任务重、难度大，必须确保实施进度，会议结束后，有关部门即需要立即行动起来，紧锣密鼓推进工作进度，保证工程如期完成。第四，必须本着对历史负责的严谨态度，坚持精益求精，做到选目"精心"、校勘"精准"、形式"精美"，将《巴蜀全书》打造为一部传世经典。

副省长黄彦蓉对编纂出版工作则明确提出了三点要求：1. 明确职责，通力协作；2. 规范管理，保障有力；3. 编出水平，编成精品。最终确保我们的编纂出版工作"无愧于时代、无愧于先贤、无愧于后代，使《巴蜀全书》成为一项伟大的标志性文化工程"。

为保证工程完成的效率和质量，确立规范化运行机制，特别组建起了领导小组、编纂组、出版发行组、专家委员会四个机构，各负其责、各司其职，使编纂出版具有切实的组织运行体系。

领导小组 由省委宣传部、省发改委、省财政厅、省教育厅、省文化厅、省新闻出版局、四川大学、省文物局、省社科联、省社科院、省志编委、省图书馆、四川出版集团有限责任公司、四川新华发行集团等单位负责人组成。职责为领导和组织《巴蜀全书》编纂出版工作；审定编纂出版总体方案和年度计划；组织经费申请，审核资金的安排使用情况；检查、督促、指导编纂出版情况。黄新初部长认为，《巴蜀全书》是当前全省宣传文化战线和学术界共同肩负的一项重大任务，他本人作为编纂领导小组组长，"既深感荣幸，也倍觉责任重大"，承诺将协同编纂领导小组成员，为编纂工程尽到审查监督和推动促成的职责。

省社科联党组书记王均也代表社科联表示，一定认真履行职责，推动《巴蜀全书》编纂工作，做到：第一，搭建理论研究、学术交流平台；第二，组织、协调社科界力量，通力合作，共襄盛举；第三，热心服务，科学管理，遵循国家社科基金项目管理的规则和要求，科学、民主、依法管理，严把政治方向关和学术质量关；第四，评审、奖励《巴蜀全书》阶段性优秀成果，推动该工程的编纂工作。

编纂组 由省内外具体参加编纂工作的专家学者组成，实行总编纂负责制，舒大刚担任《巴蜀全书》总编纂，日常办事机构设在四川大学古籍所。编纂组负责提出编纂的整体方案和年度计划；组织招标和重点委托工作；按计划组织、管理日常编纂工作，督促、检查各子项目的进行；承担全部编纂内容的统稿、审稿，按时保质完成编纂任务；提出编纂的整体经费预算和年度经费计划，按照财金管理制度使用编纂经费。

对于编纂组，黄新初部长做出三点指示：第一，要做好《巴蜀全书》编纂工作，不仅需要集中省内一流专家学者，更要放眼全国，聘请全国各领域顶尖学术权威共襄盛举；第二，不要将眼光局限于编纂出版工作本身，而要进一步健全研究巴蜀传统文化的学术体系，培养起一批精通蜀学的科研带头人和学术新人；第三，用好《巴蜀全书》品牌，深入开发、积极培育产业链条，营造弘扬巴蜀传统文化的产业载体和社会氛围，努力将其社会效应发挥得淋漓尽致。最后，他还要求，希望有关部门在会议结束后立即行动起来，紧锣密鼓地推进工作进度，保证工程如期完成。文化厅郑晓幸厅长对近年来我省的古籍保护单位及全省古籍保护工作概况进行了介绍，并且明确表示，一旦《巴蜀全书》编纂工作启动，文化厅各类资源均可以充分共享，各单位之间工作也可以结合进行。

四川大学党委书记杨泉明代表编纂领衔单位承诺，四川大学拥有诸如"中国古典文献学""历史文献学""专门史"等全国重点学科，以及一批相关专业的一级学科；还拥有藏书五百九十余万册的大型综合性图书馆，凝聚了大批长期从事古籍整理的专家学者和擅长组织实施大型项目的学术带头人。因此，从文献资源到专业科研力量，均可为编好《巴蜀全书》提供有力的保障。此外，川大已经将《巴蜀全书》申请成为国家社科基金重大委托项目，还将列入本校"国家211工程""国家985工程"建设规划之中，给予主编单位古籍整理研究所在人员编制、科研经费、职称评定和岗位职数等方面政策倾斜和充分保障。

同时，《巴蜀全书》项目发起人之一万本根先生所在单位省社科院，也从机关选调人才，开展相关筹备工作，并拨出组织活动经费；侯水平院长代表省社科院表示，一定为保质保量按时完成《巴蜀全书》编纂分配的任务，做出自己应有的贡献。

出版发行组　由省新闻出版局、出版集团领导和各家出版社负责人组成，对

《巴蜀全书》出版工作进行指导、协调，负责组织实施《巴蜀全书》出版发行工作。省新闻出版局局长周国良代表新闻出版行政主管部门发言，宣布已将《巴蜀全书》出版工程列入了出版规划的重点项目；并承诺，省新闻出版局将在省委、省政府领导下，切实做好与之相关的各项工作：第一，做好组织协调，确保按时完成出版计划；第二，集中出版立项，把《巴蜀全书》做成精品；第三，争取各方支持，为《巴蜀全书》出版创造更好的条件。

专家委员会　由省内外在巴蜀文化研究领域学术造诣较深的高校、科研机构的专家学者组成，其中又产生了9人专家评审组，职责为负责《巴蜀全书》编纂出版的专业咨询论证。专家委员会成员由领导小组聘任，成员实行动态管理，可随时按需增补。省社科联负责组建专家委员会，并承担专家委员会工作的组织、联系、协调和服务等日常事务。

谭继和教授代表专家组发言表示，必须要把握好"学术价值、历史价值与时代需要"三个方面的内容；进而提出"专家委员会与评审组的评审咨询工作，中心就是要在编纂组工作的基础上，在领导小组领导下，做好上述三方面的工作，其中重点是抓学术质量的保证工作和提升工作"。他将专家委员会工作的重点归纳为以下四点：第一，明确专家委员会与评审组的本职工作目标，即充分论证规划方案，审定立项项目，评审项目成果，协助出版，宣传、营销的定位与设计；第二，在"精品集萃""联合目录"和"珍本善本"三大工程中全程协助论证工作，在现有基础上帮助实现精品化、系列化、地方特色化的提升；第三，在编纂组基础上进一步做好精品、目录、珍本善本三大系列的整合、关联和统筹工作，建设起三大历史文献库；第四，以高度历史责任感和现实紧迫感，做好专家委员会与评审组工作，保持学术良心和学术公德，发扬学术民主，摒除门户之见。

最后，谭继和教授还呼吁：第一，希望作为编纂主体单位的四川大学的校领导给予编纂组以最大力度的支持，落实例如办公地点、人员配备和相关举措等；第二，希望相关部门划拨经费和配套经费落实到位，尽量给予最大支持。

除了机构间的配合、人员间的协作，工程所需的资金配备也是保质保量完成编纂工作所必需的条件。工程首批任务预计所需经费六千余万元，政府将投入

3500~4000 万元，如此庞大的经费，如何筹措，如何科学管理，直接决定了工程的开展和完成。朱丹枫副部长在涉及工程编纂出版经费的问题时表示，目前领导小组已草拟了概括性经费预算，形成以省政府投入为主导，争取国家各项资金支持，争取高校、研究单位科研经费投入，争取出版单位投资，吸引地方政府和有投资眼光的企业投资，多渠道、多方面地筹措资金。并承诺，做好之后的资金预算，制定资金管理办法，组织项目资助申请，争取国家项目投入，以确保工作进展。

"睹乔木而思故家，考文献而爱旧邦。"《巴蜀全书》编纂领导小组会议的召开，标志着在长达四年的前期论证、调研等筹备工作之后，《巴蜀全书》编纂工程得以正式启动。与《巴蜀全书》相关的编纂、出版单位和相关人员均信心十足，表示一定在编纂领导小组的指导下，把握住此番时代的机遇，齐心协力，精诚合作，将《巴蜀全书》"编出水平，编成精品"，为巴蜀文化宝库增添一部优秀的文化作品，使之成为巴蜀文化的《四库全书》，开启当代"蜀学"振兴新篇章，推动我省文化强省建设，促进我省文化大发展、大繁荣。

（原载"全国哲学社会科学规划办公室"官方网站，2011 年 9 月 14 日）

附录二

学术自述

　　舒大刚，原名舒畅，男，1959 年生，四川秀山（今属重庆市）人。1978 年考入南充师范学院（今西华师范大学）历史系，1982 年毕业，留校任教；1983 至 1984 年，参加四川大学古籍整理研修班学习，师从杨明照等先生研习古文献学，结业回校任助教、讲师；1988 年作为访问学者前往吉林大学，师从金景芳先生治经学；1990 年 9 月考入吉林大学研究生院，成为中国古代史专业"先秦文献方向"博士研究生，师从金景芳教授；1993 年毕业，获历史学博士学位，同年分配到四川大学古籍整理研究所，担任助理研究员；1994 年晋升副研究员，1996 年破格评为研究员。1995 年 5 月，被任命为古籍所常务副所长，1998 年任所长，兼任历史文化学院（旅游学院）副院长。2003 年，被评为历史文献学博士生导师。2009 年 10 月，发起成立由国际儒学联合会、中国孔子基金会与四川大学联合组建的国际儒学研究院，担任院长。

　　主要从事历史文献学、中国儒学、国学研究，曾经完成国家社科基金规划项目"中国孝经学史"（成果获国家出版基金资助）、教育部重点研究基地重大项目"儒家文献学研究"（已经完成 3 卷本《儒学文献通论》，获国家出版基金资助）、国际儒学联合会 2004 年规划项目"历代学案"（已经完成《中国儒学通案》10 种，由人民出版社陆续出版，已出版 3 种 22 册）等课题。发表论文一百三十余篇，出版专著十余种。

　　目前正主持国家"211"工程、"985"工程、中国孔子基金会重大项目《儒藏》编纂（已出版"史部"274 册，"经部"89 册），任首席专家兼总主编；国家社科基金重大项目、四川省重大文化工程《巴蜀全书》（已出版二百二十余种），任首席专家兼总编纂；贵阳孔学堂重点项目"大众儒学"书系发起人，并担任主编。

主要兼职有国际儒学联合会理事兼学术委员会副主任、中国孔子基金会理事兼学术委员会副主任、中华孔子学会副会长、四川省中国哲学史研究会会长、四川省重点研究基地——儒学研究中心主任等。

学术活动方面。作为改革招生制度后全国首批统一考试和招生的学员，工作三十余年来，主要服务于高等教育、学术研究和文化建设等领域，沉潜涵咏于学术文献整理、儒学研究、儒学学科建设和传统文化普及等领域。在儒学学科重建和人才培养、儒学文献发展与流变研究、儒学流派梳理与重建、经学史研究与新经典体系构建等方面，有较为积极的思考和探索。

一是恢复"儒学"学科，重振此方学风。川大前身（锦江书院）是在汉文翁"石室精舍"基础上建立的，"七经"教育、重儒尚教是"蜀学"的传统，历史上曾诞生司马相如、严遵、扬雄、常璩、赵蕤、李白、"三苏"、张浚、张栻、魏了翁、杨慎、刘沅、廖平、龚道耕、蒙文通、刘咸炘等学术大家。由于众所周知的原因，川大的儒学与经学研究在 20 世纪后半期曾有所沉寂。自 20 世纪 90 年代始，在古籍所同仁配合支持下，开始致力于儒学研究和学科重建，1997 年正式启动"儒学文献整理与《儒藏》编纂"工程。2002 年开始在历史文献学专业下招收"儒学文献研究"方向的研究生，2004 年在"专门史"下招收"中国经学史"博士生。2005 年，申请并获教育部批准在"历史学"下增列"中国儒学"博士点。同时，争取国际儒学联合会、中国孔子基金会支持，与四川大学共建"国际儒学研究院"，并争取北京纳通集团在本校设立"纳通儒学奖"。五年多来，该专业共招收和培养硕士、博士研究生和博士后人员四十余人（加上此前培养共五十余人）。于 2011 年申请成立四川省哲学社会科学重点研究基地——"儒学研究中心"，负责指导和规划全省儒学研究。带领学术团队系统思考"中国儒学"学科建设和人才培养方案，在国际会议、著名刊物撰文，倡导"儒学学科"恢复。形成"儒学历史""儒学文献""儒学思想""儒学文化""儒学文选""经学概论""专经导读""儒学与当代社会""海外儒学"等课程结构和基础教案。

二是加强学术研究，建设重点学科。文献是学术的载体，学术文献更是中国哲学的主要依托。前人说"舍经学无理学",经学在很大程度上又是文献学,故可以说"舍文献无儒学"。因此文献学学科建设对于整个史学、儒学研究十分重要。2007 年,在本人带领及本学科全体同仁的共同努力下,所在专业"历史文献学"申报成为全国重点学科。本学科以"尚实学,重考据"为特征,相继开展和完成《汉语大字典》《全宋文》《儒藏》《三苏全书》《朱熹集》《宋人年谱丛刊》《宋集珍本丛刊》《中国儒学通案》《宋会要辑稿》《廖平全集》《张栻集》等成果。自 2008 年以来,川大历史文献学一直居于全国 56 家设有该专业的大学前列(首位)。近年,本校还带头探索"中国儒学"学科建设问题,撰写《重建儒学学科,提高文化自觉》(《国际儒学研究》第 21 辑)、《把儒学从学科体制的束缚中解放出来》(《光明日报》2014 年 3 月 25 日)等,呼吁儒学学科重建。目前四川大学国际儒学研究院已成为山东大学儒家文明协同创新中心、贵州孔学堂等文化协同创新中心的合作共建单位。

三是研究传统文化,探索"国学"体系。自 20 世纪初对"国学"展开讨论以来,关于国学的定义和范围一直未有定论。本人认为:国学是国家学术,它奠基了国人的知识结构;国学是国家信仰,它维系着国民的精神家园;国学是国家道德,它决定了国民的基本素质;国学是国家价值,它关系着国人的处事态度;国学是国家礼仪,它影响着国民的行为举止;国学还是民族文化,它孕育了国民的文化基因;国学是国家艺术,它代表着国民特有的审美情趣和基本技能。根据这一理解,探讨"国学"的基本内涵和学术框架,认为今天讲"国学",至少应当包括三个层面、六个方面:首先是信仰体系和价值体系,这关系到国人的精神家园和价值观,中国传统文化中的儒、释、道学说和孔子提出的"三统"理论,基本上可以满足终极关怀、现实关怀和临终关怀等需求。其次是伦理道德体系和行为守则,它决定了一个民族的理想人格和为人处事态度,中国文化中的"五常""八德""十义"以及"君子"人格和众多的礼仪制度,基本可以解决这些问题。第三是知识文化和特有技能,它关系一个民族的学识修养和基本技艺,传统文化中的"六经""七学"以及"诗词歌赋、琴棋书画、博雅、剑骑"等十艺,可以基本满足这些需求。对此,本人撰有《中华"国学"体系构建刍议》(《西华大学学报》2014 年第 5 期),并举办多场讲座详加阐释,还在所负责的贵州全省通用"中华优秀传统文化读本"中予以贯彻。

　　四是探讨儒学义理，发掘核心精神。本人发现，以儒家为代表的古代思想家，曾构建有自足完善的思想体系，在历史上起到过精神家园的作用，其中以孔子的"三统"思想最具代表。"三统"曾被理解成三种历法、三套舆服和三代革命等，其实这些都是其表现形式，不是精神实质。"三统"的本质是以夏、商、周三代为代表所积淀的先哲智慧、精神信仰和实践哲学。《礼记·表记》载孔子说："夏道尊命，事鬼敬神而远之"，在价值观上"尚忠"，其哲学是重视天道；"殷人尊神，率民以事神，先鬼而后礼"，在价值观上"尚质"，其伦理是崇拜祖先；"周人尊礼尚施，事鬼敬神而远之"，在价值观上"尚文"，其规范是仁义礼乐。是谓"三统"（三种文化体系）。重"天命"和"天道"，重"鬼神"和"孝悌"，重"礼乐"和"仁义"等特点，构成了中华民族数千年的精神信仰和价值诉求，从而造就了中国人"天人相与""敬天法祖""鬼神无欺"的信仰系统，"仁民爱物""文明秩序""诗书礼乐"的文化系统，"孝悌忠信""礼义廉耻""博施济众""民本""德治""礼法并用"的政治系统，分别代表了尊重自然、尊重祖宗、尊重民意的价值取向，可以回答人类"从哪儿来""到哪里去"和"怎么办"等问题，能较为完善地解决中国人的"终极关怀"（敬天）、"临终关怀"（怀祖）和"现实关怀"（崇礼）等需求。

　　五是研究《孝经》传授，揭示文化特质。在经典研究中，本人尤倾力于号称"群经统类"的《孝经》的研究，撰写有二十余篇论文和两部专书——《中国孝经学史》（国家社科基金规划项目、国家出版基金资助，福建人民出版社2013年出版）、《儒家孝悌文化》（中国孔子基金会项目，山东教育出版社2012年），对中华孝道的产生、《孝经》的形成、历代对《孝经》的研究和孝道的提倡及其实践效果等，进行了系统考述。得出孝悌之道基于尧舜，成于三代，系统于孔子，推广于汉代，影响及于整个中华文化两千余年。重新肯定了《孝经》讲于孔子，传于曾参，尊于汉代，推广于历朝的历史本相。同时，对《孝经郑注》之真，《古文孝经孔传》之伪，范祖禹书《古文孝经》之可贵，以及邢昺《孝经注疏》之抄袭，朱子《孝经刊误》之自我作古，等等，进行全方位评点，澄清历史迷案，拨开历史迷雾。通过研究还发现，中国文化特质是以"孝"为根基，有子称"孝悌为仁之本"，《孝经》称"夫孝，德之本也，教之所由生"，孟子说"尧舜之道，孝悌而已矣"，以及汉代以后"以孝治天下"等事实，就是最好的说明（《孝悌：中华文化的基本特征略论》，2013 年夏俄罗斯会议交流论文，同年《四川大学学报》第 4 期发表）。

六是调查儒学文献，发起《儒藏》编纂。儒学自汉武帝时即居于中国学术前列，儒家文献汗牛充栋，居于各部文献之首（如经学文献居"六略"和"四部"之首，儒家子学文献居"诸子略"或"子部"之首）。但由于儒学自古无"藏"，儒学文献的著录体系却长付阙如。本人自 20 世纪 90 年代初即从事儒学文献的调查研究和《儒藏》编纂等思考，发凡起例，主编并主撰《儒学文献通论》（3 卷 246 万字，教育部人文社会科学重点研究基地重大项目，国家出版基金资助，福建人民出版社 2012 年出版），对儒学文献的源流衍变、分类著录、各类要籍的内容和体例，进行了系统地概论和评述，初具儒学文献学、目录学、史料学等多重功用。参照《大藏经》和《道藏》，提出《儒藏》"三藏二十四目"的著录方法，用"经藏"著录经学文献，"论藏"著录理论文献，"史藏"著录儒学史文献。既反映出儒家文献"由经而子，再由子而史"的演变过程，同时也使原本分散于四部的数据，各归部居，井然有序。又在"三藏"下设立二十四个子目，可比较全面系统地反映现存儒学文献的历史面貌及其基本类型。为方便学人入门和利用儒学文献，在《儒藏》之首撰《总序》一篇，介绍儒学文献整理的意义和思路；在三藏之首各撰《分序》一篇，介绍本部文献源流和类型；在二十四子目前各撰《小序》一篇，介绍本类文献源流与演变。还为入藏的每一种文献撰写《提要》一篇，置于各书之首。尽量使儒学文献的源流明晰，内容清楚，著录有序，检索有方，使用快捷。

七是探讨师传授受，梳理儒学流派。儒学是以师徒授受为传承方式的学派，一定的师承就代表着一定的流派和思想体系，自宋明以来学人就十分重视学术渊源的探索。本人在从事儒学文献研究时，带头对历代儒学传承关系进行梳理，与课题组杨世文等专家一道，基本搞清楚了自孔子以下，迄于晚清，历代儒家在师承、家学、交游、讲友、论敌、传授，及其主要学术观点等方面的情况。在对黄宗羲、唐晏、徐世昌等所撰两汉三国、宋、元、明、清诸"学案"进行更精细整理的基础上，还仿其体例对周秦、魏晋、南朝、北朝、隋唐五代等时段的学案进行补撰，与杨世文教授合作主编"十种四十册"《中国儒学通案》（1700 万字），由人民出版社陆续出版（已出 3 种 22 册），被誉为"儒学全史"。

八是整理巴蜀文献，继承蜀学传统。巴蜀是人类又一发祥地，也是中华文明的又一摇篮。在巴蜀地区形成的学术，既是中国学术的重要组成部分，也具有其自身的明显特色。如中原有"三皇五帝"（三皇谓伏牺、女娲、神农，五帝谓黄帝、颛顼、帝喾、帝尧、帝舜），巴蜀也有"三才皇五色帝"（三才皇即天皇、地皇、人皇，五色帝即青帝、赤帝、白帝、黑帝、黄帝）。儒家经典，汉廷传"五经"，蜀学传"七经"；唐重"九经"，蜀刻石经却成就了"十三经"体系。在核心概念上，汉董仲舒主张"三纲"（君臣、父子、夫妇）、"五常"（仁义礼智信）。蜀中严遵、扬雄、赵蕤、张商英、苏轼、杨慎、来知德等人，却主"三学"（易、老、儒）、"五德"（道德仁义礼）等。本人在从事全国性学术研究同时，也关注本土文化研究，主撰、主编有《巴蜀文献要览》，对巴蜀各类文献的历史演变、基本类型和重要典籍，进行了系统梳理和评述。还领衔向四川省委省政府建议"编纂《巴蜀全书》，重振巴蜀文化"，于 2010 年 1 月获中共四川省委常委会批准，将《巴蜀全书》纳入全省古籍文献整理规划项目。同年 4 月，又获全国哲学社会科学规划办公室批准为"国家社科基金重大委托项目"，2012 年 10 月，该项目又被中共四川省委宣传部列为"四川省重大文化工程"，本人担任首席专家和总编纂。该工程已出版阶段性成果二百二十余种，迄 2016 年止，已出成果获全国及四川省各类奖励和资助 16 项。

九是立足经典学术，发展大众儒学。儒学是学术的，但也是实践的；是精英的，也是大众的。本人借鉴学界政治儒学、宗教儒学、乡村儒学、民间儒学、生活儒学、制度儒学等学说，于 2014 年正式形成"经典儒学与大众儒学"双轨并进的构想。"经典儒学"即以儒家经典阐释与学术研究为根基，注重历史性、总结性研究，目标是产出藏之名山、传之永远的学术精品。"大众儒学"则从大众日用需要出发，系统解读儒家的名著、名篇、格言、思想、伦理、道德、礼仪、文化等。我们主编《儒藏》，撰写《儒藏提要》《儒学通案》《儒学文献通论》《经学文献通史》，以及正在进行的"六书十三经"体系构建和新释等，即经典儒学的主要内容；领衔发起《大众儒学书系》《中华优秀传统文化读本》等编撰，即"大众儒学"的具体尝试。

人才培养方面。曾向本科生、研究生开设"周易讲座""孔子研究""群经概论""经典导读""儒学文献概论""巴蜀文献概论"等课程的教学；撰写

《儒学文献通论》《群经概论》《周易导读》《儒家孝悌文化》《孔子的智慧》《墨子的智慧》《说儒》《巴蜀文献通论》《文史工具书及文献检索》《史部目录学》等讲义。从 1998 年始，招收和培养"历史文献学""中国儒学"等专业研究生；2003 年起招收博士生，目前已招收培养硕士生 15 人、博士生 14 人、博士后 17人，为祖国（特别是西部）文教事业培养了人才。

　　路漫漫其修远兮，吾将上下而求索。人生六十一甲子，学业几番老未成。念予自 1978 年考入南充师范学院历史系学习以来，就与中华传统文化、中国古典文献结缘。近四十年来，在这条道路上得遇明师，得助益友，不断学习，不停探索，虽然小有所得，但比之中华文化之博大精深，仍然是沧海涓滴，泰山鼠坻，我之所得，实在微不足道。而今而后，生命虽会渐渐老去，但学习不会止息。唯有持之以恒，方能继续前进。

附录三

学术论著目录

一、专著

《春秋少数民族分布研究》（博士学位论文），台北：文津出版社，1994 年。

《三苏后代研究》（独著），成都：巴蜀书社，1995 年。

《中国历代大儒》（第一主编），长春：吉林教育出版社，1997 年。

《诸子百家大辞典》（第三主编），成都：四川人民出版社，1999 年。

《北宋文学家年谱》（第二作者），台北：文津出版社，1999 年。

《金景芳学案》（第二主编），北京：线装书局，2003 年。

《忠恕与礼让——儒家的和谐世界》（第一作者），成都：四川大学出版社，2008 年。

《孔子的智慧》，北京：中央编译出版社，2008 年。

《墨子的智慧》，北京：中央编译出版社，2008 年。

《经学年报·2010 年》（主编），成都：四川文艺出版社，2012 年。

《儒学文献通论》（三册，主编），福州：福建人民出版社，2012 年。

《至德要道：儒家孝悌文化》，济南：山东教育出版社，2012 年。

《中国孝经学史》，福州：福建人民出版社，2013 年。

《儒史杂谭：舒大刚说儒》，贵阳：孔学堂书局，2015 年。

《中华优秀传统文化读本》（十二册，第一主编），贵阳：孔学堂书局，2017 年。

【古籍整理】

《斜川集校注》（校注，第一作者），成都：巴蜀书社，1996 年。

《诸子集成》系列（四十册，参编），成都：四川人民出版社，1997 年至1998 年。

《三苏全书》（二十册，第二主编），北京：语文出版社，2001 年。

《全宋文》（三百六十册，编委），上海：上海辞书出版社，合肥：安徽教育出版社，2006 年。

《宋集珍本丛刊》（一百〇八册，主编），北京：线装书局，2004 年。

《儒藏·史部》（二百七十四册，主编），成都：四川大学出版社，2005 年至2014 年。

《清儒学案》（十册，校点，第一作者），北京：人民出版社，2010 年。

《宋元学案补遗》（九册，校点，第二作者），北京：人民出版社，2012 年。

《苏过诗文编年笺注》（三册，笺注，第二作者），北京：中华书局，2012 年。

《宋会要辑稿》（十六册，校点，署名第三），上海：上海古籍出版社，2014 年。

《金景芳全集》（十册，第二主编），上海：上海古籍出版社，2015 年。

《廖平全集》（十六册，第一主编），上海：上海古籍出版社，2015 年。

《古史》（校点，署名第一），成都：四川大学出版社，2016 年。

《儒藏精华》（二百六十册，第一主编），济南：齐鲁书社，2017 年。

《三苏经解集校》（二册，第一主编），成都：四川大学出版社，2017 年。

二、论文

《科举制的学位性质刍议》，《南充师范学院学报》（哲学社会科学版）1985年第 6 期。

《苏辙“三教合一”哲学思想述评》，《南充师范学院学报》（哲学社会科学版）1987 年第 4 期。

《苏洵评传》，载贾顺先、戴大禄主编《四川思想家》，成都：巴蜀书社，1988 年。

《逸礼考略》，《四川师范学院学报》（哲学社会科学版）1992 年第 5 期。

《苏籀年谱》，《宋代文化研究》第三辑，成都：四川大学出版社，1993 年。

《马廷鸾马端临父子合谱》，《宋代文化研究》第四辑，成都：四川大学出版社，1994 年。

《王若虚年谱》，《宋代文化研究》第五辑，成都：巴蜀书社，1995 年。

《〈斜川集〉三补》，《宋代文化研究》第六辑，成都：四川大学出版社，1996 年。

《〈易〉墨“义利观”略论》，《周易研究》1996 年第 2 期，《人大复印报刊资料》1996 年第 8 期全文转载。

《三苏后代补考》，《宋代文化研究》第七辑，成都：巴蜀书社，1998 年。

《骊戎考》，《吉林大学古籍所建所十五周年纪念文集》，长春：吉林大学出版社，1998 年。

《宋人“王弼传郑学”说辨正》，《宋代文化研究》第八辑，成都：巴蜀书社，1999 年。

《〈易学集成〉序》，杨世文等主编《易学集成》第一册卷首，成都：四川大学出版社，1999 年。

《试论宋人恢复〈古周易〉的重要意义》，《四川大学学报》（哲学社会科学版）1999 年第 2 期。

《王弼易学师承辨正》，《绵阳师范高等专科学校学报》1999 年第 4 期。

《苏轼〈东坡书传〉述略》，《四川大学学报》（哲学社会科学版）2000 年第 5 期。

《"推明上古之绝学"的东坡〈书传〉》，《宋代文化研究》第九辑，成都：巴蜀书社，2000 年。

《"王弼传郑学"驳议》，《史学集刊》2001 年第 3 期。

《苏轼〈论语说〉辑补》，《四川大学学报》（哲学社会科学版）2001 年第 3 期。

《苏轼〈东坡书传〉叙录》，《西南民族学院学报》（哲学社会科学版）2001 年第 4 期。

《苏轼〈论语说〉流传存佚考》，《西南民族学院学报》（哲学社会科学版）2001 年第 6 期。

《从先秦早期文献看"孝"字的本来含义》，载万本根、陈德述主编：《中华孝道文化》，成都：巴蜀书社，2001 年。

《今传〈古文孝经指解〉并非司马光原本考》，《中华文化论坛》2002 年第 2 期。

《论日本传〈古文孝经〉决非"隋唐之际"由我国传入》，《四川大学学报》（哲学社会科学版）2002 年第 2 期。

《〈周易〉、金文"孝享"释义》，《周易研究》2002 年第 4 期。

《今传司马光〈古文孝经指解〉合编之时代与编者考》，《中国文哲研究通讯》2002 年第 3 期。

《青城论道，古堰颂德——"儒家德治思想与现代社会"国际学术研讨会评述》，《西南民族学院学报》（哲学社会科学版）2002 年第 12 期。

《〈毗陵苏氏宗谱〉宋代部分事迹考辨》，《宋代文化研究》第十一辑，北京：线装书局，2002 年。

《试析宋代"古易五家"在恢复古周易上的重要成就》，载刘大钧主编：《大易集义》，上海：上海古籍出版社，2002 年。

《〈续修四库全书〉收录"〈古文孝经〉汉孔安国注"辨误》，《李衡眉先生纪念文集》，济南：泰山出版社，2002 年。

《〈孝经〉释名》，《金景芳教授百年诞辰纪念文集》，长春：吉林大学出版社，2002 年。

《大足范祖禹书大足石刻〈古文孝经〉校定》，《宋代文化研究》第十一辑，北京：线装书局，2002 年。

《司马光指解本〈古文孝经〉的源流与演变》，《烟台师范学院学报》（哲学社会科学版）2003 年第 1 期。

《试论大足石刻范祖禹书〈古文孝经〉的重要价值》，《四川大学学报》（哲学社会科学版）2003 年第 1 期。

《敦煌遗书"唐封国写本"并非〈古文孝经〉祖本考》，《遯亨集》，长春：吉林大学出版社，2003 年。

《巴蜀"德孝"传统与〈古文孝经〉学述论》，《儒家德治思想探讨》，北京：线装书局，2003 年。

《宋邢昺"〈孝经〉章名起始于玄宗说"驳议》，《宋代文化研究》第十二辑，北京：线装书局，2003 年。

《苏过年谱》（修订本），吴洪泽、尹波主编《宋人年谱丛刊》第六册，成都：四川大学出版社，2003 年。

《苏籀年谱》（修订本），《宋人年谱丛刊》第七册，成都：四川大学出版社，2003 年。

《马廷鸾、马端临父子合谱》（修订本），《宋人年谱丛刊》第十二册，成都：四川大学出版社，2003 年。

《〈金景芳学案〉序》，《金景芳学案》上册，北京：线装书局，2003 年。

《谢无量先生传略》，《金景芳学案》上册，北京：线装书局，2003 年。

《敦煌文献伯 3382 号〈孝经注〉作者初探》，《中华文史论丛》第七十六辑，上海：上海古籍出版社，2004 年。

《〈孝经〉名义考——兼及〈孝经〉的成书时代》，《西华大学学报》（哲学社会科学版）2004 年第 1 期。

《苏辙佚文二篇：〈诗说〉〈春秋说〉辑考》（第一作者），《文学遗产》2004 年第 1 期。

《论宋代的〈古文孝经〉学》，《四川大学学报》（哲学社会科学版）2004 年第 3 期，《人大复印报刊资料》2004 年第 3 期全文转载。

《谈谈〈儒藏〉编纂的分类问题》，《四川大学学报》（哲学社会科学版）2004 年第 4 期。

《苏轼〈东坡易传〉特色小议》，刘大钧主编《大易集奥》下册，上海：上海古籍出版社，2004 年。

《〈儒藏〉编纂之分类体系初探》，单纯主编《国际儒学研究》（第十三辑），成都：时代出版社，2004 年。

《〈宋集珍本丛刊〉前言》，舒大刚等主编《宋集珍本丛刊》第一册卷首，北京：线装书局，2004 年。

《〈宋集珍本丛刊〉跋》，《宋集珍本丛刊》第一〇八册卷末，北京：线装书局，2004 年。

《〈儒藏〉"史部"编纂之基本构想》，国际儒学联合会编《儒学与当代文明》中册，北京：九州出版社，2005 年。

《论〈儒藏〉"史部"的分类问题》，《史学集刊》2005 年第 4 期。

《再论李白生卒年问题》，《四川大学学报》（哲学社会科学版）2005 年第 5 期，《人大复印报刊资料》2006 年第 1 期全文转载。

《〈儒藏〉笔谈》（合作），《四川大学学报》（哲学社会科学版）2005 年第 6 期。

《谁是〈中华儒藏〉编纂第一人——湖湘学人孙羽侯》，《儒藏论坛》第一辑，成都：四川大学出版社，2006 年。

《〈儒林碑传〉小序》（合撰），《儒藏论坛》第一辑，成都：四川大学出版社，2006 年。

《〈儒藏〉编纂之分类体系初探》，《儒藏论坛》第一辑，成都：四川大学出版社，2006 年。

《"史部"分序》，《儒藏论坛》第一辑，成都：四川大学出版社，2006 年。

《〈孔孟史志〉小序》（合撰），《儒藏论坛》第一辑，成都：四川大学出版社，2006 年。

《〈历代学案〉小序》（合撰），《儒藏论坛》第一辑，成都：四川大学出版社，2006 年。

《李白卒年史料新证》（第一作者），《社会科学研究》2006 年第 3 期，《人大复印报刊资料》2006 年第 4 期全文转载。

《试论〈儒藏〉"论部"的分论方法》，《古籍整理研究学刊》2006 年第 1 期。

《〈儒藏〉：中华学人的神圣使命——来自四川大学的〈儒藏〉报告》，《西南民族大学学报》（人文社科版）2006 年第 3 期。

《谈谈〈孝经〉的现代价值》，《寻根》2006 年第 4 期。

《儒藏总序——论儒学文献整理的必要性和紧迫性》，《西南民族大学学报》（人文社科版）2005 年第 9 期。

《孔子儒学与中国现代高等教育》，《中国文化报》2006 年 11 月 23 日。

《〈苏辙《诗集传》新探〉序》，《〈苏辙《诗集传》新探〉·卷首》，成都：四川大学出版社，2006 年。

《宋代〈古文孝经〉的流传与研究述评》，《宋代经学国际研讨会论文集》，台湾："中央研究院"中国文哲所，2006 年。

《〈儒藏〉"论部"编纂的基本构想》，《儒教儒学儒商对人类的贡献》，香港：孔教学院出版，2006 年。

《一代文献巨编，百世学术典范》，《文学遗产》2007 年第 2 期。

《晚清"蜀学"的影响与地位》，《社会科学研究》2007 年第 3 期。

《李白生卒年诸说平议》（第一作者），《文学遗产》2007 年第 5 期。

《"蜀石经"与〈十三经〉的结集》，《周易研究》2007 年第 6 期。

《代序——论晚清"蜀学"》，《儒藏论坛》第二辑，成都：四川大学出版社，2007 年。

《试论"蜀石经"的镌刻与"十三经"的结集》，《宋代文化研究》第十五辑，成都：四川大学出版社，2008 年。

《中庸与中和：儒家的处世哲学》，印度尼西亚孔教总会《国际儒学大会第四次会议论文集》，2007 年 11 月。

《一位不该遗忘的经学家——龚道耕经学成就述评》，林庆彰等主编《变动时代的经学与经学家》（台湾），2007 年 11 月。

《四川大学〈儒藏〉报告》，《国际汉学论丛》第 3 期，台北：乐学书局，

2007 年。

《〈周易〉为龙易说》，刘大钧主编《简帛考论》，上海：上海古籍出版社，2007 年。

《〈儒藏·儒林年谱〉小序》，《儒藏》第五十一册卷首，成都：四川大学出版社，2007 年。

《龚道耕学术成就刍议》，《社会科学研究》2008 年第 2 期，《人大复印报刊资料》2008 年第 6 期全文转载。

《从"蜀石经"的刊刻看〈十三经〉的结集》，《经学研究论丛》第十六辑，台北：学生书局，2009 年。

《百年学府开新运，再向儒林续逸篇》，《经学研究论丛》第十七辑，台北：学生书局，2009 年。

《〈儒藏·儒林史传〉小序》，《儒藏》史部《儒林史传》第一册，成都：四川大学出版社，2009 年。

《虞、夏、商、周的孝悌文化初探》，《西华大学学报》（哲学社会科学版）2010 年第 4 期。

《〈金景芳儒学论集〉序》，舒星编《金景芳儒学论集·卷首》，成都：四川大学出版社，2010 年。

《〈龚道耕儒学论集〉序》（第一作者），李冬梅编《龚道耕儒学论集·卷首》，成都：四川大学出版社，2010 年。

《邢昺〈孝经注疏〉杂考》，《宋代文化研究》第十八辑，成都：四川文艺出版社，2010 年。

《读马一浮先生〈孝经大义〉二题》，吴光主编《马一浮思想新探：纪念马一浮先生诞辰一百二十五周年暨国际学术研讨会论文集》，上海：上海古籍出版社，2010 年。

《朱熹的〈孝经〉学论析》，《国际儒学研究》第十七辑，北京：九州出版社，2010 年。

《淑媛风范：明代女子〈孝经〉教育的历史借鉴》，《儒学的当代价值——纪念孔子诞辰二五六〇周年国际学术研讨会论文集》，北京：九州出版社，2010 年。

《〈儒藏·学校史志〉小序》，《儒藏》史部《学校史志》第一册，成都：四川大学出版社，2010 年。

《二十世纪儒学大师文库·总序》，"二十世纪儒学大师"各书卷首，成都：四川大学出版社，2010 年。

《编纂〈巴蜀全书〉，弘扬"蜀学"精神》，《光明日报》2010 年 7 月 7 日。

《古有"蜀学比于齐鲁"，今有〈儒藏〉弘扬文明——舒大刚教授谈〈儒藏〉编纂》，《中国社会科学报》2010 年 11 月 2 日。

《巴蜀文献：中华文明的重要记录》，《光明日报》2011 年 7 月 18 日。

《编纂〈巴蜀全书〉，促进文化建设》，《光明日报》2011 年 8 月 25 日。

《蜀学渊渊，历久弥新——〈巴蜀文献要览〉述要》，《中国社会科学报》2011 年 9 月 15 日。

《孝悌与功利：谈谈叶适的孝道观念》，《中共宁波市委党校学报》2011 年第 2 期。

《〈十三经〉：儒家经典体系形成的历史考察》，《社会科学研究》2011 年第 4 期，《人大复印报刊资料》2011 年第九期全文转载。

《巴蜀易学源流考》（第一作者），《周易研究》2011 年第 4 期。

《典范初成：西汉儒学文献的发展与演变》，《西华大学学报》（哲学社会科学版）2011 年第 4 期。

《巴蜀文献叙论》，蔡方鹿主编《存古尊经 观澜明变》，成都：四川文艺出版社，2011 年。

《两宋时期的孝悌文化》，《宋代文化研究》第十九辑，成都：四川文艺出版社，2011 年。

《明代〈孝经〉学述论》，《孔子学刊》第二辑，上海：上海古籍出版社，2011 年。

《东汉儒学文献的新发展和新气象》，《西南民族大学学报》（人文社会科学版）2012 年第 1 期。

《百年学府，千载诗书》，《儒藏论丛·总序》，长春：吉林人民出版社，2011 年。

《〈孝经郑注〉真伪请说平议》，《儒藏论坛》第六辑，成都：四川文艺出版社，2012 年。

《从鹤山书院富于典藏，看历代巴蜀学人的藏书传统》，蔡方鹿主编《书院与理学》，成都：四川大学出版社，2012 年。

《汉代儒学文献的发展与演变》，《历史文献研究》第三十一辑，上海：华东师范大学出版社，2012 年。

《宋代巴蜀学术文化述略》，《湖南大学学报》（社会科学版）2013 年第1 期。

《〈合订删补大易集义粹言〉的渊源及构成辨正——兼及作者归属问题》（通讯作者），《陕西师范大学学报》（哲学社会科学版）2013 年第 1 期。

《苏东坡"经学"三书提要》，《湖湘论坛》2013 年第 3 期。

《宋代巴蜀经学述略》，《宋代文化研究》第二十辑，成都：四川大学出版社，2013 年。

《从孔子"夫子志"看传统"中国梦"》，《儒学天地》2013 年第 3 期。

《经学概念新探》（通讯作者），《孔子研究》2013 年第 4 期。

《金景芳先生生平与学术简论》，《周易研究》2013 年第 5 期。

《孝悌：中华文化的基本特征论略》，《四川大学学报》（哲学社会科学版）2013 年第 5 期。

《汉代巴蜀经学述论》，《四川师范大学学报》（社会科学版）2013 年第6 期。

《谈谈孔门言"志"对实现"中国梦"的启迪》，《儒藏论坛》第七辑，成都：四川大学出版社，2013 年。

《再论儒家经典体系的嬗变与当代启示》，蔡方鹿主编《蜀学与中国哲学》，成都：四川文艺出版社，2013 年。

《〈老子〉与巴蜀文化二题》，《〈老子〉思想与现代社会》，北京：社会科学文献出版社，2013 年。

《巴蜀学术源流史述略》，朱汉民主编《湖湘文化与巴蜀文化》，长沙：湖南大学出版社，2013 年。

《中华"孝治天下"历史片论》，《"2013 年中国儒学与俄罗斯文明的对话"国际学术论坛论文集》，2013 年 6 月。

《孔子治国理念及其当代意义》，《2013 年儒学交流研讨会论文集》，2013 年 11 月。

《〈周易〉复卦卦辞"七日来复"新诠》（第一作者），《周易研究》2014 年第 2 期。

《实现"中国梦"的传统途径》，《湖湘论坛》2014 年第 3 期。

《把"儒学"从学科体制的束缚中解放出来》（第一作者），《光明日报》2014 年 3 月 25 日。

《〈中庸〉成书新探——从范畴诠释的角度》（通讯作者），《孔子研究》2014 年第 3 期。

《中华"国学"体系构建雏议》，《西华大学学报》（哲学社会科学版）2014 年第 5 期。

《顾炎武"孝悌"论管窥——立足于〈日知录〉的考察》（第一作者），《西南民族大学学报》（人文社会科学版）2014 年第 5 期。

《"庙学合一"：成都汉文翁石室"周公礼殿"考》（第一作者），《四川大学学报》（哲学社会科学版）2014 年第 5 期。

《实现儒学的现代转化与当代创新》，《中国社会科学报》2014 年 11 月 14 日。

《南轩"孝悌"学案》，《宋代文化研究》第二十一辑，成都：四川大学出版社，2014 年。

《中华美德现代转化与传承——儒学及其德性伦理》，《光明日报》2015 年 1 月 5 日。

《"蜀学"三事：成都文翁石室丛考》，《孔学堂》2015 年第 3 期；又载《川大史学·历史文献学卷》第二辑，成都：四川大学出版社，2016 年。

《近代蜀学大家龚道耕的〈诗经〉学研究》（通讯作者），《西南民族大学学报》（人文社科版）2015 年第 5 期。

《三统：中华民族的精神信仰》，《中华信仰研讨会论文集》，2015 年 6 月。

《从"三统"到"三本"：中华信仰的形成与普及》，《国际荀子法治思想研讨会论文集》，2015 年 7 月；《孔子研究》2015 年第 4 期。

《"蜀学"五事论稿——读谢无量先生〈蜀学会叙〉札记》，《湖南大学学报》（社会科学版）2015 年第 6 期。

《梁山真儒　天下来学》，《巴蜀文献》第二辑，成都：四川大学出版社，2015 年。

《孔子的教育思想》，《人文天下》2015 年第 15 期。

《廖平全集整理与研究》，《林庆彰荣休国际经学研讨会论文集》，2015 年 8 月；《巴蜀文献》第二辑，成都：四川大学出版社，2015 年。

《苏过遗文拾补》（第一作者），《宋代文化研究》第二十二辑，成都：四川大学出版社，2015 年。

《下学上达：孔子的教育思想论稿》，《儒藏论坛》第十辑，成都：四川大学出版社，2016 年。

《重建经学，实现传统文化的"两创"》，"国际儒学联合会第二次务虚会议"论文，2015 年。

《孔子"三统"：中华民族信仰略论》，《西华师范大学学报》（哲学社会科学版）2016 年第 2 期；又载《多学科视野下的丰都民间文化研究》，重庆：重庆出版社，2017 年。

《〈关学文库〉的学术成就刍议》，《唐都学刊》2016 年第 3 期。

《谈谈儒学学科建设的必要性和可能性》，《孔子研究》2016 年第 4 期。

《论孝为八德之首》（通讯作者），《孔子研究》2016 年第 5 期。

《前后蜀经学发展概论》（通讯作者），《西南民族大学学报》（人文社科版）2016 年第 6 期。

《一枝寒梅报新春——吴光先生新著〈国学新讲〉述评》，《儒学天地》2016 年第 37 期。

《有一种传统叫〈儒藏〉》，《光明日报》2017 年 11 月 25 日。

《共产党人应做现代君子》，《人民日报》2017 年 8 月 23 日。

《"三才皇"与"五色帝"——巴蜀的古史体系与古老信仰》（第一作者），《西南民族大学学报》（人文社科版）2017 年第 1 期。

《道德仁义礼："蜀学"核心价值观论》（第一作者），《社会科学研究》2017 年第 2 期，又载《当代社会科学》（*Contemporary Social Sciences*）2017 年第 5 期。

《“蜀学”的特征与贡献》（第一作者），《中国哲学史》2017 年第 4 期。

《“五行”“五常”与“五德”——试论蜀学与诸学道统论之异同》（第一作者），《湖湘论坛》2017 年第 3 期，又载《道统思想与中国哲学》，北京：人民出版社，2017 年。

《蜀学的流变及其基本特征》，《江苏科技大学学报》（社会科学版），2017年第 3 期；又载《巴蜀文献》第四辑，成都：四川大学出版社，2017 年。

《蜀学主体精神论》（第一作者），《孔学堂》2017 年第 2 期。

《学统四起　百花齐放》，《孔学堂》2017 年第 2 期。

《志道据德：儒家的德教及其当代价值》，《黄河科技大学学报》2017 年第5 期。

《“蜀学”与“儒学”——“蜀学”历史及其对儒学的贡献》，（日）《中国研究集刊》第六十三号，2017 年。

《苏辙佚文八篇》，《巴蜀文献》第四辑，成都：四川大学出版社，2017 年。

《试论国际宗教信仰视域下丰都鬼神文化的传统信仰》（第一作者），丰都县文化委员会、丰都县非物质文化遗产保护中心主编《多学科视野下的丰都民间文化研究》，重庆：重庆出版社，2017 年。

《天道与天命：浅谈中华民族信仰的本质根源——立足于〈周易〉等经典考察丰都鬼神信仰》（第一作者），丰都县文化委员会、丰都县非物质文化遗产保护中心主编《多学科视野下的丰都民间文化研究》，重庆：重庆出版社，2017 年。

《鬼神与阴阳——从〈周易〉看中国鬼神文化的本质》（第一作者），丰都县文化委员会、丰都县非物质文化遗产保护中心主编《多学科视野下的丰都民间文化研究》，重庆：重庆出版社，2017 年。